Prof. Dr. med. Walter van Laack

Wer stirbt, ist nicht tot!

(Komplett überarbeitete und erweiterte Neuauflage)

Autor
Prof. Dr. med. Walter van Laack
Facharzt für Orthopädie und Spezielle Orthopädische Chirurgie,
Physikalische Therapie, Sportmedizin, Chirotherapie, Akupunktur

Umschlagseite
Sie wurde von meinem Sohn Martin gestaltet

Abbildungen
Sie stammen alle von meinen beiden Söhnen Alexander und Martin

Allen meinen Lieben gewidmet

Komplett überarbeitete und erweiterte Neuauflage zu Ostern 2011
(Erstauflage erschienen zum 19.04.2003)

Gedruckt auf chlorfrei gebleichtem Papier

© 2011 by **Prof. Dr. Walter van Laack,**
van Laack GmbH, Aachen, Buchverlag

www.vanLaack-Buch.de   -   www.van-Laack.de   -   www.Dr-van-Laack.de

Alle Rechte, insbesondere des --- auch auszugsweisen --- Nachdrucks, der phono- und photomechanischen Reproduktion, Fotokopie, Mikroverfilmung, Computerbearbeitung, Übernahme ins Internet sowie der Übersetzung und auch jeglicher anderen Aufzeichnung und Wiedergabe durch bestehende und künftige Medien, sind ausdrücklich vorbehalten. Ausnahmen nur mit schriftlicher Genehmigung des Autors.

Druck und Vertrieb:
Books on Demand GmbH, In de Tarpen 42, D- 22848 Norderstedt
Fax +49-40-53433584; www.bod.de

Printed in Germany

Taschenbuch/Softcover:

ISBN   978-3-936624-12-0

Inhaltsverzeichnis

Teil 1: Querschnitte von Wissen,
         Glauben und Erkenntnis   5

1. Zwischen Hoffen und Bangen   6
2. Das Jenseits in Religionen und Mythen   10
3. Eine Reise durch Philosophie und Poesie   25
4. Zweifel am kosmischen Weltbild   45
5. Evolution im neuen Gewand:
       Über Körper und Leben, Gehirn und Geist   74
6. Alles hat zwei Seiten   98
7. Geistige Reifung ohne Unterlass   111
8. Sexualität im Spiegel von Evolution und Geist   120
9. Sonderbar: Der psychogene Tod   127
10. Im Schatten des Todes   133
11. An der Schwelle: Nahtoderfahrungen   142
12. Rätselhafte Phänomene   155
13. Wiedergeburt in der Diskussion   168
14. Wo bleibt die Gerechtigkeit?   182
15. Zufall oder Bestimmung?   185
16. Sind Jenseitskontakte denkbar?   189
17. Der Tod ist nicht das Ende   200
18. Optimisten sind besser dran   202

Teil 2: Diskussion über
           Nahtoderfahrungen (NTE):   205

Ist diese Diskussion überhaupt notwendig?   206
Wann ist man tot?   209
Sind NTE bloß Halluzinationen?   211
Weisen NTE doch größere kulturelle
    Unterschiede auf als früher angenommen?   215
Universelle Grundmuster von NTE   219
NTE durch Sauerstoffmangel und Delir?   222
Warum haben nicht alle Menschen NTE?   225
Können außerkörperliche Erlebnisse NTE beweisen?   227
Grandioses Konzert mit tollem Orchester   228
Das Gehirn, die Schnittstelle zum Geist!   229
OBE: Echte Exkursionen oder Doppelgängerwahn?   231
NTE durch Psychodrogen?   235
Psychologische Erklärungsversuche   236
Was ist mit parapsychologischen Erklärungen?   240
Vergleichende Diskussion meiner Vorstellungen   242

Teil 3: Niemand stirbt endgültig - Nachwort   245

Anhang
Dialog der Zwillinge im Mutterleib, v. H. Nouwen   253
Nachbetrachtungen zu 6-1-8, 2-7-3 und Euler-Zahl   254
Beispiele für das Vorkommen von 2-7-3 und 6-1-8   254

Glossar   255

Literaturverzeichnis   265

Buchhinweise   271

Teil 1:

Querschnitte von Wissen, Glauben und Erkenntnis

„Ich bin von Dir gegangen,
nur für einen Augenblick und gar nicht weit.
Wenn Du dahin kommst, wo ich hingegangen bin,
wirst Du Dich fragen, warum Du geweint hast."
Unbekannter Autor

„Der Tod ist ein Horizont,
und ein Horizont ist die Grenze unseres Sehens.
Wenn wir um jemanden trauern,
freuen sich andere jenseits dieses Horizonts darüber,
ihn wieder zu sehen."
Unbekannter Autor

„Niemand kennt den Tod. Es weiß auch keiner,
ob er nicht das größte Geschenk für den Menschen ist.
Dennoch wird er gefürchtet als wäre es gewiss,
dass er das schlimmste aller Übel ist."
Sokrates (469-399 v.Chr.)

1. Zwischen Hoffen und Bangen

Vor allem zwei zentrale Ereignisse zeichnen jedes Leben aus: seine Geburt und seinen Tod. Während sich die Geburt seiner bewussten Wahrnehmung entzieht, weiß der Mensch um seinen Tod. Diese Erkenntnis beeinflusst ihn sein Leben lang. Mit ihr umzugehen, ist für jeden von uns schwierig, und jeder bewältigt das auf ganz unterschiedliche Art und Weise. Krankheit und Tod eines lieben Verwandten oder Freundes erinnern früher oder später an das für jeden von uns irgendwann unvermeidliche Ende unseres momentanen irdischen Daseins.
Die meisten leiden zumindest unterbewusst stark unter der Vorstellung, sterben zu müssen. Manch einer verfällt, je älter er wird, sogar in panische Angst und fühlt sich schon bei den kleinsten Anzeichen selbst harmloser Erkrankungen vom Tod unmittelbar bedroht. Für sehr viele Menschen sind Sterben und Tod strenge Tabus und werden am liebsten verdrängt. Der Tod ist ein Tabuthema.
Menschen, die dem eigenen Tod ins Auge schauen müssen, werden nicht selten selbst von eigenen Angehörigen, häufiger aber noch von Ärzten und Pflegern mit ihrem Sterben allein gelassen.
Andere flüchten sich zu guten und schlechten Propheten, die ihnen den vermissten Halt mit einer Vielzahl ganz unterschiedlicher Vorstellungen von einem „Danach" versprechen. Alle Religionen und religiöse Sekten, aber wohl auch alle esoterischen und okkulten Gruppen gründen vor allem darauf ihren Zustrom.
Tatsächlich kann jedoch kein Mensch wirklich wissen, was nach dem Tod passiert: Ob es überhaupt, und wenn ja in welcher Form, ein „Danach", ja vielleicht sogar ein persönliches „Überleben" des eigenen Todes gibt, entzieht sich letztlich auch weiterhin unserer Kenntnis und bleibt dem Glauben sowie unserer Intuition vorbehalten.
Ob ein „ausgewählter Prophet" deshalb nun gut oder schlecht ist, scheint mir somit weniger eine Frage der konkreten Inhalte seiner ohnehin kaum auch nur annähernd wahrhaften Versprechen, Vorstellungen und Überzeugungen zum „Tod" zu sein. Nein, ich glaube, gute Propheten unterscheiden sich von den schlechten vor allem dadurch, dass sie keine fundamentalistischen Dogmatiker sind, die für die Andersgläubigen nur Schimpf und Schande übrig haben und sie allein wegen ihrer anderen Vorstellungen dereinst zu Höllenqualen verdammt sehen. Vielmehr bemühen sich gute Propheten um zwar einfühlsame, aber auch sachlich fundierte Vermittlung und zugleich kritische Diskussion ihrer eigenen Überzeugungen oder gar Lehren.
Sie beschränken ihren missionarischen Eifer und zeigen stets Verständnis und Toleranz.
Legt man solche Forderungen zugrunde, haben die meisten Lehren, und darunter auch die großen Religionen der Weltgeschichte, im Laufe der Zeit leider immer wieder ganz offensichtlich versagt.

Dennoch ist es recht tröstlich festzustellen, dass sich mittlerweile einige zu mehr Toleranz durchgerungen und somit fortentwickelt haben. Anderen dagegen steht die Zeit der dringend benötigten Reifung wohl erst noch bevor.
Für viele Kritiker, darunter zahlreiche moderne Naturwissenschaftler, scheint jedoch jede Vorstellung von einem „Danach", insbesondere die von einem „persönlichen Überleben" des eigenen Todes, nur ein frommer, aber bereits wissenschaftlich widerlegter Wunsch zu sein. Man hält sie für eine Ausgeburt der sicher verständlichen menschlichen Hoffnung, nicht einfach sang-und-klanglos vergehen zu wollen. So wie der Mensch schon vor seiner Geburt nicht existierte, und von ihm nicht die geringste Spur die Welt zu bereichern schien, so sollte auch sein Tod konsequenterweise sein ein-für-allemal unwiderrufliches Ende darstellen. Schluss und aus!
Bestenfalls mag jemand noch in den Gedanken seiner Angehörigen und Freunde weiterleben – zumindest solange, bis auch diese schließlich einmal den unvermeidlichen Weg alles Irdischen gegangen sind. Der endgültige Tod wird damit bloß aufgeschoben, zu einer Art „Tod auf Raten" gemacht. Solcherlei vermeintlichen Trost findet man bei uns derzeit regelmäßig in Traueranzeigen.

Das alles entspricht zwar dem heutigen Zeitgeist, ist aber nach meinem Dafürhalten auch ein zentrales Grundübel in unserer Gesellschaft. Ich sehe darin eine beträchtliche Mitschuld für viele menschliche Entgleisungen. Sie finden sich in der Dominanz egoistischer Lebenseinstellungen mit weiter wachsender Ellbogenmentalität, in lieblosen Entfremdungen zwischen vielen Menschen und nicht zuletzt auch in den oft wachsenden Zahlen krimineller Auswüchse gleich welcher Art wieder.
Selbst wenn Hoffnung und Wunschdenken dabei eine zentrale Rolle spielen sollten, dass seit Menschengedenken praktisch alle Mythen und Religionen dieser Welt ein „Danach" – sehr oft sogar in Form eines persönlichen Überlebens des Todes – nahelegen, so bedeutet das natürlich nicht, dass es dieses „Danach" auch wirklich gibt. Aber natürlich könnte es tatsächlich so sein. Zweifellos zu Recht nehmen naturwissenschaftliche Erkenntnisse in unserer heutigen Zeit eine Schlüsselrolle ein. Sie haben die Aufgabe, unsere Welt, die Materie, das Leben und damit auch den Menschen und mit ihm seinen Geist, zu erforschen. Der berühmte italienische Naturphilosoph *Galileo Galilei (1564-1642)* forderte für die naturwissenschaftliche Akzeptanz auch korrekterweise die „Reproduzierbarkeit" der Beobachtungen.
Noch vor wenigen Jahrhunderten gab in unserem westlichen Kulturkreis das Christentum den Ton an. Im Laufe der Zeit konnten jedoch die meisten der vielen, bis dahin unantastbaren Dogmen mit den neuzeitlichen Beobachtungen nicht mehr Schritt halten. Heute sind wir mit vielen naturwissenschaftlichen Dogmen konfrontiert, und ich habe manchmal den Eindruck, dass auch sie mit den tatsächlichen Beobachtungen unserer Zeit nicht mehr Schritt halten...

Früher versuchten sich noch zahlreiche Philosophen als Korrektiv der religiösen Anschauungen. Bedeutende Philosophen, darunter *Immanuel Kant (1724-1804)*, waren es, die damals den Naturwissenschaften den Weg zu ihrem großen Siegeszug über zementierte, aber unhaltbare religiöse Dogmen ebneten.
Heutzutage jedoch vermisse ich dieses Korrektiv der Philosophie, wenn es darum geht, moderne naturwissenschaftliche Dogmen gleichermaßen zu relativieren; denn nicht wenige davon scheinen bloß in allerlei Sackgassen zu führen. Das Pendel der Erkenntnis schlägt heute in die andere, eine rein materielle Richtung. Man *reduziert* alles auf *materielle* Gründe und Ursachen und spricht deshalb von „materialistischen Reduktionismus". Genau das aber scheint mir genauso falsch zu sein wie früher die fundamentalistisch-religiösen Sichtweisen. Beide führten und führen leider zu vielen tragischen Konsequenzen für den Menschen. Tagtäglich erfahren wir das durch den Missbrauch von Technik, Biologie und Ressourcen genauso wie durch politisch-ideologisch oder fundamentalistisch-religiös motivierten Terrorismus.
Seit 1999 versuche ich in mittlerweile zahlreichen Büchern das Pendel zwischen den Polen zu fassen und in die Mitte zu bringen. Mein Ziel ist es, eine über die Grenzen einzelner Fach- und Wissensgebiete hinausgehende, alles verbindende und so ganzheitliche Perspektive aufzubauen, die fundiert und begründet Abstand von dem materialistischen „Zeitgeistreduktionismus" nehmen kann.
Deshalb lege ich mein Augenmerk immer wieder ganz besonders darauf, eine derart alternative Sichtweise unserer Welt in sich streng logisch und in breiter Übereinstimmung mit den tatsächlichen Beobachtungen und Phänomenen, dazu möglichst übersichtlich und verständlich, darzustellen.
Zugleich mache ich jederzeit unmissverständlich deutlich, dass eine die modernen Wissenschaften vereinigende Theorie nur dann auch Sinn macht, wenn sie die vielen spirituellen Erfahrungen unzähliger Menschen jeder Epoche und überall auf dieser Erde nicht einfach ignoriert.
Ich selbst habe das Glück gehabt, im Laufe meines bisherigen Lebens schon recht häufig solche Erfahrungen machen zu dürfen, auch wenn die näheren Umstände dafür eher selten schön oder angenehm waren. Sie alle jedoch sagen mir heute zum Beispiel, dass es Geist genauso geben muss wie Materie, aber nicht einfach als ein Produkt von ihr, wie viele Wissenschaftler behaupten. Im Gegenteil: „Letztlich produziert Geist sogar erst Materie" als Mittel zum Zweck. Folglich können Leben und Tod in ihrer ganzen Bedeutung nur dann wirklich erfasst werden, wenn man das Geistige nicht einfach „wegmaterialisiert".
Über den Tod und ein „Danach" zu sprechen macht daher nur dann Sinn, wenn man sich zuvor über das Geistige als eine Art „Urgrund" in unserer Welt und damit auch über den Geist in jedem Leben dieser Welt Gedanken gemacht hat.
Natürlich gilt: Tatsächlich gesicherte naturwissenschaftliche Erkenntnisse dürfen dabei nicht angetastet werden. Andererseits muss man lernen, genau hinzuschauen und abzugrenzen zwischen echten Messungen, Beobachtungen, und Phänomenen und den daraufhin angestellten Interpretationen.

Gerade sie aber beherrschen oft die einflussreichen Medien unserer Welt und bilden so unser aller heutiges Weltbild. Hier steckt das zentrale Problem; denn vor allem die Interpretationen müssen besonders kritisch hinterfragt werden.
Mit meinen Büchern will ich einen Beitrag leisten, das philosophische Korrektiv zur Relativierung unseres vermeintlich schon so weit abgesicherten, modernen naturwissenschaftlichen Weltbilds zu sein. Dazu gehört aber genauso, die zahlreichen religiösen Lehren, die heute wachsende Zahl pseudoreligiöser sowie zweifelhafter esoterischer oder okkulter Strömungen ein wenig zu „begradigen".
Im Ergebnis, so bin ich heute überzeugt, wird der Tod als das unwiderrufliche Ende eines jeden von uns tatsächlich entzaubert werden können: Jedem Leser möchte ich die sorgsam begründete Hoffnung vermitteln, dass er seinen eigenen Tod tatsächlich überleben wird – und zwar im Vollbesitz seiner individuellen Persönlichkeit.

Erlauben Sie mir noch ein paar Bemerkungen zum Aufbau dieses Buches:
In den Jahren 2000 bis 2002 erschien meine dreiteilige Buchreihe „Eine bessere Geschichte unserer Welt" mit den Bänden „Das Universum", „Das Leben" und „Der Tod". In Anlehnung daran behandele ich in diesem Einteiler zunächst mehr die naturwissenschaftlichen Grundlagen und meine alternativen Anschauungen als entscheidende Basis für meine Trost spendenden Schlussfolgerungen.
Im zweiten Teil diskutiere ich dann in einem jetzt fiktiven Gespräch das Thema „Tod und Nahtoderfahrungen" mit meinen beiden heute längst erwachsenen Söhnen *Alexander* und *Martin*. Als sie noch auf das Gymnasium gingen haben wir viele solcher und ähnlicher Gespräche und lebhaften Diskussionen geführt. Nur zu gerne lasse ich sie heute auch mit diesem Buch noch einmal aufleben.
Im Wesentlichen werden darin die einzelnen Elemente von Nahtoderfahrungen (NTE) einer kritischen Prüfung unterzogen, besonders auch, was ihre mögliche Beweiskraft in Bezug auf ein mögliches Überleben des Todes betrifft.
Der dritte Teil schließt meine Darlegungen mit einem Nachwort ab. Es folgt noch eine wunderschöne Metapher des niederländischen Naturphilosophen und früheren Harvard-Professors *Henri Nouwen (1932-1996)*.
Schließlich finden Sie einige Details noch einmal in einem *Anhang* vertieft. Ein ausführliches *Glossar* sowie ein umfangreiches *Literaturverzeichnis* runden das Buch schließlich ab.

Ich wünsche Ihnen eine anregende, interessante und hilfreiche Lektüre.

Aachen, im Februar 2011　　　　　　　　　Prof. Dr. med. Walter van Laack

2. Das Jenseits in Religionen und Mythen

Seit Menschengedenken berührt, fasziniert und ängstigt uns alle der Tod am meisten von allem. Der Mensch ist wohl das einzige Wesen auf der Erde, das um seinen eigenen Tod sicher weiß. Und dieses Wissen geht zweifellos weit über die eher rein instinktive Faszination, Aversion, aber auch Trauer bei den uns Menschen nächsten tierischen Verwandten, den Menschenaffen, hinaus.
Somit ist nur die Menschheitsgeschichte auch eine Geschichte des Umgangs mit dem eigenen Tod. Und immer schon stellte sich dabei wohl die Frage nach seiner Endgültigkeit. Es darf als sicher angenommen werden, dass sie seit jeher angezweifelt, ja sogar strikt verneint wurde. Der Tod und die Frage nach der Schöpfung von Universum und Leben sind *die* zentralen Themen aller Religionen und Mythen. Nach der Übersetzung aus dem Lateinischen bedeutet Religion etwas *rücksichtsvoll und gewissenhaft Beachtendes* sowie auf das *Eigentliche, den Kern Zurückführendes*.
Der Sinn und ihre Existenzberechtigung sind bei allen Religionen eng verknüpft mit ihrem Bemühen um des Menschen „Seelenheil".
Schon die Vorstellung von einer (immateriellen) Seele beinhaltet und erfordert etwas *Transzendentes*, etwas Durchscheinendes aus einer anderen Dimension oder Welt, das es besonders hoch zu achten und gewissenhaft zu bewahren gilt.
Zwar sind die Zeugnisse von den Vorstellungen unserer artgenössischen Vorfahren und der nächsten menschlichen Verwandten (z.B. Neandertaler) von irgendeiner Form nachtodlicher Existenz erst wenige zehntausend Jahre alt und zeigen sich etwa in liebevollen Bestattungsriten oder durchaus anspruchsvollen Höhlenmalereien.
Von noch früheren Generationen fehlen uns bislang entsprechend eindeutige, gut erhaltene Funde. Wir sollten daraus aber nicht vorschnell schließen, der Mensch habe davor nicht ähnliche Gedanken gehegt. So lebte vor etwa einer halben Million Jahren der sogenannte Pekingmensch. Aus den spärlichen Funden seiner Existenz wissen wir zum Beispiel, dass er die Köpfe seiner verstorbenen Mitmenschen auf sehr systematische Weise abgelöst hatte. Warum das so war, weiß man zwar nicht genau. Man kann jedoch vorsichtig schließen, dass er sich schon damals seiner Toten sehr sorgfältig entledigen wollte, zumal man inzwischen weiß, dass in späteren Kulturen die abgetrennten Schädel anschließend separat und aufwändig beerdigt wurden. Das separate Bestatten der Köpfe, wie auch die früher bei Verstorbenen oft durchgeführten Fensterungen ihrer Schädelknochen, deuten auf den schon immer vorhandenen Glauben an eine immaterielle Seele hin, der man so den Austritt aus dem Kopf erleichtern wollte.
In der etwa 60.000 Jahre alten *Shanidar-Höhle* im heutigen *Irak* fand man klare Hinweise darauf, dass die Toten dort sehr liebevoll auf blühenden Kräutern zur letzten Ruhe gebettet wurden. Die amerikanische Religionswissenschaftlerin

Carol Zaleski[1] spricht in diesem Zusammenhang von einer schon vor vielen tausend Jahren verbreiteten, regelrechten „Bestattungsindustrie".
Ich bin davon überzeugt, dass die Menschwerdung primär eine Art „geistiger Akt" ist, der erst sekundär zu den typisch menschlichen Körperattributen, wie z.b. dem aufrechten Gang, führte. Ich glaube auch, dass bereits jedes Leben an sich primär etwas Geistiges ist und immer dann funktioniert, wenn organische Strukturen hinreichender Komplexität aufgebaut sind: Auch ein Radio empfängt noch nicht, wenn ihm einige Bauteile fehlen. Ist es aber vollständig und korrekt zusammengebaut, empfängt es nach dem Einschalten automatisch. Ich werde versuchen plausibel zu zeigen, dass Geist und Materie ganz einfach zwei polarsymmetrische Seiten ein und derselben Medaille „Welt" sind. Anders gesagt: Sie sind einander spiegelbildlich und gegensätzlich. Zugleich bedingen sie sich gegenseitig, d.h. das eine entsteht aus dem anderen in dem Moment, wo dafür Stück für Stück die jeweils nötigen Voraussetzungen geschaffen worden sind.
Genau wie das *Leben* ist auch der *Geist* anfangs zunächst ziemlich wenig entwickelt, d.h. undifferenziert und unspezifisch. Im Verlauf der Geschichte entwickelt sich lebende Materie konsequent und zielstrebig zu immer höherer Ordnung. Ganz besonders gilt das für das allem Leben schon früh innewohnende Zentrale Nervensystem (ZNS). Das ZNS ist durchweg klar strukturiert und streng hierarchisch abgestuft. Nach meinem Dafürhalten wird es schließlich zur zentralen Konstante der Evolution allen Lebens. Dazu später mehr.
Mit der Entwicklung des ZNS einher geht nach und nach eine immer größere geistige Vervollkommnung. Diese wiederum führt zu einer immer feineren und stärkeren Differenzierung eines wachsenden Anteils des, wie ich glaube, real existierenden (Welt-)Geistes, einem immateriellen, weltumspannenden und alles durchdringenden Informationsfeld. Durch ständige Interaktion zwischen ihm und den hierfür empfänglichen Strukturen des ZNS entstehen auf Basis einer ständigen Rückkopplung letztlich auch immer komplexere und perfektere Körper und Körperorgane. Am allerdings wohl nur vorläufigen Ende dieser Entwicklung auf unserer Erde steht der Mensch *(Anthropisches Prinzip)*.
Das Werkzeug der menschlichen Hand oder sein aufrechter Gang sind demnach charakteristische *Folgen* der Menschwerdung, aber nicht ihre eigentlichen Ursachen. Als zentrale Begleiterscheinung seiner geistigen Entwicklung keimt beim Menschen schließlich auch seine dann allgegenwärtige „intuitive Überzeugung", dass dieser „geistige Kern" seinen körperlichen Tod am Ende überleben wird.
Erst viel später führte das nun gereifte, selbständige, und bewusst gesteuerte Denkvermögen langsam zur Infragestellung dieser frühen intuitiven Einsicht. Diese Zweifel sind inzwischen besonders groß, da man heute vor allem glaubt, man dürfe sich allein auf das sinnlich Erfahrbare berufen. Darunter versteht man alles, was wir mit unseren *materiellen* Instrumenten, z.B. mit Augen, Ohren,

---

[1] Carol Zaleski, „Nah-Todeserlebnisse und Jenseitsvisionen" (1995)

Nase, Zunge und Händen erfassen und aus den „Zutaten" unserer *materiellen* Umgebung, also stets innerhalb desselben Systems, als technische Hilfen für unsere Beobachtungen und Messungen erschaffen. So aber ist man gar nicht in der Lage, mehr als bloß rein *Materielles* zu erkennen. Wir können mit unseren Sinnen unsere Welt tatsächlich nur ausschnittsweise erfahren. *Immanuel Kant (1724-1804)* hat deshalb in den 1780er Jahren darauf hingewiesen, dass wir uns keineswegs allein auf das sinnlich Erfahrbare – heute würden wir besser von naturwissenschaftlichen Beobachtungen sprechen – verlassen dürfen. Kant forderte, die jedem Menschen innewohnende individuelle Vernunft zu benutzen, um die Ergebnisse unserer Sinneserfahrungen so erst ins rechte Licht zu setzen. Man muss sie auch im großen Zusammenhang betrachten und gegebenenfalls relativieren. Unsere Vernunft ist jedoch nicht selbst sinnlich erfahrbar und ganz offensichtlich doch real existent. Für Kant beweist sie deshalb die Existenz des Geistigen, das die materielle Erfahrungswelt transzendiert.

Der aus Prinzip ungläubige, allein auf sinnliche Wahrnehmung abstellende und jede Intuition und seine immaterielle, reale Vernunft leugnende Mensch tapst aber, so meine ich, aufgrund einer falsch verstandenen „Emanzipation" seines Denkens, auf der Leiter seiner eigenen geistigen Evolution herunter und nicht weiter hinauf.

Prähistorische Schamanen haben sich schon vor vielen tausenden von Jahren in Trance auf Reisen begeben und dabei andere, geistige oder traumartige Welten aufgesucht. Durch ihre Fähigkeit zur Ekstase seien sie, so die Überlieferungen, fähig gewesen, allein durch ihren Willen ihre Körper zu verlassen und mystische Reisen durch den Kosmos zu unternehmen. Manch ein Schamane soll in der Lage sein, die Seelen Verstorbener zu begleiten oder zu besuchen und Verbindungen zwischen Himmel und Erde herzustellen, um so auch dem irdisch verkörperten Menschen zum Beispiel bei Krankheiten zu helfen. Vieles mag Legende sein, manches auch plumpe Täuschung. Alles zusammen haben die Erzählungen von solchen Traum- und Jenseitsreisen über Generationen hinweg zu einer ungeheuer vielfältigen Mischung, einem Sammelsurium aus Fakten und Erzählungen, Legenden und Märchen geführt. Weitere Zutaten im Laufe der Zeit wurden sicher politische, ethische und moralische Vorstellungen und Forderungen manch mächtiger Gruppen und Staatslenker.

Daraus entwickelten sich die verschiedensten gesellschaftlichen und kulturellen Anschauungen, Mythen und letztlich auch die großen Weltreligionen.

Immer und überall und schon zu allen Zeiten kreiste dabei alles um immer dieselben drei zentralen Dreh- und Angelpunkte:

Erstens geht es um die Frage nach einem Schöpfergott, einer schöpferischen Kraft, einer schöpferischen Dimension oder auch um mehrere, hierarchisch oder familiär gegliederte Götter und Gottheiten, die dem Menschen *überlegen* sind.

Zweitens findet sich in allen Religionen stets eine geistige Dimension, die von der sinnlich wahrnehmbaren materiellen Ebene zu unterscheiden ist. Als Mensch ist man selbstverständlich bereits Teil auch dieses geistigen Bereichs.

Drittens gibt es schließlich immer eine konkrete Vorstellung von irgendeiner Form der Fortexistenz nach dem eigenen Tod.
Auch wenn sich die verschiedenen Kulturen in ihren konkreten Vorstellungen von einer nachtodlichen Existenz erheblich unterscheiden, das Prinzip des Überlebens des eigenen Todes ist ihnen allen gleich.
Dies fasst *Jakob Ozols*, Professor für Vor- und Frühgeschichte, wie folgt zusammen: *„Nach dem Tode trennt sich die Seelengestalt von dem Körper und führt ihr eigenes, weitgehend vom Körper gesondertes Leben weiter .... Sie [die Seele] kann mühelos große Entfernungen überwinden ... Sie ist auch nicht mehr an eine bestimmte Zeit gebunden, und sie kann wie das Vergangene so auch das Zukünftige erleben."*
Nicht nur die Seele eines Toten, auch die eines Lebenden könne das nach übereinstimmender Ansicht früher Kulturen grundsätzlich bereits in ähnlicher Weise. Hierzu wieder *Jakob Ozols*: *„Bei Lebenden verlässt sie den Kopf nur nachts oder in außerordentlichen Situationen, wie plötzlichem Erschrecken, schwerer Krankheit oder bei besonderen Zuständen wie in der Trance und Ekstase. Die Seelengestalt darf aber nicht lange ausbleiben. Wenn sie nicht bald zurückkehrt, wird der Mensch krank, er ist vielen Gefahren ausgesetzt, und bei längerer Abwesenheit der Seelengestalt muss er sogar sterben ... Sie kann ferner die Seelengestalten längst verstorbener Menschen treffen, Geistern begegnen und ungewöhnliche Abenteuer bestehen."*

Im antiken Orient führten die Toten eine Art stummes Schattenleben. Im alten Testament klagt *Hiob* darüber, dass es ihm in seinem kurzen Leben nicht besser gehe, da er doch bald wieder ins Land der Finsternis und des Dunkels eingehen müsse.[2]
Ähnlich dachten auch die alten Griechen. Nach *Homer* scheidet sich nach dem Tod die *Psyche* vom *Körper* ab. Doch für ihn entspricht die Psyche nicht der heutigen Vorstellung von einer *Seele*: In ihr sieht er nur eine Art *Hauch*, ein quasi bedeutungsloses Erinnerungsbild oder einen Schatten, der rastlos in der Unterwelt, dem *Hades*, umherzieht, sich aber durchaus noch den Lebenden zeigen kann.
Somit sind auch die Toten, denen *Odysseus* auf seiner Fahrt begegnet, außerordentlich trostlose Gestalten, und der Schatten *Achills* klagt, dass sogar ein Dasein als Sklave auf Erden der Herrschaft über das ganze Totenreich

---

[2] Die Bibel, Altes Testament, Hiob 10.20-22: „Sind nicht wenig meiner Tage, und aufhörend? So steh' ab von mir, dass ich mich ein wenig erheitere, bevor ich gehe, um nicht wieder zu kommen, in ein Land der Finsternis und des Todesschattens, ein Land, verschleiert wie das Dunkel; Todesschatten sonder Ordnung, wo es wie das Dunkel leuchtet."

vorzuziehen sei. Allerdings könnten die toten Seelen durch das Trinken von Opferblut ihr Bewusstsein zeitweilig wiedererlangen. Dieses Bild ändert sich jedoch im fünften Jahrhundert vor Christus, vermutlich unter dem Einfluss eines ganz anderen Jenseitsbildes der alten Ägypter. Ein klassisches Indiz dafür sind die luxuriösen Grabkammern in den riesigen Pyramiden. Sie symbolisierten die kosmische Hierarchie und den Aufstieg in andere Dimensionen. In ihre Grabkammern legte man den verstorbenen Pharaonen alles, was man in einem jenseitigen Leben gebrauchen können sollte. Mit Hilfe von allerlei Beschwörungsformeln und Gebeten, die man in großer Vielzahl in die Wände eingraviert hatte, wurde es so dem Verstorbenen erleichtert, in die Gesellschaft der Gottheit(en) aufzusteigen und schließlich mit *Osiris*, dem Totengott, zu verschmelzen. Im Jenseits kam es zum Gericht über das eigene Leben: Der Verstorbene wurde nach der Sittlichkeit seiner Handlungen und auch nach der Ernsthaftigkeit seiner rituellen Todesvorbereitungen beurteilt. Dem Gericht folgten dann Belohnung oder Strafe. Das jenseitige Leben unterschied sich für die für gut befundenen grundsätzlich kaum von ihrem diesseitigen. Im Gegenteil, im Totenreich erlangte der Verstorbene Zugang zu allen erdenklichen Vergnügungen und allem Schönen, aber auch zu dem Wissen der ganzen Welt und zum Geheimnis der Zeit. Diese Vorstellungen wurden zur Grundlage für den späteren christlichen Glauben an die Existenz eines *Himmels*, aber wohl auch für den Islam, denkt man nur an die naiven Gedanken an das Paradies als Belohnung für die erfolgreiche Verbreitung des Islam selbst mit kriegerischen – oder nach Ansicht mancher Fundamentalisten – mit terroristischen Mitteln.
Daneben gab es aber auch ein Schreckensreich des Todes, in das die Schlechten kamen und natürlich mit allen Mitteln versuchten, wieder zu entkommen. Wenn ihnen das nicht gelang, so starben sie später noch einen zweiten, dann endgültigen Tod. Diese altägyptische Vorstellung prägte viel später den christlichen und islamischen Glauben an die Existenz einer *Hölle*. Sie beeinflusste auch nachhaltig das griechische Bild von Tod und Jenseits. Die ehemals schattenhaft bedeutungslose Psyche wird nun aufgewertet: Sie wird zu einem unabhängigen Träger der persönlichen menschlichen Identität. In dieser Zeit tritt wohl auch erstmals der Glaube an die *Reinkarnation* auf, also die Seelenwanderung mit immer neuer *fleischlicher* Wiedergeburt.
Das Leben im Jenseits war nun auch für die Griechen maßgeblich bestimmt durch das diesseitige Handeln. Man unterschied den Geist, der sich nach dem Tod mit dem *kollektiven* Weltgeist verband, von der *individuellen* Seele. Sie gelangte nach dem Tod in das trostlose Schattenreich der Unterwelt, den *Hades*. Erst in der spätgriechischen Antike unterschied man zwischen dem Abstieg der Seelen der Verstorbenen in den Hades einerseits und ihren Aufstieg in höhere geistige Dimensionen andererseits. Und so kam es, dass für die spätantiken griechischen *Gnostiker* bereits die *leibliche Geburt* als Abstieg in die Unterwelt gedeutet wurde, von der aus es bei entsprechend gutem Verhalten nur noch die Möglichkeit des Aufstiegs gab.

Die Römer hatten keinerlei eigene Jenseitsvorstellungen. Sie orientierten sich mehr an den Sichtweisen ihrer Nachbarn, besonders denen von Griechen und Etruskern. Man ehrte aber die Verstorbenen, weil man es für möglich hielt, dass sie irgendwie auch nach ihrem Tod mit den Lebenden in Verbindung blieben.
Besonders in intellektuellen Kreisen spielten Jenseitsvorstellungen kaum eine Rolle und man glaubte gemeinhin auch nicht daran, für seine Handlungen nach dem eigenen Tod mal belohnt oder bestraft werden zu können. Allerdings hielt man solcherlei Überlegungen für sehr willkommene Mittel in der Politik, andere nach eigenem Belieben zu beeinflussen.
Auch die Wurzel von Christentum und Islam, das Judentum, wartete zunächst nicht mir eigenen detaillierten Jenseitsvorstellungen auf.
Wohl gab es das *Scheol*, ein Schattenreich der Toten, das sich vom irdischen Leben diametral unterschied. Erst viel später gewann die Lehre von einer „Auferstehung des Leibes" immer mehr an Bedeutung. Sie wurde in ein „messianisches Zeitalter" gelegt und die Zeit im Grab wurde zu einer Art „Wartephase" darauf. Auch eine Seele kommt später ins Gespräch. Sie durfte, wenn sie im Leben gut war, bis zur „endgültigen Entscheidung" im himmlischen Paradies auf ihre spätere Auferstehung warten.
Eine böse Seele musste dagegen in die Hölle *(Deschehenna)*. Diese Wendung im Judentum ist wohl vor allem auf den Einfluss jüdischer Mystiker zurück zu führen, etwa den Vertretern der *Makkaba-Mystik*, einer esoterischen Bewegung, die sich in Palästina und Babylon innerhalb des rabbinischen Judentums entwickelte.[3]
Offenbar, so schreibt *Carol Zaleski*, fand man an dieser rabbinischen Literaturgattung großen Gefallen, was dann auch zu einer Ausschmückung von Legenden der biblischen Propheten und Herrscher führte. Beispielsweise wurde so Moses' Vision vom *Gelobten Land* in den *Midrasch-Texten* des Mittelalters zu einer kompletten Reise durch Himmel und Hölle. Sie dürfte auch der Nährboden der berühmten *„Göttlichen Komödie"* des italienischen Dichters *Dante Alighieri (1265-1321)* gewesen sein.
Immer waren „Jenseitsreisen" der eigentliche Ausgangspunkt der detaillierteren Jenseitsvorstellungen. Von einigen Auserwählten wurden sie bei zumeist völliger Gesundheit erlebt, also ohne dass sie in Todesnähe geraten mussten. Daher wäre der Begriff „Bewusstseinsreisen" vielleicht zutreffender.
Sie ähneln jedoch in vieler Hinsicht den „echten" Nahtoderfahrungen (NTE), von denen sehr viele Menschen in Todesnähe berichten und auf die ich ja noch ausführlich eingehen werde. Deshalb belasse ich es an dieser Stelle bei dem durchaus zweideutig zu verstehenden Begriff der „Jenseitsreisen".
Durch das Weitererzählen über viele Generationen hinweg wurden sie selbst zu Legenden und im Laufe der Zeit mit anderen Legenden verwoben. Dadurch entstanden weitere und entscheidende Bausteine komplexer religiöser Lehren.

---

[3] Scholem, G.G., „Die jüdische Mystik in ihren Hauptströmungen" (1967)

Solcherlei findet sich in allen Kulturen. Keltische Legenden über Reisen in Länder „unterhalb der Wellen" oder „oberhalb des Nebels" zeugen davon genauso wie zum Beispiel germanische Sagen über *Hel* und *Walhall*[4]. Eine irisch-keltische Geschichte erzählt von der Seele eines Verstorbenen, die vor ihrem Aufbruch in „die andere Welt" noch einmal auf ihren leblosen früheren Körper blickt und ihn ein letztes Mal mit den Worten küsst: „Hab Dank, dass du mich beherbergt hast und so lange so gut zu mir warst".

Und in einem Buch aus der persisch-zarathustrischen Welt erzählt *Arda Viraz* von einem Priester, der freiwillig ein Narkotikum einnimmt, um sich auf eine Reise in die andere Welt zu begeben[5].

Dass man aus dem alten Testament der Bibel kaum etwas über Jenseitsreisen erfährt, bedeutet deshalb nicht, dass es sie im Judentum nicht gegeben hat. Sie finden sich nur nicht in den „legitimierten", sog. kanonischen Schriften, dafür aber nicht minder zahlreich in den verborgenen Überlieferungen, den sog. *Apokryphen*.

So wurde vor allem die ausführliche Beschreibung der Jenseitsreise eines Nachfahren *Adams*, die des *Henoch*, berühmt:

Das (apokryphe) äthiopische Buch Henoch schildert dessen Jenseitsreise: *„....Sie nahmen mich fort und versetzten mich an einen Ort, wo die dort befindlichen Dinge wie flammendes Feuer sind, und wenn sie wollen, erscheinen sie wie Menschen. (...) Ich sah die Örter der Lichter, die Vorratskammern der Blitze und des Donners und in der äußersten Tiefe einen feurigen Bogen. (...) Sie versetzten mich an die lebendigen Wasser und an das Feuer des Westens, das die jedes Mal untergehende Sonne empfängt. Ich kam bis zu einem Feuerstrome, dessen Feuer wie Wasser fließt und der sich in ein großes Meer im Westen ergießt. (...) ... drei Räume sind gemacht, um die Geister der Toten zu trennen; und so ist eine besondere Abteilung gemacht für die Geister der Gerechten da, wo eine helle Wasserquelle ist...."*

Zu den nichtkanonischen Schriften wird auch die Erzählung von der „Himmelfahrt des Jesaja" gerechnet, wo es, wie Stefan Högl schreibt, am Ende heißt: *„Und der Engel, der mich führte, fühlte, was ich dachte, und sprach: Wenn du dich schon über dieses Licht freust, wie vielmehr, wenn im siebentem Himmel du das Licht sehen wirst, wo Gott und sein Geliebter ist, woher ich gesandt worden bin, der in der Welt Sohn genannt werden soll. (...) Denn das Licht daselbst ist groß und wunderbar."*

Einige Religionen sind vermutlich überhaupt erst durch die innere „geistige Wandlung" ihrer Stifter entstanden, die nach den Überlieferungen wohl typische Merkmale von Jenseitsreisen erlebt zu haben scheinen. Beispielhaft hierfür können wohl auch der Islam und der Buddhismus angeführt werden.

---

[4] H.R. Patch, "The Other World, According to Descriptions in Medieval Literature" (1970)
[5] Martin Haug et al., "The Book of Arda Viraf" (1872)

Der *Islam* geht auf den Propheten *Mohammed (ca. 570-632)* zurück, ein in Mekka geborener arabischer Kaufmann, der um 610 n.Chr. vermutlich infolge von Jenseits- bzw. Bewusstseinsreisen direkt von Gott *(Allah)* Botschaften empfangen haben will und daraus zunächst in Medina seine Lehre entwickelte. Nach *moslemischer* Auffassung sind die ihm zuteil gewordenen Offenbarungen der endgültige und absolute Ausdruck des göttlichen Willens. Die islamische Lehre ist im *Koran* niedergeschrieben und soll unter allen Menschen verbreitet werden. Von dieser missionarischen Vorstellung leitet sich auch der Begriff vom „heiligen Krieg" ab, dem *„Jihat"*, der in seinem Ursprung aber keineswegs kriegerisch gedacht war.

Auch die islamischen Jenseitsvorstellungen ähneln denen des Christentums: Der Tod ist nicht mehr das wirkliche Lebensende, sondern nur eine Zeit des Übergangs von einem vergänglichen irdischen Leben in ein dauerhaftes ewiges Leben. Der Verstorbene wird schon bald nach seinem Tod durch die Engel *Mungkar* und *Nakir* verhört, wobei er seinen Glauben an Allah beweisen muss. Deshalb wird der Moslem traditionell ohne Sarg und nur in einem Leichtuch verhüllt beerdigt; denn sonst wäre es den Engeln nicht möglich, ihn zum Verhör zu wecken. Nach dem Verhör – und damit kommt das jüdisch-christliche Element zur Geltung – darf er ruhen bis zum „Jüngsten Tag".

An diesem wird auch im Islam zwischen Guten und Bösen getrennt: Die Guten landen im Paradies, die Schlechten in der Hölle ewiger Verdammnis. Im Unterschied zum Nicht-Mohammedaner, dem Ungläubigen, wird sich Allah dem gläubigen Mohammedaner jedoch irgendwann erbarmen und ihn so doch noch von seinen Höllenqualen befreien.

Siddharta Gautama, genannt *Buddha* oder „der Erleuchtete", war ursprünglich ein reicher Prinz im heutigen Nepal. Mehr als 500 Jahre v.Chr., wurde er erst als junger Erwachsener mit Armut, Krankheit und Tod konfrontiert, Dinge, die ihm bis dahin völlig unbekannt waren. Aufgrund dieser Schlüsselerlebnisse nahm er den Status eines *hinduistischen* Bettelmönchs an. Ausgedehnte Meditationen, die auch ihn zu einer Reihe von Jenseitsreisen verholfen haben sollen, wandelten sein Innerstes ganz fundamental. Mit seinen Vorstellungen begründete er eine neue, aus dem Hinduismus hervorgehende Religionslehre, den Buddhismus.

Sowohl in den hinduistischen Traditionen Indiens und des Fernen Ostens, wie auch im Buddhismus, lässt sich eine beeindruckende Anzahl von Jenseitsreisen nachzeichnen.[6] In seiner berühmten Feuerpredigt vergleicht Buddha das Leben mit einer Flamme, die immer weiter brennt, da sie durch die drei Fehler, Begierde, Hass und Verblendung, stets wieder neu angefacht wird. Der Mensch müsse sich daher hiervon abwenden, um ins *Nirwana*[7] zu gelangen und damit dem sich ständig wiederholenden Kreislauf von Geburt, Tod und Wiedergeburt

---

[6] z.B. Edward Conze, „Buddhist Scriptures" (1959)
[7] siehe auch Glossar

zu entfliehen. Für Buddha ist dieser Kreislauf die logische Folge aus der Beobachtung, dass alles Sichtbare des Universums kommt und vergeht, um dann in anderer Form wieder neu aufzutreten. Damit baut er auf den damals schon bekannten, spät-hinduistischen Vorstellungen auf. Doch im Gegensatz zu einer landläufigen westlichen Auffassung ist das Nirwana keineswegs der Zustand des „Nichts", sondern vielmehr der seliger Erlösung, des höchsten Glücks oder auch ewiger und unveränderlicher *Seelenruhe*. Dabei befindet man sich im Zustand einer dauerhaften, ruhigen und zugleich glücklichen Stille des (selbst-) bewussten Gemüts. Buddha selbst weist im *Suttapitaka* den Gedanken strikt zurück, im Nirwana sei das Ende des Seins erreicht.

Auch im Buddhismus wimmelt es nur so von Himmelsparadiesen: Beispielhaft hierfür sei das „Reine Land von Amitabha" genannt, das voll ist von mit kostbaren Edelsteinen geschmückten Bäumen und lieblich duftenden Flüssen. In ihm gibt es aber auch feurige Höllen, wo Sünder an Ambosse gekettet und von breit grinsenden Teufeln geröstet werden.[8]

In den *Upanischaden*, den heiligen Texten der hinduistischen Tradition Indiens, finden sich ebenfalls viele Geschichten über den Abstieg ins Totenreich. Solche Wanderungen helfen auch bei der Läuterung der Lebenden, um damit ihren Kreislauf der ständigen Wiederkehr beenden zu können.[9]

Eine einzigartige und zugleich sehr detaillierte Jenseitsversion liefert das *Bardo Thodöl* oder *Bar do thos grol*, besser bekannt als das *Tibetanische Totenbuch* des tibetischen Buddhismus, dem *Lamaismus*.

Zwar ist es nur eins von vielen Zeugnissen für eine nachtodliche Existenz – ich schätze aber, es ist das bekannteste. Dabei ist es dem altägyptischen Totenbuch recht ähnlich und beschreibt sehr genau den Weg des Bewusstseins vom Sterben, über verschiedene Phasen des eigentlichen Totseins in einer Art „Zwischenreich", bis hin zur nachfolgenden Reinkarnation, also der fleischlichen Wiedergeburt in einem neuen irdischen Leben.

Wie in fast allen anderen Mythen und Religionen auch wird der Verstorbene, nachdem ihm langsam sein körperlicher Tod bewusst geworden ist, mit den Taten und Untaten seines zurück liegenden Lebens konfrontiert. Zu den wesentlichen Prinzipien dieser Sphäre, dem „Bardo des Erlebens der Wirklichkeit", gehört auch die Erkenntnis, dass das Denken in der Lage ist, Wirklichkeit und Erfahrung zu schaffen. Jeder Gedanke wird zu einer vollständigen und totalen Erfahrung. Aus dieser Sicht werden Himmel und Hölle zu nachtodlichen Zustandsbildern seiner selbst. Nach dem Motto, „Gleiches zu Gleiches gesellt sich gern", erleben verwandte Seelen diesen Zustand gemeinsam.

---

[8] Edward Conze, „Buddhist Scriptures" (1959)
[9] z.B. Radhakrishnan, "The Principal Upanishads" (1953)

Eine weit verbreitete Kernthese des christlichen Glaubens ist auch heute noch die von den Kirchen wörtlich genommene, sinnlich erfahrbare, fleischliche Auferstehung des Menschen am „Jüngsten Tag", dem Tag des großen Gerichtes durch Gott. Dafür gibt es sicher mehrere Ursachen. Zum einen gründet sie auf denselben Vorstellungen der schon auf den persischen Propheten *Zarathustra* zurückgehenden Religion des *Zoroastrismus*, ungefähr 600 v.Chr. Ihre heilige Schrift, das Avesta, spricht bereits von einer Auferstehung der Seele wie auch der des Leibes. Später wird die Weltvollendung als Zeitpunkt benannt: *„Der Ruhmesglanz ist es, der dem Weisen Herren eigen ist, damit der Weise Herr die Geschöpfe erschaffe, die vielen und schönen, die vielen und vortrefflichen, die vielen und wundervollen, die vielen und strahlenden; damit sie das Leben wundervoll machen, nicht alternd, nicht sterbend, nicht verwesend, nicht faulend, ewig lebend, ewig gedeihend, so dass freies Belieben herrscht. Wenn die Toten wieder auferstehen werden, für die Lebenden Vernichtungslosigkeit kommen wird, dann wird er die Existenz nach seinem Willen erneuern".* Der Religionswissenschaftler *Hans-Joachim Klimkeit* fasst die Endphase dieser Auferweckung wie folgt zusammen: *„...schließlich die freudige gegenseitige Begrüßung aller guten Menschenseelen, die sich jetzt auch wieder mit ihrem Leib vereinigen können. Sie gehen ins Lichtreich des Weisen Herren zu einem unsterblichen und ewigen Leben ein".*[10]

Daneben basiert der Glaube an eine fleischliche Auferstehung vermutlich auf zeitgenössischen jüdischen Vorstellungen. Er wird dann quasi rückwirkend bewiesen durch die Erzählung von der Auferstehung Jesu Christi am dritten Tag nach seiner Kreuzigung.

Hierdurch gibt es in der katholischen Dogmatik das Problem des „leeren Grabes" Jesu, das ja durch mehrere Zeugen belegt sein soll.

Der Würzburger Theologieprofessor *Otmar Meuffels* wies jedoch auf einer Vortragsveranstaltung der Domakademie Würzburg[11] im Oktober 2001 darauf hin, dass die biblische Geschichte „vom leeren Grab Jesu" in den ältesten Auferstehungszeugnissen[12] gar nicht erwähnt wird. Vielmehr sei sie wohl eine *„gemeinsysnoptische Ostererzählung, die die Auferstehungsbotschaft voraussetzt und ihren zentralen Inhalt veranschaulichen soll...*[13] *Die Geschichten vom leeren Grab dienen als sekundäre Versinnbildlichung der Verkündigung der dem Glauben evidenten Erfahrung des lebendigen Gottes. Sie sind Zeugnisse dafür, wie der Glaube seine Heils-/Auferstehungserfahrung sinnhaft deutet, und keine historisch beweisbaren Tatsachenberichte."*

Ohnehin ist in der populären, d.h. der *veranschaulichten* Lehre des Christentums eine Dreiteilung jenseitiger Ebenen schon immer präsent: Es gibt Himmel, Hölle

---

[10] Klimkeit, H.J., „Der iranische Auferstehungsglaube. Tod und Jenseits im Glauben der Völker" (1978)
[11] Auch mir war es vergönnt, anlässlich dieser Tagung vom 03.10.2001 einen Vortrag mit dem Titel, „Wer stirbt ist nicht tot", halten zu dürfen.
[12] Die Bibel, 1. Korintherbrief 15.03-05
[13] Die Bibel, Markusevangelium 16.06

und Fegefeuer, in dem die Seelen offenbar die Zeit bis zum Jüngsten Tag, dem des hohen Gerichtes, je nach Lebenseinstellung verbringen durften, bzw. mussten. Und längst ist der Himmel bis dahin ein Ort der Engel und Heiligen und ebenso natürlich von Gott selbst.

Ein auch nach meiner Auffassung typisches Beispiel für den Erwerb nachtodlicher Glaubensperspektiven mit Hilfe von „Bewusstseins- oder Jenseitsreisen" stellt wohl der Apostel *Paulus* dar. Zunächst verfolgte er, damals noch *Saulus*, die Christen[14]. Später aber wurde er ein glühender Verehrer Jesu Christi und der christlichen Lehre[15].

Es ist stark anzunehmen, dass Paulus selbst ein Nahtodeserlebnis hatte, das zu einer „Jenseitsreise" führte, wodurch er zu einer ganz neuen Sichtweise der Dinge fand. Im zweiten Brief an die Korinther berichtet er davon. Er hielt es wohl für besser, sich selbst nicht damit in Verbindung zu bringen, weshalb er in dritter Person spricht (12.01-04):

„... *Ich kenne einen Menschen in Christus, der vor vierzehn Jahren – ob im Leibe, das weiß ich nicht, oder außer dem Leibe, das weiß ich nicht, Gott weiß es – bis zum dritten Himmel entrückt wurde. Und ich weiß, dass der betreffende Mensch – ob im Leibe, das weiß ich nicht, oder außer dem Leibe, das weiß ich nicht, Gott weiß es – ins Paradies entrückt wurde und unsagbare Worte vernahm, die einem Menschen auszusprechen versagt sind.*"

Hervorzuheben ist hier natürlich die zweifache Wiederholung des Einschubs „*ob im Leibe, das weiß ich nicht, oder außer dem Leibe, das weiß ich nicht, Gott weiß es*". Nach meiner Auffassung dürfte dies auf eine verbreitete und verständliche Unsicherheit aller „Jenseitsreisenden" zurückzuführen sein: Die Betroffenen empfinden sich ausnahmslos auch weiterhin als „körperlich intakt". Dennoch scheinen sie zu merken, dass sie es im herkömmlichen, d.h. im für sie bislang bekannten irdisch fleischlichen Sinne gar nicht mehr sind.

Nach früher urchristlicher Auffassung scheint das Leben also keineswegs mit dem Tod zu enden und auch nicht nur zunächst, d.h. bis zu einem „Jüngsten Tag", zu „pausieren". Dies belegt sogar Jesus Christus selbst, als er nach seiner Kreuzigung auf Golgatha einem seiner beiden Leidensgenossen zurief[16]: „*Wahrlich, ich sage dir: Heute (noch) wirst du mit mir im Paradiese sein*".

Was Jesus' Auferstehung betrifft, kann uns der Apostel Paulus jetzt einmal mehr entscheidend weiterhelfen. Damit fügt sich auch die christliche Auffassung ganz harmonisch in eine anscheinend *weltweit identische, urmenschliche* Sichtweise ein: Dem *körperlichen* Tod des Menschen folgt danach *unmittelbar* eine Daseinsform des eigentlich wahren, und zwar *geistigen* Lebens: Auf die Frage

---

[14] z.B. in der Bibel, 1. Brief des Paulus an die Korinther, 15.09: „Bin ich doch der geringste unter den Aposteln, der ich unfähig bin, Apostel zu heißen, weil ich die Kirche Gottes verfolgte."
[15] Die Bibel, 1. Korintherbrief 15.10: „Aber durch Gottes Gnade bin ich, was ich bin, und seine mir geschenkte Gnade ist nicht unwirksam geblieben..."
[16] Die Bibel, Lukasevangelium 23.43

nach dem „*Wie*" der Auferstehung[17] antwortet Paulus im ersten Brief an die Korinther u.a. (15.42-47):
„*... so verhält es sich auch mit der Auferstehung der Toten. Gesät wird in Verweslichkeit, auferweckt in Unverweslichkeit. ... Gesät wird ein sinnenhafter Leib, auferweckt ein geistiger Leib. So gut es einen sinnenhaften Leib gibt, gibt es auch einen geistigen... Aber nicht das Geistige kommt zuerst, sondern das Sinnenhafte, dann das Geistige. Der erste Mensch ist aus Erde, ist Staub; der zweite Mensch stammt aus dem Himmel.*"
Dies scheint mir eines von vielen Zeugnissen, das zeigt, dass der frühe christliche Glaube unter der „Auferstehung der Toten" tatsächlich wohl eher eine Art „Wandlung" verstand – und zwar die Wandlung von einer materiellen Identität in eine geistige, die ihm jedoch zuvor auch schon anhaftete, weil sie ihm von Gott als seine (eigentliche) „Gestalt" gegeben ist.
Diese Interpretation ergibt sich, wie ich glaube, ebenfalls sehr schön aus der folgenden Passage, die wieder aus dem ersten Korintherbrief des Apostels Paulus stammt (15.35-37):
„*... mit was für einem Leibe kommen sie?* (Anm. von mir: Die Toten) *Du Tor! Was du säst wird nicht lebendig, wenn es nicht stirbt. Und was du säst hat noch nicht die Gestalt, die entstehen wird; es ist nur ein nacktes Samenkorn... Gott gibt ihm die Gestalt, die er vorgesehen hat, jedem Samen eine andere.*"
Der irdische Körper wird, so Paulus, zum Zeitpunkt des Todes von einem himmlischen Körper, dem geistigen Leib, abgelöst.
Zudem findet sich in diesem Abschnitt ein Zeugnis für das Geistige jeden Lebens. Materie *lebt* nicht aus sich selbst heraus. Der Tod wird also auch in der christlichen Tradition zur Scheide zwischen zwei unmittelbar angrenzenden und ineinander übergehenden Dimensionen des *Lebens*, der vor- und der nachtodlichen. Erneut ist es Paulus, der, diesmal in seinem Brief an die Philipper, davon ziemlich eindeutig Zeugnis ablegt (01.21-24):
„*Denn für mich ist das Leben Christus und das Sterben Gewinn. Gilt es aber, weiterzuleben im Fleische, so bedeutet mir das ein fruchtreiches Schaffen, und so weiß ich nicht, was ich vorziehen soll. Es zieht mich nach beiden Seiten hin. Ich habe das Verlangen, aufzubrechen und mit Christus zu sein; denn das wäre weitaus das Bessere; das Verweilen im Fleisch aber ist notwendiger um euretwillen*".

Viele Christen nehmen jedoch nur das lange gehegte, aber dennoch nicht aktuelle institutionelle Dogma der katholischen Kirche wahr, wonach der Tod erst einmal das Ende eines jeden bedeutet und irgendwann, eben am „Jüngsten Tag", die Auferstehung folgen soll. Ein christlicher Priester beerdigt heute den Verstorbenen mit den Worten „*aus Staub bist du und zu Staub wirst du.*" Die Anrede „*du*" wird von den Hinterbliebenen natürlich mit der Persönlichkeit des

---

[17] Die Bibel, 1. Korintherbrief 15.35: „Aber, wird einer sagen, wie werden denn die Toten erweckt?"

Verstorbenen und nicht nur mit seinem materiellen Körper in Zusammenhang gesetzt, selbst dann, wenn das nicht mehr der aktuellen katholischen Auffassung entspricht. Damit wird ein essentieller Glaube des Urchristentums zerstört, nach dem es ein unmittelbares Weiterleben nach dem Tod gibt, und der heutige Christ wird zutiefst verunsichert und berechtigter Hoffnungen beraubt. Dass dies ein seelsorgerischer Frevel ist, muss wohl nicht weiter erläutert werden. Auch wenn es Sie erstaunen sollte, aber mit der wahren christlichen Auffassung, auch mit der modernen katholischen, hat das tatsächlich nichts zu tun. Dies soll zunächst ein Zitat des sehr beliebten früheren *Papstes Johannes Paul II (1920-2005)* aus dem Jahr 1998 belegen: *„Man sollte nicht meinen, dass das Leben nach dem Tod erst mit dem Jüngsten Gericht beginnt! Es herrschen ganz besondere Bedingungen nach dem natürlichen Tod. Es handelt sich um eine Übergangsphase, in welcher der Körper sich auflöst und das Weiterleben eines spirituellen Elements beginnt. Dieses Element ist ausgestattet mit einem eigenen Bewusstsein und einem eigenen Willen, und zwar so, dass der Mensch existiert, obwohl er keinen Körper mehr besitzt."* Und liest man die von Papst Johannes Paul II gebilligten *„Verlautbarungen des apostolischen Stuhls"* vom 17. Mai 1979[18], so heißt es dort bereits unter anderem: *Die Kirche hält an der Fortdauer der Subsistenz eines geistigen Elementes nach dem Tode fest, das mit Bewusstsein und Willen ausgestattet ist, so dass das ‚Ich des Menschen' weiterbesteht, wobei es freilich in der Zwischenzeit* (gemeint ist: bis zum ‚Jüngsten Tag', Anm. von mir) *seiner vollen Körperlichkeit entbehrt..."*

In praktisch allen Mythen und Religionen ist das Überleben des eigenen Todes eine zentrale Erkenntnis. Der Tod ist stets nur das Ende der irdischen Körperlichkeit. In allen Vorstellungen und zu allen Zeiten gibt es nach dem Tod eine zumindest frühe Phase rein geistiger Existenz, in der sich die Betroffenen kaum minder körperlich wahrnehmen als zuvor. Je mehr man versucht, Einsicht in die ferneren nachtodlichen Entwicklungen zu gewinnen, desto größer werden die überlieferten Unterschiede. Das dürfte kaum verwunderlich sein; denn *wissen* kann man darüber schlichtweg nichts. Hier ist also seither Spekulationen Tür und Tor geöffnet.

Durch sehr verschiedene Beweggründe wurden die an und für sich grundsätzlichen Überzeugungen von einem Überleben des eigenen Todes mit allerlei üppigem Beiwerk ausgestattet und schließlich ganz neue Lehren erschaffen. Nahrung dafür gaben sicher auch Beobachtungen in der Natur mit ihren unzähligen periodischen Abläufen und das Philosophieren über ethisch-moralische Prinzipien wie etwa über Gerechtigkeit. Ebenfalls suchte man immer wieder Gründe und Deutungen für die so unterschiedlichen Lebensverläufe der Menschen.

---

[18] Schreiben der Kongregation für die Glaubenslehre zu einigen Fragen der Eschatologie, Herausgeber: Sekretariat der Deutschen Bischofskonferenz, 17.05.1979

Nicht zuletzt spielten wohl hier und da auch niedere Beweggründe, wie z.b. die, Menschen oder sogar ganze Staaten durch einige recht opportunistische Interpretationen zu manipulieren, eine Rolle.
Vieles davon scheint aber nun mit den modernen naturwissenschaftlichen Erkenntnissen unserer Zeit nicht mehr in Einklang zu bringen zu sein. Darin liegt ein entscheidender Grund für den zunehmenden Vertrauensschwund, den religiöse Überlieferungen bei vielen Menschen derzeit hervorrufen.
Andere dagegen versteifen sich leider in einem uns manchmal geradezu exotisch anmutenden, religiösen Fundamentalismus. Leider zu oft artet dieser gerade heutzutage tragisch aus. Dabei ist er durch nichts haltbar und wegen seiner Auswirkungen auf dann betroffene Mitmenschen durch nichts entschuldbar.
Beide extremen Entwicklungen sind überflüssig und falsch. Darüber hinaus werden sie dem eigentlichen Kern sämtlicher Religionen und Mythen nicht einmal gerecht.
Die ungemein zahlreichen Zeugnisse von einem Überleben des eigenen körperlichen Todes sind allein schon deshalb ernst zu nehmen, weil sie in ihren Grundsätzen in allen Kulturen praktisch identisch sind – selbst wenn diese geographisch und zeitlich oft weit auseinander lagen und eine Vermischung kaum stattgefunden haben konnte. Und schließlich lassen sie sich ja seit Anbeginn der Menschheit erstaunlich regelmäßig und konstant nachweisen, bzw. zumindest begründetermaßen vermuten. Sie einfach zu ignorieren oder zu verdrängen ist nicht sinnvoll und wird die Suche nach Erkenntnis nachhaltig behindern. Vielmehr sollte man sie in alle Deutungen und Interpretationen mit einbeziehen und diskutieren.

Hier aber liegt wohl ein gegenwärtig zentrales Problem der modernen Naturwissenschaften: Man hat große Berührungsängste, bemüht man sich doch erklärtermaßen heute, jedwede immateriell geistige Seite dieser Welt regelrecht „wegzuforschen". Tatsächlich ist das bisher keinem so recht gelungen, und ich behaupte, natürlich *kann* das auch nicht gelingen.
Wenn nötig werden sogar nicht selten manche Erklärungsmodelle einfach „flexibilisiert" – soll heißen, man „weicht" hier und da schon mal Naturgesetze und andere Gesetzmäßigkeiten entgegen aller bisheriger Erfahrung einfach „auf", nur um den geforderten rein materialistischen Weg nicht zu verlassen.
Die Grundüberzeugungen alter Mythen und sämtlicher Religionen beruhen letztlich auf *intuitiven* Erfahrungen. Lange galten sie völlig selbstverständlich als eine wichtige Quelle zur Erkenntnisgewinnung. Mit dem Siegeszug der Naturwissenschaften ging allerdings der zweifelhafte Universalanspruch auf Wahrheit nur von einer Seite, die ihn nicht erfüllen konnte, auf eine andere über, die aber letztlich dazu genausowenig in der Lage ist.
Damit wurde auch eine wie auch immer geartete Form von „Leben nach dem Tod", eine letztendlich wohl intuitive Grundüberzeugung der Menschheit seit Anbeginn seiner Existenz, zum Gespött.

Soziologie und Psychologie erklären solchen Glauben heute gerne mit der nackten menschlichen Angst vor seinem Tod als eben unausweichliches und absolutes Ende seiner selbst. Man spricht von Wunschdenken und reduziert alles zur schlichten Illusion als Folge permanenter menschlicher Sehnsucht nach Unsterblichkeit.
Vordergründig ist das nicht einmal von der Hand zu weisen. Fairerweise muss man dann jedoch auch die Frage zulassen, ob ein Leben nach dem Tod schon allein deshalb Illusion bleiben muss, weil es gute Gründe dafür gibt, dass sie Illusionen sein könnten?
Ich glaube nicht!

So vielschichtig die Inhalte bedeutender Mythen und Religionen auch sein mögen und so unmöglich es manch einem anmutet, ihnen in der heutigen Zeit zu folgen, sie alle besitzen letztlich den gleichen, schon einmal hier erwähnten dreiteiligen Kern, nur in unterschiedlicher Ausschmückung:

1) Schöpfer – Schöpfung – Überlegene, „göttliche" Dimension – Gott – Götter – „Allmächtige Liebe" – „Sinn", etc..

2) Geistige Dimension – Geistebene – „Land der Seelen", etc.

3) Überleben des körperlichen Todes.

Dieser Kern scheint eine Art „kollektives inneres Wissen", ein *Archetyp* des sich als lebendes Wesen selbst erkennenden Menschen zu sein.
Es ist die Synopse unserer intuitiven Erkenntnis. Auch wenn sie sich infolge von Bewusstseins- oder Jenseitsreisen, von Wachträumen oder sonstigen Visionen in einem oft kaum überschaubaren, bunten Allerlei an Bildern präsentieren – das alles ist nicht entscheidend.
Denn je nach Zeit, Kultur, Erziehung, Fortschritt und Stand der Menschheitsentwicklung *müssen* alle diese Bilder, die nicht einmal in ferner Zukunft, geschweige denn heute oder gar früher die für uns Menschen wohl immer unfassbare Wahrheit widerspiegeln, *objektiv* unbeschreiblich und damit zutiefst *subjektiv* gefärbt sein. Alle diese Darstellungen und Erzählungen können daher nur symbolischen Charakter besitzen. Und genau das ist das eigentlich Entscheidende; denn es macht den Wert dieser Mythen und Religionen als wichtigste Kulturschätze der Menschheitsgeschichte noch wesentlich größer. Schließlich haben sie im Grunde genommen alle Recht.
Und daraus ergibt sich zugleich, dass jeder Fundamentalismus, jeder religiöse Fanatismus und jede einseitig dogmatische Missionierung nur frevelhaft ist. „Jedem Tierchen sein Pläsierchen" ist eine wohl wahrhaft weise Antwort, die genau die nötige Toleranz offenbart, die wir Menschen endlich auch für jede andere und fremde religiöse Weltanschauung an den Tag legen müssen. Wir

können es in der Gewissheit tun, dass der allseits gleiche Kern intuitiver Erkenntnis ein am Ende großartiger ist. Egal an was wer im Einzelnen für sich glaubt: Jeder Glaube kann grundsätzlich dazu beitragen, zumindest für einen selbst eine wichtige Orientierung in dieser Welt zu bieten, durch die der Mensch sonst ziemlich führungslos und zugleich hoffnungslos wandeln würde. Keiner kann sich diese Führung allein geben, wie manch politisch-ideologisches Chaos in der Welt des 20. Jahrhunderts nur allzu deutlich immer wieder gezeigt hat.

Den Mythen und Religionen liegt vor allem die intuitive Erfahrung zugrunde. Wie früher zum Beispiel schon *Platon (ca. 427- ca.347 v.Chr.)*, halte auch ich es durchaus für richtig, intuitives Erfahren als eine von mehreren Möglichkeiten anzunehmen, um zu höherer Erkenntnis zu gelangen; denn die drei Kernthesen und Grundüberzeugungen sämtlicher Mythen und Religionen in allen uns bekannten Kulturen sind eben ziemlich identisch. Ich sehe in ihnen ja sogar ein ganz entscheidendes Merkmal der Menschwerdung. Dann aber gehört auch das Überleben des eigenen Todes zu einer intuitiv erkannten Realität.

3. Eine Reise durch Philosophie und Poesie

Der weise und berühmte griechische Gelehrte *Platon* sagte einmal vor fast zweieinhalbtausend Jahren, die Philosophie sei die Vorbereitung auf den Tod. Kein anderer, so glaube ich, hat sich in solch direkter und prägnanter Weise zu einem der Hauptanliegen philosophischer Betrachtungen geäußert. Lassen Sie mich diese Auffassung Platons aufgreifen und erweitern: Die Philosophie ist der Weg des einzelnen Denkers zu den wichtigsten Fragen seiner Existenz. Die Religion ist dagegen der Weg des breiten Volkes.

Und gerade in unserer Zeit, in denen naturwissenschaftliche Ergebnisse selbst für Naturwissenschaftler immer unüberschaubarer und komplexer und ihre Interpretationen obendrein eher fragwürdiger werden, braucht man mehr denn je einen funktionierenden Kompass durch dieses Dickicht. Hier ist die Philosophie gefragt, aber im Sinne von *Kant* mit Herz und vor allem mit Vernunft.

Wer und was bin ich, woher komme ich und wohin gehe ich? Das sind die wichtigsten Fragen, früher wie heute, immer und immer wieder! Religionen und Mythen bieten uns ein Sammelsurium von vor allem intuitiver Gedanken, Überzeugungen und Erkenntnisse. Dagegen sind die Naturwissenschaften die Quelle der sinnlichen Erfahrungen. Philosophie bedeutet auch das Relativieren und Optimieren von Erfahrungen, Beobachtungen, Wahrnehmungen, Intuitionen und Überlieferungen durch das eigene, das individuelle Denken Es findet Niederschlag im analytisch-logischen und vernünftigen Abwägen aller Indizien. Keine der Erkenntnisquellen sollte dabei von vornherein als minderwertig

diskreditiert werden. Der weise chinesische Philosoph *Laotse* schrieb dazu schon im 7. Jhd. vor Christus sehr treffend: *„Ohne aus der Tür zu gehen, kennt man die Welt – Ohne aus dem Fenster zu schauen, sieht man den SINN des Himmels – Je weiter einer hinausgeht – desto geringer wird sein Wissen."*
Nach meinem Verständnis sollte die Philosophie fortan wieder eine Art kritischvernünftiger Mittler zwischen völlig verschiedenen Quellen der Erkenntnis sein und zwar gerade dann, wenn sie sich, wie so oft und gern, unversöhnlich gegenüber zu stehen scheinen. Daneben sollte sie aber auch ihre Funktion als relativierendes Korrektiv nicht vernachlässigen. Gegenüber allen religiösen Überzeugungen übt sie diese Funktion seit langem aus, jedoch gegenüber naturwissenschaftlichen Interpretationen heutzutage leider wohl eher nicht – zumindest nicht ausreichend. Sicher gab es auch eine lange Zeit, in der die Philosophie ihre liebe Not hatte, sich der religiösen Dogmen zu erwehren.
Besonders das institutionalisierte Christentum, die „Kirchen", hatten viel zu lange naturwissenschaftliche Entwicklungen be- und verhindert. Allein die Tatsache, dass unsere Erde eine Kugel ist und auch nicht Mittelpunkt in einem geozentrischen Weltbild, wurde, obwohl längst zuvor erwiesen, über gut eineinhalbtausend Jahre unterdrückt: Schon der Grieche *Aristarchos von Samos (ca. 310- ca. 230 v.Chr.)* hatte etwa 250 Jahre vor Christus erkannt, dass sich die Erde um die Sonne dreht und nicht der Mittelpunkt der Welt sein konnte.
Zwischen dem 17. und 19. Jahrhundert traten die Naturwissenschaften ihren vehementen Siegeszug an und überrollten förmlich das die Welt dominierende christliche Weltbild. Damit führten sie zu einer neuen, nun aber zunehmend rein materialistischen Sichtweise aller Dinge. Das Pendel schlug ins andere Extrem. Man könnte fast meinen, die Naturwissenschaften wollten (und wollen auch heute noch) alle spirituellen und intuitiven Fundamente der Religionen wegforschen. Schöpfung und Schöpfer scheinen mehr und mehr ausgedient zu haben. Leben, Geist, Seele, Bewusstsein und persönliche Identität werden zu zufälligen Nebenprodukten, den *Epiphänomenen*. Sie seien bloß *Produkte* sich über riesige Zeiträume selbstorganisierender, zunehmend komplexer Materie.
Und der Glaube an ein Leben nach dem Tod ist schnell bloß noch eine schiere Illusion von aus Hoffnung und von Wunschdenken getrübter Menschen. Nicht nur, dass man mit dem Glauben an ein „Danach" schon seit langem „keinen Blumentopf mehr gewinnen" konnte und kann, man lief und läuft zudem schnell Gefahr, sich ein für allemal jeglicher wissenschaftlicher Kompetenz und Ernsthaftigkeit selbst zu entheben.
Wie fragil dieser „aufgeklärte reduktionistische Materialismus" aber selbst heute ist, zeigt der phantastische Erfolg einiger weniger Bücher, die in den 1970er Jahren mitten in eine Welt platzten, die nun endgültig metaphysischen Vorstellungen adieu gesagt zu haben schien: Vorreiter war wohl das Werk der schweizerisch-amerikanischen Ärztin *Elisabeth Kübler-Ross (1926-2004)* mit

"On Death and Dying"[19] *(1969)*, gefolgt von *Raymond Moody's*, *"Life after Death"*[20] (1975), von dem schon kurz nach seinem Erscheinen mehrere Millionen Exemplare verkauft worden waren. In ihnen legten Menschen, die zumeist dem Tod durch Unfälle oder Krankheiten sehr nahe waren, Zeugnisse von außergewöhnlichen, körperentrückten und vor allem spirituellen Erlebnissen ab, die sie etwa während der kurzen Phase eines Herzstillstandes hatten. Solche Nahtoderfahrungen (NTE) werden ja später noch Gegenstand meiner weiteren Ausführungen sein und insbesondere im zweiten Teil des Buches ausführlich diskutiert werden.

Natürlich waren Nahtoderfahrungen keineswegs neu; Geschichten dieser Art gab es ja, wie ich schon im letzten Kapitel mit Hilfe des Begriffs der „Jenseitsreise" umschrieb, vermutlich schon immer zuhauf. Sehr wahrscheinlich sind gerade sie ganz entscheidende Erfahrungsquellen aller Mythen und Religionen. Nun aber waren sie auf eine neue, eine offenbar seriöse, weil zumindest *scheinbar* naturwissenschaftlich begründbare Ebene gestellt worden.

Und genau das katapultierte Bücher dieses Genres für lange Zeit in viele Bestsellerlisten der ganzen Welt.

Trotz aller modernen Verwissenschaftlichung, die das Metaphysische *scheinbar* ausschließen kann, scheint der Mensch nach wie vor besonders empfänglich für das Metaphysische zu sein.

Und die moderne Philosophie hat dies nur unzureichend erkannt und versagt, wie ich meine, hier in der geforderten Mittlerfunktion. Anstatt mit Vernunft abzuwägen, zu bewerten, alle *Interpretationen* kritisch zu hinterfragen und zu relativieren, degenerierte sie nicht selten zu einem reinen Verkünder naturwissenschaftlicher Ansichten. Wie auch früher schon betrachte ich es nicht als meine Aufgabe, nur die zumeist materialistischen Interpretationen heutiger naturwissenschaftlicher Ergebnisse zu kritisieren. Vielmehr versuche ich mit einer vielleicht besseren, aber dennoch fundierten und abgewogenen Perspektive dagegen zu halten. Genauso erteile ich jedem religiösen Fundamentalismus eine klare Abfuhr – egal aus welcher Richtung er kommt. Dasselbe gilt auch für alle politischen Ideologien, egal „ob von rechts oder von links": Keiner von ihnen kann ich viel Positives abgewinnen.

Das bislang älteste und bekannte, überlieferte literarische Werk wurde vor über dreieinhalbtausend Jahren in Keilschrift auf Tontafeln verewigt. Es stammt von den *Sumerern*, einer der ersten, uns bislang bekannten Hochkulturen der Menschheit. Sie herrschten in Vorderasien, im Zweistromland von Euphrat und Tigris. Ein sehr mächtiger König, Herrscher über die damals bedeutende Stadt Uruk, war *Gilgamesch*. In jener Zeit, und um König Gilgamesch, entstanden zahlreiche Heldensagen. Erst viel später, vermutlich im 12. Jhd. v.Chr., wurden

---

[19] übersetzt: „Über den Tod und das Sterben". Deutsche Ausgabe: „Interviews mit Sterbenden" (1971)
[20] gleichnamige deutsche Ausgabe „Leben nach dem Tod" (1977)

sie von dem uns namentlich bekannten Dichter *Sin-leqe-unnini* zum berühmten *Gilgamesch-Epos* zusammengetragen. Darin geht es um die Frage nach der Unausweichlichkeit des menschlichen Todes. Gilgamesch schmerzt der Tod seines von den Göttern aus purer Rache getöteten Freundes Enkidu sehr. Trauernd geht er auf eine ziemlich abenteuerliche Suche nach ihm und erkundet zudem Möglichkeiten, durch Magie Unsterblichkeit zu erlangen. Schließlich findet er Enkidu „lebend" in einem ziemlich tristen Totenreich wieder, das wohl Vorbild für den griechischen Hades ist. Die Jenseitsfahrt zum Hades beschreibt der berühmte Dichter *Homer* im 8. Jhd. v.Chr. in mehreren Werken, wovon besonders das elfte Buch der „Odyssee" hervorzuheben ist. Auch hier finden sich trostlose Gestalten, denen der Held Odysseus im „Reich der griechischen Toten" begegnet (vgl. Kapitel 2). Von Homer stammt die Vorstellung, die Seele sei eine Art „materieller Hauch", so wie Luft. Erst viel später avancierte sie zur „Psyche" und erhielt so einen persönlichen „Anstrich". Der griechische Philosoph und Mathematiker *Pythagoras (ca. 570- ca. 510 v.Chr.)* übernahm die *inzwischen* im Hinduismus entwickelte und sich über Kaufleute auch nach Westen hin ausbreitende Idee von der Seelenwanderung oder *Reinkarnation*. Danach wird jede einzelne, noch recht abstrakte Seele in einem neuen Körper wiedergeboren, und zwar je nach ihrem *Karma*, d.h. der im Laufe des Lebens aufgeladenen Schuld. Je nach Lehre kann das in einem menschlichen oder auch tierischen Körper sein. Nur am Rande sei an dieser Stelle darauf hingewiesen, dass es Pythagoras war, der vermutlich als erster den „Zahlen" eine reale Existenz zusprach und einen tiefen inneren Zusammenhang zwischen Zahlen und Kosmos annahm. Sein berühmter mathematischer Satz[21] wird seither in allen Schulen dieser Welt gelehrt. Dass dieser nach meinem Dafürhalten sehr wahrscheinlich sogar eine fundamentale Bedeutung für das Verständnis der gesamten kosmischen Existenz hat, habe ich schon früher in meinen Büchern erläutert. Aus seiner Zeit ist auch eine Reihe von „Jenseitsreisen" lebender Personen überliefert.

Ein Zeitgenosse von Pythagoras war *Heraklit (ca. 520- ca. 460 v.Chr.)*. Einige seiner Ansichten finde ich persönlich immer noch sehr zeitgemäß:
Heraklit glaubte an eine Weltseele und vergleicht sie mit dem Feuer. Einzelne Seelen Verstorbener sind darin die Flammen. Er schafft so eine Verbindung zwischen dem Ganzen und dem Einzelnen als untrennbarer Teil des Ganzen. Dies findet sich gerade auch in späteren Religionen und philosophischen Vorstellungen immer wieder. In früheren Büchern habe ich bereits mein Modell eines allem in dieser Welt zugrundeliegenden geistigen Feldes ausführlich erläutert: Dieses „kosmische In**ter**net", „Outernet" oder weltumspannendes Informationsfeld ist etwas *Kontinuierliches*, so wie es auch das Feuer rein bildlich gesehen ist. Am Anfang aller Dinge ist es noch ziemlich *undifferenziert*:

---

[21] $a^2 + b^2 = c^2$ (Die Summe der Kathetenquadrate eines rechtwinkligen Dreiecks ist gleich dem Quadrat über der Hypotenuse) ist der *„Satz des Pythagoras"*.

Vergleichbar mit einem fast brach liegenden Feld *geistiger Möglichkeiten*, wird es im Laufe der gigantischen kosmischen Gesamtentwicklung ständig weiter *differenziert* und somit konsequent fortentwickelt. Es ist wie ein leeres Blatt, von dem nur die Maße, die Farbe und seine Beschaffenheit existieren und das dann allmählich vollständig beschrieben wird.
Auch dem heute uns bekannten Internet können ohne Unterlass und theoretisch unbegrenzt neue Inhalte hinzugefügt werden, womit es in ähnlicher Weise immer weiter differenziert und strukturiert wird. Unter derartigen Strukturen verstehe ich beispielsweise abgrenzbare Bereiche wie selbstständige Intranets. Ein Pendant dazu ist etwa der menschliche Geist. Irgendwann kommt in der Evolution allen Lebens der Moment, wo ein gereifter und mittlerweile ausreichend differenzierter Geist beginnt, sich selbst zu erkennen. Zumindest der Mensch hat auf dieser Erde genau diesen Moment erwischt. Ganz sicher nur ihn haben Selbstbewusstsein und Selbsterkenntnis entscheidend geprägt und seine weitere Existenz bestimmt. Damit nun erhält jeder Einzelne die Chance, sein eigenes geistiges Intranet, also seinen persönlichen Bereich innerhalb einer real existierenden, alles umfassenden und alles durchdringenden geistigen Dimensionalität, konsequent fortzuentwickeln und sich darin auch als eigene Persönlichkeit mit allen Attributen seiner selbst immer wieder zu erkennen.
Jeder einzelne Geist, jedes persönliche Intranet, ist auf diese Weise ein wenig vergleichbar mit den vielen Flammen des Weltfeuers im Verständnis *Heraklits*. Nur sind Flammen, um bei diesem Bild zu bleiben, eben nicht dauerhaft abgrenzbar vom Feuer. Des Menschen „geistige Flammen" aber bleiben es. Sie sind Teil eines höheren Ganzen und dennoch selbständig sich erkennendes Individuum. Und als solches werden sie ihren eigenen roten Faden der persönlichen Selbsterkenntnis nie mehr verlieren.
Die Flammen eines Feuers sind auch nichts Statisches. Vielmehr haben sie einen Werdegang, sind Teil eines dynamischen Prozesses. Weil sich die Flammen aber immer im Feuer zu verlieren scheinen und dann aus diesem aufs Neue heraustreten, kann ein solcher Vergleich vielleicht auch als ein Hinweis auf die ewige Wiederkehr der Seelen im Rahmen der Reinkarnation verkannt werden. Daher unterscheidet sich Heraklit hier von meinen Vorstellungen; denn ich teile den Glauben an die fleischliche Wiedergeburt *nicht*. Dies werde ich in Kapitel 13 noch eingehend begründen und zugleich auf einen schönen Vergleich eingehen, den ein nach meinem Dafürhalten seriöses Medium, der Schweizer *Pascal Voggenhuber*, beschreibt.
Der Auffassung Heraklits, das ganze Universum, das Leben und alles Sein entsprächen einem ewigen Werden, stimme ich dagegen zu.
Von Heraklit stammt übrigens der berühmte Ausspruch *„Panta Rhei"* *(alles fließt)*. Und hinter allem Werden steht für ihn die große „Weltvernunft" *(logos)*. Damit ist die entscheidende Brücke gebaut zu einem (geistigen) Urheber, einer Schöpferdimension, einem „Gott".

Eine weitere interessante Auffassung vertrat der griechische Arzt *Hippokrates (ca. 460- ca. 370 v.Chr.)* vor auch fast zweieinhalbtausend Jahren:
Das Gehirn sieht er als einen Boten zum Bewusstsein *(synesis)*, bzw. als Interpret *(hermeneus)* bewusster Gedanken und Wünsche.
Hier findet man die Vorstellung von einem *Dualismus* zwischen einem immateriellen Geist und einem materiellen Gehirn. Dieser Gedanke zieht sich durch die ganze Geschichte der Philosophie. Heute wird das jedoch von der Mehrheit der Neurophysiologen und Hirnforscher kategorisch verneint. Geist wird gemeinhin wieder nur als ein bloßes Produkt unseres materiellen Gehirns aufgefasst *(materieller Monismus)*. Dem Dualismus wird so jede Realität abgesprochen, weil sich nach gängiger physikalischer Auffassung keine Form von Kommunikation zwischen Geist und Materie erklären ließe. Anders gesagt: Da man bisher keine physikalischen Spuren für eine Informationsübertragung zwischen einem gedachten Geist und dem Gehirn gefunden hat, glaubt man auch nicht, dass es solche gibt.
Ich dagegen glaube, wir haben es hier bloß *scheinbar* mit einem Dualismus „im klassischen Sinn" zu tun: Aus materieller Sicht sind wir eben gewohnt, immer in materiellen Kategorien zu denken das Materielle als das Eigentliche in dieser Welt zu betrachten. Deshalb suchen wir schnell nach anderen *(materiellen) Substanzen*, um Wirkungen mit für uns unbekannter Ursache zu erklären. In der Kosmologie sucht man zum Beispiel nach „Dunkler Materie" in den Bereichen im All, in denen man keine „klassische, sichtbare Materie" sieht, weil man eine Erklärung für die Massenverteilung im All benötigt und mit den beobachteten Strukturen keine hat. Oder man sucht nach kleinen Teilchen, den Gravitonen, die Schwerkraft ausüben sollen. Ich bin davon überzeugt, dass man weder das eine noch das andere finden wird, weil es sie gar nicht gibt.
Deshalb wird uns nur ein grundsätzlicher Paradigmenwechsel aus der Misere helfen können, was sowohl für die Geist-Gehirn-Frage als auch für zahlreiche kosmische Probleme gilt. Auch ich halte in allen Fällen *Monismus* für die richtige Antwort, aber genau andersherum, als heute gepriesen. Nicht Materie ist das Ausgangsmaterial von allem und so auch von Geist *(materieller Monismus)*, sondern Geist oder vielleicht moderner, Information ist der Urgrund von allem und lässt letztlich alles, auch Materie, entstehen. So wird Materie also zu einem Produkt des Geistes und nicht umgekehrt. Konsequenterweise sollte man diese Sicht als *„geistigen (oder informationellen) Monismus"* bezeichnen.
Albert Einstein (1879-1955) sagte einmal, Materie sei bloß eingefrorene Energie. Ich gehe noch einen Schritt weiter und sage, *Energie ist bewegte Information*! Information und Energie halte ich also für äquivalent, so wie Materie und Energie nach Einstein ja auch äquivalent sind. Österreichische Wissenschaftler haben es vor wenigen Jahren geschafft, allein mit Licht

(Photonen) Materie zu bewegen.[22] Aber selbst der klassische dualistische Geist-Gehirn-Ansatz hätte mit dieser Entdeckung bereits eine neue und starke Unterstützung erhalten; denn Photonen zählt man ja gemeinhin zur „materiellen Welt". Ich sehr das etwas anders: Ich glaube, und das werde ich später noch erläutern, dass sie eine von vielen *Schnittstellen* zwischen der geistigen oder informationellen und unserer materiellen Welt sind. Die verbreitete Vorstellung von einem materiellen Monismus, wonach unser Geist nur ein Produkt des materiellen Gehirns sei, halte ich also für falsch und obendrein noch für gesellschaftspolitisch ausgesprochen fatal. Dazu wieder später noch.

Eine wichtige Rolle für diese etwas andere Weltsicht scheinen mir einfache geometrische Formen und Zahlen zu spielen, so wie z.B. die Folge der Ordnungszahlen von ±1 bis ±Unendlich (∞). Genau das glaubte seinerzeit auch Pythagoras schon. Wenn es gelänge – und ich glaube, ich selbst habe einige sehr gute Argumente dafür – die *reale Existenz* einer rein geistigen oder informationellen Welt „extrem nahe zu legen", dann muss auch die Kommunikation zwischen den beiden Welten, der geistigen-informationellen und der materiellen, ganz neu definiert werden. Es kann sich damit zumindest zum Teil immer noch um eine *physikalische* Kommunikation handeln, nur auf Quantenebene und darunter; denn Quanten sind bei näherer Betrachtung schon „keine echten Teilchen", sondern eher *einzelne Informationseinheiten*: Sie haben weder Masse noch Ausdehnung und sind, materiell betrachtet, fast ein Nichts. Völliges „Nichts" aus materieller Sicht sind die „reinen Informationen": Zu ihnen gehören zum Beispiel die Ordnungszahlen und ihre Kehrwerte. Ihre Aufgabe ist nicht die Kommunikation zwischen den Dimensionen, sondern die Strukturierung unserer Welt im Hintergrund. Auch dazu später mehr.
Wir müssen die Physik bloß ein wenig weiter fassen und um den Begriff der Information und „informationeller Teilchen" ausdehnen. Nicht alle ihre Formen sind mit materiellen Instrumenten messbar; denn sie sind selbst nicht materiell. Aber dennoch sind sie genauso real wie alles Materielle, das wir bislang als das einzig Reale ansehen. Nur, genau betrachtet, ist Materie ohnehin schon eine pure Illusion: Alles besteht aus Atomen, die wiederum aus Kernteilchen und Elektronen, die in Wolken um die Kernteilchen herumflitzen. Stellt man sich der besseren Darstellung einen Atomkern mal sehr stark vergrößert wie eine schöne rote Kirsche vor, dann sind die Elektronen kaum Stecknadelkopfgroß und fliegen in fast zwei Kilometern Entfernung um diese Kirsche herum. Dazwischen ist *nur Wirkung* aber keinerlei Substanz! Quasi nichts! Folglich ist Materie tatsächlich nichts anderes als ein Hauch von Nichts! Und wir alle empfinden das anders, weil wir wie alle Materie aus demselben Hauch von Nichts gebaut sind und wie Schlüssel und Schloss exakt zueinander passen.

---

[22] am Institut für Quantenoptik und Quanteninformation (IQOQI) der österreichischen Akademie der Wissenschaften unter Leitung von Markus Aspelmeyer.

Damit würde sich der lange unterstellte *Dualismus* zwischen Geist und Gehirn letztlich als eine normale Interaktion zwischen Geist und dem mittels Geist (Information) entstandenen und strukturierten Gehirn entpuppen. Und ein Geist, der „sein" Gehirn nutzt, das er ja, pro toto und bildlich gesprochen, für sich zu einem hervorragenden Arbeitsgerät entwickelt hat, wäre auch ohne dieses tolle Instrument „in anderer Umgebung" leicht denkbar. Die Brücke zu einer dann individuellen und sich selbst bewussten, geistigen Fortexistenz nach dem körperlichen Tod (Gehirntod) wäre so grundsätzlich für alle geistigen Wesen geschlagen, die sich ihrer geistigen Individualität schon zu „Lebzeiten" bewusst sind.

Insgesamt sehe ich hier zahlreiche Übereinstimmungen zu vielen weisen alten griechischen Meistern, wie z.B. zu *Heraklit (520-460 v.Chr.)*, *Pythagoras (570-510 v.Chr.)* oder zu *Hippokrates (460-370 v.Chr.)*, zu *Sokrates (469-399 v.Chr.)* und natürlich zu *Platon (427-347 v.Chr.)* sowie, mit gewissen Einschränkungen, zu *Aristoteles (384-322 v.Chr.)*.

Auch Sokrates und sein Schüler Platon sehen in Geist, bzw. in der Seele, und im Körper zwei qualitativ verschiedene Dinge. Für Sokrates ist die Seele solange der Mensch lebt die Gefangene des Körpers und wird erst mit dem Tod von *„den Ketten des Körpers"* befreit.

Besonders interessant ist seine Beweisführung, was das Überleben des Todes angeht: Unter anderem verweist er schlicht und einfach darauf, dass schließlich alles in der Welt aus seinem Gegenteil (dem Polaren!) entstünde: Größeres aus Kleinerem und umgekehrt, Stärkeres aus Schwächerem und umgekehrt, Schnelleres aus Langsamerem und umgekehrt und so weiter, immer und überall. Und das Leben sei dem Tod genauso entgegengesetzt wie das Wachsein dem Schlaf. So wie es zwischen zwei entgegengesetzten Zuständen stets Übergänge gäbe, z.B. die Phasen des Einschlafens und des Aufwachens, so muss es auch zwischen Leben und Tod die Übergänge des Sterbens und Wiederauflebens geben. Gäbe es nämlich nur das Einschlafen und nicht das Erwachen, so würde am Ende alles schlafen. Gäbe es nach dem Sterben nicht das Wiederaufleben, so wäre am Ende alles tot. Sokrates folgert, dass die Seelen der Verstorbenen tatsächlich existieren. Sie *sind*!

Sokrates hatte übrigens selbst nichts niedergeschrieben, sondern das immer seinen Schülern überlassen. So finden sich seine Ideen wieder in Platons Werk von der Seelenlehre, dem *Phaidon*.

Dieses Kapitel hatte ich mit dem Satz Platons begonnen, *„Die Philosophie sei die Vorbereitung auf den Tod"*. Platon begründet das damit, dass *„... das Streben nach Weisheit die Loslösung vom Körper verlangt und die Schulung des Geistes"*.[23] Er übernimmt damit den, wie er meint, zuvor erstmals von Pythagoras in der griechischen Philosophie vertretenen Gedanken, *„die Seele*

---

[23] aus Platons *Phaidon*.

erblicke im Angesicht des Todes eine Gabelung des Weges", die entweder zur Glückseligkeit oder zu einer beschwerlichen und wieder quälenden Wiedergeburt führe.
Im Gegensatz zu den vorgenannten Denkern waren *Leukipp von Milet (5. Jhd. v.Chr.)* und sein Schüler *Demokrit (ca. 460- ca. 370 v.Chr.)* frühe Materialisten. Sie meinten, die ganze Welt bestünde aus einer Substanz, von der es eine kleinste unteilbare Einheit gäbe: Demokrit nannte sie das *Atom*. Doch diese kleinsten Teilchen hätten, so Demokrit, zwei Seiten, eine rein materielle und eine nicht stoffliche, die Seite des Denkens *(logicos)*.
Demokrit ist somit zwar kein lupenreiner Materialist, dennoch geht für ihn mit dem Ende der stofflichen Lebensform, also dem Tod, auch die Gesamtheit des für ihn an diesen Stoff gebundenen Denkens, und damit auch die menschliche Seele, zugrunde.

Erlauben Sie mir an dieser Stelle einen kurzen Schwenk nach Ostasien, genauer ins chinesische Reich zu *Laotse (ca. 7. Jhd. v.Chr.)*. Während über detaillierte Jenseitsvorstellungen chinesischer Weisen relativ wenig bekannt zu sein scheint, finden sich dafür einige klare Äußerungen zu ihrer philosophischen Grundhaltung. Diese ist offenbar von der Unsterblichkeit der sich selbst erkennenden immateriellen Seele stark überzeugt. Die folgenden Ausschnitte aus zwei Gedichten von Laotse mögen das veranschaulichen: *„...Ich habe wohl gehört, wer gut das Leben zu führen weiß, – der wandert über Land – und trifft nicht Nashorn noch Tiger. – Er schreitet durch ein Heer – und meidet nicht Panzer und Waffen. – Das Nashorn findet nichts, worein es sein Horn bohren kann. – Der Tiger findet nichts, darein es seine Krallen schlagen kann. – Die Waffe findet nichts, das ihre Schärfe aufnehmen kann. – Warum das? – Weil es keine sterbliche Stelle hat."* Und dazu ein anderes Beispiel: *„... Das Kleinste sehen heißt klar sein – Die Weisheit wahren heißt stark sein. – Wenn man sein Licht benützt, – um zu dieser Klarheit zurückzukehren, so bringt man seine Person nicht in Gefahr. – Das heißt die Hülle der Ewigkeit."*[24]

Doch nun wieder zurück ins Morgen- und Abendland:
Aristoteles, Schüler von Platon und Erzieher *Alexanders des Großen*, glaubt die Existenz einer sich selbst bewussten menschlichen Seele beweisen zu können: *„Wenn ein Mensch nicht merkt, dass ein Finger unter sein Auge gedrückt wird, wird nicht nur ein Ding als zwei Dinge erscheinen, sondern er wird vielleicht denken, dass es zwei sind; aber wenn er es weiß* (Anm.: dass also ein Finger unter sein Auge gedrückt wird), *wird es ihm zwar noch scheinen, dass es zwei Dinge sind, aber er wird nicht* (mehr) *denken, dass es zwei sind".*
Später verwirft er jedoch den Glauben an die Unsterblichkeit der menschlichen Seele und meint, nur die Seele Gottes sei unsterblich.

---

[24] Übers. von Eugen Wilhelm (1910), s. Diederichs, E., „Laotse – Tao te king" (1976)

Dies kritisieren viele seiner Zeitgenossen. Sie halten ihm vor, dass die menschliche Seele unsterblich sein müsse, wenn es zwischen ihrem Schöpfergott und dem Menschen als seine Schöpfung eine Verbindung gibt.
Daraufhin führt Aristoteles einen Unterschied zwischen der menschlichen Seele und seinem Geist ein. Während die Seele sterblich bliebe, sei der Geist, der dem Menschen die Fähigkeit des Denkens und Erkennens verleiht, unsterblich. Jedoch sei dieser Geist nichts Konkretes und individuell Eigenständiges, sondern vielmehr nur ein sich nicht selbst bewusster Bestandteil einer Art Weltgeist oder göttlicher Information. Folglich entwirft er auch keine näheren Vorstellungen für eine Fortexistenz nach dem eigenen Tod.
Platon hatte noch von einer Weggabelung gesprochen, an der die menschliche Seele nach dem körperlichen Tod stehen wird und aufgrund ihres Lebenswandels Aufstieg oder Fall vor sich hat.
Nachfolgende Schulen der *Platoniker*, *Stoiker* und *Neupythagoräer* stürzten sich allein auf den Aufstieg in höhere Welten. Der im ersten Jahrhundert vor Christus lebende und ein Jahr nach *Cäsar* vom römischen Kaiser *Mark Anton* ermordete römische Konsul und begnadete Redner *Cicero (106-43 v.Chr.)* beendet seine Schrift „Über den Staat" *(De re publica)* mit einer Hommage an Platon, in der er dessen philosophisches Leben als astrale Reise beschreibt.
Der griechische Philosoph *Plotin(os) (205-270)*, im 3. Jhd. n.Chr. Gründer der neuplatonischen Philosophenschule in Rom, betrachtet alles Körperliche als Schatten des wirklich Einen, nämlich Gott, von dem alles entstammt *(Lehre von den Emanationen)*. Neben selbst aus heutiger Sicht durchaus konkurrenzfähigen Ansichten zur Natur des Universums, vom Anfang und Ende der Welt sowie dem Wesen der Zeit *(Zeit sei „relativ")*, endet auch für Plotin und die Neuplatoniker das menschliche Leben natürlich *nicht* mit dem Tod. Interessant ist die Tatsache, dass Plotin darauf verweist, seine Vorstellungen durch Meditationen (außersinnlich) zu erfahren, und er beschreibt dazu auch ganz spezielle Techniken.
Für den frühmittelalterlichen lateinischen Kirchenvater und Lehrer *Augustinus (354-430)* ist die immaterielle Seele des Menschen durch drei Dinge gekennzeichnet: seinen Verstand, seinen Willen und sein Gedächtnis. Des Menschen Seele ist ein unmittelbares Abbild des dreieinigen Gottes und überlebt natürlich den körperlichen Tod.
Papst *Gregor der Große (540-604)*, ein Bewunderer von Augustinus, befasste sich sehr mit spirituellen Schriften, womit er offensichtlich die mittelalterliche Diskussion über Wunder und Visionen nachhaltig beeinflusste. Im vierten und letzten Buch seiner Dialoge gab er an, anhand von Visionen Sterbender, Jenseitsreisen und Geistererscheinungen *Beweise* für die Unsterblichkeit der Seele liefern zu können. Wichtige und immer wiederkehrende Bestandteile seiner Jenseitsvorstellungen sind die Hölle, blühende Wiesen im Paradies, weiß gekleidete himmlische Heerscharen und das „Richten" der eigenen Taten. Wichtig bleibt zu erwähnen, dass die Christen zur damaligen Zeit ganz

selbstverständlich an das *unmittelbare* Überleben des Todes mit Hilfe ihrer unvergänglichen Seele glaubten. Aufgrund der bekannten biblischen Vorstellung eines apokalyptischen Weltendes am Ende aller Tage, dem „Jüngsten Tag", machte man daraus eine „Zwischenphase": Sie beginnt mit dem Tod und endet am „Jüngsten Tag" (vgl. Zitat von Papst Johannes Paul II, Kap. 2). An diesem sollen dann auch noch die *Leiber* der von Gott Erretteten wiederentstehen, während die Verdammten endgültig und auf ewig der Hölle zugeführt werden.

Das spätmittelalterliche 13. Jahrhundert nach Christus wird das „Jahrhundert des Abendlandes" genannt, weil man jetzt versucht, die Antipoden Religion und Weltlichkeit sowie Antike und Mittelalter miteinander zu verbinden. Der einzige Gelehrte, der den Beinamen „Der Große" erhielt, ist der in Bayern geborene und später in meiner Heimatstadt Köln wirkende Naturforscher, Theologe und Philosoph *Albertus Magnus (ca. 1200-1280)*. Er, der eigentlich Graf Albrecht von Bollstädt hieß, sah die ganze Welt als etwas von Gott Erfülltes an. Er glaubte fest an die Unsterblichkeit jeder einzelnen Seele und bekämpfte heftig die Ansicht der Araber, dass die Menschheit nur eine Art Gesamtseele habe, die von den einzelnen Menschen bloß während ihres körperlichen Lebens individualisiert werde. Jede Seele, so Albertus Magnus, sei unmittelbar von Gott erschaffen und nehme, da sie sich ja wesentlich vom Körper unterscheide, auch nicht am Tod des Körpers teil. Die Seele habe die (äußere) Form des Körpers und ihr inneres Prinzip sei „Bewegung".

Sein bedeutendster Schüler war *Thomas von Aquin*. Er begleitete Albertus Magnus nach Köln und half beim Aufbau der Kölner Universität. Für Thomas besitzt jeder Mensch einen Körper *und* eine körperlose Seele. Sie stehen in Wechselwirkung miteinander, die natürlich nicht-mechanischer Natur sein muss. Die Seele verleiht dem Körper das Leben und damit die Fähigkeit zum Wirken. Während der menschliche Körper die höchste hierarchische Stufe allen Lebens auf der Erde erreicht hat, steht seine Seele auf der niedrigsten Stufe der „absoluten Formen", d.h. des Göttlichen.

Das ewige Leben ist das endliche Ziel eines jeden Menschen. Seine Glückseligkeit besteht in der Erkenntnis Gottes. Sie wird allein aus der Hierarchie des Seins notwendig und muss somit als bewiesen gelten. Der dritte der Kölner im „erkenntnistheoretischen Bunde", die ich nicht nur aus Heimatverbundenheit erwähne, sondern weil sie dazu wirklich ganz Entscheidendes beigetragen haben, ist der Dominikaner *Meister Eckhart*. Ausgerechnet in Köln jedoch wurde ihm, der ja vielerorts in Deutschland lehrte, ein Prozess in Glaubensangelegenheiten gemacht, da die Kirche einen Teil seiner Thesen verurteilte. Im Gegensatz zu Thomas von Aquin und Albertus Magnus, deren philosophischer Nachfahre er ja war, wurde sein Denken weniger von Logik und Systematik beherrscht, als von, wie *Ernst Sandvoss* schreibt, religiöser Erfahrung, von Ekstase, von Gotterleben und von Visionen. Für ihn geht die Seele nach dem Tod an keinen Ort. „Wohin könnte die Seele gehen?", fragt er. „Wo sollte sie denn hin, wo sonst gäbe es eine Ewigkeit? Die Seele bleibt hier."

Fast 200 Jahre nach der visionären und in Jenseitsreisen offenbar erfahrenen[25] Benediktiner-Äbtissin *Hildegard von Bingen* ist *Meister Eckhart* ein weiterer bedeutsamer deutscher Mystiker. Gott braucht uns wie wir ihn, und die einzige Tugend ist dreigeteilt in Liebe, Schönheit und Harmonie.

Die mittelalterlichen Jenseitsvorstellungen sind auch von einer Reihe literarischer Visionsdokumente geprägt. Dazu gehören zum Beispiel die Erzählungen des frommen englischen Familienvaters *Drythelm*, der nach schwerer Krankheit bei Anbruch der Nacht verstarb und im Morgengrauen des nächsten Tages wieder zum Leben erwachte. Als er sich dann von der Totenbahre erhob, wurden die inzwischen versammelten Trauernden in Schrecken versetzt.

Auch bei Drythelm spielt, wie immer zu jener Zeit, eine mehr oder weniger lange Fahrt durch die Hölle eine große Rolle, bevor die wandernde Seele vor ihrer Rückkehr in den Körper einen Blick in die himmlischen Paradieswelten nehmen kann. Dabei wird sie von jenseitigen Wesen geführt.

Nach dem Vorbild der „*Äneis*", des im ersten Jahrhundert vor Christus lebenden römischen Schriftstellers *Vergil*, schrieb der italienische Dichter *Alighieri Dante* Anfang des 14. Jahrhunderts das größte christliche Weltgedicht „*La Divina Commedia*" *(Die Göttliche Komödie)*. Bei diesem Epos handelt es sich um eine Darstellung der Jenseitsreise des Dichters in 100 Gesängen mit mehr als 14.000 Versen. Doch dürfte es sich hierbei wohl weniger um die tatsächliche Einzelvision Dantes als vielmehr um eine Niederschrift des damals allgemein verbreiteten Jenseitsglaubens handeln. Somit führt auch Dantes Weg zunächst durch die Hölle, bevor er über das Fegefeuer ins Paradies gelangt und schließlich Gott schaut.

Zu allen Zeiten schon führen solche Jenseitsreisen zu einer dauerhaften *inneren Wandlung* eines jeden Reisenden.

Diese äußerst bemerkenswerte Tatsache unterscheidet frühere „Jenseitsreisen" genauso wie „moderne" Nahtoderlebnisse (NTE) von praktisch allen „unechten", z.B. medikamentös oder sonstwie im Experiment provozierten, teilweise ähnlichen Phänomenen. Darauf werde ich zu einem späteren Zeitpunkt natürlich noch ausführlicher eingehen.

Die Neuzeit ist durch den rasanten Aufstieg der Naturwissenschaften gekennzeichnet, die man zunächst *Empirismus*[26] nannte. Nun rückt die *sinnliche Wahrnehmung* mehr und mehr in den Vordergrund. Zugleich führt das zu einer Abwendung von manchen religiösen Glaubensvorstellungen. Lange Zeit wird das im Abendland von der herrschenden christlichen Kirche völlig unchristlich

---

[25] berühmt sind ihre Visionen des „lebendigen Lichts"
[26] empirisch, griech., der Erfahrung folgend; empiristisch heißt aber der sinnlichen Wahrnehmung folgend, und damit auf Sehen, Fühlen, Hören und Messen etc. beruhend.

bekämpft. Zwar wird zunächst der allmähliche Siegeszug hierdurch naturwissenschaftlicher Denkmodelle noch stark behindert, letztlich aber nicht verhindert. Die wichtigste Zeit für den geistigen Wandel lag sicher im 17. und 18. Jahrhundert. Hier lebten und wirkten die nach meiner Auffassung größten Meister der jüngeren Naturphilosophie, die sich mit existenztheoretischen Belangen befassten. Besonders hervorheben möchte ich Größen wie *Descartes, Pascal, Leibniz, de Spinoza, Newton, Locke, Hume, Berkeley, Laplace* und *Kant*.
Mit den drei Worten *„Cogito, ergo sum" (Ich denke, also bin ich)* leitet der Franzose *René Descartes (1596-1650)* die Neuzeit ein. Alles kann und sollte Zweifeln unterliegen, nicht aber, dass man selbst *ist*, weil man *denkt*.
So ungefähr lässt sich dieser Ausspruch auf einen kurzen Nenner bringen. Der *Philosoph* Descartes hält die ganze Welt für eine riesige kosmische Maschine, ein gigantisches Uhrwerk, in dem allerdings allein der Mensch einen immateriellen Geist besitzt, der auf den Körper einwirkt *(Dualismus)*. Der *Naturwissenschaftler* Descartes entdeckte die Stossgesetze, und er betrachtet auch das Denken als Folge kleinster Stossvorgänge. Genau darauf basieren heutige Verständnisprobleme: Für dualistische Wechselwirkungen quasi mechanischer Art zwischen einem Geist und dem Gehirn fehlen heutzutage brauchbare Hinweise. Für die Annahme einer zu allem Materiellen polaren, realen Daseinsform fehlt vielen leider die Phantasie, aber auch die Einsicht für ihre logische Notwendigkeit. Lieber ignoriert und verdrängt man viele Phänomene, die, würde man sie anerkennen, nur so erklärt werden könnten.
Den nur dem Menschen innewohnenden immateriellen Geist lokalisiert Descartes in der Zirbeldrüse des Gehirns (Epiphyse) und bezeichnet ihn als unzerstörbar. Im Tod trennt sich der menschliche Geist von seinem Körper und existiert ohne das Gehirn weiter. Als also auch körperunabhängig lebensfähiger Geist kann er durch das Materielle in der Welt nicht erklärt werden.
Eine typische „Jenseitsreise" im Rahmen einer NTE dürfte wohl der berühmte französische Philosoph und Mathematiker *Blaise Pascal (1623-1662)* am 23. November 1646 gehabt haben:
An diesem genau überlieferten Tag hatte er eine „göttliche Vision", wohl in Verbindung mit einem außerkörperlichen Erlebnis (AKE oder OBE[27]). Auch für Pascal war dieses Ereignis eine Zäsur in seinem Leben. Zuvor war er ein sehr umtriebiger Lebemann und genialer Wissenschaftler, der viele äußerst wichtige Entdeckungen und Beschreibungen in Mathematik und Physik gemacht hatte. Nach diesem Tag zieht er sich in ein Kloster zurück und betreibt bis zu seinem leider frühen Tod im Jahre 1662 nur noch religiöse und philosophische Studien. Pascal weist jetzt darauf hin, dass es eine erhabenere, immaterielle kosmische Ordnung gäbe, deren höchste Qualität die Liebe sei. Für ihn erhält die Intuition, umschrieben mit *„innerem Fühlen und Erfühlen"* einen neuen und wichtigen,

---

[27] gebräuchlicher Terminus für außerkörperliche Erfahrungen (AKE). Er stammt aus dem Englischen und bedeutet **O**ut of **B**ody **E**xperience.

bis dahin nicht anerkannten Stellenwert. Die letzten Fragen dieser Welt entzögen sich jeder vernunftmäßigen, rationalen Antwort. Allein die gläubige Gotteserfahrung könne diese Fragen *subjektiv* befriedigend lösen. Pascal spricht von einer immateriellen unsterblichen Seele, die jeden einzelnen Menschen auszeichnet. Sein Geist sei zwar ein Teil dieser Seele, aber nicht der wichtigste. Ihr eigentlicher Kern seien Emotionalität und vor allem seine Liebe. Ich selbst kann mich dieser Vorstellung ohne Abstriche nur anschließen.

Einer der größten Naturwissenschaftler aller Zeiten war gewiss der Engländer *Isaac Newton (1643-1727)*. Neben vielem anderen gab er Erklärungen für Raum, Zeit und Gravitation und stellte die Bewegungsgesetze auf. Er erkannte, dass Licht aus kleinsten „Teilchen" besteht und entwickelte als genialer Mathematiker unabhängig von dem deutschen Naturforscher *Gottfried Wilhelm Leibniz (1646-1716)* die Infinitesimalrechnung. Kaum einer weiß jedoch, dass er auch die Bibel mindestens so fleißig studierte wie den Kosmos.

Nach seinem Tod hinterließ er theologische Manuskripte, die an Umfang alle seine wissenschaftlichen Werke übertreffen. Und der englische Philosoph *John Locke* sagte von Newtons Bibelkenntnissen, dass er *„nur wenige kannte, die ihm darin gleichkamen"*. Newton war, so ist überliefert, streng bibelgläubig. Einer der größten Naturwissenschaftler war zugleich also ein Mystiker.

Seine Vorstellungen vom Jenseits dürften damit wohl weitgehend den zeitgenössischen christlichen Bildern entsprochen haben.

Zu den größten Naturforschern der damaligen Zeit gehörten natürlich auch *Gottfried Wilhelm Leibniz* und der Niederländer *Baruch de Spinoza (1632-1677)*. Leibniz, der Engländer *George Berkeley (1684-1753)*, und *Baruch de Spinoza* dachten im Sinne des *Panpsychismus*, wonach grundsätzlich allem Materiellen eine Art Bewusstsein zu Eigen ist. Der Deutsche Gottfried Leibniz entwickelte die Theorie der *Monaden*, sozusagen kleinsten unteilbaren und in sich geschlossenen Kraftpunkten, die Teil jeder Form von Materie sind. Mehr noch, Materie im eigentlichen substanziellen Sinne gibt es für ihn nicht. Alles Materielle ist letztlich nur eine Täuschung, eine Erscheinungsform der rein geistigen Monaden infolge der ihnen innewohnenden *„wirksamen Kraft"*.

Alle Monaden haben eine Seele, die zu Empfindungen und Reaktionen fähig ist. Aber nicht jede Seele ist deshalb auch im Besitz von Bewusstsein. Der Mensch ist eine Kolonie von Monaden, geregelt von einer durchgehenden Ordnung, die auch seine Seele ausmacht. *„Erhebt sich diese Seele auf die Stufe der Vernunft, dann wird sie ... sich als Geist erkennen"*. Erkennt sie die ewige Ordnung und die Weltseele, dann wird sie zum Spiegel Gottes. Gott ist als Urmonade reiner und voll bewusster Geist, vom Körper und von Mechanismen gänzlich losgelöst. Zwischen Geist und Körper besteht keine Wechselwirkung im mechanischen Sinne. Vielmehr gibt es eine Gleichzeitigkeit körperlicher und geistiger Vorgänge aufgrund einer von Gott im Voraus hergestellten, *„(prästabilisierten) Harmonie"*, so *„wie zwei so genau gleich gearbeitete, aufgezogene und gerichtete Uhren, dass sie vollkommen gleichzeitig die Sekunden ticken und die*

Stunden schlagen, ohne dass jedoch eine Wechselwirkung oder eine gegenseitige Beeinflussung stattfindet."
Im Prinzip spricht sich Leibniz dafür aus, Materie und Geist als zwei Seiten ein und derselben „ur*geistigen*" Medaille anzusehen. Die scheinbar getrennten gleichzeitigen Vorgänge der Mechanik und des Lebens, der Bewegung und des Denkens, sind ein- und dasselbe: Alles hängt bloß davon ab, wie man es betrachtet – ob von außen, dann ist es Materie oder von innen, dann ist es Geist. Ich glaube, *Leibniz* hat hier grundsätzlich Recht, und ich bin *nicht* der Ansicht, dass Leibniz tatsächlich damit gemeint hat, alles sei „zwingend von Gott vorherbestimmt". Denn ein Gleichklang *(Harmonie)* von Materie und Geist ergibt sich zwangsläufig, wenn man sie als die schon erwähnten zwei Seiten derselben Medaille betrachtet. Sie müssen gleichlaufend sein, ohne sich im mechanistischen Sinne wechselseitig zu beeinflussen. Weder Qualität, noch Quantität, noch Komplexität solch „gleichklingender Dinge" sind deshalb aber notwendigerweise (vor-) bestimmt. Dies wäre nur dann der Fall, wenn es sich bei allem Geistigen dieser Welt um eine Ausdehnung des Geistes Gottes handeln würde – nicht aber, wenn der Geist zunächst ein Samen Gottes ist und erst noch reifen muss. Dann ist jegliche freie Entfaltung *(Emergenz)* denkbar und nur ein bestimmter Rahmen tatsächlich vorgegeben.
Der Niederländer *De Spinoza* dagegen sieht das anders. Für ihn ist Gott die „einzige und absolute Substanz", von der alles andere ausgeht. Alles in dieser Welt ist folglich eine *„Entfaltungsform Gottes" (Pantheismus)*. Damit muss auch alles Wirken der von Gott entfalteten Dinge letzlich göttliches Wirken, und alle seine „lebenden Entfaltungen" müssen göttliche Wesen sein. In dieser, von ihm wohl auch so gedachten, strengen Interpretation ist dann tatsächlich alles grundsätzlich gottgewollt, vorbestimmt und unbeeinflussbar. Man nennt das einen *radikalen Determinismus*. Hier hat der Mensch keinerlei Wahlfreiheit mehr. Er muss versuchen, alles Geschehen in der Welt aus der Notwendigkeit Gottes zu erkennen, anzuerkennen und bedingungslos anzunehmen.
Dem hat sich mit Recht der Franzose *Pierre-Simon de Laplace (1749-1827)* entgegengestellt. Würde jemand, so Laplace, sämtliche Bedingungen und Wirkmechanismen zu irgendeinem beliebigen Zeitpunkt von einem bestimmten Weltzustand kennen, so könnte er alle zukünftigen Zustände voraussagen. Damit gäbe es nur einen einzigen, durchweg vorbestimmten Weg für das Ganze, und selbst Gott hätte letzlich keinen freien Willen.
Für Leibniz ist die menschliche Seele zwar unsterblich, aber, außer bei Gott, immer an einen Körper gebunden. Dem kann ich allerdings *nicht* zustimmen. Leibniz bricht an dieser Stelle seine eigene Logik, wohl aus Angst vor Verfolgung durch die kirchliche Inquisition. Deshalb meint er auch: Die Unsterblichkeit der Seele komme in der Auferstehung der Toten am „Jüngsten Tag" zur Geltung. Folglich müssen auch die Leiber auferstehen, so dass die Kirche mit ihrer Lehre Recht habe. De Spinoza dagegen unterstellte die Seele den Gesetzen des (materiellen) Universums, womit sie unpersönlich und

sterblich war. In gleicher Weise dachten auch der Engländer *John Locke (1632-1704)* und der Schotte *David Hume (1711-1776)*. Als Vertreter des *Empirismus*, dem direkten Vorläufer der Naturwissenschaften, meinten sie, es sei nur eine Frage der Zeit bis man es schließlich schaffen werde, allmählich alles Metaphysische des Christentums, wie z.B. Gott und die Schöpfung, aus der Welt zu verbannen. Wirkliche Erkenntnis könne seiner Ansicht nach nur mit Hilfe *sinnlicher Erfahrung* gewonnen werden, nicht aber durch die reine Vernunft und schon gar nicht durch die intuitive Basis der Religionen.

Dagegen wendet sich im 18. Jhd. *Immanuel Kant* und glaubt zunächst sogar daran, man könne *ausschließlich* durch *Vernunft (Rationalismus)* zur Erkenntnis gelangen. Von seinem Zeitgenossen *David Hume* beeinflusst, ändert er später allerdings seine Ansicht und spricht von einem Irrtum. Genausowenig gibt er jedoch *Hume* recht, *alles* sei allein sinnlich erfahrbar. Kant sucht die Mitte und kommt schließlich zu der Einsicht, dass beides, sinnliche Erfahrung und Vernunft, zusammenwirken muss. Eine Erkenntnisfindung durch Intuition lehnt er jedoch grundsätzlich ab. Dagegen hatte schon in der mittelalterlich-jüdischen Philosophie der Arzt, Theologe und Philosoph *Moses Maimonides (1135-1204)* im 12. Jahrhundert gefordert, religiöse Schriften bei Widersprüchen zwischen Religion und Wissenschaften *allegorisch oder analog*, d.h. sinnbildlich oder symbolisch, auszulegen. Gerade das halte ich auch für sehr vernünftig. Maimonides war durch seine Versuche, religiöse Schriften rational auszulegen, damals bei Juden, Christen und Arabern gleichermaßen hoch angesehen. Nur darin dürfte nach meinem Dafürhalten auch heute ein durchaus gangbarer Weg liegen, diese beiden, leider nur allzu oft in völlig unsinniger und überflüssiger Zwietracht liegenden Religionen endlich dauerhaft und nachhaltig anzunähern.

Zwischen *Rationalismus* (Vernunft) und *empiristischem Skeptizismus* (rein sinnliche Erfahrung) sucht Kant also nach einem dritten Weg und findet ihn, indem er beides zu zwei Seiten derselben Medaille macht. Für etwas Drittes, die Religionen und somit die intuitive Erfahrung, ist für ihn folglich kein Platz:

Für Kant sind Gott und Unsterblichkeit leider bloße Spekulation: sie ließen sich weder sinnlich erfahren, noch durch Vernunft bewerten und einordnen. Ein metaphysischer Gottesbeweis läge außerhalb jeder sinnlichen Wahrnehmung und wäre nur dem reinen rationalen Denken unterworfen. Das aber könne nicht ausreichen, um zu wirklicher Erkenntnis zu gelangen. Gott und die Unsterblichkeit haben für ihn im Rahmen seiner *„Kritik der praktischen Vernunft"* dennoch einen Sinn, weil man daran allein aus *„Gründen der Sittlichkeit"* glauben müsse. Ob es sie tatsächlich gäbe, sei demnach sogar unerheblich. Kant selbst bekannte sich sehr wohl zur Unsterblichkeit der individuellen Vernunft. Da aber jede weitere Diskussion darüber spekulativ sei, ließ er sie bloß nicht zu. Beides, das betont Individuelle und das Unsterbliche der menschlichen Vernunft, unterschlugen viele Philosophen nach Kant, wenn sie sich auf ihn beriefen und gesellschaftliche Neuanfänge forderten.

Man erkennt inzwischen sehr deutlich, wie sich die Anschauungen in der Philosophie zu Gott, Geist, Seele oder ein Überleben des Todes im Laufe der Neuzeit gewandelt haben. Dies geht natürlich in erster Linie auf das Konto des nun wachsenden Einflusses der Naturwissenschaften – aber sicher muss man darin auch eine echte Reaktion auf die über lange Zeit unbarmherzigen und uneinsichtig indoktrinierenden christlichen Kirchen sehen.
An allen religiösen Lehren wird in den folgenden Jahrhunderten immer stärker herumgemäkelt. Religion erniedrigt als *„Opium für das Volk"* ist ein plakativer wie wohl falscher Aufhänger von *Karl Marx (1818-1883)* für viele dramatische gesellschaftspolitische Umorientierungen vor allem im 20. Jahrhundert. Paten hierfür standen in erster Linie die Deutschen *Ludwig Feuerbach (1804-1872), Karl Marx* und *Friedrich Engels (1820-1895)*.
Diese neuen Ordnungen, die ja jetzt von jedem Glauben an Gott oder etwas Metaphysisches losgelöst sind und mit denen sich der Mensch geradezu wie ein pubertierender Jüngling trotzig und haltlos auf eigene (geistige) Beine stellen will, unterscheiden sich in ihren späteren realen Auswirkungen wohl kaum von den Unterjochungen der sich lange Zeit auf religiöse Dogmen berufenden Kirchen. Im Gegenteil, ihre Folgen sind für die betroffenen Menschen, ja für ganze Völker am Ende noch viel katastrophaler, auch natürlich aufgrund des zur gleichen Zeit enorm wachsenden technischen Fortschritts.
Eine allmähliche geistige Wende stellt sich erst wieder in dem leider oft so traurigen und geschundenen letzten, dem 20. Jahrhundert ein: Hierfür ist neben vielen anderen sicher auch der österreichische Philosoph und Psychologe *Karl Popper(1902-1994)* mitverantwortlich. Er billigt den auf Erfahrung beruhenden, d.h. den *empirisch*[28] belegbaren Phänomenen, prinzipiell genauso ein Recht auf Realität zu. Nur Widersprüche und Fehler können eine These widerlegen, Hinweise auf ihre Richtigkeit aber niemals ein Beweis für sie sein; denn bis ans Ende aller Tage müsse man immer noch damit rechnen, dass es vielleicht doch einmal einen Widerspruch geben könne. Allerdings dürfe der Umstand, sich niemals der Wahrheit wirklich gewiss sein zu können, nicht gleichzeitig zu Beliebigkeit führen. Die Suche nach Wahrheit müsse auf der Vielfalt der Thesen, Diskussion und Abwägung der Argumente sowie auf der sorgfältigen Prüfung auf ihre Schlüssigkeit beruhen. Frei nach dem Evolutionsforscher *Charles Darwin (1809-1882)* könne sich nur so ein „gesunder Wettstreit" der Denkmodelle entwickeln, der zu höherer Erkenntnis führe. *Popper*, der noch als junger Mann faszinierter Marxist war, sich dann aber schnell von dieser Lehre bitterlich enttäuscht zeigte, erkennt, dass der menschliche Geist offensichtlich eine ganz neue Qualität besitzt, die längst weit über ihre Entsprechungen in der materiellen Welt hinausgewachsen ist.

---

[28] nicht zu verwechseln mit „empiristisch", d.h. auf sinnlicher Wahrnehmung beruhend, was praktisch gleichbedeutend ist mit „naturwissenschaftlich".

Das menschliche Denken habe sich verselbständigt und eine *eigene Welt* geschaffen. Es gibt, so Popper, sehr wohl psychische Zustände, die sich von den physischen qualitativ völlig unterscheiden und miteinander in Wechselwirkung stehen.

Popper entwickelt daraus die Idee einer *emergenten*, d.h. sich selbst schaffenden Welt, in der Neues entsteht, ohne dass es prädestiniert, also vorherbestimmt ist *(Indeterminismus)*. Die Gedanken eines jeden Menschen hätten einen eigenen Realitätsstatus. Sie *sind*!

Popper sieht darin eine Chance, das Problem zu lösen, *warum* die Menschen mit ihren zeitlich sehr beschränkten Leben an zeitlosen Ideen teilhaben: alles sei von irgendwelchen Menschen irgendwann einmal gedacht worden. Damit würde alles Gedachte nun real existent und bekäme eine eigene Dynamik. Es könne jetzt von jedem anderen individuellen Geist beliebig abgerufen werden.

Popper stellt also nun die These eines weltumspannenden geistigen, d.h. immateriellen, Netzes von Ideen, Gedanken und Vorstellungen auf, weil sich ihm diese Perspektive aufgrund von Erfahrungen und Vernunft regelrecht aufdrängt. Damit postuliert er eine Art Weltgedächtnis. Popper erzwingt so die Abkehr von einer rein materialistischen Weltsicht.

Nach meiner Überzeugung gibt es beides: Die von Karl Popper behauptete Emergenz genauso wie eine Reihe notwendiger und deshalb präexistenter Rahmenbedingungen. Innerhalb dieser allein ist Emergenz möglich ist und kann, darf, soll und muss wirken. Dieser Rahmen ist nach meiner Auffassung rein geistiger Natur: Er beinhaltet eine Art geistigen – oder moderner, einen *informationellen* Bauplan, darunter einen alles Materielle ordnenden mathematischen, d.h. vor allem geometrischen, Plan.

Trotz dieser aus der Sicht ihrer Zeit geradezu revolutionären Vorstellungen schafft es Popper allerdings noch nicht, über seinen eigenen Schatten zu springen und auch eine über den Tod reichende Beständigkeit der *individuellen* geistigen Persönlichkeit eines jeden Menschen anzunehmen.

Genau diesen Schritt vollzieht jedoch der berühmte australische Hirnforscher und Nobelpreisträger *John Eccles (1903-1997)*. Seine vehement auch gegen viel Kritik aus den eigenen Reihen vorgetragene und, wie ich finde, recht plausible und schlüssige „*dualistisch interaktive Hypothese*" spricht von einem engen Wechselspiel zwischen einem außerhalb des Gehirns existierenden und agierenden, körperunabhängigen Geist sowie *seinem* Gehirn als sein materielles Instrument zur Kommunikation in dieser Welt. Während *Popper* aufgrund seiner eingeschränkten Sicht noch nicht an ein Überleben des Todes glaubt, ist *Eccles* davon zutiefst überzeugt.

In einer als Buchbeitrag veröffentlichten Unterhaltung mit Karl Popper vom 29.04.1974 äußert sich John Eccles dazu wie folgt: „*Ich glaube, dass du, Karl, von all' den sehr unbeholfenen Versuchen, das Leben nach dem Tod zu ‚beschreiben', abgestoßen bist. Ich bin ebenfalls von ihnen abgestoßen. Doch ich glaube, dass ein unglaubliches Mysterium darin liegt. Was bedeutet dieses*

Leben? Erst beginnen zu sein, dann schließlich aufhören zu sein? Wir finden uns hier in dieser wunderbaren, reichen und lebendigen, bewussten Erfahrung und sie geht das ganze Leben hindurch weiter, doch ist das das Ende? Dieser unser selbstbewusster Geist besitzt diese mysteriöse Beziehung zu dem Gehirn und gewinnt in der Folge davon Erfahrungen von menschlicher Liebe und Freundschaft, von den wundervollen Schönheiten der Natur und von der intellektuellen Erregung und Freude, die uns durch den Genuss und das Verständnis unseres kulturellen Erbes geschenkt wird. Soll dieses gegenwärtige Leben ganz im Tode enden oder können wir Hoffnung haben, dass ein weiterer Sinn entdeckt werden wird? (...) Ich glaube, es besteht völlige Unkenntnis der Zukunft, doch wir kamen aus dem Unbekannten. Ist es so, dass dieses unser Leben einfach eine Episode von Bewusstsein zwischen zwei Bewusstlosigkeiten darstellt oder gibt es eine ‚transzendente Erfahrung', von der wir nichts ‚wissen'? (...) Unser Beginnen zu sein ist ebenso mysteriös wie unser Aufhören zu sein im Tode (Hervorhebungen durch ‚...' von mir).

Zum Schluss dieses Kapitels möchte ich noch einige Ansichten des großen französischen Philosophen und Anthropologen *Pierre Teilhard de Chardin (1881-1955)* erwähnen: In seinem Buch „*Der Mensch im Kosmos*"[29] tritt er, streng logisch argumentierend, für eine nicht-materielle und alles im Universum klar ordnende „Ganzheitskraft" ein. Im Laufe der kosmischen Entwicklung habe es immer wieder Phänomene gegeben, die zwar zunächst den Charakter von Sonderfällen hatten, sich später aber als etwas Universelles herausgestellt haben. Dies gelte nach Ansicht *Teilhard de Chardins* auch für den Geist und das menschliche Bewusstsein. Eben auch Geist und Bewusstsein müssten, genau wie alles Materielle, ihren kleinsten Ursprung in weitester Vergangenheit haben. Weiter spricht er von einer immateriellen Energie der Dinge, deren Ausdruck das Leben ist, und die im fortgeschrittenen Prozess zur Individualisierung und schließlich auch zum persönlichen Bewusstsein führt. Nur die Liebe sei in der Lage, diese aufstrebende Vereinigung von allem in diesem Universum zu starten und als zugleich unermüdlicher Motor in Gang zu halten. Die Liebe ist ein universelles Prinzip, doch widersetzt sich ihr der Mensch heftig. Zwar stellt er die gegenwärtig höchste Entwicklungsstufe auf Erden dar, keineswegs aber wohl den Endpunkt einer zwangsläufig weiter fortschreitenden konvergenten Entwicklung dieses Universums.
Ein zentrales Problem des Menschen auf dem Weg zur Erkenntnis und zu sich selbst ist sein alles „*lähmender Anti-Personalisations-Komplex*": Der Mensch missachtet sozusagen grob fahrlässig den besonderen Stellenwert seiner *Individualität* und damit auch seine immense persönliche Verantwortung! Für mich ist das ein Ergebnis der zuvor von mir zuvor schon wiederholt kritisierten, schweren gesellschaftlichen Verwerfungen, für die ich u.a. auch die verbreitete

---

[29] Erstmals erschienen unter dem Titel „Le Phénomène humain" (1948)

Aversion gegen alles Metaphysische in den letzten zweihundert Jahren mitverantwortlich mache. Solange die *Ideologie des Kollektivs* die einzelne Person absorbiert oder zu absorbieren scheint, töte es, wie Teilhard wohl zu Recht meint, die Liebe vor ihrer Geburt. So beschaffen sei das Kollektiv „wesentlich unliebenswert".

Die Individualisierung sei also eine geradezu notwendige Grundvoraussetzung für ein „Sich-Entwickeln" zu mehr Gemeinsamkeit aufgrund der bindenden Liebe zu den Nächsten in der Gemeinschaft. Diese Entwicklung mache einen wachsenden *Geist (Noogenese)* erforderlich.

Die Entstehung eines individuellen Geistes und sein stetiges Wachstum seien daher ein allgemeingültiges, und somit universelles Prinzip, mit einer (ziel-) gerichteten Entwicklung hin zu Gott. Am Ende stünde die Konvergenz *„aller bewussten Zentren der Welt"*, die dann *„eins mit Gott"* werden, aber nicht durch *„Identifizierung (indem Gott zu allem wird), sondern durch die differenzierende und einigende Wirkung der ‚Liebe' (Gott ganz in allen)."* Dies ist eine, wie ich finde, haltbare und vernünftige Neudefinition des christlichen Begriffes vom „Jüngsten Tag".

Die Entwicklungsgeschichte ist also längst nicht zu Ende, und *wir alle*, so sagt Teilhard de Chardin, sind sozusagen *Gott* – Gott im Werden.

Und in all dem möchte ich ihm uneingeschränkt zustimmen.

Es versteht sich von selbst, dass die Erkenntnis der Existenz eines individuellen Geistes als grundsätzlich körperunabhängig bestehendes Entwicklungsprinzip das Überleben des körperlichen Todes zwangsläufig beinhaltet.

Mehr noch – der körperliche Tod spielt aus dieser Sicht in der Betrachtung des Werdegangs der einzelnen menschlichen *Persönlichkeit* überhaupt keine Rolle mehr. Der Tod kann dann nun reduziert werden auf eine aus vielerlei Gründen notwendige Zäsur auf dem für uns alle gänzlich unbeschreiblichen Weg, dem einer praktisch erst am Anfang stehenden, noch vor uns liegenden Entwicklung eines jeden Einzelnen von uns.

Der tschechische Dichter *Rainer Maria Rilke* sagte hierzu einmal sehr treffend: *„Aus dem Ewigen ist kein Ausweg".*

4. Zweifel am kosmischen Weltbild

In den nächsten drei Kapiteln wird es recht „naturwissenschaftlich". Leser, die vielleicht in Erinnerung an frühere Mathematik-, Physik-, Biologie-, und Chemiestunden in ihrer Schule schon bei Ansicht von ein paar Zahlen, geometrischen Figuren, mathematischen- oder einfachen chemischen Formeln vorzeitig fluchen sollten, können diese Kapitel gerne überspringen. Sie werden anschließend dennoch wieder den roten Faden problemlos aufnehmen können.
Die modernen Naturwissenschaften bieten uns derzeit ein recht kompliziertes Weltbild, das wohl kaum richtig allgemein verstanden wird. Nichtsdestotrotz wird fast alles zumeist kritiklos anerkannt und gerade von einflussreichen Medien übernommen und verbreitet.
Bestimmt haben manche dafür nur ein Achselzucken übrig; denn kaum jemand fühlt sich heute noch in der Lage, gegen diese scheinbare wissenschaftliche Übermacht „anzustinken".
Kompliziert scheint einfach alles: Das gilt für die Entstehung des Kosmos genauso wie z.B. für die Evolution allen Lebens auf unserer Erde. Der sicher bemerkenswerteste, ja wichtigste Aspekt sämtlicher moderner Vorstellungen ist, dass sie rein materialistischer Natur sind. Für so etwas wie Geist, Seele oder gar für Gott, einen Schöpfer, für eine immaterielle Realität u.s.w., ist heute aus Sicht vieler Naturwissenschaftler ernsthaft kein Platz mehr.
Leider muss man das so krass und eindeutig formulieren. Denn wenn überhaupt, so bleibt für alle derzeit vielleicht noch denkbaren nicht-materiellen Dinge allenfalls bloß dort eine Lücke übrig, wo sie die Wissenschaften noch nicht „wegerklärt" haben. Und diese Lücke sollte nach den Vorstellungen der meisten Wissenschaftler mit der Zeit immer kleiner werden und irgendwann ganz verschwinden.
In der Quantenphysik beschäftigt man sich mit den kleinsten materiellen Bausteinen dieser Welt, auch kleinsten Teilchen oder Quanten. Zwar verblüffen manche Quantenphänomene die modernen Physiker ganz gewaltig, so dass viele mittlerweile freimütig zahlreiche Grenzen der Erkenntnisfähigkeit einräumen. Jedoch sollten diese „unerklärlichen Unschärfen" nicht darüber hinwegtäuschen, dass man an etwas immateriell Geistiges dennoch nicht wirklich glauben will.
Was das Grundthema dieses Buches betrifft, so gilt ohne Umschweife: Nach unserer heutigen, allgemein anerkannten naturwissenschaftlichen Weltsicht ist jede noch so vage Idee von einem Überleben unseres körperlichen Todes, insbesondere natürlich von einem Überleben der menschlichen Persönlichkeit, barer Unsinn.
Diese heute in „seriösen" Wissenschaftskreisen kaum strittige Sicht des Todes als unwiderruflich endgültiges Ende eines jeden von uns, halte ich, genauso knapp formuliert, für *falsch*. Obendrein halte ich sie für gesellschaftspolitisch kontraproduktiv, ja sogar für gefährlich.

Folglich sollte eine Abhandlung, die den Tod nicht als das Ende der Persönlichkeit begreift, auf naturwissenschaftliche Positionen sorgsam eingehen und versuchen, dann auch ein integratives, plausibleres, eben alternatives und natürlich fundiertes Denkmodell für unsere Welt anzubieten.

Nach dem derzeit gängigen kosmischen Weltbild entstand unser Universum vor rund 14 Milliarden Jahren durch einen Urknall aus einem ungeheuer winzigen Punkt von unvorstellbar hoher Dichte. In extrem kurzer Zeit entwickelte sich ein Feuerball von zugleich unglaublich großer Hitze. Durch Abkühlung entstand schon recht bald so etwas wie eine dicke Suppe aus kleinsten Materiebausteinen und elektromagnetischer Strahlung (z.B. Licht).[30] Ständige Kollisionen von Strahlenteilchen und ihr gegenseitiger Beschuss erschufen im Laufe riesiger Zeiträume Materieklumpen und viel später gigantische Materiehaufen. Aus ihnen formten und bildeten sich schließlich alle Himmelskörper und Galaxien, darunter auch unser Sonnensystem.

Explosionsbedingt fliegen alle Galaxien seither auseinander. Unser Universum expandiert – und das immer schneller. Darauf will man vor allem durch eine bestimmte Beobachtung schließen dürfen: die sogenannte Rotverschiebung des Lichtes. Nach dem österreichischen Physiker *Christian Doppler* wurde im 19. Jahrhundert folgendes physikalische Phänomen „Doppler-Effekt" benannt: Ein zum Beispiel an Ihnen mit lautem Martinshorn vorbeifahrender Krankenwagen erzeugt einen helleren Ton (höhere Frequenz) während er sich Ihnen nähert und dann einen tieferen Ton (niedrigere Frequenz), wenn er sich von Ihnen entfernt.

Entsprechend nimmt man an, dass die beobachtete Verschiebung der von fernen Galaxien empfangenen Lichtfarbe ins Rötliche, was einer niedrigeren Frequenz entspricht, auf eine Flucht der Galaxien schließen lassen muss, was letztlich zur Annahme der Expansion unseres Universums führt.

Außerdem hat man überall im All eine sehr niedrige Temperatur gemessen. Sie ist äußerst gleichmäßig in alle Richtungen verteilt *(isotrop)*. Man nennt sie Mikrowellen-Wärmestrahlung und glaubt, in ihr die Folge der Abkühlung des Kosmos nach ein paar hunderttausend Jahren sehen zu dürfen: Seitdem sei sie über viele Milliarden von Jahren konstant geblieben. Mit 2,73 Grad Kelvin[31] liegt diese Temperatur nur wenig über dem sog. „absoluten Nullpunkt" (= 0 Grad Kelvin oder minus 273 Grad Celsius), bei dem es keinerlei Bewegung im ganzen Universum mehr gäbe. Diese Minimalwärme ist deshalb vermutlich die unterste Menge an Energie, die nötig ist, um alles in der Welt in Bewegung zu halten.

Der Urknall mit nachfolgender Expansion des Universums klingt zwar aufgrund dieser Beobachtungen vordergründig plausibel, besitzt aber dennoch eine ganze Reihe von großen Problemen und Widersprüchen:

---

[30] Elektromagnetische Strahlung wird im Folgenden zumeist mit EMS abgekürzt. Ein kleines Frequenzspektrum der EMS nehmen wir als sichtbares Licht wahr
[31] ± weitere Ziffern ab der dritten Stelle hinter dem Komma

Zunächst muss man sich fragen, was *vor* dem Urknall war und ihn herbeiführte? Der erste Teil der Frage wird gemeinhin gar nicht erst zugelassen; denn auch die Zeit, wie wir sie kennen, sei ja erst durch den Urknall selbst entstanden. Ein „Davor" kann es so nicht geben.

Für den zweiten Teil gibt es unterschiedliche Antworten: Einmal soll der Urknall aus dem „Nichts" aufgetreten sein; denn ein „Etwas" kann es ja nicht gegeben haben: Ansonsten müsste man schließlich wieder unweigerlich nach der Qualität und der Herkunft dieses „Etwas" fragen dürfen. Einige Quantenphysiker unserer Zeit glauben allerdings, dass auch im „Nichts der Quantenwelt" plötzlich virtuelle Partikel auftauchen könnten. Trafen solche Teilchen zufällig und in unvorstellbar großer Zahl auf und aufeinander (Quantenfluktuationen), soll es zum Urknall gekommen sein. Das auf diese Weise entstandene Universum müsste dann allerdings endlich sein und demnach irgendwann auch einmal wieder vergehen; denn keine Quantenfluktuation könnte unendlich viel Energie bereithalten. Alle jemals im Kosmos benötigte Energie müsste von Anfang an schon dagewesen sein. Im Fall eines unendlichen und ewigen Kosmos hilft diese Vorstellung also nicht weiter.

Vielleicht sei das Nichts aber auch eine echte *„Singularität"*, was ungefähr soviel wie eine „klitzekleine" Unendlichkeit bedeutet[32].

Nur, der Begriff Unendlichkeit passt nicht in die Physik; denn sie befasst sich nur mit endlichen Dingen: Materielle Dinge, um die es in der Physik geht, sind immer endlich und zählbar. Es gibt keine unendlichen Mengen, nur unendliche Zahlenfolgen. Dazu später mehr. Unendlichkeit ist also etwas Metaphysisches, und die Physik stieße hier genau an *die* Grenzen, die sie für sich eigentlich nicht akzeptiert, nämlich nicht in der Lage zu sein, irgendwann einmal die Welt umfassend beschreiben zu können.

Der zurzeit bekannteste Kosmologe, der durch eine fürchterliche Krankheit leider an der Rollstuhl gefesselte englische Physiker *Stephen Hawking*, meint deshalb auch: *„im Übergang vom Nichts zum Sein verberge sich der Schlüssel zum 'Plan Gottes'."*[33]

Hawkings Worte zeugen wohl eher von beißendem Spott, zumal er in seinem bisher jüngsten Buch *„Der große Entwurf – Eine neue Erklärung des Universums" (2010)* auch klar macht, dass Gott gar nicht nötig sei und wohl auch nicht existiere. So bietet das von ihm als *neue Erklärung des Universums* Dargebotene keinen Platz für das „Göttliche".

Tatsächlich sollten wir uns aber eigentlich alle (und ich versuche mir dies täglich zu vergegenwärtigen) in großer Demut verneigen; denn dieser Hauch von Nichts, diese Singularität, muss ja auch schon sämtliche Informationen beinhalten, die jemals in diesem Kosmos für schlichtweg alles benötigt werden.

---

[32] Physikalisch ist eine Singularität ein unendlicher Punkt an dem die Gesetze der Physik nicht mehr gelten.
[33] Gespräch des deutschen Magazins „Der Focus" mit Stephen Hawking, 36 (2001)

Allein schon weil alles in dieser so hochkomplex strukturierten Welt seine Existenz nur der strengsten Befolgung äußerst eng gefasster kosmischer Regeln und Konstanten *(Naturgesetze)* verdankt, scheint mir die weltweit populäre Urknallhypothese mehr als fraglich. Daher sucht man unter Kosmologen gierig nach Auswahlkriterien, um diese enorme Unwahrscheinlichkeit einer zufälligen Existenz von allem auf dem Boden solch enger Naturgesetze einzugrenzen: Doch stellen Sie sich vor, jeder Weltbürger hätte seit Beginn der Menschheit an jedem Tag seines Lebens an einer Art „Welt-Lotto" teilgenommen und auch jeden Tag eine Millionen Euro gewonnen. Das klingt absolut unwahrscheinlich, ist aber immer noch sehr viel wahrscheinlicher, als dass wir alle auf die bisher angenommene Weise wirklich entstanden sind. Der Forschungsleiter am München-Garchinger Max-Planck-Institut für Astrophysik, *Gerhard Börger*, sagte selbst dazu, dass *„die uralten Fragen: Woher kommen wir? und: Wohin gehen wir? heute aktueller sind als je zuvor."* /[34]

Neben anderen, noch weitgehend klärungsbedürftigen Fragen, wie etwa die von der Asymmetrie von Materie und Antimaterie[35] u.v.m., scheinen mir schon die angeblichen „Kernbeweise" für den Urknall ziemlich wankend: Insbesondere ist festzuhalten, dass die bereits erwähnte *Hintergrundtemperatur* von **2,73…** Grad Kelvin zwar Schwankungen unterliegt, diese aber im ganzen Universum geradezu unglaublich gering sind.[36] Die Zahlenfolge **2-7-3** ist übrigens von großem Interesse, was ich noch eingehender erläutern werde.

Was nun die *Rotverschiebung* angeht, mit der Licht von sehr weit entfernten Galaxien bei uns eintrifft, so müsste deren heutige Fluchtgeschwindigkeit bald Lichtgeschwindigkeit oder sogar schon mehr erreicht haben. Das aber kann nicht sein; denn Materie wird mit wachsender Geschwindigkeit immer träger und schwerer und wäre bei Lichtgeschwindigkeit sogar unendlich schwer.[37]

Schon wieder wären Unendlichkeiten im Spiel, die es jedoch für endliche Körper wie Materie gar nicht geben kann.

Die Kosmologen halfen sich, indem sie einfach die Berechnungsgrundlagen für wachsende Expansionsgeschwindigkeiten änderten.[38] Ich sehe darin unzulässige Manipulationen, um das bestehende Weltmodell nicht zu gefährden.

Auch wissen wir, dass die kosmische Materie in Galaxien keineswegs so gleichmäßig in allen Richtungen vorliegt, wie man es im Falle eines Urknalls

---

[34] Prof. Dr. Gerhard Börger im Gespräch mit Thomas Bührke. In: Spektrum der Wissenschaft – Spezial: Forschung im 21. Jahrhundert
[35] auch wenn es inzwischen hierfür ansatzweise neue Erklärungsmodelle gibt, so ist das Problem nach wie vor nicht geklärt und durch Beobachtungen abgesichert
[36] Bereits das COBE-Weltraumteleskop hatte nur Schwankungen von etwa einem Dreißigmillionstel Grad gemessen. Jüngere Versuche, z.B. mit Messballons (Boomerang und Maxima) ergaben sogar noch weit geringere Schwankungsbreiten. Die Hintergrundtemperatur ist tatsächlich wohl vollkommen isotrop, d.h. in allen Richtungen des ganzen Kosmos absolut homogen-gleich
[37] Nach Albert Einstein und Hendrik Lorentz, s. Glossar
[38] durch Veränderung der Hubble-Konstante bei zunehmender Entfernung

fordern müsste. Dies wurde schon 1954 von der Astronomin *Vera Rubin* entdeckt. Doch der Urknall war „in" – und Rubins Entdeckungen wurden einfach ignoriert. Im Jahr 1986 konnte die amerikanische Astronomin *Margaret Geller* beweisen, dass unser Universum einem gigantischen Schwamm sehr ähnelt: Dabei werden unterschiedlich große, fast völlig leere kosmische Blasen von Galaxien umrahmt. Sie bilden sozusagen das Schwammgewebe. Aus der Ferne betrachtet ist alles fantastisch homogen, nur entspricht es keiner typischen „Urknallformation".

Der geniale und zu recht sehr berühmte deutsche Physiker *Albert Einstein (1879-1955)* ist über seine *Relativitätstheorien* auf eine *Vier*dimensionalität gestoßen. Er interpretierte sie schließlich als eine vierdimensionale Raum-Zeit mit den uns bekannten *drei* Dimensionen für den Raum und *einer* gerichteten Zeitdimension. Die Zeit wiederum ist relativ, d.h. abhängig von der Geschwindigkeit des Objektes, auf der sie erfahren wird. Dasselbe gilt auch für sämtliche Objekte, die durch Gravitationskräfte angezogen werden. Wir alle empfinden die Zeit tatsächlich als *ein*dimensional gerichtet, weshalb wir Vergangenes auch nicht mehr neu erleben können: Es ist vorbei. Nur stellt sich die Frage, ob diese *subjektiv* empfundene Eindimensionalität der Zeit aus *objektiver Sicht* nicht vielleicht genauso relativ ist, wie es die Zeit selbst als objektive *Größe* schon ist. Wenn dem so wäre, dann müsste es auch Zustände geben, in der die Zeit mehrdimensional ist. Genau das nehme ich an.

Ich gehe sogar noch darüber hinaus und glaube, dass Zeit und Raum zueinander symmetrisch und polar, also spiegelbildliche Gegensätze sind. Sie sind wohl genauso Gegensätze wie etwa jede Zahl und ihr eigener Kehrwert – oder wie Waagerechte und Senkrechte *(das Lot)*. Aus einer solchen Perspektive wäre folglich die Zeit objektiv drei-dimensional, während der Raum jetzt nur noch eindimensional erschiene. Mit Hilfe dieser Überlegung ergibt sich die Möglichkeit, die Einstein'sche Vierdimensionalität nunmehr als echte *rein räumliche Vierdimensionalität* zu betrachten. Tatsächlich steckt dies schon in der weltberühmten Einstein-Gleichung drin: In ihrer relativistischen Form finden sich Raum und Zeit in jeweils vierter Potenz.[39] Daraus ließe sich folgern: Der Raum unseres Universums ist nicht, wie bisher angenommen, nur *drei*dimensional, sondern in Wirklichkeit (echt) *vier*dimensional.

Den Gedanken eines 4-D-Raums hat, soweit ich weiß, als erster *Peter Plichta* aus einer allerdings ganz anderen Argumentationskette heraus formuliert und erklärt. Ich habe ihn dankbar aufgegriffen und selbst später *erstmals* zeigen können[40], dass sich diese räumliche Struktur *zwangsläufig* allein nach den Gesetzen *elementarer mathematischer Logik* ergeben *muss*. Dasselbe gilt für andere Rahmenbedingungen auch, die man in unserer Welt überall und in großer

---

[39] $E = m \times c^2$ ist die berühmte Einstein-Gleichung. Ihre relativistische Form lautet: $E^2 = m^2 \times c^4$. Die (Licht-)Geschwindigkeit c setzt sich zusammen aus dem Weg s, dividiert durch die Zeit t. s und t liegen hier in vierter Potenz vor

[40] vgl. auch mein Buch „Mit Logik die Welt begreifen" (2005).

Konstanz findet. Dies setzt allerdings voraus, dass man für die Entstehung und die Entwicklung unseres Universums ein *völlig neues, alternatives Modell* zugrunde legt, das natürlich weiterhin alle bisher bekannten Beobachtungen und Phänomene umfasst.

Einsteins Annahme einer vierdimensionalen Raumzeit führte auch dazu, eine *Krümmung* des kosmischen Raums vorherzusagen: Dazu muss man verstehen, dass nach der bisherigen Vorstellung, und weil ja nichts schneller sein kann als Licht, folglich die Raumgrenzen durch die Expansion des Lichtes bestimmt werden. Anders gesagt: Geht man von einem Urknall vor etwa 14 Milliarden Jahren aus, dann kann unser Kosmos heute nicht größer sein als ein „dreidimensionaler Ballon" mit rund 14 Milliarden *Lichtjahren* Radius.

Durch Anziehungskräfte *(Gravitation)*, so meinte Einstein zu Recht, müsste auch Licht auf seiner Bahn gekrümmt werden, was dann *zugleich* einer Krümmung des Raums selbst entspräche.

Nun schauen wir, wie schon gesagt, mittlerweile ziemlich weit ins Weltall hinaus. Tatsächlich jedoch haben die Kosmologen bis heute nicht die geringste Krümmung des Raums feststellen können.

Das Weltall ist offensichtlich absolut flach, eben oder *euklidisch*. Vor einigen Jahrzehnten hatte man wohl beobachten können, dass ein Lichtstrahl, der an einer großen Masse, wie z.B. unserer Sonne, vorbeizog, nunmehr einer gekrümmten Bahn folgte. Daher nimmt man heute an, dass es zumindest *lokale* Raumkrümmungen geben müsse. Wären nun aber Lichtexpansion und Raumgrenzen nicht mehr unbedingt miteinander deckungsgleich, dann müsste die Umlenkung des Lichtes auch nicht mehr zwangsläufig eine Krümmung des Raums bedeuten. Nach gängiger Auffassung ist dieser Gedanke reine Spielerei; denn was sollte sonst die Raumgrenzen markieren? Und was sonst sollte die Natur des Raums selbst sein, wenn nicht ein „Lichtkegel", entstanden aus einem unvorstellbaren Urknall?

Nach meiner Auffassung krümmt die Schwerkraft den Raum *nicht*, was den bisherigen Beobachtungen entspricht, wenn man von der gekrümmte Lichtbahn absieht, worauf ich natürlich deshalb noch näher zu sprechen komme.

Die Kosmologen sind dennoch schon wieder fleißig dabei, für die Beobachtung eines flachen, euklidischen Raums neue Erklärungen zu suchen. Es bleibt aber weiterhin ein Tabu, vielleicht auch mal das Ausgangsmodell in Frage zu stellen. Deshalb „erfindet" man flugs Antischwerkräfte oder postuliert nun ungeheure Mengen von sogenannter Dunkelmaterie. Gefunden hat man bisher allerdings nichts dergleichen – und zwar, wie ich seit vielen Jahren in meinen Büchern behaupte, weil es auch nichts dergleichen gibt.

Die Schwerkraft (Gravitation) ist ebenfalls so etwas „Mystisches": Seit *Isaac Newton (1643-1727)* weiß man genau, *wie* sie wirkt: Von ihm stammt das sog. „reziproke Abstandsquadratgesetz", wonach die Schwerkraft mit dem Abstand zu einer Masse quadratisch abnimmt. Hierbei handelt es sich um ein reines Zahlengesetz. Und Zahlengesetze findet man in dieser Welt offenbar zuhauf.

Dass gerade *sie* und damit *Zahlen im Allgemeinen* vielleicht selbst etwas Reales sind und möglicherweise sogar der entscheidende Grund für sehr viele Beobachtungen und Eigenschaften unserer Welt sein könnten, halten heutige Forschergenerationen leider für kaum diskutabel. Vor zweieinhalbtausend Jahren war das mal ganz anders, wie man z.B. bei *Pythagoras (ca. 580- c. 496 v.Chr.)* oder *Platon (ca. 427- 347 v.Chr.)* sehen kann.
Lange Zeit war man seit damals der Annahme, das Universum sei mit einer Art Äther gefüllt. Die amerikanischen Forscher *Edward Morley (1838-1923)* und *Albert Michelson (1852-1931)* konnten dies jedoch schon vor über hundert Jahren ausschließen. Das Universum ist trotz riesiger Himmelskörper mit ihren gigantischen Massen bis auf wenige, ungeheuer weit weg voneinander entfernt herumfliegende Atome[41], absolut leer. Damit gibt es zumindest fast ein echtes Vakuum. Diese Erkenntnis führte dann auch zur heutigen Vorstellung von Licht: Schon *Isaac Newton* war der Ansicht, Licht müsse aus kleinsten Teilchen bestehen, und *Albert Einstein* sowie *Max Planck (1858-1947)* und viele andere bestätigten diese Sichtweise. Längst experimentieren und arbeiten wir, zum Beispiel in der Kommunikationselektronik, mit den „Teilchen" des Lichts, den *Photonen*. Jede Strahlung besteht also zweifellos aus Teilchen oder ganz allgemein aus *Quanten*. Nur bitte, stellen Sie sich unter Quanten keine Teilchen im eigentlichen Sinn vor. Sie sind eigentlich virtuell und dennoch real. Sie habe weder eine Masse noch eine Ausdehnung. Sie sind, wie ich zeigen werde, wohl eine Art *„Zwischending"* zwischen Materie und Information, eine sogenannte *„Schnittstelle"*.
In einem „Quasi-Vakuum" wie dem Kosmos sollte sich Licht als reine Abfolge solcher Teilchen nicht fortbewegen können. Folglich muss Licht, wenn schon kein materielles Medium wie der früher angenommene Äther im All vorhanden ist, mehr sein als nur Teilchen: So kam man zu der heute gültigen Annahme eines „Welle-Teilchen-Dualismus" des Lichtes. Licht, bzw. grundsätzlich elektromagnetische Strahlung (EMS), soll demnach sowohl aus einzelnen Teilchen als auch aus *eigenständigen* Wellen bestehen.
Sämtliche Beobachtungen und unser aller Alltag lassen darauf schließen, dass diese Vorstellung, so wenig sie selbst manche Physiker wirklich begreifen mögen, dennoch richtig sein muss. Und fast schon mag ich mich schämen einzugestehen, dass *ich* sie für *falsch* halte. Ein anschaulicher Vergleich mag jedoch meine Zweifel zunächst etwas begründen:
Wirft man einen Stein ins Wasser, so entstehen zwar Wellen, aber es sind nicht die des Steins, sondern die des Wassers. Schreit man in den Raum, so entstehen zweifellos Wellen, aber es sind nicht die eines durch Stimmbandschwingungen hervorgerufenen Tons selbst, sondern die der umgebenden Luft. In beiden Fällen werden Wellen in einem umgebenden Medium erzeugt. Das aber gibt es im All so nicht, wie wir zutreffend wissen. Schwierigkeiten gibt es auch, was das

---

[41] Man geht heute von etwa nur 1 Atom pro Kubikmeter Weltall aus

zukünftige kosmische Endszenario betrifft: Die jüngsten Forschungsergebnisse der Kosmologen[42] führen mittlerweile wieder zu der über sehr lange Zeit kaum vorstellbaren Annahme, das All sei tatsächlich flach und dehne sich unendlich aus. Schließlich werde es sich in unfassbar ferner Zukunft immer weiter ausdünnen und sich damit irgendwann in ein trostloses, aber unendliches Nichts auflösen.

Quantenfluktuationen als eine Modellvorstellung, die zum Urknall hätten führen sollen, wären damit jedoch eigentlich ad acta gelegt, da es am Anfang aller Dinge nicht unendlich viel Energie gegeben haben kann.
Natürlich kann man sich trotz dieser neuen-alten Idee noch lange keine Unendlichkeit plausibel vorstellen; denn nach den gängigen Hypothesen soll der Raum ja an seinen Grenzen durch etwas „Materielles", nämlich durch Licht, „markiert" sein. Zwar deutet ein „flaches Universum", mathematisch betrachtet, nun schon auf *Flächen* hin, Lichtgrenzen jedoch bedeuteten eine Art „Rahmen" für den Kosmos, und dieser widerspräche einer unendlichen Ausdehnung.
Tatsächlich, so scheint es mir, stecken die Kosmologen in einem kaum überwindbaren Dilemma selbstgestrickter Widersprüche aufgrund zwar äußerst phantasievoller, aber kaum stimmiger Hypothesen. Dennoch besitzen einige von ihnen, darunter auch der nach Ansicht vieler so geniale *Stephen Hawking*[43], die „Chuzpe" zu glauben, damit „endlich" ganz dicht vor der Beschreibung eines alles erklärenden Weltmodells zu stehen.
Schon immer habe ich die seit jeher schon von vielen namhaften Wissenschaftlern vertretene These verteidigt, dass nur das Einfache auch das Wahre sein kann: *Simplex sigillum veri est.*[44] Unsere Welt ist wie ein japanisches Origami: Aus einem einfachen Blatt Papier wird durch klare Regeln ein höchstkompliziertes Faltkunstwerk. Am Ende vergisst man jedoch leicht, dass ihm letztlich nur dieses einfache Blatt Papier zugrunde lag.
Und wieder behaupte ich, auch das Weltall dürfte bei aller Komplexität einen genial einfachen, eben einen *göttlichen Plan* haben.
Dazu habe ich ein einfaches Gedankenexperiment entwickelt („Von der Einheit zur Vielheit", s.u.)[45]: In ihm startet man mit einem noch so klein denkbaren, aber *endlichen* Punkt. Da er endlich sein soll, gilt: Immer ist er ein noch so kleiner Kreis.[46]
Nun setze ich zwei wichtige Rahmenbedingungen voraus:

---

[42] diese Vorstellungen wurden schon im Jahr 2001 neu geäußert
[43] Ich betrachte es allerdings nicht als Überheblichkeit oder gar Arroganz, ihn in einem Leserbrief an das deutsche Magazin FOCUS (38, 2001) als größten Märchenerzähler seit den Gebrüdern Grimm bezeichnet zu haben.
[44] lat.: Einfach ist das Siegel des Wahren.
[45] vgl. auch die ausführlicheren Darstellungen in meinem Buch „Mit Logik die Welt begreifen" (2005)
[46] in jedem „rationalen" Kreis steckt die „irrationale" Zahl π versteckt, eines der bemerkenswerten Bausteine der Welt. Dies wir später noch ausführlicher diskutiert werden.

1) Strikte Orientierung an der „biblischen Bedingung": „wachset und mehret euch", und
2) Beachtung der überall in der Welt zu beobachtenden, rein logischen Gesetze von *Symmetrie und Polarität*.

Durch Spiegeln und Vergrößern unter Einhaltung meiner klaren Vorgaben und unter Beachtung vorhandener Bezugspunkte erhält man schon nach wenigen Schritten aus dem Ausgangskreis (Einheitskreis, endlicher Punkt) eine Fläche von vier zu einem Quadrat angeordneten Ausgangskreisen. In dieser ersten Ausdehnung des Kreises als kleinsten endlichen Punktes in die Fläche, d.h. in zwei Dimensionen (mathematisch: *xy-Ebene*), ergibt sich ganz automatisch eine ganze Reihe von geradezu idealen geometrischen Grundmustern sowie Zahlenkonstellationen: Auf dem Weg *von der Einheit in die Vielheit* ergeben sich so neben dem Kreis selbst und dem Quadrat nun sowohl das rechtwinklige, das gleichschenklige und das gleichseitige Dreieck.
Jongliert man ein wenig mit den Ordnungszahlen *natürliche Zahlen)*, so startet man mit der „**1**" für den (Ausgangs-)Kreis, und kommt über die Zahlen „**2**" und „**3**" schnell zur „**4**" für das Quadrat durch Verbindung der Mittelpunkte aus den vier Ausgangskreisen. Aus Einheit wurde so Vielheit, und das Quadrat ist die erste perfekte Neuschöpfung in der Vielheit.

Nachfolgend erläuternde Abbildungen zu meinem Gedankenexperiment:
„Von der Einheit zur Vielheit"

Schritt 1, der Anfang, die *Einheit*:

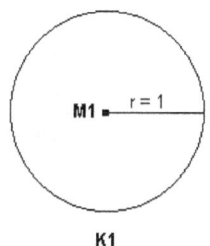

Jeder noch so kleine, jedoch endliche Punkt ist ein Kreis.
Er wird durch 3 Koordinaten, oder allgemein: *drei reine Informationen*, eindeutig bestimmt.
Den Kreis der ersten Schöpfung nenne ich K1.
Dieser Ausgangskreis hat einen beliebigen Radius, den ich der Einfachheit halber mit 1 bezeichne (r=1, daher auch Einheitskreis).
Seinen Mittelpunkt nenne ich M1.

Schritt 2, die polar-symmetrische Verdoppelung:

Ein Hilfskreis KH1 ergibt sich streng logisch über den Radius des Ausgangskreises.
Mit seinem Mittelpunkt MH1 lässt sich ein Gleichseitiges Dreieck GD bilden.
Jeder Kreis wird übrigens durch sechs dieser gleichseitigen Dreiecke strukturiert.

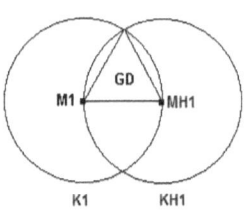

Über den ersten Hilfskreis MH1 entsteht ein zweiter (Einheits-) Kreis K2 mit dem Mittelpunkt M2.
Die beiden Kreismittelpunkte M1 und M2 werden miteinander verbunden.

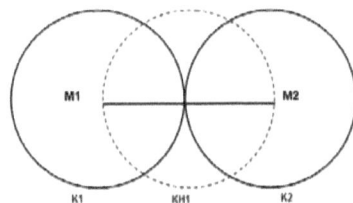

Schritt 3, die optimale Teilung, der Goldene Schnitt Φ:

Bevor wir der Goldenen Schnitt erhalten, muss sich der Ausgangskreis K1 erst noch in die Fläche ausbreiten.
Wie in Schritt 2 zeichnen wir den dritten Kreis K3 nun senkrecht zu K2.
Bei Verbindung aller drei Kreismittelpunkte bildet sich ein Gleichschenkliges Dreieck GSD.

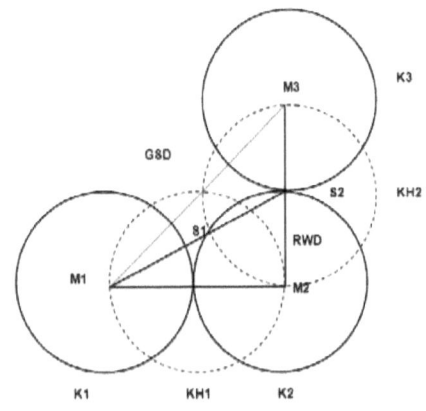

Der Übersicht wegen sind nun der Hilfskreis KH1 sowie das Gleichschenklige Dreieck GSD weggelassen. Aus dem Schnittpunkt S1 des zweiten Hilfskreises KH2 mit dem zweiten Kreis K2 lässt sich ein Rechtwinkliges Dreieck RWD zeichnen. Es findet sich auch bereits in der letzten Grafik.

Mit Hilfe des Schnittpunktes S1 erhalten wir nun aber auch die logische Information für einen nun erstmals auch wachsenden Kreis.
Dieser neue, Große Kreis GK1 schneidet die Basislinie M1M2 im Goldenen Schnitt GS (oder Φ).

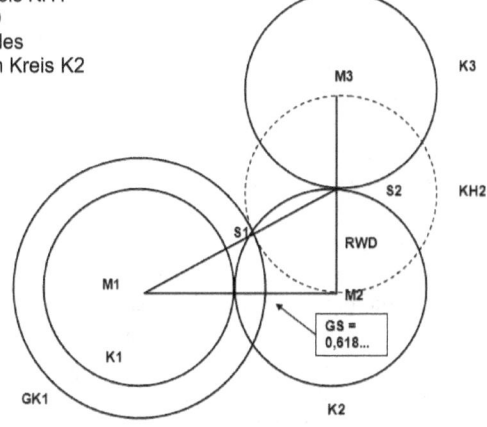

Schritt 4: Die erste Vollkommenheit in der *Vielheit*: Das Quadrat:

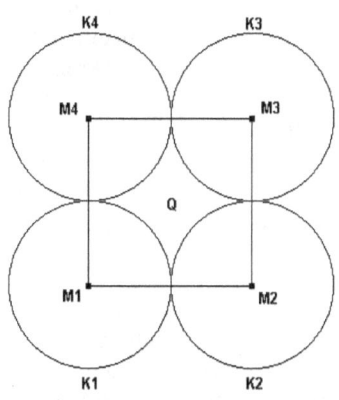

Die Vollendung der kleinsten Einheit, dem endlichen Punkt und somit kleinsten Kreis, in der neuen Vielheit ergibt sich über den vierten und letzten Kreis K4:
Mit ihm bildet sich das Quadrat Q als neue vollkommene geometrische Form in der Vielheit. Das Quadrat ist zugleich auch eine qualitativ neue Einheit:
Während sich *Kreis*fläche und Kreisumfang nur unter Zuhilfenahme von irrationalen (*unendlichen*) Zahlen „beschreiben" lassen, sind Fläche und Umfang des *Quadrates* auch arithmetisch *endlich*.

Addiert man die Zahlen **1, 2, 3** und **4**, über die sich das Quadrat aus einem Kreis „erspiegeln" lässt, miteinander, so erhält man **10**.
Miteinander multipliziert kommt man auf die Zahl **24**.
Und durch eine sinnvolle Kombination der ersten vier Ordnungszahlen mittels Multiplikation und Potenzierung kommt man auf die Zahl **81**/[47]:
Es gilt nämlich: $1^2 \cdot 3^4 = 81$.

---

[47] vgl. auch mein Buch „Mit Logik die Welt begreifen" (2005).

Auch hier werden die ersten **vier** Ordnungszahlen kombiniert und dies, genau wie schon bei Ermittlung der **24** aus Addition und zusätzlich Multiplikation), unter Einführung einer nächsthöheren Rechenart.

Operiert man allein mit der Potenzierung, so ergibt sich wieder die Ausgangszahl **1**, d.h. es gilt: $1^{2 \cdot 3 \cdot 4} = 1$.

Die Zahlen **10** und **24** beschreiben in genau dieser Reihenfolge rein ideelle, d.h. rein geistige oder immaterielle Grundlagen unseres Universums: Die **10** macht klar, in welchem Zählsystem alles funktioniert. Alle Rechensysteme sind zwar grundsätzlich gleichberechtigt, doch eines offensichtlich natürlich bevorzugt.

Es ist die erste und unterste Stufe jeder Entscheidung, die für die Basis, auf der die Zahlen wirken und steuern sollen. Mathematisch erfolgt das demnach auch über die niedrigste Rechenoperation, die *Addition* der ersten vier Zahlen.

Wenn klar ist *wie* die Mathematik in unserer Welt wirken soll, dann wird auf der nächsthöheren Ebene zu steuern sein, *wie* sich die Welt entwickelt und ausdehnt. Es wird auch eine Frage des Raums sein müssen, *in dem* später unser materielles Universum existiert. Es wird also eine Entscheidung dafür fällig, *wie*, in Zahl und Form, alles angeordnet und ausgedehnt sein soll.

Das augenscheinliche Ergebnis ist die „Kreisform". Sie wird über die Zahl **24** bestimmt und gesteuert (siehe weiter unten). Mathematisch entsteht sie über den nächsthöheren Rechenschritt, die *Multiplikation* der ersten vier Zahlen. Auch dieser Rechenschritt ist noch genauso „homogen", weil ihr Ergebnis nach wie vor etwas rein Immaterielles ist: die rein geistige Information für Anordnung und Ausdehnung aller Prozesse und Verläufe.

Doch die dritte Zahl, die **81**, beschäftigt sich nun erstmals unmittelbar mit dem Materiellen. Sie bestimmt die maximale mengenmäßige Ausdehnung, steht also für Anzahl und Verteilung der wichtigsten Güter *innerhalb* des *bereits ausgedehnten* Raumes. Und hier nun geschieht etwas ungemein Wichtiges: Zwar ergibt sich auch die **81** wieder aus den ersten vier Zahlen, aber nun erstmals mit Hilfe von *zwei verschiedenen Rechenoperationen*. Dabei steht die Zahl 3^4, die natürlich selbst schon **81** ergibt, für die maximale Anzahl des rein Materiellen. Aber, konsequenterweise ist jetzt der Faktor 1^2 ein Zeichen dafür, dass alles Materielle sich in Wahrheit aus zwei völlig verschiedenen Anteilen zusammensetzt, wovon einer allerdings nur allzu leicht übersehen werden kann und wird, weil er selbst nichts Materielles mehr darstellt. Die 1^2 erbringt aus einer rein mathematisch-logischen Überlegung heraus den Nachweis, dass jedes materielle Etwas zugleich auch etwas „an sich hat", was zwar „unsichtbar" zu sein scheint, aber nichtsdestotrotz zwingend dazugehört: nämlich die bloße Information *„zu sein"* – oder anders ausgedrückt, die Information der *eigenen Existenz*. Alles Materielle teilt sich also auch dadurch mit, dass ihm das *„Sein"* untrennbar anhaftet. Die *Mathematik* ist es, die uns diese Vorstellung eindeutig nahelegt. Dabei ist diese Information des *Seins* etwas rein Ideelles und Immaterielles, d.h. rein Geistiges.

Die Mathematik ermöglicht hier also den *Anscheinsbeweis* für den universalen, ganz subtilen informationellen Dualismus zwischen der geistigen Information allen Seins und seiner materiellen Seite. Und das rein rechnerisch mögliche Weglassen der 1^2 zwecks Herleitung der Zahl 81 zeigt im Übertragenen auch, dass Geist und Materie *keine zwingend notwendige* Verbindung haben, die den *physikalischen* Erhaltungsgesetzen der Thermodynamik, d.h. den Erfordernissen der materiellen Seite, Rechnung tragen muss.

Alle Materie dieser Welt in Wahrheit besitzt somit zugleich ein informationelles *und* ein materielles Sein. Nun wird klar, dass jede Ausdehnung, jede Formation und jeder Aufbau materiellen Seins zwangsläufig gleichzeitig eine Geistige ist.

Und als solche, als auch geistige und nicht nur allein materielle Grundlage, ist genauso alles Materielle von ewiger Natur.

Zurück zu meinem Gedankenmodell ergeben sich außerdem nun genauso automatisch die Zahlenfolgen **6-1-8** als Maß des „Goldenen Schnitts", in unserer Welt wohl der Ausdruck für Schönheit und *Optimum*, sowie als „Clou" die Folge **2-7-3** als die von mir postulierte „Grenze des Machbaren":

Schritt 5: Der Clou:

Über die vorausgehenden vier Schritte hat sich mit dem Quadrat die erste neue Vollkommenheit in der Vielheit gebildet. Es umschließt den Einheitskreis wie nebenstehend.
Das Verhältnis ihrer Umfänge und Flächen ergibt die unendliche (irrationale) Zahlenfolge 273, die „Grenze des Machbaren".

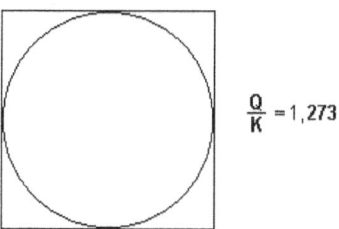

$\frac{Q}{K} = 1{,}273$

Besonders möchte ich an dieser Stelle hervorheben, dass sich diese Werte, die ganz offensichtlich das Maß aller entscheidenden Dinge in unserer Welt widerspiegeln, aus einer geometrischen Entwicklung und aus rein geometrischen Verhältnissen entstehen. Damit ist das zugrunde liegende Rechensystem grundsätzlich egal.

Will man sich im Rahmen meines Gedankenmodells aus der Fläche in den Raum erheben, so muss man, wenn man – streng logisch – die Fläche selbst auch wieder spiegeln.

Wie die nebenstehende Grafik zeigt, erhält man dadurch zwei senkrecht zueinander stehende Flächen.
Ihre jeweiligen xy-Geometrien müssen folglich miteinander multipliziert werden.
Das ergibt eine x^2y^2-Geometrie von zwei sich senkrecht zueinander durchdringenden Flächen oder Ebenen.

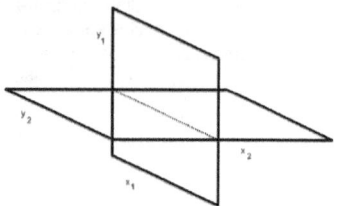

Jetzt fehlt nur noch ein kleiner Schritt: Mein Gedankenexperiment basiert allein auf den ersten vier Ordnungszahlen. Stellen Sie sich nun vor, Zahlen seien so real, wie die ihnen in meinem Experiment zugrunde liegenden geometrischen Formen oder so, wie Sie und ich es sind. Zahlen existierten also wirklich und bildeten als Informationen einen Daten-„Äther" unseres Universums. Ein solcher Gedanke dürfte heutzutage doch nicht mehr ganz so schwierig sein: Schließlich arbeiten wir im Computer- und Internetzeitalter nur noch mit riesigen, binären Zahlenkolonnen, die aus den beiden Zahlen 1 und 0 bestehen. Solange die für ihre Darstellung und Verarbeitung notwendigen Gerätschaften existieren, solange sind ja auch diese Zahlenkolonnen real existent und bilden Datenfelder.

Oder ein ganz anderes Beispiel: Wir sprechen von allen möglichen Feldern, die in unserer Welt nach mathematischen Regeln wirken: Elektromagnetische Felder, Schwerkraftfelder, Kernkraftfelder etc. Wir wissen, sie existieren, sie sind also real. Wir wissen auch, *wie* sie wirken, immer mathematisch „korrekt". Aber keiner weiß, woraus sie wirklich sind und auf welcher Basis sie deshalb funktionieren. Sie *sind* – so wie wohl Zahlen und geometrische Formen *sind*.

Nun nehmen wir an, real existente Zahlen stehen ganz am Anfang als prägende Information hinter der Entwicklung meines endlichen Punktes, dem kleinsten Kreis. Dann könnte man sich leicht vorstellen, diese Zahlen laufen, wenn sie praktisch einmal „losgetreten" sind, selbständig immer weiter. Zahlen aber lassen sich, im Gegensatz zu den uns geläufigen *endlichen*, d.h. materiellen Dingen, durchaus *unendlich* „denken".

Wenn der endliche Kreis die kleinste (materielle) Ausdehnung ist, und er von real existenten Ordnungszahlen bestimmt wird, dann sollte man folglich auch eine kreisförmige Ausdehnung der nun ins Unendliche fortlaufenden Zahlen um ihn herum annehmen dürfen (siehe nebenstehende Grafik). Nachzutragen bleibt dann gleich nur noch, warum gerade in 24er Ordnung, wie hier vorgeschlagen.

Was den 4D-Raum betrifft, der ja über zwei sich senkrecht zueinander durchdringende Flächen entsteht, würden die Ordnungszahlen folglich auch über zwei Flächen ins Unendliche verlaufen.
Damit entstünde um jedes endliche Gebilde herum ein echter vierdimensionaler, unendlicher Zahlenraum.

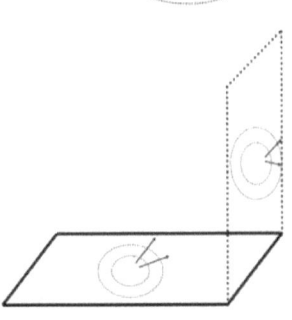

Wir hätten ein neues „Raummedium" gefunden: Keine echte Substanz bildete den Äther des Universums, sondern reine Information; denn Zahlen sind reine Information. Und dieser Informationsraum wäre nicht mehr identisch mit der Ausdehnung des Lichtes.

Mit dieser Vorstellung ließen sich alle kosmischen Probleme aufs Einfachste lösen: Das Universum, im Sinne eines Zahlenraums als reiner Informationsraum gedacht, wäre unendlich, was der jüngsten Annahme der Kosmologen entspräche. Auch wäre dieser Raum eben nicht mehr deckungsgleich mit der Ausdehnung des Lichts: Die zutreffenderweise beobachtbare Ablenkung des Lichtes infolge seiner schwerkraftbedingten Anziehung bedeutet somit auch nicht mehr zugleich eine Raumkrümmung.

Der Raum wäre genau so, wie es alle neuesten Beobachtungen zur Verblüffung der Kosmologen zu bestätigen scheinen, absolut *flach*, *eben* oder *euklidisch*.

Man bräuchte keine Antischwerkraft mehr und auch nicht weiter nach dunkler Materie zu suchen.

Unser Raum hätte außerdem (endlich) wieder ein „Medium": Er würde von real existierenden Zahlen informationell strukturiert. Und die Wellen des Lichts wären keine „echten" Lichtwellen mehr, die Doppelnatur des Lichtes wäre bloß noch Makulatur.

Überträgt man nun die Grundpositionen meines Gedankenexperimentes auf die Strukturen in unserem Universum, so entspräche jeder Ausgangskreis der Einheit, jeder kleinste endliche Punkt, einem Photon. Mit ihm erschafft man komplexere Materie (s.u.), repräsentiert durch das Quadrat als neue Einheit in der Vielheit. Aber auch jeder Ausgangskreis wird ja bestimmt durch drei reine Informationen seines Kreisbogens. Der Kreis, und damit in der Analogie das Photon, ist also die *Schnittstelle zwischen Geist und Materie*.

Der Transport der masselosen Licht*teilchen* (Photonen) verliefe nun über die kreisförmig angeordneten, konzentrischen Zahlenschalen hinaus ins Unendliche. Sie bilden die entsprechenden *Informationsgerüste* und damit eine verbindliche Ordnung. Die *Wellenlänge* der sog. Lichtkurve eines Photons ergäbe sich folglich aus dem Abstand der Zahlenschalen, die für den Lichttransport verantwortlich sind. Auf diesen Umstand komme ich noch einmal zurück, wenn es um die Frage geht, ob die Rotverschiebung des Lichtes wirklich als Beweis für die Expansion des Universums angesehen werden kann oder nicht.

Sie sehen, alle bisher bekannten physikalischen Ergebnisse und kosmologischen Beobachtungen blieben bei diesem Modell völlig unangetastet, und selbst das Wellen*muster* bliebe erhalten: Nur handelt es sich dabei dann nicht um mehr die Welle des Lichts selbst. Lediglich die Interpretation des Musters und seine Herleitung haben sich also geändert.

Auch die Gravitation wäre damit selbstverständlich eine Kraft mit endlicher Geschwindigkeit, so wie es Einstein im Gegensatz zu Newton vorausgesagt hatte. Die Geschwindigkeiten von Licht und Schwerkraft wären naturgemäß identisch und allein durch die „geistige" oder moderner, die „informationelle", d.h. also durch die reale, zahlengesteuerte Raumausdehnung vorgegeben.

Da die Zahl 4 für das Unendliche steht und wir endliche Körper ja auch als 3-dimensional bezeichnen, läge es weiter sicher nahe, die endlichen Geschwindigkeiten von Licht und Gravitation mit der Zahl 3 verknüpft zu sehen. Diese Idee darf natürlich nur als Hinweis und nicht als wissenschaftlicher Beweis verstanden werden. Tatsächlich wissen wir aber seit langem, dass die *gemessene* Lichtgeschwindigkeit praktisch $3·10^n$ beträgt. [48]
Und wirklich: Erst vor wenigen Jahren haben amerikanische Astronomen am deutschen Radioteleskop Effelsberg in der Eifel auch die Geschwindigkeit der *Gravitation* in ebendieser Höhe gemessen.

Nun noch einmal kurz zu der postulierten 24er-Ordnung, die sich zwar aus der Multiplikation der ersten vier Ordnungszahlen ergibt, was damit aber noch kein hinreichendes Argument für ihre reale Umsetzung wäre.
In Schritt 1 meines Gedankenexperiments ergab sich aber über die beginnende Ausdehnung des Ausgangskreises in Richtung Vielheit schon automatisch ein Gleichseitiges Dreieck (GSD). Und ich habe schon anklingen lassen, dass sich jeder Kreis durch sechs solcher GSD strukturieren lässt. Aus vier Kreisen, die das Quadrat als erste Vollkommenheit in der Vielfalt bilden, ergeben sich somit 24 Dreiecke, die diese 24er-Ordnung geometrisch eindeutig nahelegen:

Die 24er Ordnung für jede vollkommene Ebene in der Vielheit:

Das Quadrat als die jetzt vollkommenste Figur in der nach außen hin neu erschlossenen Zweidimensionalität in der Vielheit wird durch die vier (Ausgangs-)Kreise bestimmt.
Jeder Kreis ergibt durch innere Strukturierung, automatisch über 6 mal dem Kreisradius, sechs Gleichseitige Dreiecke (GSD), so dass mit der neuen Vielheit insgesamt 24 solcher Dreiecke entstehen. Dies scheint mir der geometrisch belegbare Grund für den zyklischen 24er-Rhythmus zu sein, so wie er für jede sich nach *außen* hin ausbreitende Ordnung charakteristisch ist. Hier liegt wohl auch der Grund für unsere bis heute gültige und sehr nützliche Zeiteinteilung durch die *Babylonier*.

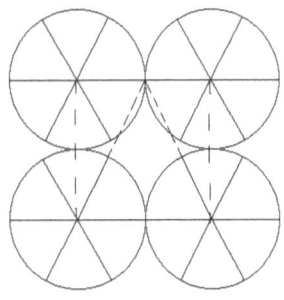

---

[48] Der genaue Messwert der Lichtgeschwindigkeit im Vakuum beträgt $2,9979 · 10^8$ m/s

Sicher, alles das klingt zunächst verrückt – ich weiß – aber lassen wir doch einfach noch einmal weiter „spinnen": Der Raum unseres Weltalls wäre, da nun in Wirklichkeit unendlich mit Hilfe von real existierenden Zahlen um endliche Gebilde herum strukturiert, eben etwas rein *Geistiges*. Unser Kosmos wäre ein unglaublich gigantisches Informationsfeld.

Der Geist als anderer Ausdruck für geordnete, strukturierte immaterielle Information wäre auf einmal zurück in unserer Welt – endlich, wie ich meine.

Zu allem Überfluss, und zum Leidwesen aller Anhänger des reduktionistischen Materialismus, würde ihm jetzt sogar wieder eine entscheidende und tragende Rolle zugewiesen.

An dieser Stelle angelangt, ist es natürlich nur noch ein ganz kleiner Schritt zu der Annahme, real existierende Zahlen seien nicht alles, nicht der ganze Geist, sondern vielmehr nur (kleiner) ein Teil des ganzen real existierenden, geistigen Informationsfeldes, dem Urgrund unseres Universums. Genau dasselbe gilt auch für zahlreiche geometrische Grundformen; denn sie sind das Ausgangsmaterial der Zahlenentwicklung: Sie allein liefern der Welt mit Hilfe idealer Grundmuster das Zahlenmaterial – und zwar völlig unabhängig von jedem Rechensystem. Vielmehr liefern sie erst das Rechensystem dazu.

Mit Fug und Recht könnten wir jetzt behaupten, einen Plan – einen absolut „göttlichen Plan" – aus einer „Fülle von Geist" in unserer Welt (wieder-) entdeckt zu haben.

Einen Gedankenschritt möchte ich jetzt noch einmal besonders herausstellen: Mein Punkt ist ja, da ein kleinster *endlicher* Punkt, ein Kreis. Dieser Kreis ist damit der kleinste und *ideale* Vertreter des *Materiellen* und wird mit Hilfe von genau drei Informationsangaben seiner Kreisbahn bestimmt (vgl. Schritt 1). Diese drei Informationen sind etwas rein *Immaterielles*. Daraus ergibt sich logischerweise die Folgerung, dass etwas *immateriell Geistiges* das *Materielle* unmittelbar erschafft – oder, jetzt einmal mehr religiös formuliert, *schöpft*.

Die ersten Worte im Johannesevangelium lauten: *„Am Anfang war das Wort – und das Wort stand bei Gott"*. Das Wort, *logos*, ist, wie ich meine, ein schönes Synonym für (immaterielle) Information.

Der Schöpfungsgedanke in der Bibel bekommt damit einen ganz neuen Gehalt und Wert, vorausgesetzt man ist bereit, ihn, wie in anderer Religionen auch, nicht plump wörtlich, sondern vielmehr symbolisch und metaphorisch, d.h. *allegorisch oder analog*, zu betrachten.

Informationen sind der Stoff des Geistes, so wie die Atome der Stoff der Materie sind. Mit der Hilfe von Informationen, also aus Geist, entsteht etwas Materielles – in meinem Beispiel bildlich dargestellt durch einen endlichen (Ausgangs-) Punkt, den noch so klein denkbaren (Einheits-) Kreis. Und dessen Informationen sind auch Bestandteil jedes neu entstehenden Kreises. Alles in dieser Welt wird somit zu Medaillen mit zwei symmetrischen und zugleich polaren Seiten: einer materiellen Seite endlicher Ausdehnung und endlicher Existenz sowie einer immateriellen geistigen Seite von unendlicher Ausdehnung und ewiger Existenz. Wenn es so ist, dass Zahlen als Teil dieses real existierenden Geistes selbst real existieren, dann bilden sie, wie ich schon erwähnt habe, um jede beliebige Form materieller Existenz in unserer Welt herum so eine Art ewiges geistiges oder „informationelles Klettergerüst". An diesem *entlang rankt sich* die Information des „SEINs" eines jeden noch so kleinen „materiellen Etwas", und das für alle Zeiten in die unendlichen Weiten dieser mehr und mehr auch materiellen Welt.

Noch einmal etwas anders formuliert gilt: Zunächst wird um jeden endlichen Punkt herum, d.h. um jedes kleinste „materielle Gebilde", symbolisiert von einem „kleinsten Kreis", eine unendliche Folge real existierender ganzer Zahlen „losgetreten". Und für den kosmischen Raum, gedacht als Spiegelung zweier Flächen in die Senkrechte, sind es dann zwei Zahlenfolgen, die um jeden Körper herum, losgetreten werden.

Folglich müssen wir die Ausdehnung der Zahlen *quadratisch* sehen. Anders gesagt: Es entsteht ein quadratischer Zahlenraum, der in seiner Ausdehnung unendlich und ewig ist.

Er bildet das informationelle oder „geistige Korsett" eines jeden beliebigen materiellen Körpers in unserem Universum.

Die Idee eines solchen Zahlenraums hat meines Wissens erstmals *Plichta* gehabt. Sie hatte mich intuitiv in den Bann gezogen.

Allerdings ergibt sich nach meinem Dafürhalten für dieses Modell erst durch mein recht einfaches Gedankenexperiment, das vom Wachstum und der Vermehrung eines endlichen Punktes – Synonym für einen kleinsten Kreis – unter strenger Beachtung von Symmetrie und Polarität ausgeht, auch eine *zwingende Logik*. Leider hatte *Plichta* alle früheren und gegenseitig fruchtbaren Verbindungen zu mir schon Anfang Januar 2000 abbrechen *lassen*. Ich glaube, damals empfand er meine eigenen Vorstellungen dazu und meine aktive schriftstellerische Tätigkeit als unliebsame und wachsende Konkurrenz. Leider konnte er infolgedessen meine, wie ich glaube, sehr plausiblen Gedankengänge nicht mehr aus erster Hand kennenlernen und mit mir – wie manch anderes zuvor auch – diskutieren.

Die Entwicklung aller Ordnungszahlen um jeden noch so kleinen materiellen Baustein im Kosmos herum, erfolgt ganz offensichtlich in Kreisen.

Schon ein uraltes indianisches Sprichwort besagt: *„Alles kommt in Kreisen"*. Jeder Zahlenraum besteht demnach aus unendlich vielen, zwiebelschalenartig angeordneten, konzentrischen Kreisen um jedes Endliche herum.

Mein Gedankenexperiment legt auch plausibel nahe, dass jede dieser Schalen genau 24 (= 1·2·3·4) Zahlen aufweist. Auch das deckt sich mit den Überlegungen *Plichtas*, der dies aus seinem früheren und ganz anderen Denkansatz heraus ebenso für sinnvoll hält.

Das Licht[49] besteht aus kleinen Teilchen, den Photonen. Sie besitzen selbst weder Masse noch Ausdehnung. Aus dieser Perspektive ist Licht folglich auch nichts richtig Materielles, aber auch nicht „Nur-Information". Allegorisch oder analog betrachtet ist jedes Photon ein endlicher Punkt, d.h. ein Ausgangskreis. Somit gehört es also zweifellos in unsere materielle Welt: Licht ist eine Wirkung in unserer materiellen Welt. Licht besitzt nach meiner Auffassung aber eben eine ganz andere Form von Dualismus, als derzeit in der Physik behauptet: Man kann Licht als eine Art *Schnittstelle* zwischen dem materiellen, d.h. echt korpuskulären Teil des Universums (analog-allegorisch: Quadrat), sowie seinem geistigen Ur- und ewigen Hintergrund denken (reine Informationen): Denn ohne eigene Masse und Ausdehnung ist jedes Photon tatsächlich erst einmal ein reiner, wenngleich schon komplexer *Informations*punkt (geistige, informative Wirkung), der (für uns) leuchtet (materielle Wirkung), da er Sinneszellen reizt, und aus dem „echte", also „korpuskuläre" Materie entsteht (s.u.).
Als *Schnittstelle* zwischen Geist und Materie unterliegt Licht einerseits den bekannten physikalischen Naturgesetzen des Universums wie z.B. denen von Raumausdehnung und Schwerkraft. Beide beeinflussen sich dabei gegenseitig.
Licht ist eine von mehreren Wirkungen *im* Raum und nicht Produzent *des* Raums. Seine Grenzen sind durch die maximale Ausdehnung des allein zahlengesteuerten Informationsraums bestimmt und folgen vermutlich einem 24er-Rhythmus. Damit legt er für das Licht eine Ausdehnungsgeschwindigkeit von $3 \cdot 10^n$ nahe.[50] Dies ergibt eine weitere, wissenschaftliche Herleitung für Gravitations- und Lichtgeschwindigkeit. Tatsächlich rechnen wir üblicherweise mit einer Lichtgeschwindigkeit von 300.000 km/s, d.h. $3 \cdot 10^8$ m/s. Der dieser Größe bisher am nächsten kommende, aktuelle Messwert beträgt 299.792,458 km/s.
Die Intensität oder Helligkeit der masselosen Licht*teilchen*, die sich in den unendlichen Raum ausdehnen, nimmt quadratisch ab. Das Licht wird schwächer. Durch die Schwerkraft massereicher Objekte wird es im Gegensatz dazu wieder quadratisch verstärkt[51]: Es wird also wieder heller. Genau dies kann man aus großer Entfernung als Lichtkrümmung erkennen. Da Licht- und Raumgrenzen jetzt aber nicht mehr deckungsgleich sind, entspricht dieser Verstärkung des Lichts (=Anziehung der Lichtteilchen) eben *keine* Krümmung des Raums. Geht man wie auch ich von einem Informationsraum aus, dem immateriellen, geistigen Zahlenraum, so kann es einfach keine Raumkrümmung mehr geben. Und genau das entspricht allen bisherigen Beobachtungen in allen Richtungen des Raums und gerade auch denen in jüngster Zeit: Egal wohin man in die Tiefen des Weltalls blickt, es zeigt sich überall als absolut flach (= eben), oder nach dem griechischen Mathematiker *Euklid (ca. 360- ca. 280 v.Chr.)*,

---

[49] Licht steht hier natürlich stellvertretend für alle elektromagnetischen Strahlen.
[50] Dazu Näheres in einigen meiner früheren Bücher. Die Berechnung der Raumausdehnung geht auf *Plichta* zurück
[51] In Umkehrung des Newtonschen „reziproken Abstandsquadratgesetzes"

euklidisch. Interessanter Nebenaspekt: Wieder wird deutlich, dass alles in dieser Welt zwei Seiten hat und wohl haben muss, die dieselbe Medaille repräsentieren: In einem *unendlichen und ebenen* Raum finden sich *endliche und gekrümmte* Körper (z.B. Sterne, Planeten etc.).
Im Zuge dieser Überlegungen lässt sich auch die Schwerkraft auf einmal einfach erklären: Sie ist schlichtweg eine dem Licht entgegengesetzte *Wirkung* von Massen – und zwischen ihnen im Raum – mit dann identischen Eigenschaften. Auch das ergibt sich aus den ewigen Gesetzen von Symmetrie und Polarität:
Licht muss man nach meinen Vorstellungen als eine primär „geistige Information" (allegorisch kleinster Kreis aus drei Informationspunkten gebildet) auffassen, mit einer „materiellen zweiten Seite" (allegorisch-analog Basis der Ausdehnung in die Vielheit und damit Schaffung des Materiellen): Licht ist in masselose kleinste Teilchen, den Quanten gestückelt. Dies ist die Seite der *Diskontinuität*, eine typisch *materielle* Eigenschaft. Nirgendwo in der Physik gibt es Kontinuität. Beim Licht mussten wir sie „erfinden", indem wir ihm Teilchen- und Wellencharakter zuschrieben. Nun muss es dazu natürlich ein polar-symmetrisches, also spiegelbildlich-gegensätzliches, *Wirkungspendant* geben, das dafür *kontinuierlich* ist. Diese Wirkung muss *von Masse ausgehen* und einen informationellen (geistigen) und so *kontinuierlichen* Anteil besitzen.
Die Schwerkraft (Gravitation) erfüllt diese Forderung: Sie geht von jeder Masse aus. Nach Newton wirkt die Schwerkraft streng nach einem einfachen mathematischen Grundprinzip, dem „reziproken Abstandsquadratgesetz". Diese geniale Entdeckung lässt sich jetzt allein schon aus dem quadratischen Aufbau des – ja aus zwei Flächen gebildeten und von den Ordnungszahlen bestimmten, unendlichen – Zahlenraums plausibel herleiten. Folglich wird damit die Suche nach allerlei Teilchen, die z.B. Schwerkraft ausüben oder vermitteln sollen (sog. Gravitonen), urplötzlich völlig überflüssig: Sie gibt es gar nicht.
Und auch die neueste Idee, die Schwerkraft sei in Wirklichkeit Folge des Druckes von kleinsten unsichtbaren Teilchen, die regellos durch das All schwirren, ist schlichtweg Science-Fiction. Der scheinbare Zug sei tatsächlich also ein Druck. Was hier als neu verkauft wird, geht allerdings auf die Schweizer Physiker und Mathematiker *Nicolas Fatio de Duillier (1664-1753)* sowie *Georges Louis Le Sage (1668-1747)* Anfang des 18. Jhd. zurück.

Was aber ist nun mit dem Urknall am Anfang unseres Universums? Die Hintergrundstrahlung von **2,73** Grad Kelvin über dem absoluten Nullpunkt von minus 273°C ist ja für die Forscher ein wichtiges Indiz für ihn; denn bisher hatte man sie als eine Art Restwärme nach der kosmischen Abkühlung betrachtet. Dass sie jedoch so ungemein gleichmäßig in alle Richtungen des Alls verteilt ist *(isotrop)* und nur äußerst geringe Schwankungen aufweist – mittlerweile sogar noch viel weniger als zwischenzeitlich mal nach offenbar nicht ganz korrekten Messungen von vielen „erhofft" – lässt heute leider immer noch kaum einen Wissenschaftler ernsthaft an dessen angeblicher Beweiskraft zweifeln.

Sicher fällt Ihnen etwas auf: Die Zahlenfolge **273** ist eines der frühen Resultate meines Gedankenexperiments vom Wachstum und der Vermehrung eines kleinsten endlichen Punktes gewesen. Sie ergibt sich aus dem Umfangs- und Flächenverhältnis von Kreis und Quadrat als erste geometrische Neuschöpfung in der Vielheit.

Und tatsächlich – wohin wir auch in dieser Welt blicken – an entscheidenden Schlüsselpositionen finden wir immer wieder genau diese Zahlenfolge.

Natürlich variieren weitere Stellen hinter dem Komma; denn diese Zahl ist eine „irrationale Zahlenfolge". Auch die Kreiszahl π ist eine solche und lässt sich arithmetisch „nicht dingfest" machen.

Erneut finden wir die polar-symmetrische Zweiseitigkeit von allem:
Schon für die alten Griechen war der Kreis ein Mysterium. Wir *sehen*, dass er endlich ist, er hat einen endlichen Umfang und eine endliche Fläche. Versuchen wir aber Umfang und Fläche zu *berechnen*, d.h. mit der menschlichen Gabe „Arithmetik" zu beschreiben, dann müssen wir feststellen, dass dies nicht mehr exakt möglich ist: Wir benötigen dafür eine unendliche, auch deshalb irrational genannte Zahl, eben die Kreiszahl π. Aber schon am Kreis, der einfachsten geometrischen Form, wird erkennbar, dass Endlichkeit und Unendlichkeit in unserer Welt *real* existieren und eigentlich zwei Seiten ein und derselben Medaille sind. Die Unendlichkeit transzendiert in die von uns als scheinbar endlich wahrgenommene Welt – immer wieder und überall. Die alten Griechen hatten das bereits erkannt und bewundert.

Arithmetisch nicht exakt und vollständig darstellbar, geometrisch dagegen vollständig und perfekt: Das gilt für alle entscheidenden *arithmetischen* Zählmaße: Sie zeigen, dass hinter allem wohl eine *geistige Welt* steht, die mit geometrisch perfekten Grundmustern und Zusammenhängen in die *materielle Welt* transzendiert, sie regelt und sich in ihr nur unzulänglich beschrieben lässt. Die unendliche Zahlenfolge **273** finden wir vor allem in *„materiellen Grenzbereichen"*. Ich nannte sie deshalb auch die *„Grenze des Machbaren"*. Und genauso finden wir überall dort, wo wir etwas *Optimales* vermuten dürfen, die Zahlenfolge **618** des „Goldenen Schnitts" wieder.

Mein kleines Gedankenexperiment begann mit dem endlichen Punkt als kleinster Einheit, d.h. mit einem kleinsten Kreis. Er wird bestimmt durch reine Information. Bereits nach wenigen Schritten entwickelte sich daraus die nächst höhere Einheit in der Vielheit, das mit Hilfe von vier Kreisen gebildete Quadrat, der Analogie für das Materielle. Der Kreis ist so die *Schnittstelle* zwischen Geist und Materie. Dies erlaubt weitere wichtige Überlegungen:
Wir können begründeterweise vermuten, dass das Rechnen im Dezimalsystem, also auf dem Boden der Zahl 10, zwar eine sinnvolle Entdeckung von uns Menschen ist, nicht aber eine neue Erfindung; denn die Zahl 10 ergibt sich ja durch Addition der ersten vier Ordnungszahlen: $1+2+3+4 = 10$.

Aus demselben Grund dürfte auch die Einteilung des Tages in 24 Stunden sinnvoll gewesen sein, weshalb sie wohl bis heute unbestritten Bestand hat: Sie ergibt sich aus der Multiplikation der ersten vier Ordnungszahlen: 1· 2· 3· 4 = 24 und war schon vor Jahrtausenden und in verschiedenen Kulturen unabhängig voneinander ersonnen worden.

Schließlich noch ein paar Bemerkungen zur Zahl 81, die ja aus den ersten vier Ordnungszahlen durch „sinnvoll kombiniertes Rechnen" gewonnen werden kann:[52] Einerseits entspricht sie exakt der Anzahl sämtlicher im ganzen Universum natürlich vorkommender und zugleich stabiler chemischer Elemente.[53] Andererseits gibt es in jedem Erbgut wohl genau 81 exakte *Positionsangaben* für die vier Buchstaben eines jeden genetischen Codewortes *(gemeint sind damit die Basen innerhalb ihres Nukleotids)*. Daraus folgen 81 Kombinationsmöglichkeiten für jedes der Codeworte, mit dem Aminosäuren ausgesucht und miteinander verbunden werden. Und die Aminosäuren sind ja die Grundbausteine aller Lebewesen. Das gilt ganz sicher für alle bereits bekannten Lebewesen auf unserer Erde und vermutlich auch für alle möglichen Lebensformen im ganzen Universum. Aminosäuren (AS) sind die Bausteine für Proteine oder zu Deutsch: Eiweiße, aus denen jeder tierische und auch der menschliche Körper *aufbaut* ist.

Ich habe als erster bereits 1999 zeigen können, dass unser Erbgut wohl weit mehr aufzubieten zu haben scheint als einen sog. „degenerierten" genetischen Code, so wie es heute noch in fast allen Lehrbüchern steht. Die Natur scheint keineswegs dumm, sondern tatsächlich ungemein viel cleverer zu sein: Mit Hilfe von exakt 81 *Positionsangaben* kann die Natur genaue und eindeutige Angaben zu den nachbarschaftlichen Beziehungen einzelner Codebuchstaben (Basen in einem Nukleotid) innerhalb eines Codewortes und so in ihrem Gesamtcode machen.

Dazu ein kleiner Exkurs: Unsere Chromosomen bestehen biochemisch bestehen sie aus langen Ketten von Nukleinsäuren *(Helix)*, die man zusammengefasst, je nach Funktion und Anordnung, als *DNS* oder *RNS* bezeichnet. Jede einzelne Nukleinsäure besteht wiederum aus einer Vielzahl kleinerer Einheiten, den sog. Nukleotiden. Nach immer 10 sich gegen den Uhrzeigersinn um die Achse drehenden Nukleotiden ist eine komplette Helixwindung vollendet.
Jedes Nukleotid besitzt 3 Bausteine, ein Phosphorsäuremolekül, einen Fünfer-Zucker (Pentose) und eine *Base*. Nur diese Base ist der entscheidende, weil der für den genetischen Code relevante Faktor eines Nukleotids.

---

[52] Es gilt: $1^2 \cdot 3^4 = 81$
[53] Gemeinhin finden sich in Lehrbüchern immer 83 natürlich vorkommende Elemente. Allerdings sind die Elemente Technetium (Nr. 43) und Prometium (Nr. 61) nicht stabil.

Nur die Basen sind die eigentlichen *Buchstaben des genetischen Alphabets*. Davon gibt es nun 4 verschiedene, nämlich Adenin (A), Guanin (G), Cytosin (C) sowie Thymin (T) in der DNS und anstatt des Thymins die Base Uracil (U) in der RNS. Durch verschiedene Vorgänge, auf die an dieser Stelle nicht näher eingegangen werden soll, werden diese 4 Buchstaben des genetischen Codes benutzt, um damit α-Aminosäuren (α-AS), die Bausteine allen Lebens, miteinander zu Eiweißen (Proteine) zusammenzufügen.

Je 3 Basen hat die Natur zu einem Triplett zusammengefasst. Man kann das Triplett mit einem *Wort* vergleichen und sagen, jedes Wort des genetischen Codes besteht aus genau 3 Buchstaben. Jedes Triplett transportiert eine Aminosäure. In einem Triplett verschieden angeordnete Basen codieren möglicherweise eine andere Aminosäure. Es gibt genau 20 verschiedene AS.[54]

Die Anordnung der Basen zu Tripletts ist schon aus logischen Gründen erforderlich. Erst durch 4 x 4 x 4 (= 4^3 = 64) Basen können die bekannten 20 (Basis- oder α-) Aminosäuren codiert werden. Wären z.B. bloß je zwei Basen in „Dupletts" zusammengefasst, um eine AS zu codieren, so könnten damit nur maximal 16 (=4 x 4), also vier Aminosäuren zu wenig, codiert werden.

Da es andererseits nun mit 4^3 = 64 aber theoretisch schon weitaus mehr Möglichkeiten gibt, die vorhandenen 20 Aminosäuren zu codieren, steht für den Transport ein und derselben AS in der Regel mehr als ein Triplett bereit.

Der moderne Biologe bezeichnet den genetischen Code wegen der Überzahl von Möglichkeiten als „degeneriert". Ich halte das für lächerlich. Mit 4^3, also 64 theoretischen Kombinationsmöglichkeiten, ergibt sich vordergründig zwar eine Umkehrung des bereits bekannten elementaren 3^4- Gesetzes.

Tatsächlich jedoch ist die Zahl 4^3 wohl gar nicht entscheidend. In Wirklichkeit steht bei der Proteinsynthese die Zahl 81, also 3^4, im Vordergrund: Die nachfolgende Abbildung einer Codesonne, gezeichnet von meinem Sohn Alexander, soll das verdeutlichen.

Mit Hilfe von *vier* organischen Basen (abgekürzt aus ihren Anfangsbuchstaben A, G, C, U), die stets zu *dritt* als sog. Nukleotidtripletts angeordnet sind, lassen sich über den genetischen Code sämtliche 20 Aminosäuren (α-AS), die in biologischen Körpern zu Eiweißen (Proteinen) zusammen- gesetzt werden, codieren. Dabei können mehrere Tripletts auch ein und dieselbe AS bestimmen.

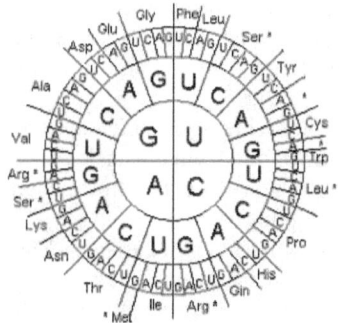

---

[54] Inzwischen werden gerne noch 2 weitere dazugezählt. Jedoch sind dies bloß Varianten der bekannten 20 α-AS.

So werden beispielsweise 9 AS durch je 2 Tripletts gebunden. Insgesamt lassen sich so zwar 84 Code*positionen* darstellen. Drei davon bilden aber sog. Nonsenstripletts, d.h. für sie gibt es keine Aminosäure, und sie beenden jeden Synthesevorgang. Damit verbleiben genau 81 – oder eben 3^4 – exakte Code*positionen*. Davon wiederum bildet ein Code immer das sog. Startcodon (AUG).

Damit dürfte in der Natur eine geniale Methode entwickelt worden sein, um oft auftretende Kopierfehler beim Umsetzen dieser Codes in Stoffwechsel- und Bauproteine zu vermeiden. Denn ein falscher Buchstabe in einem Codewort des Erbguts, z.B. durch Mutation, könnte nun das „Wort" selbst sowie den Rest des ganzen Textes unlesbar machen. Das Erbgut spricht mit „Nukleotiden", bestehend aus je drei „Basen". Das Erbgut spricht dabei nur mit Worten aus je drei Buchstaben, wobei (fast) alles ohne Punkt und Komma zusammen hängt.
An einem einfachen Beispiel soll das verdeutlicht werden:
ichbinmitdiraufreisen. Jeder kann das gut lesen. Die Natur codiert aber aus einer solchen Buchstabenfolge über Dreierpacks (Nukleotide). Jedes Dreierpack Buchstaben codiert eine Aminosäure. Wir müssten also trennen in *ich bin mit dir auf rei sen*. Das macht die Wahl der richtigen Aminosäure eindeutig. Mit zwei einfachen *Mutationen* sieht das aber schon ganz anders aus, wenn man z.B. zwei Buchstaben wahllos wegfallen lässt: *icbinmitdirufreisen*. In Dreierblöcken ergäbe sich nun *icb inm itd iru fre ise n..* Auf diese Weise die richtigen Aminosäuren zu finden dürfte kaum mehr möglich sein. Derlei Mutationen führen zu schweren Fehlfunktionen, zum Beispiel auch zum Entstehen von Krebserkrankungen. Die Natur versucht genau das so lange wie möglich effektiv zu verhindern.

Als Weiteres habe ich als erster vermutet und belegen können, dass sich alle wichtigen *Naturkonstanten* unserer Welt allein schon mit Hilfe der hier besonders herausgestellten wenigen, aber entscheidenden Zahlen und Folgen einfach und sinnvoll herleiten lassen. Dazu noch folgender Exkurs[55]:

1) Die Lichtgeschwindigkeit „streift so eben" das ihr zugrunde liegende „Ideal", gegeben durch ein dezimales Vielfaches der Ordnungszahl 3. Dieses Ideal macht sie zur Konstante. Die Abweichung des tatsächlichen Messwertes von der Zahl 3 beträgt nur 0,069%.
Licht entsteht nicht durch das Zusammenwirken zweier Körper.
Vielmehr hängt sein Wert unmittelbar mit der Raumausdehnung im Universum zusammen. Für diese gilt, wie schon erwähnt, das Produkt aus 3×10^n.

---

[55] Ergänzende Ausführungen hierzu finden sich auch im Anhang. Insbesondere wird dort auch auf die Euler-Zahl Bezug genommen, die über das Wachstums- und Zerfallsverhalten Auskunft gibt.

Dagegen werden Wirkungen zwischen voneinander abhängigen räumlichen Körpern durch den Kehrwert dieses Produktes bestimmt.
Anstatt 3×10^n gilt dann der Term: $1 : (3 \times 10^n)$ oder $1/3 \times 10^{-n}$.

2) Die Anziehungskraft oder Gravitation ist eine solche Wirkung: Sie wirkt immer zwischen mindestens zwei (dreidimensionalen) Körpern. Folglich lässt sich deshalb das Produkt aus der Zahl 2 und dem zuletzt unter 1) aufgeführten Kehrwert bilden, also:
$2 \times (1/3 \times 10^{-n})$ oder $2/3 \times 10^{-n}$. Das ist aber auch $6,6666... \times 10^{-n}$.
Die neben der Lichtgeschwindigkeit bedeutendste Konstante in unserem Universum ist die Gravitationskonstante.
Sie besitzt den Messwert $G = 6,67259 \times 10^{-19}$ (Nm^2/kg^2), was eine Abweichung von bloß 0,088% zum o.a. Rechenwert bedeutet.

3) Mit einem ganz ähnlichen Faktor kann auch das sog. Planck'sche Wirkungsquantum oder die Planck-Konstante (h) aufwarten.
Es steht für das konstante Maß einer *kleinsten Wirkung* zwischen zwei Körpern in unserem Universum.
Wieder muss derselbe Faktor ($1/3 \times 10^{-n}$) eine Rolle spielen; denn als Kehrwert des Faktors von Raumausdehnung und Lichtgeschwindigkeit steht er ja für alle Wirkungen nach innen. Und wieder muss er mit 2 multipliziert werden (also $2/3 \times 10^{-n}$), da es sich um ein Maß zwischen zwei Körpern handelt.
Tatsächlich ist der Messwert von $h = 6,626075 \times 10^{-34}$ (J/s).[56]
Die Abweichung beträgt jetzt lediglich 0,61%.

4) Die zwei wichtigsten Kernteilchen „Proton" und „Elektron" sind als polar, also gegensätzlich zueinander, aufzufassen; Das Proton ist positiv, das Elektron negativ geladen. Im Wasserstoffatom, dem mit Abstand wichtigsten und am weitesten verbreiteten Atom im ganzen Universum, gibt es nur diese beiden Kernteilchen. Sie stellen – nicht nur was ihre entgegengesetzten Ladungen, sondern auch was ihre Größenunterschiede angeht – wahrlich zwei extreme Gegensätze dar. Das schlägt sich vor allem im Verhältnis ihrer Massen zueinander nieder. Man spricht vom sog. Massenquotienten.
Er ist ebenfalls eine Naturkonstante und beträgt: 1836,152701.
Ist es nicht verblüffend, dass nun wieder einmal der oben erwähnte Faktor $2/3 \times 10^n$ (wobei hier n=1 ist), multipliziert mit der Kennzahl für die maximale Ausdehnung, dem Machbaren, d.h. mit 273, zu einem annähernd gleichen Ergebnis kommt?
Es gilt: $2/3 \times 10^1 \times 273 = 1820,9$.
Die Abweichung beträgt aufgerundet nur 0,84%.

---

[56] Auch J = Joule ist eine dezimale Einheit für Energie. Es gilt 1J = 1Nm (Newtonmeter) = 10 kgm^2/s^2

5) Eine wichtige Naturkonstante ist auch die Elementarladung.
Sie sollte bestimmt eine *optimale* Größe sein. Dafür, so habe ich gezeigt, hält der von mir postulierte mathematische Bauplan unserer Welt den "Goldenen Schnitt" mit der Zahlenfolge 618, also das Verhältnis von 1,618 zu 1, bereit.
Der tatsächlich gemessene Wert für die Elementarladung beträgt $1,60217733 \times 10^{-19}$ (C) /[57]. Die Abweichung beträgt nur 0,99%.

6) Schließlich noch etwas zur sog. Feinstrukturkonstanten α, die auf atomarer Ebene die grenzwertigen Abstände zwischen zwei kleinsten materiellen Bausteinen bestimmt.
Hätte sie einen anderen Wert als 1 : 137,0359895 (± etwas!), dann könnten sich die Atome nicht auf die gewohnte Weise zu Molekülen verbinden. Statt z.B. Wasser, Metalle, Steine und Sand hätten wir es mit einem Atombrei zu tun.
Deshalb sollte sie auch etwas mit der Zahlenfolge für die Grenzen der Ausdehnung, dem Machbaren, also der Zahl 273, zu tun haben. Auch geht es wieder um eine Wirkung zwischen 2 Körpern, so dass, ganz analog zu den anderen Konstanten, der Faktor 2 : 273 logischerweise anzusetzen sein sollte.
Kürzt man diesen Wert, so erhält man 1 : 136,5, was nur eine Abweichung von 0,39% vom tatsächlichen Messwert ausmacht.

Als weiteren sehr entscheidenden Beleg für die Urknallhypothese betrachten die Kosmologen die *Rotverschiebung* des Lichtes.
Schon früher habe ich dazu zwei Gegenargumente erörtert, die einfache und alternative Erklärungen ermöglichen:

Zum einen führt wohl allein schon das Alter der Himmelkörper zu einer Rotverschiebung, wie Teleskopbilder von fernen Galaxien oder anderen Himmelskörpern zu belegen scheinen. Einen anderen Grund sehe ich auch in den besonderen Bedingungen eines *realen* Zahlenraums gegeben. Wie bereits erwähnt, wäre er allein schon in der Lage, sowohl die Lichtgeschwindigkeit, als auch die Intensität des Lichts einfach vorzugeben.

Folglich wäre es nahe liegend, das auch für die Rotverschiebung, die einer Abnahme von Lichtfrequenzen entspricht, anzunehmen.

---

[57] C = Coulomb = As = Ampèresekunde, was ein dezimales Maß für die Elektrizitätsmenge ist.

Schon *Plichta* hatte für die Abnahme von Wirkungen im Raum den von ihm als Taktgeber des Zahlenraums bezeichneten, sogenannten *Primstrahl* vorgeschlagen. Auf ihm finden sich nur Primzahlen und Primzahlquadrate. Nacheinander an jeweils gleicher Stelle auf den konzentrischen Raumschalen aufgereiht, lassen sie sich zu einem auswärts gerichteten Primstrahl verbinden.

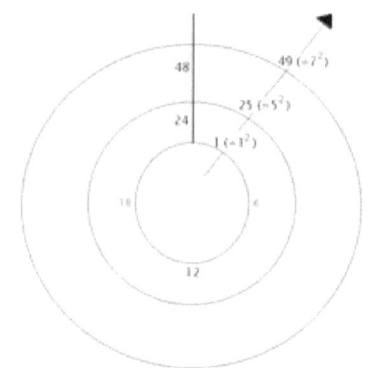

Je weiter sich die zwiebelartig um jedes endliche Gebilde angeordneten Zahlenschalen in die Unendlichkeit ausdehnen, je größer werden zwar immer die Zahlen; aber desto seltener lassen sich auf dem Primstrahl noch *Primzahlquadrate* finden. Stellt man sich nun vor, die Lichtfrequenz sei durch Primzahlen codiert, dann könnte die nach außen hin erfolgende Abnahme der Häufigkeit von Primzahlquadraten auch die Ursache für die Abnahme der Lichtfrequenz sein. Daraus ließe sich folgern, das Licht selbst würde ebenso „altern". Richtig bedeutsam wird das aber erst bei sehr großen Entfernungen.

Zahlenschalen, die um jeden endlichen Körper herum entstehen, bilden in diesem Modell in ihrer Gesamtheit den Raum; denn mit dem kosmischen Raum meinen wir ja jetzt einen zahlengesteuerten, zwiebelschalenartig aufgebauten Informationsraum. Wenn die Anzahl von Primzahlquadraten mit der Entfernung von ihrem „endlichen Ursprung", z.B. von einer Lichtquelle, immer seltener wird, dann gilt auch Folgendes:
Die wachsenden Abstände zwischen den Primzahlquadraten auf dem Primstrahl als Taktgeber dieses Informationsraums imitieren die beobachtete „Expansion des Universums": Im Ergebnis ist das vergleichbar mit einem Luftballon, auf dem man eine Strecke mit zwei Endpunkten eingezeichnet hat und den man nun aufbläst: Die Abstände der Streckenpunkte vergrößern sich. Auf diese Weise lässt sich auch eine Dehnung der so genannten Lichtkurven, die ja den tatsächlichen Beobachtungen entspricht, erklären. Nur ist deren Ursache jetzt eine ganz andere, als bislang vermutet: nämlich ein real existenter, quadratischer Zahlencode, der die wahre Raumstruktur ausmacht und alles wie in einem Koordinatensystem exakt bestimmt.
Die Rotverschiebung des Lichts wäre nun allein wieder die Folge der riesigen Entfernungen der Objekte, was auch sehr paradoxe Erscheinungen am Himmel recht einfach erklären würde:
So gibt es zum Beispiel bestimmte *Quasare*, vermutlich verendete Galaxien, die offensichtlich ziemlich nah beieinander liegen, ja sogar verbunden scheinen.

Das von ihnen auf der Erde empfangene Licht unterscheidet sich aber stark voneinander wie bei einer erheblichen Rotverschiebung.[58] Nach herkömmlichen Vorstellungen müssten sie deshalb nicht nur so unglaublich schnell sein, dass es bereits den Naturgesetzen zutiefst widerspräche. Sie müssten darüberhinaus sogar noch unterschiedlich schnell entfliehen, und das, obwohl sie miteinander in Verbindung stehen. Das scheint jedoch mehr als fraglich zu sein und ist nach wie vor sehr rätselhaft.

Wenn sich aber die Rotverschiebung, anders als bisher geglaubt, nicht über den *Doppler-Effekt* und die Dehnung der Lichtkurven im Zuge einer Raumexpansion erklären können ließe, dann entfiele natürlich das wichtigste Argument für die ständige Expansion: Ein Urknall. Ihm wäre jetzt jeder Boden entzogen.

Dabei bezweifle ich gar nicht, dass sich, genau wie fast überall in der Welt, auch im Kosmos die Gestirne mit hohen Geschwindigkeiten bewegen – aber sie müssen nun nicht mehr alle und mit zudem noch unaufhörlich wachsenden Geschwindigkeiten voneinander wegfliegen.

Unter dieser Prämisse bräuchte man also den Urknall nicht mehr, und ich glaube, das wäre eine weitaus bessere Ausgangsposition, um unser Universum zu erklären und sich aufhäufende Widersprüche zu vermeiden. So hat man vor kurzem in nur 36.000 Lichtjahren einen Stern entdeckt, der nach Angaben der Forscher quasi als Frühgeburt vor fast 14 Milliarden Jahren, also schon sehr bald nach dem vermeintlichen Urknall, entstanden sein muss.[59] Allerdings hat das ganze einen Schönheitsfehler: Dieser Stern ist wegen seines offenbar äußerst geringen Eisenvorkommens so massearm, dass er so früh gar nicht hätte entstehen können...

Ohne Urknallhypothese hätten wir es fortan vielleicht nicht mehr mit einem einzigen Anfang zu tun, der alles jemals später Existente schon zu Beginn hätte beinhalten müssen. Möglicherweise gäbe es viele kleine Anfänge, die immer wieder „neuen Raum im Raum" schaffen und vielerorts auftreten.

Man könnte sich so eine womöglich eher *kontinuierliche Schöpfung* vorstellen, die auch jetzt längst noch nicht zu Ende sein muss.

Materie entsteht offensichtlich auch heute noch, verdichtet sich zu Sternen und Galaxien, bewegt sich ruhelos durchs All und geht irgendwann einmal wieder zugrunde. Sicher kennen sie alle die, wie ich finde, ungemein eindrucksvollen Bilder von den gigantischen Sternenfabriken, die uns erstmals seit den 1990er Jahren von dem *COBE-Weltraumteleskop* übermittelt wurden.

Doch woraus entsteht die Materie in diesen Brutstätten?

---

[58] z.B. die Galaxie NGC4319, die über ein helles Lichtband mit dem Quasar Markarian 205 verbunden ist.
[59] Er trägt die Bezeichnung HE0107-5240.

Aus elektromagnetischer Strahlung (EMS) – oder vereinfacht, aus Licht. Der wahre Ursprung des Lichtes ist aber *Geist*; denn Licht hat zwei Seiten und ist als reine Information eine Form von Geist.
Licht ist also die Schnittstelle zwischen Geist und Materie. Genau das, die Schöpfung von Materie aus reiner Energie, fälschlicherweise immer wieder auch als „Schöpfung aus dem Nichts" /[60] bezeichnet, ist schon im Jahre 1998 durch eine Reihe von Experimenten am Stanford-Teilchenbeschleuniger in Kalifornien (USA) gelungen. Dazu wurde ein Lichtstrahl eines Einbillionen Watt starken Lasers für eine billionstel Sekunde auf eine Fläche von einem milliardstel Quadratzentimeter gerichtet. Diesen Laserstrahl ließ man dabei mit einem Elektronenstrahl des Beschleunigers kollidieren.
Durch den enormen Crash entstanden in einer Art Kettenreaktion „Kernteilchen", also Materie.

Auch die allem anhaftende zweite Seite der Medaille, die Seite *Information*, unterliegt fortan selbst einem Evolutionsprozess: Irgendwann entstehen so aus zunächst lebloser Materie lebende Organismen. Und diese wiederum können im Laufe der Zeit und mit Hilfe spezieller Organsysteme Informationen immer besser nutzen und verarbeiten. So entstehen allmählich immer perfektere Informationskomplexe von zugleich ungeheurer Vielfalt:
Ein zunächst weitgehend undifferenzierter Geist wird so mit Hilfe seiner Manifestation in komplexen materiellen Strukturen allmählich immer stärker differenziert. Dazu mehr im nächsten Kapitel.

Am Ende dieses Kapitels muss noch einmal betont werden, dass sich ein ausgewogenes und unsere Welt ganzheitlich erklärendes Bild wohl nur durch eine völlig neue und alternative Sicht von unserem Universum und seinen Rahmenbedingungen erzielen lässt.
Ein solches Modell für unseren ganzen Kosmos schließt am Ende das Geistige nicht nur ein, sondern baut vielmehr sogar auf Geistigem überhaupt erst auf.
Geist, gedacht als eine Art evolvierendes Informationsfeld, liefert dabei sowohl zunächst den entscheidenden Rahmen als auch den umfassenden Hintergrund für die ewige kosmische Existenz.
Der „anfängliche Urgeist" dürfte da selbst noch ziemlich „geistlos" gewesen sein: Das heißt, man muss sich ihn mehr grundlegend und *mechanistisch* vorstellen, so wie z.B. auch die Gene nur grundlegend Aufbau und Funktionen eines Lebewesens prägen, wie wir heute wissen. Das meiste aber kommt später hinzu, z.B. durch Umwelt, Erziehung, Lernen und Erfahrung etc.

---

[60] Hier bedient man sich zum Beweis durch Vergleich gerne fernöstlichen Weisheiten, ohne sie aber richtig zu interpretieren: Das „Nichts" als freie Übersetzung des „Nicht-Seins" ist nach Laotse keineswegs ein wirkliches Nichts, sondern vielmehr das nicht fassbare, unsichtbare Gegenstück zum materiellen Sein. Letzteres wird daher von ihm als „Sein" bezeichnet, ersteres als „Nicht-Sein".

Mit dieser Vorstellung werden Schöpfung und Schöpfer nicht nur wieder möglich, sondern sie werden sogar benötigt. *Gott*, für Christen der Inbegriff für Schöpfer und Schöpfung, ohne dass wir ihn/sie/es näher definieren und beschreiben können, wird wieder zu einem unerlässlichen Teil unserer unendlichen und ewigen Welt und transzendiert sie gleichermaßen.
Wenn es aber eine auch den universellen Geist selbst transzendierende Schöpfung und einen Schöpfer gibt, dann kann die Welt letztlich nur verstanden werden als Aufbruch des Geistes über sein Universum zu sich selbst.
Ein irgendwann anfangs einmal undifferenzierter Geist sucht nicht nur seine Manifestation in und mit dieser Welt, nein, er braucht sie, um sich abseits dieser materiellen Umgebung in und mit dieser Welt zu verwirklichen, zu wachsen und zu gedeihen. Nur so kommt höchstmögliche Perfektion in größtmöglicher Vielfalt zustande.
Mittelbar schafft er sich letztlich alle Dinge und macht sie sich zunutze, um in seiner Welt den Geist weiter zu reichen und in größtmöglicher Vielfalt weiter zu entwickeln: Er schafft das Leben. Leben ist ein Informationsprinzip. Es ist die primär rein geistige Qualität, die einen komplexen Materiehaufen, den wir vielleicht einen tierischen oder menschlichen Körper nennen, etwa von einem Fels unterscheidet.
So wie keine Zahlenfolge – einmal „losgetreten" – jemals endet und keine Information vergehen kann, so können auch Geist und Leben, die rein geistige Qualitäten sind, in diesem unendlichen und ewigen, informationellen Universum jemals enden oder untergehen. Für sie gibt es keinen Tod.

5. Evolution im neuen Gewand:
Über Körper und Leben, Gehirn und Geist

Im letzten Kapitel habe ich diskutiert, dass unsere gegenwärtigen Vorstellungen über Ursprung, Entwicklung, Aufbau und Struktur des Universums doch sehr viele Widersprüche aufweisen und somit eine Fülle von Fragen gar nicht erst beantworten können.
Ich hielt es daher für unabdingbar, nach einem plausibleren und möglichst alles umfassenden, einem alternativen und ganzheitlichen Weltmodell Ausschau zu halten. Einige Bücher habe ich dazu schon früher herausgegeben.
Um den Rahmen dieses Buches nicht zu sprengen, sind manch wichtige Wege und Einzelheiten komprimiert dargestellt und ein paar ergänzende Ausführungen auch nur im Anhang aufgeführt.
Zu den Themen, die wohl ebenfalls viel mehr Fragen offen lassen als schlüssig zu beantworten scheinen, gehören die *Evolution allen Lebens* sowie die *Geist-Gehirn-Problematik*.

Die Wissenschaft betrachtet *Leben* als eine rein biochemische Systemeigenschaft organischer Komplexe. Leben tritt danach plötzlich und automatisch immer dann auf, wenn eine bestimmte Organisationsebene erreicht wird. Dies scheint mir im Grunde durchaus richtig zu sein. Dennoch gibt es einen wesentlich Unterschied zu meiner Ansicht: Der moderne Biologe ist in der Regel der Meinung, *Leben* und *Geist* seien dann eine Art zwangsläufiges *Produkt* dieser komplexeren Materie. Ich meine aber, dass derart komplexe Materie erst mit Hilfe von *Geist* überhaupt entsteht. Diese reift allmählich weiter und entwickelt ein immer besseres Informationssystem.

Die zunehmend komplexe Materie selbst wird für mich so erst zum geeigneten „Instrument", damit „Leben" im Sinne nun *bewegter Information* möglich wird. Damit wiederum kann auch „Geist" intensiver empfangen und zunehmend interaktiv verbessert werden.

Die Vorstellung von sich plötzlich ändernden Systemeigenschaften geht vor allem zurück auf die Theorie der *„dissipativen Strukturen"* des belgischen Biochemikers *Ilya Prigogine (1917-2003)*, wofür er 1977 den Chemienobelpreis erhielt. Prigogine stellte fest, dass sich organische Bausteine bei ständiger Energiezufuhr aus einem ungeordneten in einen geordneten und höheren Zustand umformieren können. Die Unterbrechung der Energiezufuhr führte wieder zum Rückfall in das alte Muster.

Schon Anfang der 1950er Jahre hatte der Amerikaner *Stanley Miller (1930-2007)* für Aufsehen gesorgt: Mit einem Gebräu aus Wasser, Sauerstoff, Methan und Ammoniak, bei zugleich ausreichend großer Hitze und mit Hilfe vieler elektrischer Blitze, mit denen er das Gemisch traktierte, hatte er innerhalb von etwa einer Woche einige chemische Grundbausteine allen Lebens hergestellt.

So wie in den Kinofilmen von der Erschaffung Frankensteins, fand Miller Kohlenmonoxyd und –dioxyd sowie, neben noch weiteren organischen Verbindungen, auch die für den Aufbau des Lebens so wichtigen Aminosäuren. Millers Versuche ließen sich später erfolgreich wiederholen. Aber nicht nur das – bei anderen Experimenten gewann man so auch noch die Bausteine des Erbguts, die Nukleinsäuren.

Gegenwärtig arbeitet eine Reihe von Forscherteams, z.B. in der Schweiz und in Amerika, an der Herstellung von Membranen, den Hüllen sämtlicher Zellen. Die Idee ist nach wie vor folgende: Man konstruiere alle erforderlichen Bestandteile einer Zelle, füge sie zusammen und erschaffe so neues Leben.

Leben künstlich herzustellen ist, wie Sie alle wissen, längst keine Utopie mehr sondern mittlerweile Wirklichkeit, wenngleich heftig umstritten: Denken Sie nur an das Klonschaf „Dolly" und seine mittlerweile vielen „Brüder und Schwestern im Reagenzglas (1997). Auch das Klonen menschlicher Babys ist grundsätzlich möglich. Die Grenze zu den, wie ich meine, medizinisch eher gerechtfertigten Anwendungen, wie etwa im Rahmen der Präimplantationsdiagnostik (PID), mag für einige bedrohlich fließend sein, was ich allerdings nicht unbedingt teile.

Doch in ausnahmslos jedem vorgenannten Klon-Fall handelt es sich stets bloß um die Erschaffung von Leben aus bereits vorher schon existierendem Leben – niemals aber aus zwar organischer, jedoch toter Materie. Genau das aber meint man nun bald überwinden zu können. Mir scheint, dies wird ein zweifelhafter Wunschtraum bleiben. Und ich sage ausdrücklich: Gott-sei-Dank; denn Leben ist wohl ungleich mehr als bloß die Summe seiner einzelnen Komponenten.

Mit der kontinuierlichen Entwicklung des Lebens und aller Lebewesen auf unserer Erde – von seinen organischen Vorstufen bis hin zum Menschen – befassen sich die *Evolutionstheorien*. Einer ihrer zentralen Aspekte oder anders, ihr wesentlicher Motor, und zwar auch nach heutiger Lehrmeinung immer und auf allen Ebenen dieses Prozesses, den wir Evolution nennen, ist der *Zufall*.

Durch ihn allein kommt es danach zu den für die Evolution entscheidenden Veränderungen im Erbgut, den *Mutationen*.

Der Zufall wird auch dafür verantwortlich gemacht, dass Leben überhaupt erst entstand. Und genauso soll er es sein, der *stets für den richtigen Zündfunken* gesorgt hat und weiterhin sorgt, damit die so unglaubliche Artenvielfalt in der Erdgeschichte entstand, bzw. weiter entsteht.

Die riesigen Zeiträume vom Beginn des Lebens bis heute seien für dieses Szenario Beleg genug, ist die heute nach wie vor gängige Ansicht.

Nur weil wir Menschen uns keine rechte Vorstellung von solch unermesslichen Zeiträumen machen können, seien wir wohl nicht in der Lage, diesem Argument zu folgen, werden Kritiker abgekanzelt.

Jedes Lebewesen besteht aus unzähligen einzelnen Zellen, die miteinander verbunden sind. Natürlich gibt es auch Einzeller als selbstständige Lebensform, wozu beispielsweise Bakterien gehören. Eine Reihe von Gründen scheint jedoch dafür zu sprechen, dass Einzeller zumindest nicht ausschließlich auch den Anfang allen komplexen Lebens markierten. Vielmehr dürfte es schon sehr früh genauso gut Vielzeller gegeben haben. Und vermutlich sind sehr viele Einzeller erst danach aus ihnen durch Regression, d.h. durch Rückschritt, entstanden.

Ganz egal wie es letztendlich tatsächlich war, schon jeder Einzeller ist, wie einige Forscher zu Recht und kritisch gegenüber den gängigen Vorstellungen bemerken, ein auf mikrobiologischer Ebene vollständiges System von „irreduzibler Komplexität".[61]

Das heißt, so der Mikrobiologe *Michael Behe*, dass bereits in einem solchen System wie dem des Einzellers jeder Bestandteil innerhalb einer festen Ordnung zusammenarbeiten muss und kein einziger davon entfernt werden darf. Ansonsten käme es unweigerlich und immer zu einem Kollaps des gesamten Systems.

---

[61] z.B. Carlos Bustamente, Jed Macosko und Michael Behe, Mikrobiologen an der kalifornischen Berkeley University San Francisco (SF weekly, 2001)

Außerhalb ihres „irreduzibel komplexen Systems" machen die einzelnen Komponenten für sich dagegen keinerlei Sinn.
Dass die einzelnen Bausteine des Lebens überhaupt entstanden sind, ist trotz so mancher Rechenakrobatik zur effizienten Erhöhung von Wahrscheinlichkeiten so unwahrscheinlich, dass man hier mit Fug und Recht von einem Wunder sprechen darf. Eigentlich müssten *ehrliche* Wahrscheinlichkeitsberechnungen, und seien sie noch so großzügig angesetzt, schon jeden Materialisten, der an den gängigen Theorien weiterhin festhalten will, endgültig frustrieren.
Nicht nur die richtige Bemessung und korrekte Zusammensetzung aller nötigen Einzelkomponenten ist letztlich entscheidend, um zum Leben zu führen, nein, vielmehr müssen sie alle auch noch einträchtig dem Takt ein- und desselben Taktstocks folgen und nach einer uns bislang unbekannten inneren Ordnung absolut harmonisch zusammenwirken.
Nur, was ist der Taktstock, woher kommt der Takt und wer ist der Dirigent?
Sollten Sie, verehrter Leser, als gläubiger Angehöriger einer religiösen Gemeinschaft vielleicht beseelt von einem *unmittelbaren* Schöpfungsglauben sein, so freuen Sie sich jetzt bitte nicht zu früh:
Alles Leben, und da stehe ich vollkommen im Einklang mit den gängigen Evolutionstheorien, entwickelt(e) sich ganz sicher ohne *unmittelbare* Schöpfung aus seinen organischen Vorstufen. Dies geschah und geschieht zweifellos auch weiterhin *auch mit Hilfe* des Motors „Zufall" *(Mutationen)*. Und wie schon seit gut Hundert Jahren bekannt, gesellen sich dazu noch andere Mechanismen, wie die richtige „Auswahl" *(Selektion)* und gemäß neuerer Vorstellungen auch die *„Kooperation"* zwischen einzelnen Wesen und sogar ganzen Arten.
Aber, und da sprenge ich die gegenwärtigen Modelle, so sicher wie diese Mechanismen nach wie vor eine wichtige Rolle bei der Evolution spielen – so sicher dürften *sie allein wohl genausowenig* zur Erklärung ausreichen.
Vielleicht ist es so wie mit den bei jung und alt so beliebten Selbstfahrerautos auf Kirmessen und Jahrmärkten: Solange das Drahtnetz unterm Dach des Kirmesstandes keinen Strom führt, fahren auch die Autos nicht. Zum Leben fehlt jeder noch so komplexen organischen Materie der „Strom" sowie hier der richtige Zündfunke. Es fehlt der *Geist*.
Leben ist, wie ich schon früher ausführlich erläutert habe, wohl ein geistiges Prinzip. Erst durch die Fähigkeit geeigneter biochemischer Verbindungen, Informationen aus ihrer „geistigen Außenwelt" aufzunehmen, bildet sich allmählich die erforderliche Ordnung und Komplexität, die zu Leben führt.
Zahlen, so glaube ich zeigen zu können, sind ein real existierender Teil des Geistes oder, wenn Ihnen das besser gefällt, einer alles umfassenden und durchdringenden Informationswelt. Zahlen bilden einen Rahmen, ähnlich wie ein Gesetzeswerk. Sie wirken exakt, aber unsichtbar im Hintergrund und sorgen für die in unserem Universum allem innewohnende, erstaunlich genaue Ordnung.

Bereits geringe Abweichungen von dieser Ordnung machen die Existenz unseres Universums unmöglich. Das ist völlig unstrittig und erfüllt heute sogar den materialistischsten Kosmologen mit großer Ehrfurcht. Dasselbe gilt aber auch für jedes Leben. Zahlen scheinen hier eine ebenso große Rolle zu spielen, wenn man nur bereit ist, danach Ausschau zu halten:

So sorgt etwa der „Goldene Schnitt" für die Anordnung und Ausrichtung von Blättern und Tannennadeln genauso, wie er das Maß aller Dinge bei den Proportionen sämtlicher Tiere und des Menschen ist: Zum Beispiel entspricht das Verhältnis des Abstandes von der menschlichen Fußsohle zum Nabel sowie dem vom Nabel bis zum Scheitel normalerweise dem Goldenen Schnitt. Genauso verhalten sich die Längen menschlicher Oberarmknochen zu denen der Unterarme, und dasselbe gilt für die Beinknochen oder die Längenverhältnisse der Finger- und Zehenglieder zueinander.
Oder etwas anderes: Psychologische Tests, die immer wieder nach den Kriterien suchen, wann ein Gesicht oder ein ganzer Körper gemeinhin als „schön" bezeichnet werden, lassen klar und eindeutig erkennen, dass Proportionen immer dann als schön gelten, wenn sie dem Goldenen Schnitt entsprechen.
So stehen beispielsweise bei einem „schönen" Frauengesicht Mundbreite und Nasenbreite zueinander im Verhältnis des Goldenen Schnitts, und dasselbe gilt für eine ganze Reihe weiterer Gesichtsproportionen. Auch ein dem Goldenen Schnitt angenähertes Taillen-Beckenverhältnis gilt als Maß für einen schönen Frauenkörper.
Und noch etwas ganz anderes: Beispielsweise besitzen die benachbarten Spiralen eines Schneckenhauses die gleichen Abstände wie die Arme der Galaxien. Und natürlich entspricht dieses Verhältnis dem Goldenen Schnitt.
Es gibt unzählige solcher Beispiele – jedoch würden sie den Rahmen dieses Buches sprengen.
Das von den Entwicklungsbiologen zurzeit am besten erforschte Lebewesen ist ein kleiner Wurm, der *C. elegans*[62]. Eine interessante, aber wohl kaum beachtete Tatsache ist seine Zellzahl. So besitzen weibliche Würmer genau 1031 Zellen, männliche dagegen 959. In beiden Fällen handelt es sich um Primzahlen, die ja eine Art Leitfunktion im Universum zu haben scheinen. Die Differenz beider Zahlen beträgt 72 oder $3 \cdot 24$ Zellen. Und genau diese Zahlen scheinen, wie mein noch im letzten Kapitel zitiertes Gedankenexperiment vom Wachstum und der Vermehrung eines kleinsten endlichen Punktes zeigt, für die Entwicklung und den Aufbau unserer materiellen Welt eine große Bedeutung zu.[63]
Inzwischen wissen wir mit großer Sicherheit, dass einige Tiere und Pflanzen sogar zählen können. Selbst Insekten, wie z.B. bestimmte Zikaden (Zirpen) *zählen* erwiesenermaßen die Vegetationszyklen und orientieren sich dabei

---

[62] Der volle Name lautet: Caenorhabditis elegans. Die Abkürzung C. elegans ist gebräuchlich
[63] Noch detaillierter in meinen Büchern „Das Universum" sowie „Mit Logik die Welt begreifen"

aufgrund eines genetischen Programms an Primzahlen, um sich fortzupflanzen, ohne ihre Arten dabei zu vermischen.[64]

Übrigens scheinen auch Kleinkinder schon zählen zu können, bevor sie erst viel später rechnen lernen. So benutzen sie von Anfang an ihre Finger, um Dinge zu zählen. Der Ansicht ist auch der renommierte Mathematiker und Neuroforscher *Stanislaus Dehaene*[65]. Ohne jedoch hier auf die verschiedenen, hierzu gängigen und meist materialistischen Deutungsversuche eingehen zu wollen: Zunächst ist das eine erstaunliche Tatsache, die zum Nachdenken anregen sollte.

Noch etwas anderes: Renommierte Entwicklungsbiologen sprechen von *Positionsinformationen*, die entscheidend zu sein scheinen für die Ausbildung und Anordnung einzelner Körperabschnitte in der richtigen Reihenfolge. Anhand von Küchenschaben konnte der britische Biologe *Lewis Wolpert* sogar zeigen, dass Positionsangaben wie die Ziffern einer Uhr mit 2 mal 12 (=24) Stellen um eine Extremität angeordnet sein müssen – einmal mehr also dieselben wenigen Zahlen, die wir offenbar ständig und überall in unserer Welt entdecken können.[66] Solche Positionsinformationen finden wir mittlerweile zuhauf. Der Jenaer Professor für Evolutionsbiologie, *Olaf Breidbach*, veränderte solche Positionen bei Mehlkäfern, indem er die relevanten Gewebebereiche zueinander verdrehte und dann die entsprechend umgelagerten Zellen in der neuen Position anwachsen ließ. Damit erzielte er verblüffende Ergebnisse, die, wie ich meine, auf eine Fortsetzung des Wachstums entlang von Ordnungszahlen hinweisen. Er selbst sagt dazu in einem Interview mit dem deutschen Magazin „Geo" (01/2003): *„Die Prozesse, die zu einem derartigen Resultat führen, sind wesentlich mehr als der Reflex der Gensequenzen der einzelnen Zellen.... Was auch immer im Genom vorgegeben sein mag, wird also vom Organismus in stets neuer Weise gelesen. Gerade dieser Prozess ist ein bislang unverstandenes Phänomen, das völlig neue Beschreibungsverfahren erfordert."*

Betrachtet man die zahlenmäßige Verteilung der Knochen von Arm und Bein eines beliebigen Tieres und beim Menschen, so müssen einem auch hier die ersten fünf Ordnungszahlen geradezu ins Auge springen: Der Arm jedes Menschen besteht aus **1** Oberarmknochen, gefolgt von **2** Knochen am Unterarm, dann **3** Knochen in der ersten Handwurzelreihe[67], gefolgt von **4** Knochen in der zweiten Handwurzelreihe und **5** Knochen ab der Reihe der Mittelhandknochen. Dasselbe finden wir natürlich auch an jedem Fuß. Das scheint universell gültig zu sein und findet sich bei jedem Tier mit Ausnahme z.B. von Spinnentieren und Insekten, die eine grundsätzlich andere Lebensform darstellen und selbst wieder

---

[64] Detaillerter in meinen Büchern „Das Leben" sowie „Mit Logik die Welt begreifen"
[65] aus: Deutsches Wirtschaftsmagazin 1 (2002)
[66] Detaillerter in meinen Büchern „Das Leben" sowie „Mit Logik die Welt begreifen"
[67] Kahnbein, Mondbein und Dreiecksbein. Nicht dazu zählt das Erbsenbein, da es sich hierbei um ein sog. Sesambein handelt, das einem Muskel als Rolle dient.

anderen Zahlengesetzen folgen.[68] Bei anderen Tieren ist es allein durch Rückschritt (Regression) oder Spezialisierung zum Verlust einzelner der dennoch genetisch und teilweise noch stummelig angelegten Glieder gekommen (z.B. bei Huftieren).

Bemerkenswert ist sicher auch, dass sich zwar nach der Mittelhand- oder Mittelfußknochenreihe die Reihe der Glieder weiter fortsetzt, ihre Anzahl dabei aber nicht mehr anwächst. In Anbetracht der Tatsache, dass die Extremitäten und ihre Teile immer paarig angelegt sind, ergibt sich mit 2 · 5 einmal mehr der Wert **10**, d.h. die Summe der ersten vier Ordnungszahlen.

Zahlen steuern auch Leistungen unseres Zentralnervensystems (ZNS): Zum Beispiel unterliegt die Verarbeitung von Tönen unterschiedlicher Frequenzen in Ohr und Hirn einem ständigen Wechsel zwischen links und rechts, dem Hemisphärenwechsel. Dieser tritt immer bei einem exakten Vielfachen von 40 und 60Hz - Tönen auf, also bei 1·40Hz, 2·40Hz, 3·40Hz, bzw. 1·60Hz, 2·60Hz, 3·60Hz. u.s.w. Einmal mehr führen Ordnungszahlen Regie.

Relativ neu sind die Erkenntnisse von Hirnforschern über die Arbeitsweise des menschlichen Gedächtnisses. Wissenschaftler an der *Bonner Klinik für Epileptologie* haben festgestellt, dass die Informationen, die auf das Gehirn einströmen, durch Strukturen des sog. *limbischen Systems* im Gehirn nach *wichtig* und *unwichtig* sortiert werden. Unwichtiges wird sofort wieder vergessen, d.h. es wird gar nicht erst in übergeordnete Hirnzentren durchgelassen. Wichtige Informationen werden dann durchgelassen, wenn der „Türsteher", das limbische System, sowie das zuständige höhere Verarbeitungszentrum im Großhirn miteinander im Gleichklang einer Frequenz von wieder exakt je (**4·10** Hz) = 40Hz (und womöglich einem Vielfachen davon?) schwingen. Dasselbe Muster „phasensynchronisierter" 40Hz-Schwingungen kennt man schon länger von der Verarbeitung oder genauer, vom Durchlass visueller Reize ins Großhirn. Ich schätze, dass man in Zukunft noch eine Reihe von Steuerungsfunktionen entdecken wird, die über die ersten vier Ordnungszahlen codiert sind.

Genauso bin ich davon überzeugt, dass, egal wo wir irgendwann einmal im Universum Leben finden werden (und bin ich mir sicher, dass Leben, auch intelligentes, im All ungeheuer verbreitet ist), diese Wesen denselben Grundprinzipien gehorchen wie irdisches Leben.

Ich glaube, dass überall dieselben universellen Zahlengesetze gelten. Sie bestimmen genauso unser aller Leben und seinen Aufbau ganz entscheidend mit.

Noch ein Aspekt, den man in diesem Zusammenhang aufgreifen sollte: die Spezialisierung der Arten. Praktisch immer geht sie mit größtmöglicher

---

[68] Für sie gelten die Zahlenregeln des geschlossenen Raums, entsprechend 2^n, da sie nach außen begrenzt sind. Vgl. „Plädoyer für ein Leben nach dem Tod und eine etwas andere Sicht der Welt", 1999.

Perfektionierung in Form, Aussehen, Funktion, Sozialisation und Verhalten einher oder strebt noch danach. Schon früher habe ich als Beispiel die perfekte Ausprägung eines Fischimitats bei einer Tiefseemuschel[69] erwähnt, obwohl durchaus auch eine einfache Imitation *(Mimikry)* ausgereicht hätte, um damit andere Fische zu irritieren und so bei der Fortpflanzung der Muschel behilflich zu sein. Eine perfekte Mimikry leistet sich z.B. auch der sog. Phantomtintenfisch: In kürzester Zeit ahmt er eine Seeschlange genauso nach wie einen Feuerfisch. Beides sind hochgiftige Tiere. Durch deren erstklassige Nachahmung kann sich der Oktopus zuverlässig vor Angreifern schützen.

Viele Fischarten üben sich in der Nachahmung: Die bekannten Fetzenfische können beispielsweise wie ein abgerissenes Stück Blasentang aussehen. Perfekt tarnen sie sich vor jedem Hintergrund, da sie in der Lage sind, jedes belebte und unbelebte Objekt genau nachzuahmen.

Für Mimikry, bzw. ganz allgemein für Spezialisierung mit höchster Perfektion, gibt es wirklich unzählige Beispiele. Schauen Sie sich nur mal den Rüssel eines Elefanten an. Er ist nicht nur Atmungsorgan, sondern auch das bestausgestattete Riechorgan aller Landsäugetiere. Darüber hinaus aber ist er ein äußerst sensibles Tastorgan und steht als fein abgestuftes Greiforgan in dieser Hinsicht der menschlichen Hand kaum nach. Der Elefantenrüssel ist also ein enorm spezialisiertes Multifunktionsgerät. Das offensichtliche Streben nach höchster Perfektion übersteigt gewiss gewaltig den evolutionären Zwang, Vorteile zu entwickeln, die einer Spezies bloß langfristig ihr Überleben sichern. In Mexiko forscht man z.B. an speziellen Fleischfliegen, die zielstrebig auf das Zentrum von Spinnennetzen zufliegen. Offensichtlich scheinen sie zu „wissen", dass es dort nicht klebrig ist. Durch die Vibrationen ihres Netzes angeregt, nähert sich bald die Spinne dem vermeintlichen Opfer. Das aber entfernt sich daraufhin flugs wieder und steuert nun gezielt die dadurch unbewachten Spinneneier an. Dort legt die Fliege ein paar Larven ab, die sich sofort in die Larven hineinbohren und sie fressen. Hier findet also ein munterer Tausch zwischen Räuber und Beute statt. Dabei ist diese Form von Parasitismus für die Fliege nicht einmal überlebenswichtig, da sie sich normalerweise von Aas ernährt. Dennoch hat sich dieses überaus komplexe und absolut perfekte Rollenverhalten ausgebildet. Bisher anerkannte Evolutionsfaktoren können so etwas nach meiner Auffassung nicht erklären. Perfektion wichtiger Bereiche heißt deshalb nicht zwangsläufig auch Perfektion in allen Bereichen: So ist beispielsweise der Körper eines Albatros für Start und Landungen unvorteilhaft schwer und klobig. Einmal in der Luft ist er dagegen ein begnadeter Flieger. Vielleicht ist ja sein Körper einfach noch nicht ausgereift...

Lassen Sie mich noch ein anderes Beispiel für Perfektion erwähnen, und zwar das unserer Hauskatze: Wie Sie wissen, besitzen alle Katzen eine enorm hohe

---

[69] Taschenbuchmuschel *Lampsilis ovata ventricosa*

Sehkraft, die infolge einer optimalen Ausnutzung von Restlicht zustande kommt, indem es auf die Netzhaut reflektiert wird. Außerdem besitzen sie Schnurrhaare, die extrem empfindlich selbst auf kleinste Luftwirbel, sogar von stehenden Objekten, reagieren. Damit können sie sich auch im Dunkeln sicher fortbewegen. Doch wofür das alles?

Schließlich verbringen Katzen (und nicht nur unsere angepassten Hauskatzen) 2/3 ihres Lebens nur mit Schlafen und das restliche Drittel überwiegend mit Körperpflege. Welchen Grund gibt es für solche Perfektion? Genau wie bei den zuvor schon erwähnten Beispielen gibt es eigentlich keinen zwingenden Grund dafür. Gerne wird dann angeführt, das alles hätte, wenn nicht jetzt, zumindest irgendwann zuvor einmal einen besonderen Überlebensvorteil bedeutet. Doch dies trifft nicht immer zu:

So gibt es eine Menge Tiefseefische, die von ungeheurer Schönheit sind, doch keiner kann sie sehen. Sie müssen diese Schönheit aus einem „inneren Antrieb heraus" entwickelt haben, aber sicher nicht um dadurch irgendeinen Überlebensvorteil zu erzielen – zumal diese Schönheit in der Regel einerseits unsichtbar bleibt und zum anderen außer uns, dem bewusst wahrnehmbaren Menschen, niemanden interessieren oder gar beeindrucken dürfte. Der Berliner Historiker *Leopold von Ranke (1795-1886)*, im 19. Jahrhundert Berater von Kaisern und Königen, sagte einmal: *„Alles Leben trägt sein Ideal in sich"*. Ich finde das sehr treffend: Für jede Spezies scheint es so ein Ideal und eine Art Ziel zu geben, auf das es regelrecht hinzueifern scheint; denn vieles von dem, das z.B. sein Aussehen, seine Funktion oder sein Verhalten auszeichnet, scheint für das Überleben der Art gar nicht notwendig zu sein. Manchmal sogar sind bestimmte Merkmale nicht einmal sinnvoll, wie wieder viele Beispiele von *Konvergenz* in der Tierwelt eindrucksvoll belegen können.

Dem Phänomen *„Konvergenz"* hatte ich mich in früheren Büchern bereits eingehend gewidmet. Darunter versteht man das Auftreten identischer oder sehr ähnlicher Merkmale bei miteinander nicht verwandten Pflanzen und Tieren, die weder geographischen noch zeitlichen Kontakt hatten, ja oft viele Millionen von Jahren voneinander getrennt die Erde bewohnten. Offenbar gibt es ganz bestimmte grundsätzliche Muster, und sie kommen, nur angepasst an veränderte Bedingungen, immer wieder. Schauen Sie sich mal das Känguru an: Es ist ein australisches Beuteltier. Nirgendwo sonst gibt es diese Art. Vergleichen Sie mal sein Aussehen mit dem typischer Vertreter aus der Saurierzeit, z.B. dem *Tyrannosaurus*: Beide laufen aufrecht, haben stummelige Vorderbeine (Arme), große Hinterläufe und einen wuchtigen Schwanz der das Gleichgewicht kontrolliert. Beiden scheint ein gleiches Grundmuster zugrunde zu liegen. Unter den Sauriern gab es den *Gallimimus*. Er hatte, wie man inzwischen weiß, das gleiche Futtersieb, wie es heute Enten besitzen. Beide Spezies sind nicht miteinander verwandt. Die gängige Erklärung heute ist die, dass die Evolution ein solches Futtersieb eben zweimal erfunden haben müsse. Bei der gigantischen Unwahrscheinlichkeit, die hinter der Möglichkeit steckt, zweimal unabhängig

voneinander dieselben Anlagen per *Zufall* zu „erfinden" und auch noch allein durch *Selektion* im Laufe der Zeit zu dermaßen gleich komplexen Attributen zu entwickeln, ist so eine Antwort, wie ich meine, schon ziemlich unglaubwürdig.
Ein ebenso konvergentes Verhalten zeigen nur wenige Millimeter große Kaulquappen einer bestimmten Froschspezies[70]: Mit Hilfe einer gleichwie raffinierten und recht komplizierten Maulöffnung erzeugen sie, wie amerikanische Biologen herausgefunden haben, einen kräftigen Sog und verschlingen damit kleinste Beutetiere in nur wenigen Millisekunden – einem Bruchteil der Zeit eines menschlichen Lidschlags. Das Entscheidende ist, dass diese Form der Nahrungsaufnahme unter Fröschen absolut einzigartig ist und sonst nur noch bei Knochenfischen vorkommt, die mit ihnen aber ebenfalls nicht verwandt sind.
Ein anderes Beispiel: Bisher glaubte man, so etwas Kompliziertes wie z.B. das Auge könne auch nur einmal erfunden worden sein. Jeder Evolutionsbiologe muss dies fordern; denn um es zweimal durch Zufall *(Mutation)* und Auswahl *(Selektion)* zu entwickeln, wären einmal mehr die riesigen Zeiträume bis zu seinem Auftreten kaum ausreichend gewesen. Kürzlich noch glaubte man die herkömmliche Auffassung von einem gemeinsamen Ursprung bestätigt sehen zu können: Man hatte ein Pax-6 genanntes Gen gefunden, das an oberster hierarchischer Stelle mehrere hundert Gene dirigiert, die an der Entwicklung des Auges beteiligt sind. Dieses Gen scheint bei allen Tieren nahezu gleich zu sein. Pflanzt man nun das Pax-6-Gen einer Maus einer Fliege ein, so bildet sie trotzdem ein ganz normales Komplexauge.
Jüngste Forschungsergebnisse zeigen: Die Wissenschaftler *Todd Oakley* und *Clifford Cunningham* an der amerikanischen *Duke University* in *North Carolina* haben mit Hilfe von Genanalysen festgestellt, dass selbst in so eng abgegrenzten Verwandtschaftsbereichen wie bei den Krebsen die Augen mehrfach und unabhängig voneinander entwickelt worden zu sein scheinen.
Für andere Lebewesen, insbesondere auch zwischen verschiedenen Arten, scheint genau dasselbe zu gelten.[71] Beide Ergebnisse scheinen sich also zu widersprechen. Ich schätze jedoch, dass der erste Blick wieder einmal trügt und sehe das ein wenig anders: Ich glaube, dass auch hier beide Ergebnisse gerade meine These von den ständig wiederkehrenden (geistigen, immateriellen Informations-)Mustern stützen – wenn man bloß nicht immer nur den Zufall als Auslöser und Hauptmotor jeder evolutionären Entwicklung strapazieren würde: Projiziert man meine Vorstellungen auf das Beispiel „Auge", dann ist doch Folgendes denkbar: Es gibt ein Informationsmuster „Zwei Augen". Sein biochemisches Korrelat ist das allen Wesen gemeinsame „Leit-Gen" Pax-6. Zum besseren Vergleich stellen Sie sich normale Karteikarten vor, wie auch ich sie in unserer ärztlichen Praxis trotz Computer immer noch verwende. Jede für sich ist

---

[70] Hymenochirus boettgeri, vgl. „Nature", Bd. 420
[71] Proc. Nat. Acad. Sci. 99 (2001)

ein Sammelordner und von außen nur mit dem Namen des jeweiligen Patienten beschriftet. In ihnen werden all jene Befunde abgeheftet, die sich im Laufe der Zeit für den Patienten anhäufen.

Das Gen Pax-6 ist in ähnlicher Weise nur der unspezifische Sammelordner für „Zwei Augen". Damit weiß man aber noch nichts über seinen genauen Inhalt; das heißt, Pax-6 gibt keine nähere Auskunft über eine ganz bestimmte Version und Ausstattung der „zwei Augen" – genauso wenig, wie es auch der Patientenordner zu Krankheiten macht. Beide, Karteiordner und Pax-6-Gen, geben aber einen bestimmten Rahmen vor. Und so, wie das einmal gewählte Karteikartensystem für alle Patienten benutzt wird, so gilt das Gen als Sammler von Informationen für alle Augen. Der „Ordner Pax-6" *bindet* also alle Informationen an sich, die sich zur Ausbildung von Augen eignen und somit in eine biochemische Sprache, d.h. zu Genen, umgesetzt werden können. Folglich wird kein Auge per Zufall mehrfach neu erfunden, aber es ist auch nicht das Ergebnis einer einzigen Gen-Bank, die mal *zufällig* entstand und durch weitere *Zufälle* an neue Gegebenheiten angepasst wurde.

Für das wiederholte Auftreten gleichartiger Muster scheint es oft keinen eindeutigen Grund zu geben, und manchmal scheinen sie sogar widersinnig zu sein.

Warum zum Beispiel haben unter den Säugern nur Elefanten und Affen sowie der Mensch zwei Brüste, um ihre Nachkommen zu säugen? Irgendwo existiert dieses Muster in der „Mottenkiste" der Evolution und wird aus Gründen, die uns wohl überwiegend verschlossen sind, „bei Bedarf" herausgekramt. Ein weiteres Beispiel hierfür liefert uns das australische Schnabeltier: Einerseits legt es legt Eier, auf der anderen Seite aber säugt es seine Nachkommen.

Warum, so habe ich schon früher gefragt, bilden die miteinander nicht verwandten Moschusochsen der Arktis und die mehr zwischen Schafen und Ziegen anzusiedelnden Takins im Himalaja beide dieselbe Körper-Burg zur Abwehr von Feinden? Die Takins leben in dichter Vegetation. Für sie ist diese Form von Abwehr Unsinn: Im Fall einer Gefahr sollten sie viel besser fliehen.

Offensichtlich gibt es also *präexistente Muster*. Zusammen mit zum Beispiel veränderten Umweltbedingungen formen sie jedes Wesen im Laufe der Zeit und in einträchtiger Kreativität zu am Ende perfekten Wesen. Dabei reifen auch schon mal Anlagen zu einer Perfektion aus, die das eigentlich Notwendige stark überschreiten oder für den speziellen Umstand sogar unpassend sind.

Besondere Überlebensvorteile bieten sie jedenfalls nicht immer, was damit den Argumenten von Evolutionsbiologen widerspricht.

Bis hin zum Menschen bleibt es jedoch immer bei einer Form rein körperlicher Perfektionierung, wenngleich natürlich auf Basis adäquater *Informationen*: Sei es, dass Flügel entstehen, lange Schnäbel, lange Hälse oder ein phantastischer Seh- oder Tastsinn. Der australische Wüstenteufel hat z.B. seine Außenhaut zu einem ganz sensiblen Schwamm perfektioniert, worüber er selbst feinste Wassertropfen aufsaugt, um einer Austrocknung zu entgehen.

Auch ein großes Gehirn ist zunächst ein potentieller *körperlicher* Vorteil – da jedes Gehirn natürlich *auch* ein Computer ist und größere Hirne zumindest *potentiell* eine größere Kapazität bedeuten können. Aber die Größe allein ist später nicht mehr entscheidend. Der Mensch hat seit mindesten 500.000 Jahren ein ähnlich großes Gehirn. Oder denken Sie an Elefanten, die im Vergleich zum Menschen sogar ein viel größeres Hirn haben. Dennoch liegen zwischen den geistigen Fähigkeiten von Elefanten und Menschen Welten. Damit schmälere ich ganz sicher nicht die erstaunlichen geistigen Fähigkeiten, über die wohl auch Elefanten verfügen. Ja, selbst die uns Homo sapiens sehr nahen menschlichen Verwandten, die Neandertaler, hatten ein größeres Gehirn als wir. Und obwohl, wie neueste Untersuchungen in den USA andeuten, der heutige Mensch sich vor ca. 40.000 Jahren vielleicht doch mit den Neandertalern ganz gut vermischt zu haben scheint, hat sich deren größeres Gehirn offenbar nicht durchgesetzt.
Im Gegenteil, das durchschnittliche Hirnvolumen der Europäer hat seit der Jungsteinzeit um gut 10% abgenommen. Dennoch hat der heutige Mensch, der von der Spätzeit der Neandertaler nur etwa 1.600 Generationen entfernt ist, eine wohl ungleich höhere *geistige* Vielfalt aufzubieten. Der bekannte Archäologe *Richard Klein* von der kalifornischen Stanford University weist auf einen womöglich sogar abrupten *kulturellen* Sprung des Menschen vor ungefähr 50.000 Jahren hin, der anatomisch nicht erklärt werden kann. Klein sucht die Ursache hierfür allerdings – wie in unserer Zeit üblich – in einer genetischen *Mutation*, also wieder im *Zufall*, was ich dagegen kaum für wirklich plausibel nachvollziehbar halte.[72]
Die Hypothese jedenfalls, komplexeres Verhalten mache ein relativ größeres Gehirn erforderlich, ist schlichtweg falsch. Bestes Beispiel sind zahlreiche Vogelarten, die trotz „Minimalgehirn" hochintelligente Leistungen vollbringen können (z.B. Rabenvögel).
Die Evolution zeigt auch, dass neben den stets wiederkehrenden typischen Grundmustern für immer wieder ähnliche Wesen auf neuem Niveau, außerdem noch etwas ganz Besonderes gilt: Nicht nur die Quantität, sondern vor allem auch die Qualität neu erworbener Systemeigenschaften nimmt auf der Evolutionsleiter in immer kürzerer Zeit von Stufe zu Stufe kräftig zu. Bis zum Beispiel an den Stängeln von Grünpflanzen, die vor ungefähr 400 Millionen Jahren auftraten, auch Blätter wuchsen, dauerte allein etwa 40 Millionen Jahre. Oder ein anderes Beispiel: Pferde ließen sich für brauchbare Hufe ca. 60 Millionen Jahre Zeit. Dagegen benötigte die Entwicklung des im Vergleich zu den Blättern oder Hufen wohl um ein Vielfaches komplizierteren menschlichen Großhirns nur einen sehr kleinen Bruchteil dieser Zeit. Und das, obwohl es bereits rein anatomisch – wegen seiner komplexen Verschaltungen im Vergleich zum Gehirn aller Primaten und erst recht natürlich im Vergleich zu dem Gehirn aller anderen Säuger – einen riesigen Quantensprung darstellt.

---

[72] Interview mit Richard Klein in „Der Spiegel", 5/2003

Seither aber verharrt das Gehirn recht konstant in diesem einmal erreichten Entwicklungsstand, bzw. es nimmt erstaunlicherweise sogar wieder etwas an Größe ab. Doch was schließlich *mit Hilfe* dieses kaum noch weiter veränderten menschlichen Gehirns in nur wenigen tausend Jahren an *geistigem* Fortschritt vor sich ging, muss eigentlich völlig unbegreiflich anmuten. Die tatsächliche Evolution zeichnet sich ganz offensichtlich dadurch aus, dass sie in immer kürzeren Zeitabschnitten ständig Neues und darüber hinaus noch qualitativ immer Höherwertigeres zustande bringt.

Unser gesunder Menschenverstand sollte eigentlich unverzüglich innehalten und sich mal fragen, ob dies alles mit den bekannten Mechanismen der Evolution, also mit „Mutation", „Selektion" und „Kooperation" wirklich überhaupt möglich sein kann?

Besonders aktuell ist die Frage auch deshalb, weil nach gängiger Auffassung nur die Mutation, die das Auftreten von etwas Neuem durch puren *Zufall* bewirkt, unmittelbaren Einfluss auf unser biochemisches Erbgut haben soll und damit Veränderungen bewirken kann, die an Nachkommen weitergegeben werden.

Fordert man – so wie ich – noch andere, zusätzliche Einflussmöglichkeiten, dann muss man in einem Atemzug auch über andere, bzw. weitere als die derzeit bekannten, Vererbungsmechanismen nachdenken. Die Evolution des Lebens allein mit Hilfe des Zufalls zu beschreiben, ist wohl vergleichbar mit der Erwartung, flug- und fahrbereite Jumbo-Jets und Ozeanriesen zu bekommen, in dem ein Tornado im Affenzahn über ein paar Schrottplätze wirbelt.

Eine Reihe von Argumenten überzeugt mich daher seit langem davon, dass die Evolutionsgeschichte in gleichem Atemzug auch eine *Evolution ihrer eigenen Evolutionsmechanismen* ist und sein muss. Ich nehme an, dass je weiter die Entwicklung des Lebens fortschreitet, desto häufiger und konsequenter neue und anspruchsvollere Einflussgrößen auf- und in Aktion treten, um den einmaligen Vorgang der Evolution immer besser kontrollieren und überdies noch kräftig beschleunigen zu können. So stehen am Anfang dieses gigantischen Ablaufs tatsächlich nur die *Mutation* als Auslöser für alles Neue, und die *Selektion* zur Entscheidung zwischen *nützlich* oder *nicht nützlich* zur Verfügung. Natürlich begleiten sie beide den ganzen Evolutionsprozess auch weiterhin – bis heute und in Zukunft. Doch nach und nach kommen andere Mechanismen *ergänzend* hinzu und lassen damit vor allem die Mutation als ihren entscheidenden Zündfunken und Motor ganz allmählich in den Hintergrund treten.

Zu einer weiteren wichtigen Einflussgröße entwickelt sich die *Kommunikation*, sowohl zwischen den Individuen ein- und derselben Art, als auch zwischen verschiedenen Spezies.

Das gehört heute zum Standardwissen, da sie für eine fruchtbare *Kooperation* vorausgesetzt werden muss. Doch Kommunikation ist, zumindest in ihren fortgeschrittenen Formen, etwas Geistiges.

Bald treten Instinkte auf, die ein Lebewesen zu ganz bestimmtem Handeln anhalten und Verhaltensweisen stützen, die ein Überleben sichern helfen. Wie und wieso sie wirklich zustande kommen, ist nach wie vor ein Geheimnis. Aus meiner Sicht sind auch Instinkte eindeutig neue und geistige Evolutions*faktoren*. Sie entstanden aus bis dahin gemachten Erfahrungen des ganzen jeweiligen Artenkollektivs und entspringen somit einer Art kollektivem Artgedächtnis.

Zwar mögen „Kopien" davon und unzählige automatisierte Reaktionsmuster *in* den Gehirnen der Organismen gespeichert sein – doch glaube ich, dass ihr Ursprung das Ergebnis einer bei Tieren unpersönlichen und artspezifischen Einflussnahme von „außen" ist. Hierfür gibt es sogar durchaus anatomische Hinweise, wie der berühmte Hirnforscher und Nobelpreisträger *John Eccles* noch kurz vor seinem Tod vor wenigen Jahren in seinen Büchern erläutert hat: So erlaubt uns die Mikroanatomie der gefurchten grauen Oberfläche des Säugerhirns, und vor allem die des menschlichen Großhirns, anzunehmen, dass das Gehirn keineswegs *nur* eine Art Supercomputer ist – wobei diese Funktion allerdings wohl bei den meisten Tieren im Vordergrund stehen dürfte.

Vielmehr scheint darüber hinaus gerade unser menschliches Gehirn mindestens noch ein ganz hervorragendes, breitest agierendes, multifunktionelles Sende- und Empfangsgerät zu sein, über das es in einem ständigen interaktiven Kontakt zu seiner geistigen Umwelt stehen könnte und nach meiner Auffassung wohl auch ohne Unterlass steht.

Dieses ständige „Online-sein" zwischen der „materiellen Hardware" und dem „geistigen In**ter**net" (oder vielleicht besser: „**Outer**net") dürfte entscheidend für etwas sein, das viel später ganz allmählich in der Evolutionsgeschichte auftritt, bei uns Menschen schließlich aber zu einem „Entwicklungs*torpedo*" wird und uns wie kein Tier auszeichnet: das Bewusstsein.

Hierzu muss das Gehirn jedoch erst einen ausreichend hohen Entwicklungsstand erreicht haben. Ich möchte es vielleicht mal mit dem Selbstbau eines Radios vergleichen: Erst dann, wenn sämtliche erforderlichen Passteile vorhanden und zusammengesetzt sind, kann ein Radio Sendungen empfangen. Eine Schraube zu früh und es funktioniert noch nicht. Bewusstsein ist, wie schon angedeutet, beileibe keine rein menschliche Eigenschaft. Zumindest bei den meisten Säugern dürfte es generell, wenngleich in allerdings sehr unterschiedlichem und wesentlich geringerem Ausmaß anzutreffen sein. Je höher und spezifischer das Gehirn eines jeden Organismus entwickelt ist, desto stärker wird seine interaktive Einbindung in das von mir angenommene, weltumspannende und alles durchdringende geistige Feld zur eigentlichen Grundlage seiner Existenz und Entwicklung. Sein Bewusstsein veranlasst das Wesen, nun ganz gezielt und kontrolliert Dinge, die es eventuelle selbst im Laufe seines Lebens, z.B. durch Lernen wie durch „Versuch und Irrtum", als hilfreich *erkannt* hat, immer wieder zu tun. Erstmals der Mensch kann sich dieser Tatsache und überhaupt seines Bewusstseins wirklich selbst bewusst werden: Wir sprechen von unserem Selbstbewusstsein, das ganz rudimentär wohl auch bereits bei einigen Säugern und – gereifter – bei einigen Primaten, vor allem bei Schimpansen, vorhanden ist. Aus meiner Sicht ist Bewusstsein etwas rein Geistiges und besitzt *primär* keine entsprechenden Korrelate *im* Gehirn. Natürlich schließt das nicht aus, dass durch ständiges Lernen und Wiederholen bewusster Handlungen dann *sekundär* auch Spuren, wie beispielsweise elektromagnetische Endlosschleifen, *im* Gehirn hinterlegt werden. Ähnliches sehen Sie beim Aufruf von Internetseiten, wo sogenannte „*cookies*" auf Ihrer Computerfestplatte gespeichert werden, so dass dieselbe Seite später schneller wieder aufgerufen werden kann. Oder ein Kind lernt beispielsweise Schlittschuhlaufen, das aufgrund solcher Mechanismen nie wieder verlernt wird.

Weil Säuglinge noch kein Bewusstsein zeigen, Hirnforscher aber heute vielfach glauben, Bewusstsein befände sich vor allem *im* Stirnhirn, dem sogenannten *präfrontalen Cortex*, ging man bislang davon aus, dass diese Region im Kleinstkindalter noch inaktiv vor sich hin schlummert. Mittlerweile aber haben französische Neurowissenschaftler auch bei Babys erhebliche Aktivitätsmuster dort festgestellt. Dafür gibt es keine plausible materialistische Erklärung.

Der Kern alles Geistigen ist sein immaterieller und nicht zwingend an irgendeine Materie gebundener Informationsgehalt.

Ich glaube, dass ständig Informationen durch Interaktion zwischen einem lebenden Organismus und seiner geistigen Umgebung ausgetauscht werden. Beide Seiten profitieren davon und treiben damit gemeinsam ihre Entwicklung vorwärts. Vor allem aber profitiert davon zunächst das *Zentralnervensystem (ZNS)*: Als einzigartiges Kommunikationssystem zeichnet es sich die ganze Evolutionsgeschichte hindurch dadurch aus, dass es stets *konsequent und kontinuierlich* nach Höherem strebt. Das Leben selbst hat mit all seinen sonstigen körperlichen Manifestationen dagegen immer wieder Umwege und auch Einbahnstraßen durchgemacht.

Hier liegt wohl das eigentliche Geheimnis der Evolution allen Lebens in dieser Welt. Materiell betrachtet ist zwar jedes Lebewesen für sich genommen völlig eigenständig und von seinem Nächsten getrennt. Dennoch fehlt allen Tieren weitgehend, wenngleich natürlich abgestuft, das *persönlich* Biographische. Sie alle sind fest in ihr Artenkollektiv eingebaut. Erst der Mensch übersteigt das Kollektiv deutlich durch eine ihm eigene (und nicht zugeteilte oder angedachte), einzigartige Individualität. Von geistiger Seite aus betrachtet, bleibt auch bei ihm alles Geistige nur ein Teil eines einheitlichen und homogenen Ganzen. Oberflächlich besehen, scheint es nicht voneinander abgrenzbar. Tatsächlich aber weist diese neue geistige Dimension der Gattung Mensch gleichzeitig die vielfältigste Individualität auf, die überhaupt denkbar ist.

Instinkte und Bewusstsein sind nach meiner Auffassung also neue, rein geistige Faktoren, die selbst auch ganz entscheidend zur Evolution beitragen. Sie sind das Ergebnis ständiger Interaktionen zwischen dem evolvierenden (materiellen) Zentralnervensystem und einem, aufgrund des dadurch möglichen, ständigen interaktiven geistigen Austauschs, immer weiter und stärker differenzierenden, weltumspannenden geistigen Feldes.

Zu einer derartigen Interaktion ist jede neue Generation von Tieren derselben Art in zudem wachsendem Ausmaß fähig. Jedes neue tierische Individuum lernt dadurch automatisch die für ihn bestimmten – natürlich kollektiven – Lehren. Über das ZNS und seine peripheren Nerven ermöglichen sie dann entsprechende periphere körperliche Reaktionen. Beim Menschen bilden sich so *sekundär* genauso unsere perfekte menschliche Hand wie die Fähigkeit zum Spracherwerb aus. Auch hier glaubten bisher Generationen von Wissenschaftlern, die Sprachverarbeitung sei etwas Erworbenes. Wenn Babys ihren Eltern zuhören, werden aber, wie französische Hirnforscher kürzlich feststellen konnten, bereits lange bevor sie sprechen lernen, dieselben linksseitigen Hirnregionen aktiviert wie später beim erwachsenen Menschen. Sprachverarbeitung ist also angeboren. Eine neue neuronale Struktur bildet sich und wird genutzt. Das dadurch nach außen sichtbare Phänomen, hier die Sprache, ist ein *sekundärer* Ausdruck dieses Neuerwerbs.

Nun muss man die Frage erörtern, wie allein durch Informationsübertragung womöglich sogar Veränderungen am biochemischen Erbgut denkbar sein könnten? Denn dass dies so ist, wird heute bereits kaum noch angezweifelt und hat ein neues Gebiet, das der *Epigenetik*, geprägt. Vor 15 Jahren wäre das noch allseits bestenfalls belächelt worden.

Wenn also reine (immaterielle) *Informationen* zu ganz neuen und qualitativ höheren Mechanismen der Evolution führen, die nicht nur bestimmte Verhaltensweisen steuern, sondern vielleicht sogar vererbungsfähige körperliche Anpassungen bewirken sollen, dann muss natürlich auch die Frage der Vererbung geklärt werden. Wie also soll man sich das Einwirken immaterieller Informationen z.B. auf Gene vorstellen?

Jüngere Forschungsergebnisse könnten im wahrsten Sinne „Licht" in dieses Dunkel bringen. In früheren Büchern habe ich bereits verschiedentlich erläutert, dass eine Reihe von Forschern, wie z.B. als erster der Russe *Alexander Gurwitsch (1874-1954)* und in jüngerer Zeit der deutsche Physiker *Fritz Albert Popp*, nachweisen konnten, dass lebende Gewebe *strahlen*. Sie emittieren wohl vor allem sehr schwaches, extrem kohärentes Laserlicht, das sich besonders gut zum gezielten und strukturierten Transport digital codierter Informationen eignet. Wissenschaftler am US-amerikanischen *Massachusetts Institute of Technology (M.I.T.)* in *Cambridge* haben vor nicht langer Zeit entdeckt, dass sich Biomoleküle von Radiowellen – ganz allgemein von „Strahlung" – ansprechen und beeinflussen lassen. Man will diese neue Erkenntnis technisch nutzen, um so vielleicht zukünftig biologisches Material in elektronische Bauteile zu integrieren. Darüber, dass in womöglich gleicher Weise die Natur seit ewigen Zeiten biologisches Material manipuliert oder gar miteinander zusammenbringt – eine Vorstellung, die problemlos auch das Entstehen lebender Zellen erklären könnte – hat sich meines Wissens noch kaum ein Biologe (öffentlich) Gedanken gemacht.

Amerikanische Chemiker vom *Oak Ridge National Laboratory* des amerikanischen Energieministeriums in *Tennessee* haben darüber hinaus erst vor ein paar Jahren festgestellt, dass bestimmte Kunststoffe beim Trocknen Ketten und Netze aus winzigen Perlen bilden. Solche Mikroperlen sind aber Resonanzkörper, die Licht speichern. Ganz besonders wirksam sind sie dann, wenn in ihren Hohlräumen magnetische Partikel eingeschlossen werden.

Diese ebenso jüngeren Forschungsergebnisse bestätigen damit sehr eindrucksvoll folgende These: Zellen, aber auch bestimmte organische Großmoleküle, wie z.B. der rote Blutfarbstoff, das Hämoglobin, außerdem das Chlorophyll in den Pflanzen oder auch die dreidimensional strukturierte *DNS* unseres Erbguts, sind ähnlich geeignete Resonanzkörper, um Informationen wie Licht zu speichern. Und sowohl das Chlorophyll wie auch das Hämoglobin besitzen ein in ihrem Inneren eingeschlossenes magnetisches Metall, hier Magnesium, da Eisen. Nehmen Pflanzen also aus ihrer Umwelt Informationen auf, und transportiert Blut vielleicht immaterielle Informationen durch den Körper? Es wäre denkbar. Und auch das Erbgut allen Lebens scheint ein ebenso idealer Hohlraum zur Speicherung von Informationen zu sein, die mit Hilfe von schwachem, besonders kohärentem Laserlicht aufgenommen werden könnten.

Damit bekäme unser Erbgut neben seiner schon lange bekannten Rolle, für die Vererbung von Merkmalen auf biochemischem Wege verantwortlich zu sein, noch eine weitere, gänzlich neue Rolle im Vererbungsprozess zugewiesen: Wegen ihrer dreidimensionalen Makromolekülstruktur würde die DNS auch auf rein physikalischem Weg z.B. Charaktermerkmale, Instinkte, Verhaltensweisen, und vieles andere vererben.

Ich finde es sehr verblüffend, dass der Mensch nur etwa 30.000 Gene besitzt, die seine gesamte Mannigfaltigkeit bewirken sollen. Mit dieser Erkenntnis vor wenigen Jahren ist ein gigantisches biologisches Kartenhaus der letzten Jahrzehnte zusammengebrochen. Auch wenn man unterstellt, dass die durch Gene codierten Eiweiße ebenso noch als vererbungsrelevant hinzugezählt werden müssten – selbst das alles zusammen bliebe letztlich nur ein weiterer Tropfen auf den heißen Stein mit Blick auf unsere enorme Vielfalt. Heute geht man im Rahmen der sog. „epigenetischen Forschung" mehr davon aus, dass viele Gene tatsächlich nur Schalter sind. Würde man jedoch den genetisch relevanten Molekülstrukturen auch die Aufnahme und Speicherung von immateriellen Informationen zubilligen, ließe sich jede beliebige Vielfalt und Perfektion durch gezielte Mitbeeinflussung von „außen", zum Beispiel über eine Art Weltgeist – oder moderner, durch ein weltumspannendes geistiges Internet (oder Outernet) denken.

Dass die Anzahl der Gene und damit der biochemische Einfluss bei höheren Lebewesen eher sekundär sein muss, liegt längst auf der Hand: Kennen wir doch beispielsweise Pflanzenarten – wie selbst einfacher Reis – die wesentlich mehr Gene besitzen als der Mensch. Das allein lässt inzwischen vermuten, dass der unmittelbare biochemische, und damit materielle Einfluss auf die Evolution bei

diesen und anderen vergleichsweise niederen Lebensformen wesentlich größer ist als bei höheren und somit im Laufe der Evolution abnimmt.
Außerdem sind die genetischen Unterschiede selbst zwischen zwei Arten, die sonst eigentlich Welten trennen, tatsächlich jedoch unglaublich gering: Zum Beispiel sind uns Menschen, genetisch betrachtet, Würmer oder gar die Hefe eher außerordentlich ähnlich.
Selbstverständlich muss das auf eine gewisse Weise sogar so sein; denn letztendlich sind alle Wesen, wir Menschen eingeschlossen und rein substanziell betrachtet, natürlich aus gleichem Schrot und Korn.
Im Laufe der Evolution haben sie sich jedoch in fast allem, was sie als einzelne Wesen oder Arten auszeichnet, dramatisch voneinander entfernt.
Wenn aber die genetischen Unterschiede zwischen den verschiedenen Lebensformen untereinander und zu uns Menschen so gering sind, dann bleibt vernünftigerweise nur der Schluss übrig, dass die Biochemie der Gene nicht die einzigen Erbträger sein können. Folglich muss es neben der bislang bekannten materiellen Form, die wohl auch mehr für das rein Körperliche zuständig zu sein scheint, noch andere Möglichkeiten der Vererbung geben: Zum Beispiel eben die Übertragung von Informationen auf einer Ebene, die selbst dem Charakter der Information entspricht, d.h. auf einer immateriellen Ebene angesiedelt ist.
Auch der Mensch hat bei seinem Erscheinen im Rampenlicht der Evolution besondere körperliche Merkmale: solche, die ihn auszeichnen, von anderen Tieren fundamental unterscheiden und wohl ebenso eine eigene Form perfekter körperlicher Spezialisierung darzustellen scheinen. Eine der wichtigsten Neuerungen dürfte die menschliche Hand sein. Besonders auch in Verbindung mit der ebenso neuen, jetzt aufrechten Körperhaltung verleiht sie dem Menschen gegenüber allen Tieren einen guten Überblick über seine Umgebung und befähigt ihn in einzigartiger Weise zu sehr fein abgestuften manuellen Tätigkeiten. Heute ist man mehrheitlich der Ansicht, der aufrechte Gang und dieses phantastische Werkzeug „Hand" hätten die intellektuelle Entwicklung des Menschen und damit die seines Großhirns erst eingeleitet und beschleunigt.
Ich glaube jedoch, dass es in Wirklichkeit genau umgekehrt ist: Zuerst war das Gehirn komplex entwickelt und so in der Lage, die Menschwerdung, zu der auch die Hand und der aufrechte Gang gehörten, zu beschleunigen. Auch anhand der beim Säugling bereits vorhandenen und dort schon von Anfang an aktiven Sprachregionen habe ich das bereits nahelegen können.
Gerade die Menschwerdung, so habe ich in früheren Büchern, aufbauend auf derweil über 80 Jahre zurückliegende Ideen des deutschen Naturforschers *Edgar Dacqué (1878-1948)*, plausibel dargelegt, scheint deutlich zu machen, dass die Evolution etwas anders funktionieren muss, als gemeinhin heute postuliert:
Viele Millionen Jahre hatte es gedauert, um beispielsweise Hufe oder Pflanzenblätter zu entwickeln, aber viel später dauerte es nur einen Bruchteil dieser Zeit, um ein so kompliziertes und phantastisch komplexes Großhirn wie das des Menschen zu schaffen und zu vervollkommnen.

Als der Mensch die Bühne des Lebens betritt, ist, rein anatomisch betrachtet, sein Großhirn praktisch fertig. Seit dem Beginn seiner Existenz wurde diesem Großhirn kaum noch etwas Wesentliches hinzugefügt – wenn überhaupt, wie eine heute eher wieder geringere Hirngröße sogar bezweifeln mag. Wohl schon bald existierte die volle gigantische Vielfalt neuronaler anatomischer Strukturen und auch ihrer unglaublich zahlreichen Verknüpfungen. Selbst wenn die allein mikroskopisch nachvollziehbare Komplexität des menschlichen Gehirns im Laufe der letzten paar hunderttausend Jahre noch um einige Prozent gewachsen ist – im Prinzip war die Hirnentwicklung vom Säuger zum Menschen der entscheidende Quantensprung. Nun aber ist sie praktisch zum Stillstand gekommen. Und dennoch stand der Mensch mit seinem weitgehend fertigen Großhirn damals erst *ganz am Anfang seiner eigentlichen Entwicklung*: Der überaus erstaunlichen Entwicklung zu geistiger, emotionaler und kultureller Vielfalt – im Positiven wie leider auch im Negativen.

Ohne wirklich neue, zusätzliche morphologische Erneuerungen vollzieht sich beim Menschen Folgendes: Bei praktisch ein- und demselben Hirntyp mit auch untereinander vergleichbarer Ausstattung kommt es, zunächst langsam und ganz allmählich, schließlich aber, und gerade auch in den letzten Jahrhunderten noch stark beschleunigt, zu einem bald explosionsartigen Anstieg seiner geistigen Vielfalt. Und dabei liegt die Betonung auf *individuelle* Vielfalt!

Die Vielfalt des Lebens und seiner einzelnen Lebensformen – somit also auch die damit verbundene geistige Vielfalt – beruhte über hunderte von Millionen Jahren allein auf der großen Anzahl *verschiedener Gattungen*. Jede einzelne Art ist ursprünglich eine für sich abgeschlossene Einheit und entwickelt ihre artspezifische, immer jedoch *kollektive* Perfektion. Erstmals bei uns Menschen, haben sich jetzt die Vielfalt des Lebens und die geistige Vielfalt zu etwas rein *Individuellen* gewandelt, was dann erst sekundär wieder das Kollektiv, die ganze Art, vorwärts bringt *(kulturelle Entwicklung)*.

Das Streben nach Vielfalt des Lebens wird mit dem Auftreten des Menschen zu einem Streben nach geistiger Vielfalt und Perfektion in nur noch dieser einen Gattung „Mensch" und in dieser über *jedes einzelne Individuum*.

Die Evolution hat das Pferd gewechselt.

Die enormen geistigen Unterschiede zwischen den verschiedenen einzelnen menschlichen Individuen mit ihren praktisch identischen Gehirnen sind nicht mehr mit denen verschiedener Individuen gleicher Tierarten vergleichbar. Ja, selbst zwischen der geistigen, emotionalen und kulturellen Kompetenz einzelner menschlicher Individuen liegen nun vielfach Welten, und diese Unterschiede nehmen ständig zu. Das muss zu dem Schluss führen, dass geistige Fähigkeiten und Einsichten, Gefühle, Kultur und noch so vieles mehr *nicht-materieller* Natur sind. All das, nennen wir es einfach „den Geist", tritt bei lebenden Wesen zunächst sehr langsam und ganz allmählich auf. Erst sehr viel später weitet er sich geradezu dramatisch aus. Beim Menschen schließlich übernimmt er das eigentliche Kommando und gestaltet fortan sein Leben. Dieser Prozess geht unmittelbar einher mit dem evolutionären Entwicklungsstand. Entscheidend ist die Reife der hierbei erforderlichen materiellen *Schnittstellen*, die der Gehirne aller Wesen. Das Gehirn des Menschen ist als materielle *Schnittstelle* zu dieser geistigen Informationswelt offensichtlich vollendet; denn jede weitere Reifung erfolgt nunmehr allein rein geistig – oder informationell – nicht aber mehr durch Veränderung des materiellen Gehirns als die hierfür notwendige Hardware.

Wohl schon die meisten Tiere – vermutlich bereits alle Vögel und bestimmt alle Säuger – stehen in ständigem interaktivem Kontakt mit dem weltumspannenden geistigen Feld. Nur werden sie sich, im Gegensatz zum Menschen, dessen noch nicht bewusst. Darauf, dass diese Kontakte aber existieren, weisen zahlreiche Experimente hin, die z.B. auch den Biologen *Rupert Sheldrake* zu der Annahme einer rein „geistigen Welt im Hintergrund" gebracht haben. Er nannte sie *„morphogenetische Felder"*. Allein die erstaunliche Tatsache, dass einige Tiere selbst unterschiedlicher Arten manches leichter lernen, wenn irgendwo und irgendwann zuvor diese Lerninhalte schon einmal antrainiert worden waren, brachte Sheldrake auf die These. Zwar versuchen heute die meisten Hirnforscher mit immer aufwändigeren Methoden jede geistige Tätigkeit als Spuren *im* Gehirn selbst zu entlarven – bis heute aber ohne wirklichen Erfolg.

Und er wird wohl auch ausbleiben *müssen*. Was immer sie bisher entdeckt haben, ist letztlich bloß *beschreibend*: Tatsächlich können sie uns lediglich sagen, dass bestimmte Regionen des Gehirns etwas mit bestimmten Funktionen und Leistungen zu tun haben. Alles was die Hirnforschung bis heute daher zu Tage gebracht hat, erlaubt den Schluss auf *Korrelationen* zwischen beobachteten Leistungen und Hirnaktivitäten, aber nicht mehr. Ob das Gehirn selbst ein Verhalten bewirkt, sie steuert oder sogar Bewusstsein, unser Ich oder unser Gedächtnis produziert bzw. beherbergt *(Kausalitäten)*, ist offener denn je.

Jedoch gehen die Interpretationen mancher Hirnforscher heutzutage oft schon so weit, dass sie selbst unseren freien Willen bestreiten: Das Gehirn gaukle uns diesen nur vor und befehle tatsächlich gezielte Handlungen bereits bevor man erst kurz später bewusst Notiz von ihnen nähme. Hat man dann selbst davon erfahren, glaube man nur, sie wirklich gewollt zu haben. Solche, hier sicher etwas verkürzt wiedergegebenen Ansichten, stützen manche Hirnforscher zwar auf einige ihrer Beobachtungen. Sie alle aber könnten auch ganz anders interpretiert werden, wenn man sich dazu Mühe gäbe. Man macht sich solche Mühe jedoch nicht, weil man sich bewusst von vornherein an einem dem heutigen Zeitgeist entsprechenden, materiellen Weltbild orientiert und daher andere Möglichkeiten erst gar nicht zulässt. Dies wäre jedoch geradezu geboten, würde man mal über die Tellerränder des eigenen Fachbereichs schauen und sich mit den Beobachtungen und Phänomenen anderer Wissenschaften ähnlich intensiv beschäftigen.

Die vermeintliche Willenlosigkeit des Menschen, der damit praktisch zu einem Befehlsempfänger seines Gehirns, eine Art „Zombie" degradiert wird, gipfelt in der aus meiner Sicht geradezu *perversen* Vorstellung mancher Hirnforscher, der

Mensch habe auch keinerlei Freiheit im Sinne einer subjektiven Schuldfähigkeit. Anders gesagt: Kein Mensch könne für seine Taten schuldig sein, Strafe und Sühne seien daher fragwürdig, außer vielleicht als Abschreckung für andere.
Sollte sich so eine Auffassung trotz äußerst wackeliger Grundlagen in unserer Gesellschaft durchsetzen, dann wäre dies, wie ich meine, absolut fatal, und wir alle wären über kurz oder lang endgültig zum Scheitern verurteilt.
Durch die heutigen, sehr aufwändigen Messungen von Aktivitäten in diversen Hirnregionen kann man jedoch durchweg nur schließen, dass diese an einer Leistung *beteiligt* sind, nicht aber, dass solche Leistungen in dieser Region *entstehen* oder gar von ihnen „*befohlen*" werden.
Und selbst hier dürften Fehldeutungen nicht zuletzt auch aufgrund methodischer Probleme an der Tagesordnung sein: So machte ein Forscherteam um Craig Bennet von der kalifornischen Universität Santa Barbara (USA) im Jahr 2009 ein erstaunliches Experiment: Neurologen erklärten einem Probanden genau den Ablauf ihres Vorhabens. Danach lag er für etwa fünf Minuten in einem Kernspintomographen (MRT). Alle zwölf Sekunden wurde ihm ein anderes Bild von einem Menschen mit verschiedenen Gemütsregungen gezeigt, insgesamt 15 Bilder. Deutlich konnte man unterschiedliche Reaktionen im Gehirn des Probanden erkennen. – Nur, der Proband war ein ausgewachsener Atlantik-Lachs, 46 cm lang und 1,7 kg schwer. Er war zuvor in einem Supermarkt gekauft worden – natürlich tot. Wenn also ein toter Fisch im MRT Signale wie ein lebendes menschliches Gehirn aussendet – wie verlässlich und glaubwürdig sind dann die Ergebnisse der Hirnforschung mit Menschen? Und vor allem, wie realitätsnah können Interpretationen solcher Ergebnisse sein? Genau solche Fragen veranlassten überhaupt diese Untersuchung in den USA. Schön, dass es immer noch zahlreiche kritische Kollegen gibt.

Selbst die Tatsache, dass unmittelbar *vor* einer bewusst vollführten Handlung schon elektrische Aktivitäten nachweisbar sind und je nach Versuchsaufbau von Probanden sogar als „Moment des Wollens" deklariert werden, bedeutet nicht, dass die Entscheidung zu dieser Handlung *von* der aktiven Hirnregion, wie zum Beispiel vom Stirnhirn (präfrontaler Cortex), gefällt wurde. Genauso ist es denkbar, dass sie in diesem Moment bloß über das maßgebliche Areal eingeleitet wurde, da auch geistige Interaktionen nach meinen Vorstellungen zeitsynchron erfolgen müssen. Andererseits können durchaus natürlich auch verschiedene, altbekannte und automatisierte, vor allem längst zuvor eingeübte, aber wenig anspruchsvolle Handlungen vom Gehirn selbst ausgelöst werden, da sie auf einem Lerneffekt beruhen. Sie waren dann zuvor schon „gewollt" und standen nur in einer Art Warteschlange, so wie vielleicht ein Druckauftrag, den man an seinen Drucker über seinen Computer gegeben hat. Der Moment, in dem der gewünschte Ausdruck dann erfolgt, wird aber vom Computer gesteuert und man sieht es erst, wenn es tatsächlich geschieht. Sicher wird man sich manch anspruchsloseren Aktionen tatsächlich erst dann bewusst, wenn sie schon gebahnt worden sind. Beispielsweise leiden die meisten Menschen „Qualen", wenn sie Auto fahren lernen. Können sie es dann, fahren sie routiniert und beschäftigen sich mit allerlei Nebensächlichen, zum Beispiel unterhalten sie sich mit ihrem Beifahrer. Nach vielen gefahrenen Kilometern wissen sie dann oft nicht, was sie im Einzelnen „fahrtechnisch" gemacht haben oder was vielleicht sonst so während der Fahrt vorgekommen ist, aber nicht von Bedeutung war.

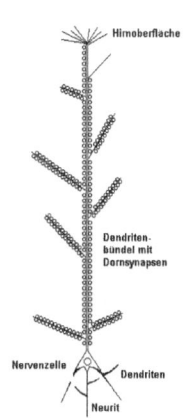

Wie der berühmte Hirnforscher und Nobelpreisträger *John Eccles* nachwies, ist die Mikroanatomie der Hirnrinde besonders eigenartig aufgebaut. Ihre bemerkenswerte Struktur ist eigentlich recht typisch für die gerade auch von ihm zu Lebzeiten stets vehement vertretene Annahme, dass über sie Informationsübertragungen stattfinden. Sehr interessant ist folgender Aspekt (vgl. rechte Abbildung nach *Eccles*): Jede Nervenzelle (Neuron) besitzt zahlreiche Abzweigungen: Die Dendriten sowie den Neuriten. Schaut man sich die Anordnung der Neuronen auf der Hirnrinde unmittelbar unter der Hirnoberfläche an, so stehen dort die vielen Dendritenbündel wie Antennen nach oben, also nach außen hin aufgerichtet.

Wie die Härchen aufrecht stehender Pinsel weisen sie zur Hirnoberfläche, und etwa jeweils 100 solcher senkrecht aufsteigender Dendriten bündeln sich zu einer funktionellen Einheit, dem Dendron. Allein in nur einem einzigen wichtigen Abschnitt der Hirnrinde, etwa dem Zentrum für Körperbewegungen (Motorik), gibt es beim Menschen ungefähr 40 Millionen solcher Dendrone, gegenüber etwa nur 200.000 bei den höheren Säugetieren. Jedes einzelne dieser „Pinselhärchen" ist darüber hinaus mit zirka 5000 Dornen besetzt, den sog. freie Synapsen Sie sind Andockstellen für die Fortsätze der Nervenzellen. Alles in allem finden wir hier *Billionen* von Synapsen, die wie Efeu zur Hirnoberfläche ranken, aber, und das ist das Besondere, dabei tatsächlich *mit keiner einzigen weiteren Nervenzelle in Kontakt* treten! Eccles war davon fasziniert und lieferte die plausible These, dass sie zur quantenmechanisch erklärbaren, „geistigen Interaktion" dienen.
Ein körperunabhängiger Geist könnte mit ihrer Hilfe sein Gerät „Gehirn" versorgen und sich dessen vorzüglich bedienen.
Nur bei eben bereits automatisierten, immer wiederkehrenden und angelernten sowie bei ziemlich einfachen, vorher berechenbaren Leistungen und Fähigkeiten dürfte die Annahme zahlreicher Hirnforscher berechtigt sein, hier seien die entscheidenden Muster und Gedankenspuren *im* Gehirn selbst gespeichert. Das gilt auch für antrainiertes Wissen. Doch so unerklärlich komplexeste Phänomene

sind, wie zum Beispiel unser Bewusstsein und Selbstbewusstsein, unser persönlicher Wille und unsere Fähigkeit, Entscheidungen zu treffen oder aber tiefe Gefühle wie das Phänomen großer Liebe, sie alle scheinen keineswegs nur Produkte unseres Gehirns zu sein.[73] Genausowenig kann logisches Denken *im* Gehirn zu Hause sein, wie der deutsche Hirnforscher *Olaf Breidbach* meint.
Er äußert sich dazu klar: *„Wir erfassen logische Beziehungen mit dem Gehirn, aber sie sind nicht sein Produkt."* [74]
Vielmehr sind gerade sie alle, wie ich meine, Ausdrucksformen eines das Gehirn für seine Zwecke perfekt nutzenden, immateriellen und grundsätzlich auch hirnunabhängigen Geistes. Es ist der Geist, der die Kontrolle über all das besitzt, was da *mit Hilfe* des Gehirns geschieht und abläuft. Dieser Ansicht folgt z.Zt. jedoch leider nur eine Minderheit maßgeblicher Wissenschaftler – zumindest will uns das eine einflussreiche Medienlandschaft gerne weismachen.
Der klassische Dualismus ist dabei also nicht einmal mehr notwendig. Erreicht ein Gehirn eine bestimmte anatomisch-funktionelle Komplexität, so nimmt es in dem damit dann möglichen Umfang, z.B. in frühen Stadien wie ein Radio als Nur-Empfänger, einfach zeitsynchron am „Geist der Welt" teil. Dieser Weltgeist ist ja selbst eine symmetrische und polare, gegensätzliche reale Existenzform zur materiellen Welt. Aufgrund seiner eigenen Weiterentwicklung ist das Gehirn später dann wie ein Computer mit Breitbandinternetanschluss in der Lage, mit dem Weltgeist, dem geistigen Internet, zu interagieren. Einen Teil davon kann er so für sich nutzen, ihn prägen und nach und nach zu einem eigenen Intranet differenzieren. Ab einem gewissen noch höheren Level wird man sich dieser Fähigkeiten *bewusst*. Zusammen mit den unermesslich vielen Informationen, die jedes Gehirn allein schon durch sein materielles SEIN von jedem einzelnen seiner Atome ständig an das weltumspannende Informationsnetz, den Weltgeist abgibt, entsteht darin ganz allmählich sein eigener, höchst komplexer und absolut unverwechselbarer persönlicher Bereich. Dieser wird so wie eine Art „dichtes Hologramm" zu einem exakten Abbild seiner selbst, seines früheren, jetzigen und auch späteren SEINs mit all seinen Handlungen, seinen Worten und seinem gesamten Verhalten.
Alles und jedes wird so zu einem persönlich abgrenzbaren Teil eines dennoch immer zusammenhängenden Ganzen. Es wird zu einem selbständigen Intranet in einem unermesslich gigantischen, die ganze Welt schaffenden, umspannenden und durchdringenden geistigen Internet (Outernet).
In dem Augenblick, wo ein beliebiges Wesen zur Selbsterkenntnis fähig wird, erkennt es sich auch als eigenständige und abgrenzbare Persönlichkeit in diesem Internet wieder. Genau dazu ist, hier auf der Erde, erstmals der Mensch in der Lage. In diesem Moment gibt es für ihn keinerlei Zweifel mehr daran, dass sein

---

[73] Dies hindert Forscher leider nicht daran, die Komplexität von Liebe auf unzulängliche Attribute wie z.B. „Umsorgen und Füttern von Nachkommen" zu reduzieren und dafür Programme im Gehirn auszumachen.
[74] Interview mit dem Wissenschaftsmagazin GEO, 01/2003

komplexes, persönliches In**tra**net er selbst ist. Er ist als „holographisch" vollständig abgebildete, geistige Persönlichkeit ohne jeden Zweifel integer und kann sich mit allen seinen persönlichen Attributen wieder erkennen. Das ist der entscheidende Schlüssel für das Verständnis, den eigenen Tod zu überleben.
Sie halten das vielleicht nur für einen schwachen Trost im Vergleich zu der früheren, vermeintlich ach so starken, materiellen Präsenz im Diesseits?
Ganz im Gegenteil; denn wie ich bereits sehr plastisch erläutert habe, ist ja auch unsere materielle Existenz – objektiv betrachtet – tatsächlich mehr Schein als Sein: Genauer gesagt, sie ist eine pure Illusion. Wir sehen Materie nur deshalb als so stark und fest an, weil alles, auch wir selbst, aus demselben „Material" geschaffen sind. In Wirklichkeit besteht jede Materie aber zu mehr als 99,999 % aus absolut leerem Raum; denn jeder von uns ist aus unvorstellbar vielen kleinen Atomen zusammengesetzt. Und jedes einzelne davon besitzt nur wenige, noch viel kleinere Atombausteine, Kernteilchen und Elektronen, die in riesigen Abständen umeinander herumfliegen. Zwischen ihnen gibt es aus materieller Sicht nur blankes Nichts – wirklich rein gar nichts Substanzielles.

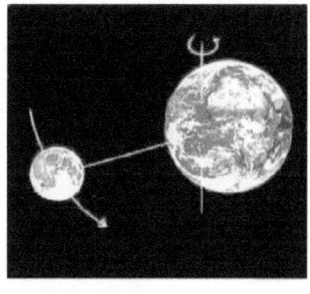

Salopp und grob betrachtet könnte das Wasserstoffatom als kardinales Element mit der Erde-Mond-Konstellation verglichen werden. Der Mond zieht seine Kreise umd die Erde in einem Universum, das praktisch einem Vakuum gleichkommt.
Zwischen beiden Planeten gibt es keinerlei „echte" Substanz. Wer würde hier behaupten, Mond und Erde seien ein zusammenhängender Klumpen Materie?

Nur Wirkungen halten alles – mathematisch genau – zusammen, aber sie sind selbst völlig substanzlos. Und bislang weiß tatsächlich niemand, wodurch sie zustande kommen. Die Festigkeit von Materie ist also nur eine Frage der Perspektive. Dann aber kann es nicht mehr so schwer sein, sich selbst auch als rein „holographisches Informationswesen, bestehend aus Informationsteilchen", vorzustellen. Natürlich sind diese „Info-Teilchen", die ja keine „Substanz" im klassischen Sinne darstellen, in gleicher Zahl und Zusammensetzung vorhanden und machen so, objektiv betrachtet, wohl kaum weniger aus als diese winzigen Materieteilchen, die für viele alles sind...
Für uns ändert sich damit im Prinzip überhaupt nichts. Jedoch gäbe es nun eine reale und fundierte Möglichkeit, die vielen Vorstellungen und Phänomene, darunter auch manchmal verbürgte Sichtungen von „Geist-, Äther- und Astralkörpern", von „verklärten Personen" oder „feinstofflichen Erscheinungen" in einen neuen und leicht verständlichen Zusammenhang zu integrieren.
Naturwissenschaften und Metaphysik bekäme man endlich auf einen gemeinsamen und sehr plausiblen Nenner.

Der Mensch existiert in allen Einzelheiten seines Selbst „quasi doppelt". Hier, im „Diesseits unseres materiellen Universums", ist er eine Kombination aus Materie und Geist, wobei der Geist erst allmählich mit seiner Materie heranreift, und der Mensch sich dessen trotz gegenteiliger Alltagserfahrung oft gar nicht bewusst werden will.

Stirbt irgendwann sein Körper, so fällt er einfach von seinem Geist ab; denn der Geist ist sein eigentlicher Kern, und dieser lebt fortan unversehrt weiter. Für den einzelnen Menschen bedeutet das – zumindest zunächst – nicht einmal den geringsten, subjektiv wahrnehmbaren Verlust. Das Jenseits ist beileibe kein anderer Ort, wohin der Geist entflieht. Das Jenseits ist nur der dem materiellen Diesseits übergeordnete, zu ihm symmetrische und polare Bereich aller Existenz in dieser Welt, der *nicht sinnlich wahrnehmbar* ist.

Wir alle leben daher mit unseren Verstorbenen immer schon unter einem „gemeinsamen Dach". Nur wenige erkennen dies, manche wollen es auch gar nicht. Irgendwann jedoch wird es jeder selbst erfahren. Und dem hiesigen Tun eine Jeden folgt dann das Echo „auf dem Fuße": Wie man heute in den Wald hineinruft, so schallt es dereinst einmal zurück. Diese Echos sind dereinst unser Himmel oder auch unsere Hölle. Solche Jahrtausende alte Vorstellungen sind somit im Kern sicher *nicht nur* reine Erfindungen, um damit Mitmenschen zu manipulieren. Aber Himmel und Hölle sind beileibe keine *Orte* jenseitiger Existenz, wie manche Institutionen auch heute noch behaupten: Vielmehr sind sie fundamentale persönliche *Zustände*. Und keiner kann sich ihrer erwehren. Jeder schafft sie sich heute schon selbst – durch sein ständiges Verhalten im Hier und Jetzt.

6. Alles hat zwei Seiten

Im Laufe der ersten fünf Kapitel versuchte ich deutlich zu machen, dass es einen durchgehenden *Roten Faden* gibt, an dem sich meine Vorstellungen von der Welt, in der wir alle leben, klar orientieren. Nur wenn es mir gelingt, darin alle Beobachtungen und Phänomene zu integrieren, dürfte ich auf dem richtigen Weg sein.

Bereits für *Laotse*, dem großen chinesischen Philosophen im 7. Jahrhundert v.Chr., gab es das SEIN und den SINN als zwei symmetrische und zugleich polare Realitäten unserer Welt.

Im etwas übertragenen Sinn könnten wir heute dazu durchaus auch MATERIE und GEIST sagen.[75] Aus „Sein und Sinn" entstanden etwa im 5. Jahrhundert

---

[75] Aus Laotse: Tao Te King (gesprochen: Dau de king): Übersetzt mit „Die Lehre vom Sinn (Tao) und Sein (Te)"; nach Eugen Diederichs (1972)

v.Chr. die Ihnen allen bekannten beiden Grundkategorien der chinesischen Kosmologie, *Jin und Yang*.

Als zueinander symmetrisch und polar stehen Jin und Yang in ständiger Wechselwirkung und gehen ineinander über. Hierdurch sollen alle denkbaren Veränderungen im Himmel und auf der Erde bewirkt werden.
In gleicher Weise sind wohl auch Himmel und Erde der Christen zu verstehen.
In dieser Weise ist das „Gleichnis vom Sauerteig" zu verstehen, der alles durchdringt (Bibel, z.B. Matthäusevangelium, 13.33).

Die Mathematik gilt als objektive Wissenschaft. Die elementare mathematische Logik mag daher zu Recht als Hilfe zur Erkenntnis herangezogen werden dürfen.
Dies gilt insbesondere dann, wenn man immer wieder feststellen kann, dass einfache geometrische Formen und sich daraus ableitende Zahlen, wie zum Beispiel die ersten vier Ordnungszahlen sowie einige Zahlenfolgen, die auf ihnen beruhen, entscheidende Rahmenbedingungen unserer Welt abgeben.
Somit bemühe ich auch und gerade mathematische Grundlagen als Analogien, Metaphern und Analogien, um unsere Welt plausibel herleiten zu können.
Danach gibt es natürlich das *Nichts* als das Nichtvorhandensein von Etwas, mathematisch ausgedrückt durch die *Null* als Platzhalter.
Zur Null gibt es in der Mathematik jedoch *zwei* zueinander symmetrische und gegensätzliche, also polare Realitäten: Es sind die Folgen der positiven und negativen natürlichen Zahlen (Ordnungszahlen). Aber keine von beiden geht vom Nichts aus: *Keine entsteht aus Nichts*.
Die kleinsten Bausteine dieser beiden Realitäten sind die Zahlen „+1" und „-1".
Für beide Realitäten lässt sich dennoch eine *gemeinsame Herkunft* darstellen.
Zunächst hilft wieder elementare Logik weiter: Wir alle haben einmal in der Schule gelernt, dass man aus „+1" die Wurzel ziehen kann.
Logischerweise müsste man deshalb auch aus „-1" die Wurzel ziehen können.
Mathematisch ist das aber *nicht darstellbar*.
Der Mathematiker, dem die Logik heilig ist, sieht natürlich diesen Widerspruch. Deshalb rechnet er mit einem *imaginären Wert* und nennt ihn „*i*", was so viel heißt wie: Wir wissen, dass es einen Wert geben muss, aber wir können ihn nicht näher beschreiben, d.h. arithmetisch berechnen.
Folglich sagt man: Die Wurzel aus „-1" ist „i".
Betrachtet man also das Zustandekommen der Ordnungszahlen rein logisch, so gibt es zwingend *zwei verschiedene Realitäten*, die *zueinander symmetrisch und zugleich polar*, also von gegensätzlicher Natur sind. Sie beide entstammen

zudem *nicht aus dem Nichts*, sondern aus etwas, was es zweifellos gibt und geben muss, das wir aber dennoch nicht näher berechnen, d.h. mit unseren Fertigkeiten beschreiben können. Und sie beeinflussen sich gegenseitig.

So einfach und treffend lässt sich, wie ich glaube, die ganze Welt beschreiben. Es ist das leere Blatt, das durch Origami zu höchster Komplexität gefaltet wird. Sicher eine phantastische These, die eigentlich sogar jeden Naturwissenschaftler erfreuen müsste; denn schon der berühmte Physiker *Werner Heisenberg (1901-1976)* machte deutlich, dass nur das Einfache erfahrungsgemäß auch wahr sein kann: *Simplex sigillum veri est!* Und meine These steht letztendlich völlig im Einklang mit den Grundsätzen aller Religionen und Mythen, wie auch mit den Vorstellungen der meisten bedeutenden Philosophen der ganzen Weltgeschichte. Das Beispiel von *Laotse* und das daraus abgeleitete *Jin und Yang* – Prinzip zeigen das noch einmal beispielhaft.

Schon die *Bibel* weist im zweiten der zehn Gebote darauf hin, dass man *„sich kein Bild Gottes machen soll"*. Es scheint sich hier aber nicht um ein echtes Verbot zu handeln, wie es uns viele Dogmatiker gerne glauben machen wollen. Vielmehr macht es deutlich, man solle es gar nicht erst versuchen, denn es geht sowenig wie *„i"* darzustellen.

Meine simple mathematischen Analogie zeigt dies sehr plausibel: Dort steht für „Gott" und für alles, was mit Gott in anderen Religionen vergleichbar ist, „*i*", als das kleinste Unbeschreibliche und für uns nicht fassbare Metaphysische und dennoch real Existente.

Genauso besteht die ganze Welt aus zwei zueinander symmetrischen und polar gegensätzlichen Realitäten, die ähnlich wie beim SINN und SEIN von Laotse, Geist und Materie, bzw. „geistige Welt" und „materielles Universum" sind.

Sowenig wie „-1" und „+1" aus der „Null", dem Platzhalter für Nichts" entstehen, sowenig entstehen auch diese beiden Realitäten unserer Welt aus dem Nichts. Der Geist ist, wie ich vermute und wohl gut begründen kann, die primäre, die erste Realität, die sich aus dem Unbeschreiblichen *„i"*, aber doch zwingend Existenten, entwickelt.

Aus ihm und mit ihm entstehen zunächst die Bausteine der Materie und nach und nach der von uns wahrgenommene Kosmos. Hier drängt sich das „Gleichnis vom Senfkorn" auf, in dem Jesus sehr treffend einerseits auf die materielle Bedeutungslosigkeit des Geistes verweist, anderseits seine fundamentale Wichtigkeit hervorhebt:[76]

„Und Jesus sprach: Womit sollen wir das Reich Gottes vergleichen oder in welchem Gleichnis es darstellen? Wie mit einem Senfkorn ist es, das, wenn es in die Erde gesät wird, das kleinste von allen Samenkörnern auf Erden ist. Wenn es

---

[76] Bibel, z.B. Markusevangelium, 04.30

aber gesät ist, geht es auf und wird größer als alle Kräuter und treibt große Zweige, so dass unter seinem Schatten die Vögel des Himmels wohnen können." Geist und Materie beeinflussen sich gegenseitig und gehen auch ineinander über, so wie es wieder das Bild von Jin und Yang schön plastisch zeigt.
Dabei helfen *Schnittstellen*, wie sie z.b. das Licht – oder ganz allgemein, die elektromagnetische Strahlung (EMS) – und das Gehirn sind. Etwas pathetisch gesprochen gilt: *Aus Geist und mit Geist entsteht also Materie, mit deren Hilfe wieder Geist entsteht und zwar, um sich zu differenzieren*: So reift aus einem ursprünglich brachliegenden geistigen Ungenutzten, dem von mir postulierten *pluripotenten* geistigen Feld (PGF), ein höchstdifferenzierter Geist heran.
Ein ehemals derart undifferenziertes geistiges Feld wird über die lebende Materie mit ihren Schnittstellen, wie z.B. die Gehirne der Organismen, in ganz unterschiedlichem Maße geprägt und allmählich, wenngleich konsequent, immer weiter entwickelt. Der einst *undifferenzierte* Geist wird letztlich *ausdifferenziert*. Es ist so, als ob unser Universum mit allem Leben selbst ein unermesslicher Organismus ist, der wie ein Baby kontinuierlich heranwächst und sich dann zu unbeschreiblicher Größe und Perfektion in unermesslicher Vielfalt entwickelt.
Materie und Geist sind dabei zwei Seiten ein- und derselben Medaille, die man sich jedoch *nicht materiell* vorstellen darf: Vielmehr ist die Medaille eine Metapher für „geistigen Monismus"; denn die Materie ist die sekundäre, zweite Seite des Geistes und nicht der Geist die zweite Seite von Materie.
Das Gesetz von Symmetrie und Polarität ist universell gültig: Überall in der materiellen Welt finden wir es wieder.
Vergegenwärtigen wir uns der Einfachheit halber nur die Entwicklung *eines* Menschen. Ihn, den Menschen, gibt es nur in symmetrischer und polarer Form, als Mann und Frau. Rein anatomisch gesehen ist anfangs aber alles „weiblich" angelegt. Erst später entsteht quasi „der Mann aus der Frau" und nicht beide aus zwei verschiedenen Grundanlagen.[77]
Symmetrie und Polarität als überall gültiges Universalgesetz stützt natürlich auch meine Vorstellung, dass Raum und Zeit nicht in einem, wie *Albert Einstein* meinte, nur vierdimensionalen Raum-Zeit-Kontinuum vereinigt sind: Raum und Zeit sind selbst genauso zwei Seiten derselben Medaille, und jedes für sich ist deshalb vierdimensional real existent.
Zeit ist *primär* etwas *Kontinuierliches*. Wäre sie es nicht, nichts in dieser Welt könnte existieren. Alles müsste in jedem Bruchteil einer Sekunde vergehen, um dann für einen weiteren Wimpernschlag wieder neu zu entstehen. Doch die Bedingungen des materiellen Universums machen es nötig, Zeit zu takten: Die physikalische, die „materielle" Zeit wird jetzt *diskontinuierlich*. Wir messen Zeit daher *sekundär* als Anzahl von Schlägen oder Schwingungen.

---

[77] Um nicht missverstanden zu werden: Die ursprüngliche Anlage ist weiblich. Der Mann entsteht nicht aus der bereits differenzierten anatomischenAnlage einer Frau.

Der Raum ist auch *kontinuierlich*, aber erst *sekundär* in unserer subjektiven Wahrnehmung; denn *primär* ist er objektiv das Produkt aller Ordnungszahlen. Sie bilden und strukturieren ihn: Zwar sind Zahlen auch Information und damit etwas Geistiges, doch gleichseitig sind sie – die andere Seite ihrer Medaille – unterscheidbar und insofern *diskontinuierlich*. Da sie den Raum „takten", ist der Raum folglich *primär* diskontinuierlich. Als rein geistige Realität bilden die Ordnungszahlen immer auch eine *kontinuierliche* Folge. So wie viele einzelne Intranets die Kontinuität des gesamten Internets nicht aufheben, so erlauben auch einzelne Zahlen einen *kontinuierlichen* Raum.

Licht ist eine *Schnittstelle* zwischen geistiger und materieller Welt. Es besteht aus Photonen, einzelnen masselosen Teilchen ohne jede Ausdehnung. Materiell betrachtet praktisch nichts, sind Photonen zum einen die kleinsten endlichen Informationen des SEINs. Sie entsprechen dem endlichen Punkt und so dem kleinsten Kreis in meinem Gedankenmodell von der Kreisentwicklung. Wir kennen das aus der Computertechnologie, wo wir „Licht an" und „Licht aus" oder die Zahlen „1" und „0" für „Information" und für „Keine Information" verwenden. Die Null spielt auch dort den Platzhalter für das, was fehlt. In der Welt der Computer sprechen wir deshalb von einem binären Code.
Aus der Analogie des endlichen Punktes gilt: Licht ist nicht nur Information, sondern besteht selbst aus ihr und ist auch ein Hauch Materie. Für uns ist Licht Energie. Licht besteht aus einzelnen Teilchen, den Quanten. Sie sind der Grundstock für Materie – so wie aus vier endlichen Punkten, den vier kleinsten Einheitskreisen, auch das Quadrat als Ausdruck der ersten Vollkommenheit in der Vielheit entsteht.
Licht ist aber auch keine „reine" Materie; denn diese zeichnet sich durch Masse aus. Licht ist *für uns* praktisch sichtbare Information[78]. „Reine Materie" entsteht aus Licht durch Kollisionen von Lichtteilchen, so wie in meiner Analogie das Quadrat aus kleinsten Kreisen.
Aus Information entsteht Materie, und das, was Materie ausmacht, ihre Masse, bleibt für uns ein Mysterium. Materie ist eine Art neuer „Aggregatzustand" von Licht, von Energie. *Albert Einstein* nannte Materie *„eingefrorene Energie"*.
Ich gehe einen Schritt weiter und sage: *Energie ist bewegte Information*.
Folglich ist Masse ein Produkt aus purer Information und erscheint als Masse, weil es *informationelle Regeln* gibt, die dieses Bild realisieren.
Und was macht die Masse physikalisch aus? Generationen von Physikern zerbrechen sich darüber ihre Köpfe, bisher ohne Erfolg. Warum? Weil sie nicht in informationellen, also geistigen Ebenen denken und damit *metaphysisch*.
Sie postulieren Kräfte, Wirkungen, Felder – alles okay. Aber was sie bewirkt, was sie aufrecht hält, weiß keiner. Ich glaube, es sind Zahlen und Formen.

---

[78] „sichtbare Information" ist hier gleichbedeutend mit „messbarer Information", für andere Frequenzen

Materie bildet sich also keineswegs aus Nichts. Genausowenig entsteht Licht, bzw. allgemein EMS, das „Ausgangsmaterial" für Materie, aus Nichts; denn alles ist reine Information. Licht ist also auch und sogar vor allem Teil der anderen, der geistigen Realität. Immer wieder finden wir zwei Seiten ein- und derselben, nicht substanziell zu denkenden Medaille, die kaskadenartig aufeinander aufbauen und miteinander verschachtelt sind.

Da jede Form von Materie folglich auch eine „geistige Seite" besitzt, in einfachster Form die schlichte Information „zu sein" – dazu mit stets genauesten Positionsangaben – hat jede Materie neben ihrem endlichen auch einen unendlichen und damit ewigen Bestand: Nur die materielle Seite ist endlich, ihre informationelle und immaterielle Seite jedoch nicht.

Mein Gedankenmodell von Wachstum und Vermehrung eines kleinsten endlichen Punktes, einem Kreis, beginnt selbst mit einer geistigen Seite; denn 3 Informationen bestimmen eindeutig den Kreisumfang und damit dieses kleinste „materielle" Etwas. Durch mehrfaches Spiegeln, was soviel bedeutet wie das „Einhalten von Symmetrie und Polarität", entsteht zunächst eine **zwei**dimensionale, und durch erneutes Spiegeln eine **vier**dimensionale reale Unendlichkeit. *In* ihr kristallisieren sich **drei**dimensional endliche Objekte, d.h. materielle Körper, heraus. Jeder materielle Körper besitzt aus dieser mehr entstehungsgeschichtlichen Sicht selbst wieder **zwei** Seiten ein und derselben Medaille:[79]

Sie sind einerseits dreidimensional und damit endlich. Das macht sie zu einem geschlossenen Körper. Um sie herum und durch sie entfalten sich aber Folgen unendlicher Ordnungszahlen, die das „SEIN" dieser Materie „kundtun". Es bildet sich so um alles auch eine informationelle Vierdimensionalität, die unendlich und ewig bleibt, auch dann, wenn der materielle Charakter ihrer Entstehung selbst nicht mehr „ist". Als modernes Beispiel sei das hier zum vielleicht nachhaltigeren Verständnis mit dem Frust vieler Menschen verglichen, die „dummerweise" irgendwelche Bilder von sich ins Internet gepostet haben und sie praktisch nie mehr weg bekommen.

Zeit kann *objektiv* sein. Dann ist sie relativ, wie wir seit *Einstein* wissen.

Menschen und zumindest fast alle Säuger haben ähnliche zirkadiane Rhythmen, die so um **24** Stunden pendeln (24 = 1 · 2 · 3 · 4). Bei Ratten und Mäusen liegen sie zum Beispiel bei 24 Stunden und 16 Minuten, beim Menschen bei annähernd 25 Stunden. Sie sind völlig unabhängig von Tagesrhythmen, Mondzyklen etc. und meines Erachtens ein weiterer Hinweis auf den Einfluss real existierender Zahlen – vor allem der ersten vier Ordnungszahlen – als alles regelnder und ordnender Hintergrund unserer Welt.

---

[79] Ich habe die in dem letzten Passus vorkommenden Zahlenangaben bewusst fett markiert. Es soll einfach noch einmal zeigen, dass unsere Welt überall und immer von den ersten vier Ordnungszahlen geprägt wird.

Genauso ist Zeit aber auch *subjektiv*. Manche Psychologen sagen, dass ein Mensch nach eigenem Empfinden bis etwa zum 20. Lebensjahr die Hälfte seines Lebens hinter sich gebracht hat. Die ihm dann noch verbleibende Zeit von vielleicht 50, 60 oder mehr Jahren empfindet er dagegen nicht mehr als länger. Objektive Kriterien der Zeitmessung gelten also nicht unbedingt immer viel. Vielleicht buchen Sie im Januar ihren dreiwöchigen Jahresurlaub für August und freuen sich sehr darauf. Drei Wochen auf dem Weg dahin vergehen „unendlich" langsam. Ist der Urlaub dann einmal da, ist er auch im Nu wieder vorbei. Die Zeit verging wie im Fluge.
Ebenso gibt es eine biologische Zeit. Menschen altern ganz unterschiedlich. Der eine ist fünfzehn und sieht aus wie zwanzig, ein anderer ist vielleicht noch in den Vierzigern und hat schon weißes Haar. Auf mich traf mal beides zu: Mit sechzehn kam ich problemlos in Kinofilme ab 18, während ein Freund, der da schon 18 war, immer seinen Ausweis zeigen musste. Und eine frische Teenagerbekanntschaft verließ mich schnell, den damals erst Fünfzehnjährigen, nachdem sie von anderen gehört hatte, ich sei jünger als sie. Sie war 17 und ein 15jähriger Freund schien ihr natürlich undenkbar. Heute halten mich leider schon mal deutlich ältere Mitmenschen für ungefähr gleichaltrig. Jetzt gefällt mir nicht mehr, wovon ich früher durchaus auch mal profitierte.
Das biologische Alter sollte man vielleicht besser noch in ein „äußeres", ein „inneres oder funktionelles" sowie ein „geistiges" Alter unterteilen. Viele Menschen sind geistig und innerlich jung, obwohl sie äußerlich schon recht betagt sind – oft jünger als sogar manche um Jahrzehnte jüngere. Leider hat unsere Gesellschaft noch nicht begriffen, dass der Geist mit dem Alter wachsen kann und auch regelmäßig wächst, sofern man ihm die Gelegenheit dazu gibt und keine Krankheiten das Gehirn als wichtigen Mittler für dieses Wachstum behindern. Fälschlicherweise spricht man dann noch oft von Geisteskrankheiten, wenn man eigentlich Hirnerkrankungen meint. Im nächsten Kapitel werde ich mich mit der Reifung des Menschen durch geistiges Wachstum noch näher beschäftigen. Jeder Mensch kann bis ins höchste Alter lernen und seinen Horizont erweitern. Er sollte das auch unbedingt tun. Und das Gehirn macht dabei uneingeschränkt mit. Noch vor vielleicht 15 Jahren war man da ganz anderer Ansicht. Heute weiß man, dass das Unsinn war. Das Gehirn ist, wie man mittlerweile nachgewiesen hat, von schier unglaublicher Plastizität. Es baut sich ständig um und auf, je nach Anforderung und Beanspruchung. Dabei ist es überhaupt nicht schlimm, wenn manches im Alter etwas länger dauert. Vieles klappt dafür sogar umso gründlicher.
Die hier näher erläuterten zwei verschiedenen Seiten der Zeit ergeben sich logischerweise wieder aus der Symmetrie und Polarität von Geist und Materie als zwei Seiten derselben Medaille. Der Mensch als erstes Wesen auf dieser Erde, das sich seiner tiefgreifend selbst bewusst wird, kann objektive und subjektive Zeit messen, empfinden und bewerten. In unseren Träumen kann

obendrein Zeit in allen Richtungen ganz erheblich verzerrt werden. Subjektives Empfinden und objektive Dauer unterscheiden sich also gewaltig.
Ähnlich muss auch der Zeitbegriff in einer geistigen Welt neu definiert werden. Er kann nicht mit unseren irdischen objektiven Vorstellungen vergleichbar sein. In einer rein geistigen Welt ist der subjektive Zeitbegriff von weit größerer Bedeutung, während der objektive in den Hintergrund treten wird.
Als der berühmte Philosoph *Karl Popper* Mitte der 1970er Jahre mit dem großen Hirnforscher und Nobelpreisträger *John Eccles* darüber diskutierte, ob es ein Überleben des körperlichen Todes gäbe oder gar geben müsse, wehrte sich Popper im Gegensatz zu Eccles vehement gegen diese Vorstellung. Nach seiner Ansicht schien die Aussicht auf ein ewiges Leben unerträglich.[80] Dieses Argument verblasst aber, wenn man alles aus meiner Perspektive betrachtet.
Überall in der Welt stoßen wir auf Symmetrie und Polarität:
Geist und Materie, Raum und Zeit, objektive und subjektive Zeitbegriffe, dreidimensional endlicher und vierdimensional unendlicher Raum – das alles und noch viel mehr sind fundamentale und existenzielle Beispiele hierfür.
Auch unsere *materielle* Welt bietet dazu genügend Beispiele:
Ein paar davon habe ich bereits gegenübergestellt. Symmetrie und Polarität machen es notwendig, dass wir die Zahlen **10** oder **24** immer wieder als **2 · 5**, bzw. **2 · 12** vorfinden. So besitzen wir eben 2 mal 5 Finger und Zehen, bzw. 2 mal 12 Knochen an dreigliedrigen Fingern und Zehen. Warum sonst haben Daumen und Großzehe wohl nur 2 Glieder und nicht 3 wie alle anderen? Ich will solche Zahlenbeispiele hier nicht wieder aufs Neue vertiefen, ich habe es ja schon in früheren Büchern zur Genüge getan – doch überall treffen wir immer auf genau diese Zahlen.
Symmetrie und Polarität sind auch essentielle Bestandteile der geistigen Welt. Während sie jedoch auf der rein materiellen Seite oder bei materiellen Pendants geistiger Grundlagen immer als „scharfe" symmetrische Gegensätze erscheinen, sind sie auf rein geistiger Ebene mehr Pole mit fließenden Übergängen.
Folglich kann es durchaus sogar zu krassen Widersprüchen innerhalb einer materiellen Manifestation kommen, wenn daneben auch die geistige Seite stark ausgeprägt ist. Ein typisches Beispiel hierfür sind Mann und Frau: Von seltenen, durch diverse Gendefekte bedingten Zwischenformen abgesehen, gibt es sie ja nur als das eine *oder* das andere. Sie sind zwei völlig gleichberechtigte (wenn auch nicht gleiche), symmetrische und polare Formen ein und desselben Wesens Mensch. (Leider hat sich das mit der Gleichberechtigung immer noch nicht in allen Kulturen und gesellschaftlichen Schichten herumgesprochen.)
Die beiden scharfen Pole Mann und Frau sind die zwei Seiten der *materiellen* Seite der Medaille Mensch. Als Menschen besitzen sie aber natürlich auch eine hochentwickelte *geistige* Seite. Und deshalb gibt es auf geistiger Ebene diese klare Polarisierung nicht mehr genauso. Vielmehr finden sich hier unzählige

---

[80] vgl. Karl Popper und John Eccles, „Das Ich und sein Gehirn" (1982)

Übergänge, die sich dann in den verschiedensten Facetten menschlichen Selbstverständnisses, seiner Geschlechtsidentifikation und seines Verhaltens widerspiegeln.

Im Allgemeinen ist unsere Gesellschaft auch heute noch leider viel zu oft nicht reif genug, dies zu erkennen und damit richtig einzuschätzen. Folglich werden Menschen, die sich nicht deutlich an die materiell bedingte „Polung" ihrer Geschlechtlichkeit halten und so dem Durchschnitt oder der großen Mehrheit nicht entsprechen, überflüssigerweise häufig diskriminiert und kompromittiert.

Mir persönlich ist es zum Beispiel ein Gräuel, immer wieder über offenkundig *normale* sexuelle Varianten menschlicher Existenz, wozu gewiss auch die Homosexualität zählt, zu diskutieren; denn in solchen Debatten muss ja immer wieder um die Akzeptanz der hiervon betroffenen Menschen gerungen werden.

Es wäre dringend angebracht und ein Zeichen geistiger Reife, sie endlich als vollkommen gleichwertig und selbstverständlich zu akzeptieren. Das könnte dann vielleicht dazu führen, dass nicht immer wieder einige Betroffene durch besonders auffälliges und manchmal unnötig provokatives Verhalten versuchen müssten, auf ihre Besonderheit, die eigentlich gar keine ist, hinzuweisen.

Ausschließlich geistige Begriffe, wie zum Beispiel Liebe und Hass, Gut und Böse, Gerechtigkeit und Ungerechtigkeit, Schönheit und Hässlichkeit oder Harmonie und Disharmonie sind dagegen von vornherein nur relativ vage als scharfe Pole definierbar. Schon die Pole selbst sind vielfach schwammig und nebulös. Nur das Absolute, Gott, oder wie immer wir dieses personifizierbare Ideal nennen möchten, der+die als letzter Schöpfer unsere Welt umfassend durchdringen muss, kann auch für sich absolute Liebe, Gerechtigkeit, Güte, Schönheit oder Harmonie beanspruchen. Dieses Absolute muss es allein schon deshalb geben, damit auch ihre Gegensätze und die fließenden Übergänge überhaupt existieren können. Das gegensätzlich *Absolute* im Geiste, d.h. der Hass, die Ungerechtigkeit, das Böse, die Hässlichkeit, die Disharmonie – oder kurz gesagt, der Teufel, kann dagegen nicht existieren.

Die Gründe hierfür liegen auf der Hand:

Zum einen entstehen Symmetrie und Polarität durch Entwicklung der materiellen Welt aus der geistigen heraus, wodurch sie erst in ihrer scharfen und absoluten Form entstehen. Die geistige Welt ist ja primär undifferenziert und so zunächst auch ohne solche Gegensätze.

Erst mit der materiellen Welt entstehen sie[81], und dort werden sie auch benötigt, um mit ihrer Hilfe schließlich durch Reifung wieder zu sich selbst zu finden und dabei das ursprünglich Absolute anzustreben. Und dies vollzieht sich immer deutlicher auf der Ebene des Individuellen. Geistige Entwicklung verläuft erst sprunghaft nach oben im Individuum, nicht im Kollektiv. Kultur als kollektiver

---

[81] Genau das dürfte die eigentliche Aussage im biblischen Sündenfall sein

Fortschritt ist Folge des ihm vorangehenden geistigen Fortschritts eines jeden Einzelnen – und nicht umgekehrt!
Im Ergebnis strebt alles nach höchstmöglicher und zugleich vielfältigster geistiger Differenzierung. Ohne den deshalb zunächst gezielten Aufbau von Symmetrie und Polarität wäre das nie möglich gewesen.
Andererseits kann diese Welt nur dann überhaupt existieren, wenn das ursprünglich Absolute, gegeben durch das absolut Gute, die unbeschreibliche Güte und eine unermesslich große Liebe, das *einzig* Absolute ist. Gäbe es das gegenteilige Absolute, so hätte nichts jemals überhaupt eine Chance gehabt, zu *entstehen*. Ein absolut Böses schlösse nicht nur alles Positive, sondern letztlich überhaupt jede andere Existenz von vornherein aus. Nichts könnte neben einem absolut Bösen bestehen, sonst wäre es nichts absolut Böses.

Des Weiteren scheint es logisch und aufgrund aller bisherigen Beobachtungen auch tatsächlich so zu sein, dass jede Entwicklung in dieser Welt nur in *einer* Richtung verläuft. Im materiellen, physikalischen Universum kennen wir das als das Streben zu immer mehr Unordnung („positive Entropie", „Erster Hauptsatz der Thermodynamik"). Für das Geistige hieße das aber ein Streben nach mehr Reife und Ordnung. Materielle und geistige Entwicklung sind beide wieder selbst zueinander polar und symmetrisch.
Folglich geht die Welt als Ganzes in die Richtung zu mehr geistiger Größe, bzw. Reife und Ordnung bei gleichzeitig größerer materieller Unordnung bis hin zu ihrer Auflösung.
Pierre Teilhard de Chardin nannte diese Reife den *Omegapunkt*.
Ich sprach vom Aufbruch des Menschen zu Gott oder – jetzt mit den Worten Teilhard de Chardins – davon, dass die ganze Menschheit selbst ein Gott im Werden ist. Niemals aber könnte es einseitig so eine Entwicklung hin zum absolut Guten, hin zu Gott geben, wenn es auch ein absolut Böses gäbe; denn zwischen zwei Absoluten gäbe es immer eine sich gegenseitig aufhebende oder vernichtende Spannung, sonst wären sie nicht absolut.
Schließlich widerspräche die Vorstellung eines absolut Bösen der Mathematik; denn diese zeigt uns auf, dass **zwei** polare und symmetrische Realitäten nur aus **einem** Unbeschreiblichen, dem „*i*", entstehen. Symmetrie und Polarität – **zwei** Eigenschaften dieser Welt, entstehen aus nur **einer** *ersten* Realität.
Das Böse, der Hass oder das Teuflische entstehen konsequent und zwangsläufig allein aus der Ausdehnung des Geistigen in das Materielle. Der biblische Sündenfall dürfte genau das meinen und ist damit eine *symbolische* Realität.
Alles, leider auch das Böse, ist notwendig, damit sich schließlich alles zum Guten entwickelt. Wäre dem nicht so, hätte es das absolut Gute, hätte es Gott als erste Realität auch niemals zugelassen. Gut und Böse sind somit grundsätzlich notwendige Bedingungen unserer Gesamtentwicklung. Die Existenz des Bösen erlaubt daher keineswegs, an Gott zu zweifeln!

Das alles bedeutet aber keineswegs, dass wir deshalb die negativen Auswüchse in unserer Gesellschaft einfach hinnehmen müssen.
Ganz im Gegenteil, es ist ein Zeichen wachsender geistiger Reife aller menschlichen Individuen und damit folglich auch jeder einzelnen menschlichen Gesellschaft als Kollektiv, wenn konsequent und mit Härte gegen das Böse vorgegangen wird. Dabei gibt es eine klare Abstufung des Bösen: Zuvorderst stehen alle Gewalttaten, die sich vor allem gegen die körperliche, aber – mit Abstrichen – auch gegen die seelische Unversehrtheit anderer richten. In der christlichen Bibel ist *„Du sollst nicht töten"* ein heiliges Gebot. Und auch im *Koran*, der heiligen Schriften des Propheten *Mohammed* im *Islam*, heißt es: *„Das Erste, worüber am Tag der Auferstehung gerichtet wird, ist das vergossene Blut"*. Leider geraten diese Mahnungen hüben wie drüben so oft und schändlich in Vergessenheit.
Tötung und Mord sind nach meiner Auffassung grundsätzlich und, zunächst unbeschadet jeder wirklichen oder nur vorgetäuschten Unzurechenbarkeit der *Täter und Mittäter*, fast immer aufs Härteste zu ahnden. Dass beispielsweise in unserem Land ein so genanntes Satanistenpärchen, das einen Menschen gequält und grausam getötet hat, vor einigen Jahren *nur* 13, bzw. 15 Jahre Gefängnis erhielt – ja die Verteidigung sogar noch auf Freispruch wegen verminderter Zurechnungsfähigkeit aufgrund eines, wie so oft fraglichen, psychiatrischen Gutachtens plädiert hatte – ist für mich unerträglich. Oder ein anderes Beispiel von schier unzähligen zu jeder Zeit: Einmal tötete ein 20jähriger im süddeutschen Raum ein Mädchen namens Vanessa während des Karnevals. Maskiert als „Tod" stieg er in ihr Schlafzimmer, erschreckte es und ermordete es grausam. Bei der späteren Verhandlung gab er die Tat zwar zu, versuchte sich aber damit herauszureden, er habe das Mädchen nicht töten, sondern nur erschrecken wollen. Weil es darob schrie, habe er es ohne Vorsatz im Affekt getötet. Nur gut, dass dieser Einlass für das Urteil keine Berücksichtigung fand. Dennoch: Schließlich erhielt er lediglich 10 Jahre Gefängnis, weil man in unserem Land zwar mit 18 volljährig ist und wählen darf, aber bis 21 nur wie ein Jugendlicher bestraft wird, zumindest wenn ein Gutachter einen für unreif hält. Genauso war es. Ich lehne dagegen jede Strafminderung in solchen und ähnlichen Fällen nachdrücklich strikt ab.
Grundsätzlich bin ich für *Mindeststrafen* von 25 Jahren Haft bei *allen* Tötungsdelikten, nicht nur bei Mord, sondern auch bei Totschlag. In den hier zitierten Fällen und grundsätzlich bei Mord sollte in jedem Einzelfall darüber hinaus geprüft werden, ob nicht eine lebenslange Freiheitsstrafe angemessener ist, die ich hier durchweg für *Täter und Mittäter* als die einzig gerechte Strafe angesehen hätte.
Gleichwohl halte ich die in einigen Ländern leider immer noch oft verhängte Todesstrafe schlichtweg für *falsch*; denn der Tod ist keine Strafe. Allerdings kann nach meiner Auffassung die vorsätzliche Tötung eines anderen Menschen durchaus dann gerechtfertigt sein und sollte nicht „unerträglich psychologisiert"

werden, wenn damit eine von diesem provozierte unmittelbare Lebensgefahr eines unschuldigen anderen Menschen abgewendet werden kann.[82]
Erlauben Sie mir in diesem Zusammenhang noch eine weitere Kritik an der gegenwärtigen Rechtsauffassung in unserem Land:
Ich finde es geradezu skandalös, dass diverse Obrigkeitsverletzungen, die vielleicht aus „von oben" provozierten Beweggründen, wie z.B. ideologischem oder generell, politischem Andersdenken resultieren, nicht selten härter bestraft werden als solche Straftaten, bei denen Menschen körperlich schwer zu Schaden kommen oder sogar ihr Leben verlieren. Auf diese und andere gesellschaftliche Probleme gedenke ich eventuell in einem späteren Buch noch gesondert und ausführlicher einzugehen.
Ob sich mehr die durch das polar-symmetrisch induzierte Entstehen des Materiellen bedingten *scharfen Pole* manifestieren oder der schwer abgrenzbare, fließende Übergang des Geistigen, hängt wohl im Besonderen auch von der jeweiligen „Einwirkzeit des Geistigen" und dem spezifischen geistigen Entwicklungsstand ab:
Je länger dieser zeitliche Einfluss und je höher bereits der jeweilige geistige Entwicklungsstand, desto größer ist der anzunehmende Wandlungsprozess und desto fließender und unschärfer die Pole. Rein materielle Dinge, die ganz spontan entstehen, also keinem längeren zeitlichen Einfluss unterliegen, manifestieren sich folglich immer nur in der einen oder der anderen von *zwei* stets *möglichen*, symmetrischen und zueinander polaren Formen. Deshalb gibt es wohl zu 95% Materie und in nicht nennenswertem Umfang, auch Antimaterie. Und deshalb gibt es auch zu 95% optisch aktive Aminosäuren, und zu 95% Reinisotope mit ungerader Ordnungszahl, u.s.w.
Das jeweilige Gegenteil ist stets nur in geringem Ausmaß existent.
Dagegen sind geistige, emotionale, ethisch-moralische oder auch ästhetische Werte solche, die sich erst durch längere zeitliche Einflüsse entwickeln, bzw. ändern und in ihrer Bandbreite fließend sein können. Bei ihnen gibt es damit immer einen gewissen Entwicklungs*prozess*.
Daher dürfen wir Menschen nach wie vor und trotz aller Gefahren und Grausamkeiten in unserer Welt optimistisch und hoffnungsvoll in die Zukunft blicken. Wir dürfen mit Recht annehmen, dass sich das Böse mit der Zeit zum Guten und das Ungerechte zum Gerechten hin wandelt, u.s.w.
Dies gilt für die Menschheit als Kollektiv letztlich genauso wie für jeden Einzelnen: Da sich die Evolution beim Menschen auf jedes einzelne Individuum stützt, muss und wird das zunächst jedes Individuum erkennen müssen, damit letztlich die ganze Menschheit davon profitiert.
Als körperliches Wesen lebt der Mensch allerdings nicht lang genug, um soweit zu gelangen. Vielleicht werden es spätere Generationen leichter haben, sollte der Reifungsprozess dann von mehr Menschen weiter fortgeschritten sein, als das

---

[82] In unserer Sprache kursiert hierfür z.B. das Unwort „Finaler Rettungsschuss".

heute bereits der Fall ist. Die Erfahrung der letzten Jahrtausende scheint das, allen Ungemachs in diesen Zeiten zum Trotz, dennoch eher zu stützen; denn bei allem Leid, das so vielen Menschen täglich widerfährt, ging es trotzdem noch nie so vielen so gut wie heute.
Das aber genügt nicht: Alle Menschen, auch wir, die „Ahnen der Zukunft", müssen ohne Ausnahme dahin gelangen. Nur das „erlöst" im wahrsten Sinne des Wortes die ganze Menschheit. Um dies aber erreichen zu können, ist das Überleben des Todes durch jeden Einzelnen sogar zwingend erforderlich.

Leben und Tod sind ebenfalls zwei Seiten derselben Medaille und stehen symmetrisch und polar zueinander. Und so, wie im Laufe der Zeit jede materielle Ordnung zu mehr Unordnung strebt (positive Entropie), so entsteht im Gegenzug eine andere, die spiegelbildlich-gegensätzliche Seite dieser Medaille: ein immer komplexerer, immer mehr geordneter und sich ständig immer höher entwickelnder, sich immer stärker differenzierender Geist.
Die Welt benötigt das materielle Universum, um über dessen wachsende Unordnung zu immer größerer Ordnung eines sich höchstmöglich differenzierenden Geistes zu gelangen.
So wie der Geist der Materie und die Unendlichkeit der Endlichkeit übergeordnet sind, so werden das Gute das Böse und die Liebe den Hass besiegen; denn eine Welt, so wie sie sich uns Menschen in ihrer überwältigenden und unbeschreiblich schönen Tragweite langsam aber sicher offenbart, kann selbst nur die Folge von unbeschreiblicher Güte und unermesslich großer Liebe sein – sonst wäre sie nicht existent.
Dann nämlich hätte das Gebot der Nicht-Schöpfung auch das Gebot der Schöpfung überwogen – so wie auch wir nur dann unsere Kinder in die Welt setzen können, wenn wir trotz aller Beschwernisse, die uns unser Leben und diese Welt bieten, diese Welt und unser Leben selbst doch offensichtlich lieben und auf eine optimistische Zukunft vertrauen.
Genau das lehren uns im Kern auch die Religionen, wenn wir nur endlich wieder versuchen würden, genauer hinzuschauen.

Leben und Tod sind zwei Seiten ein und derselben Medaille: Der Tod entspricht der zwangsläufigen Endlichkeit eines jeden dreidimensionalen Körpers und folgt damit dem Streben nach Chaos und Unordnung, nach Entropie, wie es der erste Hauptsatz der Thermodynamik aussagt.
Aber so wie es zu jeder Endlichkeit das polare Spiegelbild der Unendlichkeit gibt, so ist das ewige Leben des Geistigen das unendliche Gegenstück zum Tod des Körperlichen und Zeichen der wachsenden Ordnung.
Leben allgemein ist etwas Geistiges und nicht ein Produkt irgendeines Körpers.
Das Leben ist daher unendlich und ewig.
Der Tod ist nur das Schicksal endlicher Körper.

7. Geistige Reifung ohne Unterlass

Vor allem bei jungen Menschen ist der Ausspruch, „Die Reife kommt erst mit den Jahren", ziemlich unbeliebt. Doch er trifft zu.
Das Leben jedes Menschen bedeutet ständiges Lernen – von Geburt an. Sicher, eine Reihe höherer Säuger, wie zum Beispiel Elefanten, Wale und vor allem natürlich verschiedene Affen, lernt *auch* so manches ihr Leben lang dazu. Doch im Vergleich zu uns Menschen gibt es wohl gigantische Unterschiede, was uneingeschränkt die grundsätzliche Feststellung rechtfertigt, das Tier sei mehr durch das „Sein", der Mensch aber mehr durch das „Werden" gekennzeichnet.[83] Ein entscheidendes Kriterium ist die bei jedem Menschen nachvollziehbare, individuelle, ausgesprochen einzigartige und somit absolut unverwechselbare Biographie. Kein Tier – auch kein uns Menschen nah verwandter Menschenaffe – besitzt auch nur annähernd etwas Ähnliches. Das Leben eines jeden Tieres ist, grob gesagt, *vergleichsweise* ziemlich austauschbar. Natürlich gilt dies nicht aus der subjektiven Sicht desjenigen Mitmenschen, der zu *seinem* Tier eine besonders enge emotionale Beziehung aufgebaut hat. Aber das ist hier natürlich nicht entscheidend.
Das Individuum und das Individuelle schlechthin haben bei allen Tierarten einen im Vergleich zum Menschen äußerst geringen Stellenwert. Hier zählt allein die Gruppe, das Kollektiv – immer steht die ganze Art im Vordergrund, und das umso mehr, je tiefer die Kreatur auf der Evolutionsleiter angesiedelt ist. Das auf den Menschen zu übertragen ist ein leider oft praktizierter ideologischer Unsinn. Diese Fehldeutung sowie die frühen Erkenntnisse der Evolutionslehre, nach der Mensch und Tier gemeinsame tierische Vorfahren haben, sind vor allem dafür mitverantwortlich, dass vor allem im 20. Jahrhundert der besondere Stellenwert der einzigartigen menschlichen Individualität derart häufig missachtet, negiert und unterdrückt wurde.
Zwar ist eine ganze Reihe höher entwickelter Säuger durchaus in der Lage, manch erstaunliche geistige Leistungen zu erbringen – und vermutlich sind sogar einige von ihnen zu differenzierten Gefühlen fähig. Wer zum Beispiel mal eine Elefantenkuh gesehen hat, die verzweifelt versucht, ihr totes Junges durch Hin-und-her-Rütteln zum Leben zu erwecken, es schließlich deshalb heftig auf den Boden wirft und danach noch lange Zeit regungslos neben dem toten Körper wie in tiefer Trauer verharrt, der kann das nachvollziehen. Elefanten erkennen sogar aus einem bunten Knochenhaufen die Gebeine ihrer Artgenossen wieder und legen sie behutsam zur Seite.
Zu schnell allerdings werden mit solchen Fakten Legenden gewoben, die dann wieder weit über das Ziel hinausschießen: Natürlich haben Elefanten dabei kein Pietätsgefühl oder gar eine differenzierte Vorstellung vom Tod selbst, so wie wir

---

[83] Paul Lüth, „Der Mensch ist kein Zufall" (1983)

Menschen sie besitzen. Das hat eben nichts damit zu tun, dass sie tatsächlich eine Art Trauer an den Tag legen können, weil sie merken, dass ihnen ein Gefährte oder ein Junges „abhanden" gekommen ist. Die Fähigkeit, die Knochen ihrer Artgenossen zu erkennen, dürfte wohl vor allem auf ihren einzigartigen Geruchssinn zurückzuführen zu sein, der dem aller anderen Säuger überlegen ist. Das Trennen arteigener Knochen von denen anderer Wesen scheint folglich nur instinktiv zu sein. Elefantenfriedhöfe, als womöglich „bewusst" aufgesuchte Orte zum Sterben, gehören ins Reich der Legenden.

Sicher haben auch Elefanten, um bei diesem schönen Beispiel eines intelligenten Säugers zu bleiben, Gefühle und Bewusstsein. Doch genauso sicher reichen weder sie noch irgendein ein anderes Tier damit auch nur annähernd an den Menschen heran, mit seinem potentiell überaus großen intellektuellen, emotionalen, sozialen und kulturellen Facettenreichtum.

Besonders deutlich wird das bei den beiden Grundwerten „Gut und Böse": Hier legt gerade wieder das 20. Jahrhundert ein zuvor wohl unerreichtes Zeugnis ab, für die Spannbreite zwischen diesen beiden Antipoden – etwas, wozu in solchen Ausmaßen allein der Mensch fähig ist. Auf weitere Beispiele brauche ich sicher nicht einzugehen; denn sehr viele davon sind uns, vor allem leider auch was das Böse betrifft, nicht nur aus Geschichtsbüchern in trauriger Erinnerung.

Im Gegensatz zu allen Spezies der ganzen Tierwelt unterscheidet sich der Mensch jetzt aber ganz besonders *untereinander*, also innerhalb der eigenen Art – zwischen den einzelnen Individuen. Die Evolution des Lebens änderte beim Menschen ihre Marschrichtung: Ab sofort findet Evolution *zwischen den einzelnen Individuen nur der einen Spezies „Mensch"* statt. Nicht mehr die ganze Art strebt nach kollektiver Perfektion und Vollkommenheit, sondern jedes einzelne Individuum selbst hat fortan diesen Weg zu gehen.

Die Evolution wechselte das Pferd, was ihr jedoch die „Arbeit" keineswegs erleichtert. Im Gegenteil, ihr Weg wird nun noch mehr gefährdet und ist immer wieder von schweren Rückschlägen begleitet – früher genauso wie heute und vielleicht noch viel mehr in der Zukunft.

Der neue Weg der Evolution ist klar umrissen und wird jetzt jedem einzelnen Menschen ganz unmittelbar zuteil. Dabei ist die „neue" Evolution nun längst keine körperliche mehr. Das menschliche Gehirn ist schon seit vielen Jahrtausenden praktisch fertig, und zwischen Genies und Idioten, zwischen Guten und Bösen, zwischen Liebenden und Hassenden gibt es keine wirklich relevanten anatomischen Unterschiede.

Von Tag zu Tag wird das Spielfeld der „neuen" Evolution immer größer. Erstmals überhaupt treten nun gravierende Unterschiede zwischen den einzelnen Vertretern derselben Gattung auf, und sie nehmen auch noch ständig zu. Jetzt aber sind es intellektuelle, emotionale, soziale und kulturelle Unterschiede, die sich dramatisch auseinander entwickeln. Kein einziger Mensch ist mit einem anderen vergleichbar – jeder Einzelne kann völlig sicher sein, für immer ein

einzigartiges und absolut unverwechselbares Unikat im ganzen Universum zu bleiben.
Natürlich sind auch Tiere grundsätzlich alle einzigartig. Aber zwischen ihrer Einzigartigkeit und der eines jeden einzelnen Menschen liegen quantitative und qualitative Quantensprünge.
Genau das aber ist erst die Folge des menschlichen „Werdens" auf seinem Lebensweg seit seiner Geburt und nicht seines bereits bei der Geburt weitgehend festgelegten „Seins". Die absolute Einzigartigkeit jeder einzelnen menschlichen Persönlichkeit *entwickelt* sich also erst im Laufe seines persönlichen Lebens.
Man kann das mit der gerichteten Entropie in der Thermodynamik vergleichen, die ebenfalls unumkehrbar zu unverwechselbaren Zuständen führt – nur dass alles Materielle zu höherer Unordnung und mehr Chaos strebt.
Seit Beginn allen Lebens strebte während riesiger Zeiträume zunächst immer die Art als Ganzes im ziemlichen Gleichschritt ihrer Artgenossen zu größtmöglicher Perfektion. Stets also stand allein das Kollektiv im Vordergrund.
Die Menschheit dagegen kann sich als Ganzes nur über den Fortschritt eines jedes Einzelnen allmählich perfektionieren. Dann sprechen wir von *kulturellem Fortschritt*. Das Kollektiv ist damit beim Menschen von der Entwicklung jedes Einzelnen abhängig geworden.
Das Wechseln des Pferdes „vom Kollektiv zum Individuum" bedeutet für die Evolution ein bisher unbekanntes, ja ganz erhebliches Risiko. Zugleich aber eröffnet sich ihr auch eine sonst kaum mögliche, riesige Chance: Zwar geht die Evolution damit immer mehr das Risiko ein, auf jeder neuen, höheren Stufe nach Milliarden von Jahren zu scheitern. Der Mensch als ihr „geistiges" Erfolgsprodukt ist erstmals, und zumindest als einziges irdisches Wesen, in der Lage, ihre sämtlichen Früchte auf einen Schlag zu vernichten. Andererseits aber besitzt sie jetzt auch die einmalige Chance auf immer größere Perfektion in einer Vielfalt von nicht abschätzbar ungeheurem und unfassbarem Ausmaß.
Die Evolution muss offenbar um Risiken und Chancen „gewusst" haben, weil sie kein reines Zufallsgeschehen sein kann und ist.
Sie hat diesen Weg „gewählt", weil die Chancen berechnet sind und wohl die Risiken überwiegen. Sie wird Erfolg haben, weil sie zum Erfolg verdammt ist.
Der Erfolg ist das Ziel aller Evolution.
Doch was ist ihr Ziel, was der Erfolg? Nun, es kann sich dabei nicht mehr um ein körperliches Ziel handeln; denn alles Körperliche ist naturgemäß begrenzt, endlich und zählbar. Das Neue des beim Menschen erstmals voll ersichtlichen Paradigmenwechsels der Evolution ist wohl von einer ganz anderen Dimension: Mit dem Menschen betritt sie offenkundig das Feld des Unendlichen und Nicht-Zählbaren; denn sie produziert jetzt nicht mehr soviel körperliche, sondern vielmehr geistige Vielfalt. Körperliche Unterschiede werden zur Nebensache.
Doch geistige Facetten, wie die von Gut und Böse, von Liebe und Hass, von Schönheit und Hässlichkeit, von Gerechtigkeit und Ungerechtigkeit, von Genie und Idiotie, von Harmonie und Chaos, sie alle sind in Qualität und Quantität

unbegrenzt und potentiell unendlich. Grundsätzlich besitzt schon jeder einzelne Mensch in seinem jetzigen körperlichen Leben die Chance, davon für sich einen größtmöglichen Teil zu erschließen – und das in möglichst positiver Hinsicht.
Im Rahmen ererbter und erworbener körperlicher Bedingungen sowie aufgrund seines späteren sozialen und kulturellen Umfelds ist es ihm überlassen, sich in solch neuen und entscheidenden Facetten des Lebens zu bewegen. Dabei kann er, wenn er es nur will, das Positive alles andere überwiegen lassen. Jedoch sind diese intellektuellen, sozialen und emotionalen Facetten rein geistiger Natur.
Obwohl nichts davon greifbar ist und, wenn überhaupt, stets nur *mittelbar* der sinnlichen Erfahrung unterliegt, handelt es sich hierbei nun um die letztlich entscheidenden Attribute und Eigenschaften in unserem menschlichen Leben.
Der Mensch ist jetzt in der Lage, sie alle für sich zu erschließen, weil sie als *geistige Möglichkeiten* und Ideale offenbar *real* existieren. Und er *wählt* aus.
So ist es ja auch allein der menschliche Geist, der etwa aus einem materiellen Schwingungschaos von Luft, die ihn umgibt, eine wunderschöne Symphonie *erkennen* kann – nicht die Schwingungen selbst könnten sie ihm vermitteln. Aber sie werden wohl auch seinem Geist schön aufbereitet präsentiert: Durch Zahlen geordnet.
Und genauso ist es allein des Menschen immaterieller Geist, der ein riesiges Sammelsurium verschiedenster Lichtfrequenzen als phantastisches Farbenspiel eines herrlichen Sonnenuntergangs deutet.
Als für einige Zeit auch im bekannten Sinne materiell verkörperte Lebewesen benötigen wir dazu zwar bestimmte Gerätschaften, wie unsere Sinnesorgane, mit denen wir im Laufe der Zeit adäquat ausgestattet wurden. Unsere physikalischen Wahrnehmungen müssen jedoch immer erst „übersetzt" und von uns selbst interpretiert werden: Und das ist etwas rein *Geistiges*. In unserem materiellen Universum gibt es weder Schönheit noch Hässlichkeit. Ebensowenig gibt es Gut oder Böse, Gerechtigkeit oder Liebe. Das alles sind rein geistige Qualitäten, die Lebewesen zu *erfahren* und zu *entdecken* erst fähig werden, wenn sie reif dafür sind. Und so wie die Evolution des Körperlichen offensichtlich schon immer zum Perfekten strebt, so muss es die Evolution des Geistes zwangsläufig noch ausgeprägter und dazu mit sehr langem Atem vorhaben.
Die Evolution des Körperlichen führte zu einer Vielzahl von unterschiedlichsten Arten. Sie alle wurden allmählich zu der ihr eigenen, zweckmäßigsten und bestmöglichen Perfektion geführt. Genau dies entspricht dem Grundprinzip darwinistischer *Selektion* – eine große Leistung, mit der *Charles Darwin (1809-1882)* zweifelsfrei Recht hat.
Die Evolution des Geistes hat es nun nicht mehr zuvorderst mit ganzen Arten zu tun – nein, sie hat jetzt jeden Einzelnen vor sich. Sie muss sich mit jedem individuellen Geist befassen und nicht mehr mit verschiedenen Kollektiven.
Folglich stehen *wir alle* mitten in einer Evolution jedes einzelnen Geistes, mit dem zwangsläufigen Ziel, den Geist *jedes einzelnen Menschen* zu der ihm eigenen, zweckmäßigsten und bestmöglichen Perfektion zu führen.

Aus dieser Perspektive besitzt kein Körper mehr irgendeinen dauerhaften Stellenwert, auf den die *Evolution des Geistes* besondere Rücksicht nehmen muss – ja gar nicht darf.
Die größte Unzulänglichkeit des Körperlichen ist natürlich seine Endlichkeit, die irgendwann ausnahmslos zu seinem Tod führt. Deshalb kann und darf dieser Tod für die *Evolution des Geistes* kein Hindernis sein. Der Geist *muss* den Tod überdauern; denn seine Evolution hat mit ihm überhaupt nichts zu tun.
Der Tod tangiert nur das Endliche und damit das Körperliche.

Bei praktisch allen Tieren steht das kollektive Ganze, die Art, im Vordergrund. Das geistige Niveau jedes einzelnen Organismus derselben Art ist miteinander vergleichbar und gegenüber uns Menschen in seiner Breite nur sehr schwach ausgeprägt. Selbst die dem Menschen am nächsten stehenden Säuger, die Menschenaffen (Primaten), besitzen nur ein vergleichsweise schwach entwickeltes Bewusstsein und Selbstbewusstsein. Durch nichts in der Welt lässt sich aus dem Geist eines Primaten der eines Menschen machen. Vor ein paar Jahrzehnten wurden vereinzelt derartige Versuche mit neugeborenen Menschen und jungen Affen gestartet. Sie scheiterten kläglich und wären den beteiligten Menschen beinahe sogar zum tragischen Verhängnis geworden.[84] Vieles, was den Menschen ausmacht, findet sich auch bei seinen tierischen Vorfahren. Nur, das geistige Niveau des Menschen ist, wie wir ohne Scheuklappen erkennen müssen, die Folge eines unglaublichen Quantensprungs, sowohl in qualitativer, als auch in quantitativer Hinsicht – und das ohne jede adäquate funktionell-anatomische Aufrüstung seines Gehirns. Selbst eine komplexe Großhirnrinde (Cortex) sagt noch nichts über Intelligenz aus: Manche Vögel, z.B. Rabenvögel, sind von grandioser Intelligenz und das ohne Cortex. Elstern besitzen sogar die Fähigkeit, sich selbst zu erkennen.[85]
Beim Menschen wird das einmal mehr besonders deutlich, wenn man nicht nur die absolute Zeit zur Entwicklung neuer und komplexerer Strukturen, sondern auch die vergleichsweise geringe Zahl von Nachkommenschaften betrachtet: Berechtigterweise darf man wohl davon ausgehen, dass sich der Mensch von vor ungefähr 10.000 Jahren in seinem geistigen Auftreten kaum von dem vor vielleicht 100.000 oder 200.000 Jahren unterschied. Hier wie da waren sie einfache Jäger und Sammler. Besondere technische Errungenschaften waren noch nicht bekannt. Seine beschleunigte geistige Entwicklung erstreckt sich demnach auf weniger als 10.000 Jahre, und besonders wieder auf die letzten wenigen Hundert Jahre. Bedenkt man, dass dies bis heute insgesamt nur etwa 400 Generationen sind[86], dann vollzog sich die gesamte, so entscheidende geistige Entwicklung des Menschen in geradezu atemberaubend kurzer Zeit.

---

[84] z,.B. Ape-and-Child-Versuch von Dr. Kellog (USA, 1030)
[85] z.B. Prof. Dr. Onur Güntürkün, Biopsychologie Universität Bochum, Focus 21 (2009)
[86] Man rechnet für eine Menschengeneration 25 Jahre.

Eindeutig parallel zu diesem unglaublich dramatischen Prozess kam es zu einer immer stärkeren Individualisierung. Die Evolution des menschlichen Geistes ist, wie bereits gesagt, zugleich also eine Evolution des *individuellen* menschlichen Geistes. Wenn für sie der Tod des Körperlichen keine Barriere sein kann, dann muss folglich auch jeder einzelne Mensch den Weg seiner eigenen geistigen Evolution über den eigenen, damit nur körperlichen Tod hinaus weiter gehen.
Beim Tier ist es im Prinzip genauso: Auch der tierische Geist überdauert natürlich den eigenen körperlichen Tod: Jedoch gehört er zum kollektiven geistigen Ganzen seiner Art; denn er ist sich seiner selbst nicht in gleichem Maße bewusst wie der menschliche. Anders gesagt: Erst wer in der Lage ist, sich bereits „im Diesseits" als eigentlich geistiges Wesen zu begreifen und selbst zu erkennen, wird dazu auch nach seinem körperlichen Tod fähig sein. Nur so wird er seine eigene geistige Entwicklung weiter mit vorantreiben können.
Evolution ist für uns damit auch nicht mehr etwas, das rein *passiv* erduldet werden muss. Vielmehr wird der Mensch jetzt zu einem *aktiven* Teilnehmer, *einem mitgestaltenden Partner der Evolution*. Das kann zu ihrer enormen Beschleunigung führen – es soll und wird es letztlich auch. Genauso bleibt natürlich auch die geistige Essenz sämtlicher Organismen, die selbst noch nicht zur „aktiven geistigen Mitarbeit" fähig sind, erhalten – jedoch wirken sie dann als Kollektiv- oder Artgedächtnis.
Mit Hilfe meiner Theorie kann man ohne Mühe viele ungeklärte Probleme in der Biologie lösen und zugleich manche Theorien unterstützen, die gar nicht so selten bisher als unwissenschaftlich kritisiert werden. Dazu zählen offene Fragen wie nach *Konvergenz* und *Mimikry* sowie nach der *Abstimmung des Verhaltens zwischen verschiedenen* Arten, aber sicher etwa auch die oft belächelte These von den *morphogenetischen Feldern* des englischen Biologen *Rupert Sheldrake*.
Jedes einzelne menschliche Individuum wird mit seinem Leben zum Mittelpunkt seiner eigenen Evolution. Sie ist ein primär geistiger Prozess unbegrenzter und unendlicher Möglichkeiten. Zugleich wird die erfolgreiche eigene Evolution zu einer notwendigen Voraussetzung für die erfolgreiche Evolution des Ganzen, der gesamten Menschheit.
Altruismus, d.h. die selbstlose Hilfe zur erfolgreichen Evolution des Nächsten, ist somit gefordert, und das zu erkennen wird zum Zeichen geistiger Reife. Jeder Mensch muss sich dessen nur erst einmal bewusst werden.
Folglich sind alle gleichmacherischen Ideologien falsch und gefährlich.
Sie ergaben sich aus einer überholten materialistischen Weltsicht, die es jetzt endlich zu überwinden gilt. Sie weiter zu verfolgen, ist schlichtweg *reaktionär*. Man versündigt sich damit an der Menschheit und behindert ihre Entwicklung. Aufhalten kann man sie letztlich natürlich nicht, es sei denn, man zerstört sich selbst; denn das Individuum als Konstrukt der Evolution dringt irgendwann zu seinem Recht vor, weil es die Evolution so will. Doch bleiben dabei leider immer wieder unzählige Leben auf der Strecke. Das 20. Jahrhundert hat das leider so oft und in erschreckend barbarischem Ausmaß gezeigt.

Jeder einzelne Mensch muss seine Chance haben, sich in der ihm möglichen, einzigartigen Weise selbst zu vervollkommnen.
Untrennbar verbunden ist damit aber auch die Pflicht eines jeden, seinen Nächsten dabei zu helfen, die eigenen Chancen ebenfalls wahrzunehmen. Diese individuelle Verantwortung darf keinem Menschen durch irgendwelche Institutionen eingeschränkt oder gar genommen werden. Jeder einzelne Mensch muss lernen, sich als Motor seiner eigenen, bedeutenden Evolution zu begreifen und dies seinen Nächsten zu vermitteln.
Jeder Mensch besitzt ungeahnte Chancen, die jedem Tier auf dieser Erde in auch nur entfernt ähnlicher Form verwehrt sind.
Jeder Mensch hat, damit untrennbar verbunden, genauso eine ungeheure Verantwortung – und zwar für sich selbst sowie für das Wohl seiner Nächsten.
Es muss daher Aufgabe der Gesellschaft sein, mit großer Strenge darüber zu wachen, dass *beides* wahrgenommen wird. Genau dies meint, wie ich schon früher ausführte, die Bibel mit den Begriffen *„Gottesliebe"*, *„Liebe zu sich selbst"* und *„Nächstenliebe"* – und zwar genau in dieser Reihenfolge.
Dabei steht „Gottesliebe" gerade auch für die zuvor bereits beschworene Einsicht, dass der Mensch keineswegs nur ein zufälliges Individuum in dieser Welt ist. Er ist vielmehr ein hoch entwickeltes, bewusstes und selbstbewusstes geistiges Wesen, das sich *„Gott nach seinem Bilde schuf"*. Natürlich darf man auch diese biblische Aussage nicht wörtlich nehmen, wie es *Kreationisten* tun. Sie bezieht sich vielmehr auf eine erstmals beim Menschen auftretende, völlig neue, rein geistige, d.h. intellektuelle, emotionale, soziale und kulturelle Dimensionalität, die zudem jeden einzelnen Menschen auf ewig zu einem einzigartigen und ewig selbstbewusst agierenden Unikat in dieser Welt macht.
Die „Liebe zu sich selbst" entwickelt sich mit der Erkenntnis des eigentlichen „Ich", seines individuellen Status' und seiner Aufgabe. „Nächstenliebe" ergibt sich daraus als zwangsläufige Konsequenz. Nur derjenige, der sich als das erkennt, was er wirklich ist, nämlich ein nicht austauschbares, geistiges und dauerhaftes, ja unsterbliches Wesen zu sein, ist auch in der Lage, die jetzt notwendige Portion an Selbstlosigkeit (Altruismus) aufzubringen, die zur gemeinsamen Verantwortungsbereitschaft für uns alle führen wird. Wir alle, die ganze Menschheit, aber auch unsere schöne Erde mit allem, was auf ihr „kreucht und fleucht", brauchen sie mehr denn je dringend, um alles vor dem drohenden Untergang zu bewahren.
Der Mensch ist von allen Wesen, die diese Erde bewohnen, bei seiner Geburt am *unfertigsten*. Im Gegensatz zu jungen Affen können Menschenkinder nach ihrer Entwöhnung von der Muttermilch noch jahrelang nicht selbst ihre Nahrung beschaffen und sind ohne Hilfe nicht überlebensfähig. Wie kein anderes Wesen entwickelt er sich über sehr viele Jahre, ja praktisch zwei volle Jahrzehnte, zu einem Erwachsenen, der im Vergleich zu jedem Tier in Bezug auf seine Restlebenszeit auch dann noch völlig unfertig ist. Wo einem Tier dann, wenn es erwachsen ist, kaum noch etwas Sinnvolles hinzugefügt werden kann, steht der

Mensch immer noch am Anfang einer ungleich spannenderen, jetzt aber *rein geistigen Entwicklung*. Im Vergleich dazu ist sein körperlicher Werdegang kaum mehr erwähnenswert, während er beim Tier entscheidend ist.

Des Menschen geistige Entwicklung lässt sich in das Intellektuelle, das Emotionale und Seelische, das Ethisch-Moralische sowie das Kulturelle und Gesellschaftliche untergliedern. Jeder Einzelne durchläuft sie sowohl in qualitativer wie quantitativer Hinsicht vollkommen unterschiedlich.

Doch egal welche Prioritäten sie setzt oder welchen Charakter sie einnimmt – egal, ob mehr Gutes oder mehr Böses haften bleibt – immer kommt es zu einer gigantischen Zunahme rein geistiger Attribute, die mit zunehmendem Alter erkennbar auf ihren (vorläufigen) Höhepunkt zustrebt. Während der Mensch (so wie jedes Tier auch) im Alter jedoch körperlich an Kraft verliert, wächst sein Geist immer weiter – und damit potentiell auch seine Weisheit. Weisheit hat nicht unbedingt etwas mit formaler Intelligenz zu tun.

Als Arzt stelle ich immer wieder fest, wie weise alte Menschen oft sind – und mögen sie von ihrem Intellekt her noch so schlicht sein. Vielmehr ist es ihr Vermögen, die Welt jetzt häufig aus einer anderen, ja man sollte fast sagen, distanzierteren, höheren und dazu gelasseneren, aber auch großmütigeren Sicht zu betrachten und zu bewerten. Als Schlüssel zur Weisheit zeigen sie dann eine erstaunliche Toleranz, die ihnen in jungen Jahren nicht zu Eigen war. In allen Naturvölkern sind die Ältesten noch immer tonangebend. Man sucht ihre Nähe und ihren Rat. In vielen analphabetischen Gesellschaften sind sie außerdem oft ein überlebensnotwendiges Lexikon lebenslanger Erfahrungen.

Sofern nicht diverse Hirnkrankheiten das Kommunikationsgerät Gehirn beschädigen, bleibt jeder Mensch bis an sein Lebensende unbegrenzt lernfähig. Vieles mag zwar im Alter etwas langsamer und mühsamer vonstatten gehen, niemals aber ist dies ein geistiges, sondern stets ein rein körperliches Problem.

Theoretisch ist geistiges Wachstum bei jedem Menschen unbegrenzt möglich. Allein der Tod scheint seine geistige Entfaltung bremsen zu können. Doch das muss aufgrund des bisher Gesagten ein Trugschluss sein. Während der Tod dem offenkundigen Abbau des Körperlichen ein natürliches und sogar sinnvolles Ende setzt, wird, so scheint es zunächst, das lebenslange geistige Streben nach immer höherer Perfektion und Vervollkommnung durch ihn jäh und grundlos unterbrochen.

Schon aus logischen Gründen muss dies völlig absurd sein, zumal der vormals zur Verfügung stehende Körper von vornherein nur eine nebensächliche Rolle gespielt hat, die zudem mit zunehmendem Alter immer unbedeutender wurde. Besonders auffällig ist dies bei Menschen, die der Umwelt durch ihren sehr scharfsinnigen Geist auffallen, deren Körper aber schon zeitlebens dahinsiecht, wie das Beispiel des bekannten englischen Physikers *Stephen Hawking* zeigt.

Der berühmte deutsche Dichter, Philosoph und Naturforscher *Johann Wolfgang von Goethe (1749-1832)* greift dies in etwa auf, wenn er zu seinem Vertrauten *Johann Peter Eckermann (1792-1854)*, selbst Schriftsteller, sagt:

"Die Überzeugung unserer Fortdauer entspringt mir aus dem Begriff der Tätigkeit; denn wenn ich bis an mein Ende wirke, so ist die Natur verpflichtet, mir eine andere Form des Daseins anzuweisen, wenn die jetzige meinen Geist nicht ferner auszuhalten vermag".[87]

Der körperliche Tod eines Menschen ist nicht sein geistiges Ende. Er kann es gar nicht sein. Jeder Einzelne hat es dabei in seiner eigenen Hand, sich zu seinen „noch körperlichen Lebzeiten" im positiven Sinne unsterblich zu machen. Jeder Einzelne muss nur erkennen, dass es in seiner Macht liegt, das ihm zur Verfügung stehende „geistige Potential" qualifiziert zu differenzieren, d.h. sich im Rahmen seiner Möglichkeiten positiv zu vervollkommnen.
Alle seine Chancen, aber auch alle seine Versäumnisse, alles Gute wie auch alles Böse, seine Güte und seine Liebe, aber auch seine Begierden, sein Hass und seine Untaten – alles, ausnahmslos alles bleibt ewig bestehen und für immer präsent, weil in dieser Welt nichts Geistiges verloren gehen kann. Menschen mögen anderen Menschen viel Freude bereitet oder sie womöglich sogar getötet haben, sie haben der Welt geholfen oder ihr sehr geschadet. Nichts davon ist vergänglich.
Dieses weltumspannende, alles umfassende und durchdringende „geistige Internet" sieht und behält alles für immer und ewig.
Irgendwann wird für jeden von uns einmal der Zeitpunkt kommen, wo er sich seines Verhaltens sehr freuen darf oder sich vielleicht unsagbar schämen muss. Keiner wird einen richten – jeder Einzelne richtet sich ausschließlich selbst – und das ist noch viel schlimmer.
Jeder Einzelne wird immer wieder die Chance bekommen, Gutes zu tun, lieben zu lernen und Böses zu unterlassen – sowie, wo nötig, Ausgleich zu schaffen. Aber niemals wird das Neue deshalb das Vergangene vergessen machen. Das neue Gute verdrängt schließlich jedoch das alte Böse und lässt es in einem zunehmend blasseren Licht erscheinen.
Wir müssen langsam lernen, dies zu erkennen, damit wir uns endlich unserer großen Verantwortung für diese Welt und ihre Evolution, deren geistiger Hoffnungsträger wir hier und jetzt sind, gerecht werden können. Der Weg bis zu uns war ein unermesslich langer, dornenreicher und überaus steiniger Pfad gewesen. Er war voller Umwege und verlangte vielen und vielem, das uns vorausging, unsägliche Entbehrungen ab. Dieser Weg konnte nur deshalb gelingen, weil er schon immer das offenkundige Ergebnis einer für uns Menschen wohl immer unbegreiflichen und umfassenden Liebe ist: der Liebe Gottes, wie immer wir auch *ihn+sie* definieren wollen.
Schließlich müssen zwangsläufig alle Vorstellungen von Gott fehlschlagen. Es kann einfach keine vernünftigen geben, ebensowenig wie wir, nun mathematisch

---

[87] Johann P. Eckermann: „Gespräche mit Goethe", zwischen 1837-1848 erschienen.

gesprochen, die Wurzel aus „-1" ziehen können, aber dennoch wissen, dass sie logischerweise existieren *muss*.

Genau dies ist der Grund für das biblische Gebot, wir sollten uns kein Bild Gottes machen und weshalb es im Islam überhaupt keine Darstellungen Allahs gibt – eben nicht, weil man es tatsächlich nicht dürfte, sondern weil es gar nicht geht.

Will man mit Logik und Konsequenz aus dem vorher Gesagten ein weiteres Fazit ziehen, dann doch bestimmt dieses, dass egal wer oder was Gott ist und wie immer *„Er+Sie"* beschaffen ist:

„Er+Sie" muss zugleich auch etwas außerordentlich Individuelles und Persönliches sein.

8. Sexualität im Spiegel von Evolution und Geist

Im Mittelpunkt meiner Ausführungen zur Evolution allen Lebens stehen meine folgenden drei Kernthesen:

1) Neben der Evolution des Lebens selbst gibt es zugleich auch eine Evolution ihrer Evolutionsmechanismen. Am Anfang und noch über geraume Zeiten sind *Mutationen* ihr wichtigster Zündfunke, und *Selektion*, die natürliche Auslese der Geeignetesten, ist ihr wichtigster Steuerungsfaktor.

Kooperation und Kommunikation, genauso aber auch Instinkte, Bewusstsein und Selbstbewusstsein treten im Laufe der Zeit als neue und selbständige Einflussfaktoren nach und nach hinzu und steuern allmählich immer mehr das Geschehen ganz entscheidend mit. Die *ursprüngliche*, rein darwinistische Selektionstheorie gilt deshalb für den Großteil der Evolution nach wie vor.

2) Als wichtigstes Element und zentrale Konstante der körperlichen Evolution erweist sich schon recht bald das Entstehen und die konsequent kontinuierliche Fortentwicklung effektiver Kommunikationssysteme unter dem Dach einer hierarchisch strukturierten, streng abwärtskompatiblen Steuerungszentrale – dem Zentralnervensystem (ZNS).

3) Die Evolution ist parallel auch ein körperunabhängiger geistiger Prozess. Das Zentralnervensystem (ZNS) wird dabei zur Schnittstelle – einem Mittler zwischen geistiger und körperlicher Evolution. Die Entwicklung der Arten wird in wachsendem Maße durch ein sich mehr und mehr *emergent* differenzierendes geistiges Feld unter permanenter interaktiver Rückkopplung ganz entscheidend mitbeeinflusst.

Zunächst gibt es nur bestimmte grundsätzliche, d.h. zahlengesteuerte und geometrische Entwicklungsprinzipien, nach denen sich alle Lebewesen formen. Mutationen sind zufällige Zündfunken, die zu unmittelbaren biochemischen Veränderungen am Erbgut führen und die Prozesse dadurch anstoßen.

Für geraume Zeiten sind Mutation und Selektion zur Auswahl der am besten geeigneten Organismen die wichtigsten Motoren neuer Entwicklungen. Damit verbunden ist allerdings evolutionäre Langsamkeit. Doch schon von Anfang an gibt es – zunächst unspezifische und vergleichbar schwache – Einflussnahmen durch ein alles umfassendes geistiges Feld, das der ganzen Welt ursächlich zugrunde liegt. Gezielte Informationen, z.B. über Lichtquanten – oder generell über EMS[88] – sind später daran beteiligt, dass komplexe Ein- und Mehrzeller überhaupt entstehen und sich zusammenrotten. Durch Information wird also totes Material zu Leben erweckt, wenn es dafür die geeigneten biologischen und biochemischen Voraussetzungen erreicht hat. Damit setzt ein permanenter Austausch von Information durch Interagieren mit dem geistigen Feld ein.
Die biochemische Grundlage dafür, und somit für alles Leben schlechthin, sind komplexe dreidimensionale Strukturen – große Moleküle und ebensolche Zellen. Sie sind Resonanzkörper und Antennen für das „Informationsmaterial", welches gewisse Richtungen und Rahmen vorgibt, innerhalb derer *Mutationen* überhaupt nur walten können.
Das jeweils Geeigneteste überlebt *(Selektion nach Charles Darwin)*. Alles jedoch, also auch jede neu „ausprobierte" Struktur, gibt ihrerseits wieder Informationen ab, die das geistige Feld speichert. Damit wird der Geist selbst – auf sehr lange Zeit „unbewusst" – allmählich immer weiter differenziert und somit fortentwickelt.
Nach und nach entstehen neue Arten – in immer kürzerer Zeit und mit immer besserer Ausstattung durch effiziente Informationsrückkopplung.
Vorbestimmte Muster, ständig neue Mutationen und permanente gegenseitige Abstimmung über das immerwährende „Feed-back" werden obendrein konsequent dadurch verbessert, dass schon recht früh umfassende Strukturen zur Kommunikation entwickelt werden.
Auch sie werden mit der Zeit immer weiter verfeinert und laufend verbessert.
So entsteht konsequent und kontinuierlich ein hierarchisch streng strukturiertes, immer komplexeres Nervensystem, das Zentralnervensystem (ZNS).
Hierdurch verbessern sich allmählich Quantität und Qualität jeglicher Kommunikation – sowohl die zwischen den einzelnen Strukturen desselben Individuums, als auch das Niveau der Interaktionen mit dem geistigen Feld. Das ZNS wird parallel dazu zu einem immer effizienteren Mittler zwischen der geistigen Welt und allen körperlichen Wesen. Über diese Schnittstelle wird auch der Weltgeist so immer schneller und umfassender differenziert. Dabei entstehen

---

[88] EMS = Abkürzung für Elektromagnetische Strahlung

regelrechte Artgedächtnisse, die das Instinktverhalten bilden und dann fein genug abstimmen. Nach gigantischen Zeiträumen entsteht zunächst allmählich eine Art frühes Bewusstsein, das dann eine noch effizientere Rückkopplung ermöglicht. Mit dem Menschen schießt schließlich erstmals ein *umfassendes* Selbstbewusstsein wie Phönix aus der Asche. Mit seiner Hilfe wird der Mensch jetzt erstmals sogar zu einem wertvollen Partner für eine personifizierte, aktive und bewusste Mitgestaltung der Evolution.

Das sich immer stärker differenzierende geistige Feld wird fortan personalisiert und individualisiert. Zufällige Mutationen sind zwar immer noch möglich und treten auch laufend auf, ihr Einfluss auf das evolutionäre Geschehen aber wird immer geringer. Das rätselhafte Phänomen der *Konvergenz* lässt sich über einen – wenngleich unbewussten – Zugriff auf einen seit vielen Millionen von Jahren bestehenden Informationspool plausibel und einfach erklären.

Mit dem Aufkommen von Bewusstsein und Selbstbewusstsein werden erstmals sogar Entwicklungen eingeleitet und gestützt, die primär *weder der Arterhaltung noch dem unmittelbaren Überleben* dienen und nun sogar beginnen, den bis dahin unangetasteten Einfluss der Selektion als die natürliche Auswahl der Geeignetesten zu mindern. Bewusstsein und Selbstbewusstsein sind im Grunde Luxusgüter, deren Sinn erst durch die Annahme einer immerwährend aktiven, kontrollierten Rückkopplung verständlich wird, wodurch sie zu neuen und wertvollen Mechanismen der Evolution avancieren.

Es ist erstaunlich, dass die Evolution offensichtlich stets bestrebt ist, alle neuen Attribute zu perfektionieren. Die Mimikry, also das Nachahmen bestimmter Merkmale oder Verhaltensweisen, scheint mir hiefür ein sehr schönes Beispiel zu sein. Nicht immer ist bis heute diese Perfektion tatsächlich schon erreicht worden. Vieles scheint noch auf dem Weg zu sein.

In der Regel dient jede Perfektionierung vor allem natürlich zuerst der Sicherung von Fortpflanzung und Arterhaltung. Was die menschliche Sexualität betrifft, scheint die Anatomie der hierfür erforderlichen Geschlechtsorgane über diese essentiellen Ziele im Ergebnis jedoch längst deutlich hinauszugehen.

Kurz gesagt, Perfektion scheint hier ganz offensichtlich nicht mehr allein zur „reibungslosen Erfüllung natürlicher Erfordernisse" angesagt zu sein, sondern etwas völlig „Unevolutionäres" kommt ins Spiel: „Lust und Vergnügen". Das ist nur dann nachvollziehbar, wenn es hierfür andere Gründe gibt, welche die Evolution dazu „anregen". Ich kann mir in diesem Zusammenhang nur eine Art „gezielter *geistiger* Anregung" vorstellen. Religiöse Tabus, die ausgesprochen werden, weil man z.B. bestimmtes Sexualverhalten als der Fortpflanzung nicht zuträglich ablehnt, werden damit ad absurdum geführt. Im Folgenden will ich das etwas verdeutlichen:

Bei offenbar drei Tierarten, den Zwergschimpansen (Bonobos), den Delphinen und beim Menschen, ist Sexualität mit ziemlicher Sicherheit nicht allein auf Fortpflanzung gerichtet. Die Weibchen wohl aller anderen Tierarten werben z.B. nur während der fruchtbaren Zeit um Sexualität oder lassen sie überhaupt zu.

Allein der Mensch ist jedoch ohne jede Einschränkung durch feste Brunstzeiten potentiell immer sexuell aktiv. Ein biologischer Grund hierfür scheint wohl der versteckte Eisprung bei der Frau zu sein. Er kommt in der Tierwelt sehr selten vor, findet sich allerdings auch bei einigen Menschenaffen, interessanterweise aber nicht bei den uns am nächsten stehenden Schimpansenarten (ihr Erbgut unterscheidet sich nur um etwa 1 % von dem des Menschen).
Die Frau gehört zu den wenigen weiblichen Lebewesen, die im Großen und Ganzen *nicht* merken, wann genau ihr Eisprung erfolgt und sie fruchtbar macht. Des Menschen Sexualität kann also von daher schon nicht allein auf Fortpflanzung abzielen. Auch ist eine Frau, im Gegensatz zu fast allen weiblichen Tieren, ständig *sexuell* empfänglich.
Im Gegensatz zur Menschenäffin und den meisten anderen Tieren besitzt die Frau eine Klitoris, den Kitzler – ein aus „rein fortpflanzungstechnischer Sicht" sonderbares Attribut, für das man wohl nur das lustvolle Erleben der Sexualität als Grund plausibel anführen kann. Ähnliches gilt im Übrigen wohl auch für den Penis des Mannes: Im erigierten Zustand ist er durchschnittlich 12-13 cm lang. Bei Gorillas misst er dann aber nur 3 cm und beim Orang-Utan nur 4 cm. Das überrascht; denn diese beiden, dem Menschen eng verwandten Spezies, sind körperlich viel größer als der Mensch.
Für die Begattung ist aber die Größe des Penis genausowenig entscheidend wie für kompliziertere Stellungen, um den Koitus überhaupt ausüben zu können: Gorillas und Orang-Utans können das trotz ihres kleinen Penis sogar auf Bäumen bewerkstelligen.
Auch für einen längeren Koitus spielt die Penislänge keine Rolle: Die durchschnittliche Dauer des Geschlechtsverkehrs beträgt, wie der amerikanische Physiologe *Jared Diamond* schreibt, beim Menschen nur etwa 3-4 Minuten, beim Orang-Utan dagegen 15 Minuten. Auch von daher gibt es also keinen triftigen *physiologischen* Grund für ein deutlich größeres Geschlechtsteil.
Wie man inzwischen auch weiß, ist der verhältnismäßig lange menschliche Penis eher sogar viel weniger eine Attraktion für die Frau als für den Mann selbst. *„Frauen,* so schreibt Diamond, *berichten meist, sie würden von anderen Eigenschaften des Mannes mehr erregt, und den Anblick des Penis finden sie, wenn überhaupt, eher unattraktiv".*
Lange beobachtete Jared Diamond Naturvölker auf Neuguinea.
Die eingeborenen Männer verwenden dort eine verzierte Röhre, den sog. Penisköcher. Davon besitzen sie immer mehrere Varianten, die sie je nach Stimmungslage anlegen. Ohne ihn fühlen sie sich nackt. Und Diamond ergänzt: *„Der Penisköcher ist eigentlich ein auffälliger, erigierter Pseudopenis, und er macht deutlich, wie die Männer (!) gern ausgestattet wären"* (Anm.: Ausrufezeichen von mir).
Mit der Klitoris und dem Penis findet man zweifellos zwei Attribute, die einerseits gar nicht, andererseits *nicht* in der vorliegenden Form und Ausstattung eine unmittelbare Bedeutung für die Fortpflanzung und damit für den Erhalt der

Menschheit besitzen. Genausowenig bieten sie uns irgendeinen unmittelbaren Überlebensvorteil. Ihr Nutzen ließe sich natürlich mittelbar erklären – zum Beispiel damit, dass Mann und Frau infolge des Lustgewinns so häufig zueinander finden, dass es zur Arterhaltung ausreicht. Das aber berührt wieder eine höhere *geistige* Ebene, und genau darauf will ich ja hinaus. Dies wird noch verstärkt durch das Mysterium des *weiblichen* Orgasmus. Beim Tier gibt es ihn nicht, zumindest nicht gesichert. Grundsätzlich ist aber jede Frau dazu fähig, auch wenn diverse Statistiken angeben, er würde längst nicht von allen Frauen tatsächlich erfahren. Während man beim Mann (und auch beim männlichen Tier) ja noch die Fortpflanzung mit ihm in direkte Verbindung setzen könnte, wäre er aus dieser Sicht aber für die Frau völlig unerheblich. Dennoch gibt es ihn, und damit bleibt er für viele Evolutionsbiologen ein Mysterium. Über ihre reduktionistischen Erklärungsversuche kann man in der Regel nur schmunzeln... Ziemlich sicher kann man nun auch davon ausgehen, dass die geschlechtliche Anatomie des heutigen Menschen kaum von der unserer frühen Vorfahren abweicht. Sie hat sich wahrscheinlich also im Gleichschritt mit der Menschwerdung bereits damals genau so entwickelt, wie sie heute ist. Man muss sich also fragen, warum sich beim Menschen eine sexuelle Ausstattung entwickelte, die, weit mehr als bei jedem Tier, vor allem auf das Geistige und bewusst zu Erlebende abzielt und von vornherein auch etwas rein Geistiges auslöst, nämlich *Vergnügen* bereiten soll, während bei den allermeisten Tieren sonst nur das unbewusst-instinktive Programm zur Fortpflanzung dominiert?
Auch Jared Diamond artikuliert an allen rein materialistischen Theorien seine persönlichen Zweifel.
Der Mensch hat Sex offensichtlich keineswegs nur zur Fortpflanzung, sondern, so scheint es, schon seit Beginn der Menschwerdung auch zu seinem *Vergnügen* – und dies nach freiem zeitlichem Belieben. Dadurch unterscheidet er sich eklatant von allen Tieren. Durch die bislang anerkannten und bekannten Evolutionsmechanismen ist das schlichtweg nicht erklärbar.
Der Mensch baut sich sein artspezifisches *kollektives* geistiges Feld mit Hilfe *individueller* geistiger Felder auf. Als Ganzes liefert es Informationen an die jeweils körperlich manifestierten Lebewesen.
Diese Vorstellungen decken sich zumindest zum Teil mit dem „kollektiven Unbewussten" und mit der Idee von sogenannten „Archetypen"[89], wie sie von den Psychoanalytikern *Sigmund Freud (1856-1939)* und *Carl Gustav Jung (1875-1961)* postuliert wurden. Informationen von „allgemeinem Interesse" oder von „grundsätzlicher Bedeutung" werden laufend in dieses geistige Feld eingespeichert und können den artspezifischen Evolutionsablauf beeinflussen.
Noch ein weiteres ganz erstaunliches Phänomen wirft Fragen auf, das außer beim Menschen nur noch bei Grindwalen und ganz wenigen anderen, vergleichsweise *niederen* Tieren existiert:

---

[89] Damit wird die Gesamtheit menschlicher Erfahrungen gemeint.

Ich meine die *Menopause*, also das plötzliche und dauerhafte Ausbleiben des weiblichen Menstruationszyklus meist zwischen dem 40. und 50. Lebensjahr mit nachfolgender Unfruchtbarkeit. Im Gegensatz dazu bleibt der Mann ein Leben lang fruchtbar, wenn auch mit langsam abnehmender Tendenz. Normalerweise versiegt bei allen weiblichen Tieren die Fruchtbarkeit ebenfalls nur ganz allmählich. Aus Sicht bloßer Arterhaltung wäre es eigentlich doch viel sinnvoller, wenn die Frau auch bis ins hohe Alter fortpflanzungsfähig bliebe. Natürlich lassen sich genauso wieder gute Gründe dafür anfügen, dass dem nicht so ist. Doch einmal mehr ist erstaunlich: Alle diese Attribute und Merkmale waren schon auf einmal da, als der Mensch auf der Plattform des Lebens erschien; denn die Evolution hat die Menopause der Frau nicht erst im Laufe von riesigen Zeiträumen durch Versuch und Irrtum entwickelt: Sie gab es wohl sofort.

Ein guter Grund für die frühe Menopause mag sicher sein, dass die Frau sich aufgrund ihrer ausreichend langen Lebenserwartung stets genügend lange um ihre Nachkommen kümmern kann, bis diese selbständig sind. Und später, als die Lebenserwartung weiter zunahm, konnte sie sich als Großmutter um ihre Enkel kümmern: Die Biologen *Eckart Voland* und *Jan Beise* von der Universität Gießen haben durch Analyse von Bevölkerungsdaten aus dem 18. und 19. Jahrhundert herausgefunden, dass Kinder, deren *Oma* noch lebte, bessere Überlebenschancen zu haben schienen.

Wie Jared Diamond schreibt, kann die Frau die Anzahl der Menschen, die ihre Gene tragen, offenbar besser dadurch steigern, dass sie sich ihren potentiellen Enkelkindern und anderen Verwandten widmet, statt selbst noch ein weiteres Kind zur Welt zu bringen; denn die Geburt eines Menschenkindes ist ungleich komplizierter und gefährlicher als bei den Tieren, weil das Neugeborene im Verhältnis zu Größe und Gewicht der Mutter vor allem durch seinen großen Hirnschädel unverhältnismäßig „sperrig" ist. Und jede weitere Geburt gefährdet sofort die älteren Kinder, da die Mutter ja bei der Entbindung sterben könnte.

Bei kaum einer Tierart gibt es ein ähnlich hohes Geburtsrisiko.

Mit zunehmendem Alter der Mutter steigt natürlich auch das Gesundheits- und Sterberisiko des Kindes an. Männer haben alle diese Probleme nicht: Sie sterben nicht bei der Geburt ihrer Kinder und ziemlich selten bei der Zeugung...

Und ihr Maß an Verausgabung ist im Vergleich zu dem einer Schwangerschaft wohl zu vernachlässigen...

Männer brauchen deshalb auch keine Wechseljahre.

Nun kann man natürlich wie folgt gegenhalten: Die Menopause gibt es ja nicht ausschließlich beim Menschen, genausowenig wie nur Menschen einen großen Penis oder einen versteckten Eisprung haben. Und möglicherweise kommt auch die Klitoris noch bei anderen Tieren vor.

Doch widerspräche dies meiner Argumentation? Nein, ich glaube nicht.

Vielmehr sehe ich hier noch weitere Hinweise für meine Thesen als Ganzes:

Die Evolution entwickelt im Rahmen ihrer (durch geistige Informationen determinierten) Möglichkeiten frei und *emergent* ständig Neues. Nicht nur Mutationen, sondern auch wachsende geistige und interagierende Kräfte spielen dabei wichtige steuernde Rollen.
Selektionsmechanismen wählen dann das „Bestpassende" aus.
Über parallel wachsende Feedback-Mechanismen entsteht eine Art immer größer werdender „(geistiger) Informationspool", aus dem die Evolution auf ihrem emergenten Weg nach Belieben schöpfen kann. Aber immer geschieht dies sehr zweckmäßig. So gestaltet sie beim Menschen seine Geschlechtsorgane und deren Funktionen ebenfalls sehr zweckmäßig. Und das geschieht ziemlich plötzlich und wahrscheinlich alles Ganzes komplett auf einmal.
Sämtliche Gründe, die nun dafür sprechen, dass es „so und nicht anders" geschah, sind geistiger Natur. Das rein Physiologische, das zur Fortpflanzung und Arterhaltung Notwendige – all das hätte die Evolution genauso auch durch einfache *Weiter*entwicklung dessen erreichen können, was schon die menschlichen Vorfahren, die Primaten, besaßen. Doch der Mensch ist ein ganz neues, ein *vornehmlich* geistiges Wesen – und bei ihm kommen deshalb auch geistige Gründe für seine modifizierte Ausstattung zum Tragen.
Dazu aber gehört – offenbar evolutionsbedingt – dass die Sexualität des Menschen von Anfang an etwas ist, das ihm *primär Vergnügen* bereiten soll und nicht vor allem nur der Fortpflanzung dient und dann *vielleicht sekundär auch* Vergnügen bereiten könnte. Leider wird das bis heute von einer ganzen Reihe gesellschaftlicher Gruppierungen nicht erkannt.
Auch scheint die Evolution viel „Weitblick" zu zeigen, betrachtet man nur die durchaus plausiblen, aber wenig materialistischen Erklärungen für die Existenz einer weiblichen Menopause.
Ein immaterielles geistiges Wirken scheint also die Gestaltung der Sexualorgane und Sexualfunktionen sehr sinnvoll, zweckmäßig und überaus vorausblickend zu beeinflussen. Dieses Wirken existiert, auch wenn es für uns nicht sinnlich erfahrbar ist. Mit seiner Hilfe können wir nun jedoch wunderbare sinnliche Erfahrungen sammeln – und genau das, so behaupte ich, scheint auch das eigentliche Ziel gewesen zu sein. Dann kann sogar die Menopause als ein „bewusstes" Geschenk für die Frau verstanden werden, da ihre Lebenserwartung im Vergleich zu der ihrer Vorfahren allmählich anstieg.
Wie ich meine, zeigt uns das Beispiel der menschlichen Sexualität einmal mehr sehr deutlich, dass jede vordergründig nur scheinbar materielle Evolution in Wirklichkeit selbst in ein genauso parallel dazu evolvierendes und laufend verbessertes, geistiges und offenbar intelligentes Gesamtkonzept eingebettet ist. Alles Leben entwickelt sich durch Evolution – materiell und geistig.

9. Sonderbar: Der psychogene Tod

Im letzten Kapitel habe ich am Beispiel der menschlichen Sexualität gezeigt, dass die Evolution offenbar stets dort, wo der Geist immer höhere Ebenen erklimmt, auch mehr und mehr Eigenschaften und Merkmale produziert, deren Sinn und Zweck wohl nur aus einer immateriell geistigen Perspektive vernünftig zu verstehen sind. Ganz besonders deutlich ist das wohl dort zu finden, wo die Evolution des Menschen tatsächlich auf pures Vergnügen abzuzielen scheint. Für besonders wertvoll halte ich in diesem Zusammenhang auch die Tatsache, dass sich *alle* diese Neuentwicklungen erstmals beim Menschen *vollständig* und bei seinem Auftreten zugleich *sofort* manifestierten.
Nie waren sie Folge eines erst allmählichen Entwicklungsprozesses. Es gab also auch keine evolutionäre Testphase, wie man sie bei einer solch komplexen Zusammenstellung vielleicht vernünftigerweise hätte erwarten sollen. Nur die richtige Kombination aller dieser Merkmale macht aber das sexuelle Vergnügen schließlich auch auf Dauer perfekt.
Ein ganz anderes Beispiel für eine geistige Einflussnahme auf die Evolution scheint mir der sogenannte *„psychogene Tod"* zu sein.
Im Gegensatz zu allen Tieren weiß jeder Mensch, dass er einmal sterben wird. Viele, vor allem heutzutage und in der westlichen Welt, halten den Tod für ein endgültiges Ende. Wäre dem tatsächlich so, wäre er allerdings auch das Ende eines überaus erstaunlichen, lebenslänglichen geistigen Reifungsprozesses.
Sicher ist, dass der menschliche Körper schon wenige Jahre nach dem Erreichen des Erwachsenendaseins langsam wieder abbaut. Wir alle altern folglich *substanziell*, und dieser Prozess führt zwangsläufig irgendwann zum Tod. Doch diesem leicht einsichtigen Verlauf entspricht der Werdegang unserer geistigen und emotionalen Fähigkeiten ganz und gar nicht. Dieser Diskrepanz, die uns Menschen von jedem Tier ganz erheblich unterscheidet, habe ich bereits das 5. Kapitel gewidmet. Aus Sicht der (noch) im „Diesseits" Lebenden ist der Tod gewiss eine jähe und brutale Zäsur unseres geistigen Reifungsprozesses.
Ich sehe in ihm allerdings höchstens eine ganz kurze und nicht entscheidende Unterbrechung.
Längst ist den *Pathologen* bekannt, dass bei einer ganzen Reihe von Todesfällen, bei denen längere Krankheit, Unfall, Tötung oder Selbsttötung auszuschließen sind, auch sonst kein organischer Befund nachweisbar ist, der zwingend zum Tod hätte führen müssen.
In vielen Fällen nimmt man dann einen plötzlichen Herztod an, ohne dass man aber bei einer Leichenöffnung *(Obduktion, Sektion)* adäquate krankhafte Befunde am Herzen findet.

Der Physiker, Psychologe und Psychotherapeut *Gary Bruno Schmid* hat sich sehr intensiv mit solchen Fällen auseinandergesetzt.[90] *„Insbesondere..."*, so formuliert es in einem Vorwort zu *Schmids* Buch der Pathologe *Prof. Thomas Hardmeier*, *„...spielen für den Zeitpunkt des Todes ohne Zweifel psychologische Faktoren eine wichtige Rolle"*. Der sog. „psychogene Tod" scheint allein durch psychische Beeinflussung ausgelöst und schließlich durch die eigene Vorstellungskraft vollzogen zu werden. Schmid sieht darin das *„dramatischste Beispiel für die Macht der inneren Bilderwelt und der Sprache über das menschliche Leben"*. Und Thomas Hardmeier meint: *„Der oder die Auslösemechanismen für den psychogenen Tod sind zeitlos und anthropologisch universell, sie können als archetypisch bezeichnet werden"*. Am Ende steht dann der simple Herzstillstand. Die amerikanischen Wissenschaftler *Phillips* und *Kwok* konnten diese Todesart mittlerweile durch eine große Studie, die sich mit über 200.000 solcher Todesfälle befasste, bestätigen, was man im Jahr 2002 sogar im renommierten Deutschen Ärzteblatt nachlesen konnte (Ausgabe 45).

Wenn Sie mal über einen Friedhof spazieren und sich die Todesdaten auf Grabsteinen anschauen, dann wird Ihnen sicher auffallen, dass zum Beispiel gar nicht selten Ehepartner oder nahe Verwandte in relativ kurzen Abständen zueinander starben. Insbesondere findet man das oft bei alten Partnern, von denen man weiß, dass sie sich auch im Alter noch sehr nahe standen.

So starb vor wenigen Tagen der noch rüstige Großvater einer hiesigen Krankenschwester. Nur einen Tag später starb auch seine Frau. Beide waren zwar alt, aber nicht krank in dem Sinne, dass hier ein zwingender Grund für ihr plötzliches Sterben vorgelegen hätte. Es scheint, der eine habe den anderen „mitgenommen". Der Volksglaube spricht in solchen Fällen gerne von einer übernatürlichen Todesursache, hier speziell von dem *„Nachgezogenwerden durch vorher Verstorbene"*.

Kurz aufeinander folgende Todesfälle von Personen, die, wie ich es einmal formulieren möchte, in einer gefühlsmäßig sehr innigen Verbindung zueinander standen, findet man recht häufig.

Etwas ganz anderes sind kurz hintereinander folgende, regelrechte „Sterbeserien" von Personen, die vielleicht alle nur öffentlich exponiert waren oder einer bestimmten Berufsgattung angehörten, wie z.B. bekannte Schauspieler oder Politiker. Auch das sieht man relativ häufig. Nach einer solchen Serie ist für lange Zeit wieder Pause. Der Statistiker mag dies als nur zufällige Häufungen und mit dem Gesetz der Serie abtun. Und er wird in solchen Fällen wohl auch Recht haben.

Handelt es sich jedoch auch bloß um einen Zufall, wenn zum Beispiel innerhalb kurzer Zeit um den Tod meines Vaters am Valentinstag 1996 einige seiner engsten Freunde, Kegel- oder Skatpartner und frühere Mitarbeiter verstarben? Es sieht halt einfach aus, wie „gemeinsam abgesprochen". Ähnlich verhält es

---

[90] G. B. Schmid, „Tod durch Vorstellungskraft" (2001)

sich mit dem Tod der Ehefrau des bekannten Kölner Komponisten *Dr. Gerhard Jussenhofen (1911-2006)*[91]: Am 30. Januar 1991 beging er seinen 80. Geburtstag und am darauf folgenden Tag starb seine Frau. Es scheint, sie hatte ihn wohl noch abwarten wollen.

Zumindest muss man sich fragen, „*ob*", wie es Gary Schmid formuliert, „*das Sterben seinen Ursprung nicht doch* (auch) *in einer übernatürlichen, jenseitigen, d.h. spirituellen Seinsebene haben kann?*" (Einfügen des Wortes „auch" durch mich, da Schmid selbst mehrere Möglichkeiten in diesem Zusammenhang nennt).

Manche Menschen sterben exakt an einem besonderen Jahrestag, z.B. dem Geburts- oder Todestag einer geliebten, bereits zuvor verstorbenen Person. Schmid spricht dann von einer typischen „Jahrestagsreaktion". Für meine Begriffe gab es hierfür vor einigen Jahren zwei klassische Beispiele im britischen Königshaus:

Am 7. Februar 2002 starb die Schwester von Königin Elizabeth II, Prinzessin Margret. Ihr geliebter Vater, König Georg VI, war am 6. Februar, genau 50 Jahre zuvor, gestorben. Margret starb, so hieß es offiziell, an einem Schlaganfall. Doch warum kam es just in dieser sehr engen zeitlichen Nähe zu dem für die englische Königsfamilie bedeutenden Jahrestag dazu, wahrscheinlich sogar an demselben Tag? Wie nah Prinzessin Margret ihrem Vater wohl stand, lässt sich an ihrer testamentarischen Verfügung ablesen, die die Modalitäten ihrer Bestattung betraf: Erstmals ließ sich nämlich mit Margret ein Mitglied der Royals verbrennen. Der einfache Grund für diesen Wunsch war, auch in der königlichen Gruft beigesetzt zu werden. Dort gab es nämlich nur noch Raum für einen Sarg, und dieser Platz war dereinst für die damals schon 101-jährige Königinmutter vorbehalten. Margret aber wollte ihrem Vater im Tod so nah wie möglich sein und dies ging – für sie – nur in einer Urne. Ihr Begräbnis fand auf den Tag genau 50 Jahre nach dem ihres Vaters statt. Und nur wenige Wochen später war der Fall „dereinst" dann eingetreten: Am Ostersamstag, den 30.03.2002, starb schließlich auch die Königinmutter. Sicher muss man in einem so hohen Alter damit immer rechnen. Doch die jetzt enge zeitliche Nähe zum Tod ihrer Tochter kam vielleicht nicht von ungefähr.

In die Kategorie der sogenannten Jahrestagsreaktionen gehören auch die folgenden, vermutlich psychogenen Todesfälle aus quasi heiterem Himmel, die aus meinem eigenen Umfeld stammen:

Der Onkel einer meiner Schwager stand vor einigen Jahren kurz vor seinem 100. Geburtstag. Es sollte ein schönes Fest werden, und er ließ es sich nicht nehmen, alle wichtigen Vorbereitungen dafür noch selbst vorzunehmen. Doch der Stress

---

[91] Sein Grab liegt wenige Meter neben dem meines Vaters auf dem Kölner Friedhof Melaten. Deshalb fiel mir der Zusammenhang natürlich auf. Bekannte Lieder von G.J. sind „Kornblumenblau", „Man müsste noch mal 20 sein", u.v.m., insgesamt über 1000 Titel.

war dann wohl zuviel. Zwei Tage vor dem seltenen Ereignis starb er plötzlich an akutem Herzversagen. Bis dahin war er nicht ernsthaft krank gewesen.

Einen ähnlichen Fall schilderte mir eine liebe ältere Dame aus Essen. Sie und ihren mittlerweile verstorbenen Mann hatten wir vor einigen Jahren in Brasilien kennengelernt, und seither haben wir freundschaftlichen Kontakt. Am Ende des zweiten Weltkriegs war sie einige Zeit lang von einer Bäuerin im Allgäu vor alliierter Nachstellung beschützt worden, woraus sich für sie und ihre spätere Familie eine enge Freundschaft entwickelte. Als diese Bäuerin vor einigen Jahren kurz vor ihrem 100. Geburtstag stand, fragte man sie, ob sie sich denn auf ihr seltenes Jubiläum freue? Darauf meinte sie nur lakonisch in schwäbischem Dialekt: *„Ha noi, I heb do nix davon, desch koscht mi do nua fül Geld"*.[92] Drei Monate vor ihrem 100. Geburtstag starb sie plötzlich und aus relativ guter Gesundheit heraus ohne erkennbare Ursache.

Ein ganz anderes Beispiel aus meiner näheren Umgebung handelt wohl von dem psychogenen Tod infolge von „Hoffnungslosigkeit in einerausweg- und hilflosen Situation": Anfang 2002 starb W., der Schwager eines befreundeten Kollegen mit knapp über 60 Jahren. Auch er starb plötzlich während eines Tennisspiels mitten in Afrika, wo er seit Jahren für eine Stahlbaufirma tätig war. Die typische Diagnose war Herzinfarkt. Kurz zuvor noch hatte bei ihm eine routinemäßige Herzuntersuchung nichts Krankhaftes ergeben. Sicher, etwas dieser Art ist beinahe alltäglich – was allerdings nur besagt, dass es sich lohnen dürfte, mal öfters nach den genauen Begleitumständen des Todes zu forschen. In diesem Fall scheint wohl einiges für einen psychogenen Tod sprechen:

So muss sich W. zeit seiner langjährigen Tätigkeit sehr für diese Firma, in der er angestellt war, eingesetzt haben. Bereits viele Jahre war er für sie im Ausland tätig gewesen, an wechselnden Orten in Asien und Afrika. In den letzten Monaten vor seinem Tod muss es der Firma wirtschaftlich zunehmend schlechter gegangen zu sein. Schon wurde auch über einen bevorstehenden Personalabbau gemunkelt, wobei seine eigene betriebliche Zukunft jedoch zunächst nicht gefährdet zu sein schien. Um den Jahreswechsel 2001/02 kam W. nach Deutschland. Ohne, dass es damals jemand in seinem Umfeld bewusst registriert hatte – erst nach seinem Tod war es seinen Angehörigen aufgefallen – machte W. noch eine komplette Runde von „Abschiedsbesuchen". Sie führten ihn dabei selbst dorthin, wo er zuvor schon lange, und das in einigen Fällen ganz bewusst, nicht mehr gewesen war. Mehrere Anverwandte, seine Frau, seine beiden erwachsenen Kinder, die nicht mehr zu Hause wohnten, Freunde, sein Haus in Spanien, überall ließ er sich noch einmal blicken – gerade so, als würde er das alles nie wieder sehen. Natürlich dürfte ihm selbst sein eigenartiges Zeremoniell kaum als solches *bewusst* geworden sein. Wenige Tage vor seinem Tod erhielt er ein seltsames Fax. Es schien, als habe sich jemand aus dem Umfeld seiner Firma einen bösen Scherz erlaubt und ihm mitgeteilt, auch ihm

---

[92] Was soviel heißt wie: Aber nein, da hab' ich doch nichts von, das kostet mich doch nur viel Geld.

würde gekündigt werden müssen. Auf Rückfrage bei seiner Firma hin wurde dies jedoch dementiert. Ob das Dementi der Wahrheit entsprach oder nur eine vorläufige Beschwichtigung war, ist mir nicht bekannt. Er selbst jedenfalls hat es nicht mehr erlebt.

In diesem Fall scheint der Verstorbene über eine längere Zeit unterbewusst und unterschwellig von Hoffnungslosigkeit und Angst gequält worden zu sein. Vermutlich fühlte er sich in einer – womöglich gar nur scheinbar – ausweg- und hilflosen Situation, so dass er am Ende einen psychogenen Tod starb.

Nebenbei dazu noch Folgendes: Ungefähr fünfzehn Jahre zuvor war W.'s Vater gestorben. Auch er starb einen plötzlichen Herztod während er Tennis spielte. Kurz nach seines Vaters Tod starb dessen jüngerer Bruder. Kurz nach W.'s Tod starb nun letztes Jahr auch sein jüngerer Bruder...

Ein weiteres bekanntes Problem ist sicher der Heimwehtod, den zum Beispiel manch ein Soldat an der Front in den letzten beiden Weltkriegen starb. In diese Kategorie passt auch der Volksglaube, „Einen alten Baum soll man nicht mehr verpflanzen": Nicht selten sterben alte Menschen, kurz nachdem sie im Alter einen Tapetenwechsel vornahmen. Vermutlich spielte das eine Rolle beim Tod von mindestens zwei meiner drei Großmütter[93]: Beide starben innerhalb weniger Wochen, nachdem sie aus zunächst eigenem Antrieb aus ihrer häuslichen Umgebung in ein Pflegeheim wechselten. Für ihren, was den Zeitpunkt angeht, doch unerwartet plötzlichen Tod gab es keine Anzeichen, keine wirklichen körperlichen Gebrechen, die darauf im Vorfeld hätten schließen lassen. Auch bei meiner „dritten" Großmutter bin ich mir nicht sicher, ob ihr Tod nicht ebenso in diese Kategorie passt. Allerdings starb sie schon 1962 und ich war noch zu jung, um mich damals näher damit zu beschäftigen. Natürlich erinnere ich mich gut an sie. Sie wohnte übers Jahr allein in ihrer Wohnung in Berlin und besuchte uns jedes Jahr im Spätherbst für etwa drei Monate in Köln. Nach den Feiertagen flog sie zu Anfang des nächsten Jahres wieder zurück. Der Abschied von uns fiel ihr nie leicht. Vielleicht war das diesmal der Grund, sich schon aus ihrem Leben zurückzuziehen: Sie starb wenige Tage vor Weihnachten in unserem Haus.

Es scheint den psychogenen Tod wohl tatsächlich zu geben, und somit dürfte er eine geistige Ursache haben.[94]

Natürlich stellt sich die Frage, ob es hierfür eine, wie *Gary Schmid* es nennt, *„darwinistische Perspektive"* oder, wie ich es nennen möchte, einen evolutionären Grund oder Zusammenhang geben könnte?

Schmid formuliert es noch konkreter: *„Welchen Vorteil könnte der psychogene Tod für das Überleben und für die Fortpflanzung des Homo sapiens haben?"*

---

[93] infolge Zweitheirat einer meiner Großväter hatte ich neben den beiden leiblichen Großmüttern noch eine dritte, nicht minder lieb gewonnene Stief-Großmutter.

[94] Ich betrachte auch das, was gemeinhin als Seele oder seelisch bezeichnet wird, als Geist oder geistig. Für mich ist die Seele der erst zum Zeitpunkt seines (körperlichen) Todes ausdifferenzierte Geist eines Menschen.

In seiner Antwort auf diese Frage geht Schmid von der gleichen Überlegung aus, wie ich es auch schon tat:
Man darf wohl annehmen, dass der heutige Mensch dieselbe neurophysiologische und neuropsychologische Konstitution wie seine Urahnen hat, die vor etwa 10.000 Jahren als Jäger und Sammler lebten. Das ergibt etwa 400 Menschengenerationen, was eine viel zu kurze Zeit ist, um durch Mutationen tiefgreifende Veränderungen der menschlichen Konstitution zu bewerkstelligen – so, wie es der Evolutionsbiologe fordern würde.
Das heißt also, auch damals schon muss es den psychogenen Tod gegeben haben. *Schmid* folgert nun, dass der psychogene Tod früher, unter den Bedingungen der jeweiligen Sippschaft wie Autorität, Verbot, Zusammenhalt in der Gemeinschaft sowie Intuition und Vorwegnahme (Antizipation) von verschiedenen Gemeinschaftsregeln und Vorstellungen, eine Art Konfliktlösung darstellte.
Die Befolgung von Regeln und das Unterordnung des Einzelnen in praktisch symbiotisch abhängiger Beziehung – z.B. gegenüber den Stammesältesten oder den Magiern der Gemeinschaft, etwa durch Fernhaltung von Tabus oder durch Verbleiben in der Heimat der Sippe etc. – ist nach Meinung *Schmids* für das Überleben der ganzen Spezies notwendig. Kommt es zu Störungen in diesen Symbiosen, so kann, wie *Schmid* schreibt, der „sinnstiftende menschliche Geist" sein Lebensprinzip offenbar vom Todesarchetyp abgrenzen oder schützen und zwingt sich, anstelle zu leben, unbewusst in den Tod.
Ich kann dieser Begründung *Schmids* nicht durchweg folgen, und zwar einfach deshalb nicht, weil er die aus meiner Sicht gut belegbare Neuorientierung der Evolution missachtet, bzw. nicht (er)kennt:
Danach lässt sich, wie ich bereits erläutert habe, zeigen, dass die Evolution mit dem Auftreten des Menschen konsequent zur Individualisierung drängte. Nicht mehr also das Kollektiv steht ab sofort im Vordergrund, sondern zunehmend, und bis heute immer klarer und prägnanter, allein der einzelne Mensch, das einzelne Individuum. Genau darin liegt ja gerade der evolutionäre Vorteil des „Geistwesens Mensch", wie ich schon in früheren Kapiteln gezeigt habe. Nur durch Individualisierung schafft die Evolution auf ihrem Weg zu geistiger Perfektion eine sonst unerreichbare Vielfalt. Jedes einzelne menschliche Individuum strebt nun nach persönlicher Perfektion, während dies früher immer eine Aufgabe der ganzen kollektiven Art war. Das heißt also, beim Menschen muss folglich jeder eventuelle darwinistische (oder evolutionäre) Vorteil daran gemessen werden, welchen Vorteil er jetzt für den Einzelnen hat. Aus dieser Perspektive sind die Überlegungen *Schmids* eher ohne Belang.
Deshalb glaube ich, man muss hier konsequenterweise einen ganz anderen Schluss ziehen: Der psychogene Tod des Menschen, dessen Vorkommen wohl als gesichert angesehen werden darf, muss dem *Einzelnen* einen *Vorteil* bieten; denn der Einzelne ist das aktuelle Ziel der „modernen" menschlichen Evolution.

Damit stellt sich die Frage, welchen Vorteil der eigene Tod für das Individuum konkret haben sollte? Mehr noch: Um den Beweggründen von Evolution gerecht zu werden, müsste es sich dabei sogar um einen „Überlebensvorteil" handeln. Dies aber scheint paradox zu sein: Der Tod, das gefürchtete Ende der menschlichen Persönlichkeit, als Überlebensvorteil?
Die einzige plausible Antwort kann meines Erachtens nur die sein:
Der Tod des Menschen ist eben nicht, wie vielfach angenommen, auch tatsächlich sein persönliches Ende. Vielmehr geht das Leben eines jeden einzelnen Menschen auch nach seinem in Wahrheit nur körperlichen Tod weiter – und zwar sofort und unmittelbar.
Der psychogene Tod kann somit als Form der Konfliktlösung in einer für den Betroffenen zumindest scheinbar ausweglosen Situation welcher Ursache auch immer angesehen werden.
Er dient vor allem ihm selbst und nicht der Spezies als Ganzes und stellt im Fall einer psychischen Bedrohung sogar einen evolutionären Überlebensvorteil für das Individuum dar.
Aus dieser Perspektive ist der psychogene Tod ein, wie ich meine, durchaus interessanter Hinweis auf das Überleben des eigenen Todes „im Tod".

10. Im Schatten des Todes

„Ich fragte Jacob, wie es ihm ging. Ohne auch nur eine Sekunde zu zögern, sah er mich an, lächelte und sagte in freudigem Staunen: ‚Ich existiere nicht!' Wir lächelten einander an; er presste meine Hand. Sein Sohn aber trat näher und legte seine Hand Jacob auf die Schulter: ‚Doch, du existierst. Du bist mein Vater.' Jacob lächelte seinen Sohn an: ‚Ja, ich bin dein Vater.' ‚Sie können beides. Nicht wahr, Jacob?' fügte ich hinzu. Sein Lächeln wurde nun breiter und strahlender. ‚Genau!' rief er."

Der amerikanische Hospizberater *Robert Sachs*[95] führte dieses Gespräch mit seinem schwerkranken Patienten kurz vor dessen Tod. Diese wenigen Worte sind durchaus typisch und bezeichnend für das, was einem Menschen im Angesicht seines Todes widerfährt, sofern ihm *vergönnt* ist, die letzte Phase seines herannahenden Todes bewusst zu erleben.
Sie meinen, es muss doch eine Strafe sein, dem eigenen, unausweichlich nahenden Tod so direkt ins Angesicht zu blicken?
Statistisch gesehen hätte es die klare Mehrheit aller Menschen wohl lieber, ohne jede Vorankündigung plötzlich, am besten im Schlaf, zu sterben. Ich glaube

---

[95] aus: Robert Sachs, „Das Leben vollenden" (1998)

jedoch, dass dieser Wunsch zu kurzsichtig ist und man damit um wichtige Erfahrungen beraubt würde.
Wer schon einmal Menschen auf ihrem letzten Weg begleitet hat – am ehesten wahrscheinlich nahe Angehörige – wird vermutlich auch die Erfahrung gemacht haben, dass sie am Ende irgendwie „anders" waren: Ihre Persönlichkeit hat sich kurz vor ihrem Tod ziemlich verändert. Schon Tage, zumindest aber Stunden vor ihrem Tod scheinen sie nicht selten *klar* zu erkennen, dass sie ihren Körper schon bald zurück lassen werden.

„Die Koffer sind gepackt", sagte Martin zu seiner Mutter wenige Stunden vor seinem Tod, der ihn 1996 mit erst 31 Jahren infolge einer fürchterlichen Krebserkrankung viel zu früh dahinraffte.
Wochen zuvor hatten er und seine Familie erfahren müssen, dass es für ihn keine Hoffnung auf ein Überleben mehr geben konnte. Die ihn behandelnden Ärzte hatten ihn aufgegeben. Als ich zufällig davon erfuhr, bat ich darum, ihn auf diesen letzten Wochen begleiten zu dürfen. So konnte ich ein wenig helfen, ihm und seiner Familie durch viele Gespräche die Sicherheit zu geben, dass er keine Angst haben müsse; denn er würde *sterben*, aber damit *nicht tot* sein.
Martin verschied Anfang Juli 1996 in dieser schließlich festen Überzeugung. Für mich war er ein eindrucksvolles Beispiel dafür, dass der herannahende Tod mehr eine Art Reifeprüfung für den menschlichen Geist ist und nicht seine unmittelbar bevorstehende Vernichtung. In wenigen Wochen reifte Martin zu großer Weisheit heran. Er sah die Welt in einem neuen, ganz anderen Licht – es war die Sicht, die man sonst meist erst bei alten Menschen antrifft, getragen von Gelassenheit, innerer Ruhe und Festigkeit.

Als mein Vater im Januar 1996 wegen einer nach Ansicht seiner Ärzte dringend notwendigen Herzoperation in eine Kölner Klinik ging, war jeder in der Familie davon überzeugt, er würde nach ein paar Wochen gesund zurückkehren. Ein paar Jahre zuvor musste er schon einmal mehrfach unters Messer und schien dem Tod sehr nahe zu sein. Doch im Gegensatz zu damals hatte er, wie sich erst nach seinem Tod vier Wochen nach der Operation herausstellte, diesmal schon vorab und minutiös alle wichtigen Angelegenheiten zum Abschluss gebracht und sorgfältig geordnet. Darüber hinaus hatte er uns allen einen mitreißenden und zutiefst erschütternden Abschiedsbrief geschrieben. Darin gab er unter anderem auch seiner mittlerweile *gewachsenen* festen Überzeugung Ausdruck, dass wir uns alle dereinst wieder sehen werden.
Am Sonntag vor dem Eingriff kamen alle Familienmitglieder, ohne sich vorher abgesprochen zu haben, wie auf Kommando in die Klinik, um ihn zu besuchen. Nur selten zuvor, wenn überhaupt, hatte mein Vater in den letzten Jahren so *spontan* alle auf einmal bei sich zu Besuch gehabt.
Als ich ihn an diesem Tag verließ, fühlte ich noch auf dem Stationsflur ganz urplötzlich einen eiskalten Schauer über meinen Rücken laufen. *„Das war's!"*

Genau diese Worte hatte ich im Sinn und zugleich war ich darüber zutiefst erschrocken. Leider habe ich diesen Gedanken genauso verdrängt wie manch andere seltsame Zeichen die Tage davor. Im Nachhinein bin ich mir auch heute noch nicht sicher, damals nicht eine Reihe subtiler Hinweise missachtet zu haben, die mich vor dem leider bald Bevorstehenden warnen sollten.

Wegen erheblicher Nachblutungen musste mein Vater innerhalb weniger Stunden ein zweites Mal operiert werden. In den Wochen danach wurde er nur noch wenige Male wach und konnte leider nur selten mit uns, die ihn alle so oft wie möglich besuchten, wenigstens mal kurzen Kontakt aufnehmen. Da er aus eigenem Antrieb nicht mehr richtig atmete, wurde er die meiste Zeit beatmet. Doch auch wenn es manchmal so schien, als sei er im Koma und könne überhaupt nichts wahrnehmen – er bekam sicher alles mit, wie mir hier und da kleinste Augenbewegungen und Fingerdrücke auf mein gezieltes Befragen hin bewiesen.

In seinem faszinierenden Buch schildert *Jean-Dominique Bauby*[96], ehemals Chefredakteur eines französischen Magazins, einige Zeit seines komatösen Zustandes bis zu seinem späteren Tod mit nur 43 Jahren. Sie haben richtig gelesen, er verfasste dieses Buch, obwohl er über ein Jahr scheinbar unbeteiligt an allem, das ihn umgab, im Krankenhaus dahinvegetierte, nachdem ihn 1995 ein Schlaganfall sämtlicher Ausdruckskräfte beraubt zu haben schien.

Erst durch aufmerksames Beobachten konnten nahe Angehörige nach langer Zeit dieses Zustandes erkennen, dass er in Wirklichkeit vollkommen bewusst alles in seiner Umgebung wahrnahm und durch schwaches Augenblinzeln schließlich sogar gezielt auf Fragen reagierte. Mit Hilfe einer Logopädin vereinbarte man ein Alphabet mit einer neuen Reihenfolge der Buchstaben, angepasst an die Häufigkeit ihrer Verwendung in der französischen Sprache. Einmal Augenzwinkern hieß dann: erster Buchstabe, zweimal Zwinkern: zweiter Buchstabe, u.s.w.

Mit riesigem Aufwand und größter Geduld konnte er nun seine Gedanken schildern, die dann das Buch ermöglichten.

Besonders eindrucksvoll finde ich Passagen, in denen er auf das Verhalten von Schwestern und Pflegern zu sprechen kommt, die in Unkenntnis seiner voll vorhandenen Bewusstheit vieles falsch machten. So lief zum Beispiel gerade ein spannendes Fußballspiel im Fernseher, als ein Pfleger ins Zimmer kam und das Gerät einfach ausschaltete. Natürlich war der Pfleger der Meinung, sein Patient bekäme ohnehin nichts mit, und leider konnte *Bauby* sich seinerseits nicht bemerkbar machen – er konnte sich nur maßlos ärgern.

Auf ganz ähnliche Weise hatte auch ich mich mit meinem Vater ab und zu noch „unterhalten" können. An seinem letzten Geburtstag, neun Tage vor seinem

---

[96] J.D. Bauby, „Schmetterling und Taucherglocke" (1998)

Tod, war er, obwohl immer noch beatmet und nicht fähig zu sprechen, merklich bei vollem Bewusstsein gewesen. Allein durch Augenblinzeln gab er mir auf rhetorische Fragen zu verstehen, dass er es wohl nicht mehr schaffen würde. Da ich mich bereits seit vielen Jahren mit dem Thema Tod befasst hatte und der Überzeugung war, der Tod sei nicht das persönliche Ende eines Menschen, befragte ich ihn auch über sein Empfinden und seine Wahrnehmungen. Jede Frage musste möglichst so abgefasst werden, dass sie mit „Ja" oder „Nein" zu beantworten war.

Mit Blinzeln und kaum merklichem Fingerdrücken konnten sie so, zwar sehr mühsam, jedoch ziemlich eindeutig beantwortet werden. Dabei schien es mir, dass er irgendwie Einblick in seine mögliche Zukunft hatte. Er schien vielleicht sogar vor die *Wahl* gestellt zu sein: Entweder nicht mehr richtig gesund werden zu können und hilfsbedürftig bleiben zu müssen oder zu sterben und zu seinen Eltern, zwei seiner drei Brüder und seinen vielen Freunden zu scheiden, die ihm in dem, was wir Tod nennen, bereits vorausgegangen waren. Während dieses „Gesprächs" wurde mir klar, dass er sich bereits für die zweite Möglichkeit entschieden hatte.

Doch ich wollte das damals keineswegs akzeptieren und nahm in seiner letzten Lebenswoche noch meinen eigenen Kampf gegen das wohl Unvermeidliche auf: So sorgte ich für eine Verlegung in eine andere Klinik und mobilisierte einen befreundeten Spezialisten, ihm doch noch irgendwie zu helfen. Am Ende musste ich kapitulieren.

Tränen kullerten an jenem Geburtstag über seine Wangen, als ich ihm einen Brief und ein Bild meiner beiden Söhne vorhielt, die ihm gratulierten und den geliebten Opa anflehten, bald wieder gesund zu werden. Seine schwere Entscheidung, den wohl besseren Weg von zwei möglichen zu *wählen*, wurde mir später noch auf eine ganz andere Weise deutlich gemacht:

Erstmals zwei Tage vor seinem Tod wurden mir rein intuitiv ein paar Takte eines mir bis dahin – zumindest bewussterma ßen – völlig unbekannten Liedes regelrecht „zuteil", so als hätte ich sie *selbst komponiert*. Mehrfach „vernahm" ich, ohne sie tatsächlich irgendwo zu hören, dieselben Takte wiederholt auch in den nächsten zwei Tagen, wobei sie immer weit weg zu sein schienen. Das Komische ist: Von Anfang an verband ich diese Melodie irgendwie ganz intensiv mit meinem Vater. Ich weiß nicht wieso, jedenfalls schien ich keine andere Wahl zu haben.

Wie sich erst zwei Tage nach meines Vaters Tod herausstellte, handelte es sich dabei um die Refrainmelodie eines Songs, der just zu jener Zeit gerade neu aufgekommen war. Auch am Todestag meines Vaters „vernahm" ich diese Takte wieder. Doch diesmal empfand ich sie auf einmal als sehr laut, ja geradezu dröhnend und aufdringlich...

Auf dem Schwesterntisch der nur mit Vorhängen unterteilten Intensivstation stand ein großes Radio. Wie nicht nur ich bei meinen Besuchen damals bemerkt hatte, spielte es unentwegt den gleichen Radiosender. Das Bett meines Vaters stand dazu in unmittelbarer Nähe. Wie spätere Nachforschungen ergaben, muss der Song, den ich bis dahin nicht gekannt und bewusst im Radio gehört hatte, von genau diesem Sender an seinem Todestag ziemlich genau zu der Zeit tatsächlich gespielt worden sein, als ich ihn so aufdringlich „*innerlich vernommen*" hatte. Er schien bis zu mir nach Aachen durchgedrungen zu sein... *Zu jener Zeit verließ wohl meines Vaters Geist seinen Körper.*

Ob er mich mit diesem Lied vielleicht auf diesen Augenblick vorbereiten und informieren wollte?
An jenem Nachmittag besuchte ich ihn in der Kölner Klinik. Zwar lief noch eine mobile Nierenwäsche und auch die künstliche Beatmung war noch nicht abgeschaltet. Doch Lebenszeichen ließen sich nicht mehr provozieren. Ich selbst hatte das Gefühl, hier würde längst schon eine tote Hülle versorgt. Genau das erzählte ich danach einer meiner Schwestern, bat sie aber, dies nicht weiterzuerzählen. Am selben Abend wurden die Geräte abgeschaltet und offiziell sein Tod verkündet.

Am darauf folgenden Tag trafen sich meine drei Schwestern, mein Bruder und ich wieder in Köln bei unserer Mutter zur Vorbereitung der Trauerfeier. Ich erzählte ihnen nun von der Melodie, die ich merkwürdigerweise so oft in den letzten Tagen „im Geist" vernommen hatte und summte sie jedem vor. Doch keiner von ihnen kannte sie.
Als an diesem Abend meine jüngste Schwester mit einer Freundin telefonierte, war sie plötzlich förmlich erstarrt: Sie erkannte die, ihr von mir zuvor vorgesummte, Melodie am Telefon: Als sie mit ihrer Freundin sprach, tönte sie in jenem Moment gerade dort im Hintergrund aus dem Radio. Dadurch lernten wir alle erstmals den Song „*Anywhere is*" der irischen Sängerin *Enya* kennen, die uns damals noch nicht bekannt war.[97]
In den acht Tagen zwischen Tod und Beisetzung geschah es, dass praktisch jedes Mal, wenn ich *gerade ins Auto stieg*, um nach Köln oder von dort zurück nach Aachen zu fahren, genau dieses Lied im Radio gespielt wurde und merkwürdigerweise *nur dann*. Als ich einige Tage nach dem Tod meines Vaters eine CD mit diesem Lied geschenkt bekam, las ich den Text und erschauderte. Zum Schluss heißt es da:
"*I took the turn and turned to – begin a new beginning – still looking for the answer – I cannot find the finish – it's either this or that way – it's one way or the other – it should be one direction – it could be on reflection – the turn I have just taken – the turn that I was making – I might be just beginning – I might be near the end.*"

---

[97] Inzwischen ist Enya vor allem durch ihren Song „Only Time" berühmt geworden, der zur traurigen Hymne der barbarischen Terrorattacken auf das World Trade Center in New York am 11. September 2001 avancierte.

„Anywhere is" habe ich seither häufiger wieder im Radio gehört, fast immer zu besonderen Anlässen, die irgendwie mit meinem Vater zu tun hatten oder auch nur, wenn ich gerade *zuvor* an ihn sehr dachte. Selbst Jahre später, als dieser Song beileibe nicht mehr auf Hitlisten stand, wiederholte sich das: Mein Vater wäre am 5. Februar 2007 achtzig Jahre alt geworden. Natürlich fuhr ich an jenem Morgen wie jeden Tag pünktlich in meine Praxis. Ich holte dazu mein Auto aus der Garage, stieg ein und ließ den Wagen an. Automatisch läuft dann auch das Radio und was wurde exakt in diesem Moment gespielt?
Natürlich *„Anywhere is"* von Enya. Da ich mir mittlerweile angewöhnt habe, für meine „außergewöhnlichen" Erfahrungen und Erlebnisse Beweise zu sammeln; denn die Skepsis ist auch in meiner Umgebung groß, habe ich mir dies natürlich vom Sender schriftlich bestätigen lassen:

Sehr geehrter Herr van Laack, wie telefonisch gewünscht möchte ich Ihnen hiermit nochmals schriftlich bestätigen, dass heute Morgen, dem 05.02.07, gegen 07.36 Uhr „Anywhere is" von Enya auf unserem Sender gelaufen ist.
Beste Grüsse, Anke S., Assistentin Programmleitung 100'5
DAS HITRADIO, regioMEDIEN AG, Kehrweg 11, B - 4700 Eupen

Viele Menschen, die eine sehr nahe stehende Person verlieren, erfahren im Umfeld des bevorstehenden Todes Sonderbares.
Häufig kommt es zu einer dramatischem und manchmal für die Hinterbliebenen auch wirren bis chaotischen Zunahme von *Gefühlen* – oft sogar unerträglich stark, wie *Robert Sachs* in seinem Buch *„Das Leben vollenden"* schreibt. Der Tod wirft so seine Schatten voraus.

Im September 1996, sieben Monate nach dem Tod meines Vaters, starb unser „Tantchen". Seit damals über 40 Jahren gehörte sie zu unserer Familie. Ursprünglich hatte sie mal bei meinem Vater als Haushaltshilfe angefangen. Im Laufe der Jahre kümmerte sie sich sehr liebevoll um meine vier jüngeren Geschwister und mich und zog uns alle mit auf, später dann auch meine beiden Söhne. Sie liebte uns und wir alle liebten sie sehr.
Sicher, mittlerweile war sie 86 Jahre alt und Alter wie Krankheit machten ihr zusehends zu schaffen. Doch erst der Tod meines Vaters, den sie so lange verehrt hatte, brach ihr den Lebenswillen. Oft genug bemerkte ich sie vor sich hinmurmeln, es hätte doch besser sie treffen sollen, warum nur meinen viel jüngeren Vater?
Wie schon die letzten Jahre zuvor, wollte sie auch diesmal, im Oktober 1996, die Herbstferien mit meiner Familie im Allgäu verbringen.
Am vorletzten Sonntag im September 1996 fuhr ich allein spontan zu ihr nach Hause, nicht weit von uns entfernt in Eschweiler. Sie war munter und fidel. Wir tranken gemeinsam Kaffee, und sie bat mich eine Schublade zu öffnen, in der sie ihre vielen Fotos aufbewahrte. Nie zuvor hatte sie das getan. In einer mir

einmal mehr ganz plötzlich bewussten und schwerlich beschreibbaren, aber sehr eigentümlichen Atmosphäre betrachteten wir uns diese Bilder.
Zu jedem erzählte sie mir eine Geschichte, und wir erinnerten uns dabei auch an so viel gemeinsam Erlebtes. Immer wieder schilderte sie mir nun neue Details aus ihrer Kindheit, über ihre Eltern, ihrem Mann, den ich gut gekannt hatte und der schon 17 Jahre zuvor verstorben war. Auch sprach sie über seine Familie und über die näheren Umstände, die Jahrzehnte zuvor zur Auswanderung ihrer Nichten nach Uruguay und später nach Australien sowie von zwei ihrer drei Kinder nach Amerika geführt hatten. Sie erzählte alles so, als wäre es das letzte Mal, dass sie dazu Gelegenheit hätte.
Es sollte tatsächlich das letzte Mal gewesen sein. Und genau dieses Gefühl hatte ich in dem Moment auch. Es war dasselbe Gefühl, das ich zuletzt Monate zuvor hatte, als ich das Krankenzimmer meines Vaters vor seiner Operation verließ.
Als ich mich später von „Tantchen" verabschiedete, setzte sie sich in ihren Ohrensessel. Ich umarmte und küsste sie. Dabei erwähnte ich noch kurz den geplanten Herbsturlaub im Allgäu. Mir selbst kam es fast wie eine Beschwörung meines unerklärlich mulmigen Gefühls vor, so als könnte ich allein durch das Sprechen darüber schon Fakten schaffen.
Sie jedoch schaute mich fragend, von unten aufschauend, an und meinte nur: *„Wer weiß?"*. *„Wieso?"*, fragte ich sie zurück und sehe mich dabei noch so vor ihr stehen. Sie zuckte nur mit den Achseln, sagte nichts, aber deutete mit ihrem linken Zeigefinger in Richtung Fußboden. Es war klar, was sie damit meinte. Sie selbst schien ihren baldigen Tod gefühlt zu haben.
Zwei Tage später wurde sie in ihrem Haus von einer Nachbarin, bei der sie sich sonst immer morgens meldete, an jenem Tag aber nicht, auf dem Boden liegend aufgefunden. Im Krankenhaus kam sie gegen Mittag noch einmal zu sich. Ihr Sohn Michael und meine Frau waren bei ihr und sie schien, wie man mir später sagte, sehr gelöst und geradezu freudig gestimmt. Sie bedankte sich bei beiden und lächelte. Es schien, als sähe sie Dinge, die den anderen verborgen blieben. Als ich eintraf, war sie leider schon *gegangen*.

Im August 1975 starb die Mutter meines Vaters, meine geliebte „Omi", mit 81 Jahren. Seit gerade erst einer Woche war sie in einem Pflegeheim in der Nähe von Köln. In den letzten Monaten litt sie an einer brutalen Altersdemenz, die schließlich leider auch zu manch grotesken Ausfällen geführt hatte. Für diesen Fall hatte sie selbst in das Heim gewollt.
Am Tag vor ihrem Tod waren meine Eltern noch bei ihr. Ich erinnere mich gut, wie mein Vater mir später voller Begeisterung erzählte, mit welcher geistigen Klarheit sie diesmal zugegen war. Sie dankte meinen Eltern für alles, was sie ihr Gutes getan hatten. Sie ließ diesen Dank auch an uns, ihre Enkel weitergeben und besprach noch einige Dinge, die sie für wichtig hielt, und die sie ganz offensichtlich zu regeln wünschte.

Alzheimer und Demenz sind keine Geisteskrankheiten, sondern Folgen von Schäden des Gehirns und seiner Funktionskreise. Dabei sind Schleusen verstopft und Instrumente im Gehirn geschädigt, also Dinge, mit deren Hilfe unser Geist über sein Gehirn mit dem Körper und überhaupt nach außen kommuniziert. Vermutlich gibt es ohnehin nur wenige *echte* Geisteskrankheiten. Dazu gehört wohl vor allem ein schlechter Charakter.

Ein hier im fortgeschrittenen Stadium hirnkranker Mensch hat es also im letzten, entscheidenden Moment doch noch geschafft, wichtige Dinge zu regeln. Viele von Ihnen werden wohl schon ähnliche Erfahrungen gemacht haben. Ich jedenfalls habe das. Wenn man jedoch – wie derzeit (zu) viele Hirnforscher – der Ansicht ist, der menschliche Geist sei nur ein Produkt seines Gehirns, ein *Epiphänomen*, dann ist so etwas sowohl faktisch als auch vom Timing her ziemlich unverständlich.

Man kommt nicht umhin, anzunehmen, ein hirnunabhängiger Geist habe unter Zeitdruck verzweifelt nach einem Weg über sein kompliziertes aber defektes Gerät „Gehirn" gesucht, die noch offenen Fragen und Probleme rechtzeitig zu klären.

Stellen Sie sich vor, der Motor Ihres Autos streikt nachts auf der Autobahn. Der Wagen ist ohnehin schon alt, und ein neuer ist längst bestellt. Aber Sie wollen damit wenigstens noch nach Hause kommen. Sie haben ein bisschen Ahnung von der Materie und schauen im Motorraum nach. Sie erkennen, dass ihr Wagen mit ein paar Handgriffen für noch ein paar wenige Kilometer behelfsmäßig wiederhergestellt werden könnte. Vielleicht brauchen Sie ja nur einen Nylonstrumpf, um so den Keilriemen notdürftig zu ersetzen. Früher klappte das, als damit noch nicht so viele Aggregate wie heute angetrieben werden mussten. Jedenfalls bekommen sie ihr Auto so hin, dass es wieder läuft, und Sie fahren schließlich doch noch selbst nach Hause.

Was ist geschehen? *Sie* haben es allein geschafft, Ihren Wagen zu reparieren, nicht Ihr Auto hat sich selbst repariert! Vielleicht ist dieses Beispiel ein wenig zu einfach und plakativ, aber im Prinzip sicher nicht falsch.

Doch zurück zu meiner Omi:

Eine Reihe merkwürdiger Umstände machten mir am Mittwoch, dem 20. August 1975, zu schaffen. Schon am Vorabend war es reihenweise zu seltsam zufälligen Zusammentreffen gekommen, just als auch ich meine Großmutter besuchen wollte. So kam ich nicht in mein Auto, weil ich es mit darin vergessenem Schlüssel von außen selbst verriegelt hatte. Auch an den Zweitschlüssel war zunächst kein Drankommen. Als endlich ein anderer Wagen verfügbar war, kam ich nicht weg, da jetzt wegen eines Dachstuhlbrands im Nebenhaus gerade die Feuerwehr die Straße versperrte. Schließlich, nachdem ich mit Zweitschlüssel wieder im eigenen Auto saß und mich bereits auf dem Weg zu ihr befand, streikte der Motor meines Wagens, so dass er abgeschleppt werden musste. Mir blieb nichts anders übrig, als meinen Besuch auf diesen 20. August 1975 zu verschieben.

Ich absolvierte gerade ein Praktikum für mein Medizinstudium in einem Kölner Krankenhaus. An jenem Morgen funktionierte das erste und einzige Mal mein Radiowecker nicht, obwohl er korrekt eingestellt war. Übrigens weckt er mich heute noch zuverlässig, und dieser eine Aussetzer ist auch ein wesentlicher Grund dafür, warum ich ihn heute, fast 36 Jahre danach, noch immer benutze. Natürlich verschlief ich meinen Dienst um ein paar Stunden.
Als ich irgendwann endlich ziemlich überhastet und, wie mein Vater immer gerne zu sagen pflegte, „fern der Heimat", weißgekittelt im Schwesternzimmer meiner damaligen Krankenstation eintraf, raste ich als erstes versehentlich gegen ein Tablett, auf dem, wohl sortiert, unzählige Schächtelchen mit Medikamenten lagen. Natürlich geriet alles durcheinander und fiel auf den Boden.
In dem zur besten Frühstückszeit mit Schwestern und Ärzten ziemlich voll besetzten Raum klang es von allen Seiten schallend im Chor: *„Mein Gott Walter"*; denn just zu jener Zeit hatte ein lustiges Lied mit diesem Titel[98] die deutschen Chartlisten erobert.
Weil ich zu spät war, musste ich an jenem Tag länger arbeiten, was mir außerordentlich schwer fiel: Ich war unkonzentriert und dachte immer wieder an meine Omi und Patentante. Obwohl es ihr tags zuvor ja recht gut gegangen war und scheinbar keine Lebensgefahr bestand, war ich intuitiv sehr besorgt und wollte sie nach dem vergeblichen Versuch am Vortrag wenigstens jetzt nach meinem Dienst besuchen. Kurz vor Ende meines dienstlichen Nachsitzens teilte man mir telefonisch mit, dass meine geliebte Omi soeben gestorben war.

Diese wenigen unvollständigen und sehr privaten Beispiele zeigen, dass der nahende Tod eine Fülle von Veränderungen bewirken kann, sowohl beim Sterbenden selbst, als auch in seinem engstem Umfeld – und besonders offenbar bei den Menschen, die dem Sterbenden sehr nahe stehen.
Alle diese Veränderungen sind wohl rein *geistiger* Natur. Gedanken, Gefühle und das Verhalten der Betroffenen – ja die ganze Atmosphäre – alles wird gar sonderbar beeinflusst. Ich gehe soweit, von ungewöhnlichen atmosphärischen Spannungen zu sprechen.
Vieles geschieht dabei wohl gänzlich unbewusst – und wie merkwürdig so manches ist, fällt einem oft erst später im Rückblick auf. Anderes wiederum wird besonders von den vom nahenden Tod betroffenen Personen ganz bewusst erfahren und früh erkannt.
Wenn das tatsächliche Ende naht, scheint bei ihnen schließlich jede Angst verflogen zu sein, selbst bei denen, die sich zeitlebens sehr vor dem Tod gefürchtet hatten. Keineswegs aber ist dies nur ein Zeichen von Resignation und der Fügung in ein unvermeidliches Schicksal, wie man heute gemeinhin annimmt. Vielmehr findet man bei fast allen Sterbenden, mit denen man bis kurz vor ihrem Tod noch sprechen kann, dass sie am Ende weder Furcht noch

---

[98] „Mein Gott Walter" ist von dem dt. Sänger und Comedian Mike Krüger

Schmerzen haben. Nicht selten nehmen sie helle Lichter wahr, die sich nähern, sie sehen und sprechen von und mit Personen, die schon verstorben sind oder sie erleben aufs Neue Handlungen aus längst vergangenen Zeiten. Immer aber scheint für sie alles völlig authentisch zu sein, so als fände es soeben statt. Sie danken ihren Verwandten und Mitmenschen und können die nur schwerlich zu verbergende Trauer in ihren Gesichtern oft nicht einmal nachvollziehen. Sie drängen danach, noch offene Angelegenheiten zu regeln und sind meist ruhig und gefasst, ja nicht selten sogar gelöst und heiter. Besonders erstaunlich aber ist, dass sehr oft auch das nahe Umfeld Sterbender von zahlreichen, zumeist subtilen atmosphärischen Ereignissen und Veränderungen mitbetroffen ist. Und dies nicht nur dann, wenn man den nahenden Tod aufgrund vieler Umstände hätte erwarten können.

Übrigens scheint das nicht einmal allein ein Privileg nahe stehender *Menschen* zu sein: Oft sind Haustiere die ersten, die etwas merken.

11. An der Schwelle: Nahtoderfahrungen

„Ich kenne einen Menschen in Christus, der vor vierzehn Jahren
 – ob im Leibe, das weiß ich nicht, oder außer dem Leibe, das weiß ich nicht,
  Gott weiß es –
bis zum dritten Himmel entrückt wurde. Und ich weiß, dass der betreffende Mensch
 – ob im Leibe, das weiß ich nicht, oder außer dem Leibe, das weiß ich nicht,
  Gott weiß es –
ins Paradies entrückt wurde und unsagbare Worte vernahm, die einem Menschen auszusprechen versagt sind." /[99]

Diese Zeilen stammen aus dem zweiten Brief des Apostels Paulus an die Korinther. Sie umschreiben wohl seine eigene Erfahrung, die ihn auch selbst bekehrte. Ursprünglich nannte er sich Saulus und war ein erbitterter Gegner und Verfolger der damaligen Christen.

Eine Vision, das Ostererlebnis, führte urplötzlich zu der berühmten Kehrtwende seiner Persönlichkeit in seinem ganzen späteren Verhalten.

Keiner kann heute Genaueres darüber sagen, jedoch gibt es gute Gründe dafür, anzunehmen, dass Paulus eine Nahtoderfahrung (NTE), engl. „Near-Death-Experience" (NDE), hatte.[100] Paulus reiht sich damit in die lange Liste derer ein, die wohl seit Anbeginn der Menschheit solche Erlebnisse hatten. Viele führten

---
[99] Die Bibel, Neues Testament, 2. Korintherbrief, 12.2-4
[100] Ein sehr schönes Porträt von Paulus nach seiner NTE ist von Stan Michielsens und findet sich in „Schnittstelle Tod – Aufbruch zu neuem Leben?" (Aachen, 2010)

schließlich sogar zu neuen Religionen (z.B. Buddha, Mohammed). Im Rahmen seiner NTE hatte Paulus eine „Außerkörperliche Erfahrung" (AKE), engl. „Out-of-Body-Experience" (OBE). Zu seiner eigenen großen Verblüffung war er sich während dieser spirituellen Erfahrung seiner körperlichen Integrität völlig sicher gewesen. Zugleich aber widersprach sie vollends seinem Glauben und seiner ganzen Lebenserfahrung, was ihn deshalb sehr unsicher machte. Paulus konnte seinen Zustand offenkundig nicht begreifen. Seiner großen Verwirrung wird durch Wiederholung des Passus – „*...ob im Leibe, das weiß ich nicht, oder außer dem Leibe, das weiß ich nicht, Gott weiß es*" – nachhaltig Ausdruck verliehen.

Sein eigenes Erlebnis ermöglichte Paulus offensichtlich einen Blick in eine paradiesische jenseitige Welt und bewirkte bei ihm eine geradezu dramatische und nachhaltige Lebensveränderung.

Persönlichkeitsveränderungen ähnlicher Art nach NTE findet man sehr häufig. Zwischen etwa 20% und 40% aller Menschen, die dem Tod schon einmal von der Schippe gesprungen sind, berichten von NTE. Seit Mitte der 1970er Jahre werden sie von zahlreichen Forschern weltweit systematisch untersucht.

Das haben wir vor allem einigen, doch sehr mutigen Pionieren verdanken, wie z.B. *Elisabeth Kübler-Ross*, *Raymond Moody*, *Melvin Morse* oder *Kenneth Ring*. Mutig sind sie, weil sie in besonders schwierigen Zeiten des materialistischen Reduktionismus[101] den schwierigen Versuch wagten, derartigen Vorstellungen vieler Naturwissenschaftler zu trotzen. Mit ihren eigenen Untersuchungen und Studien machten sie deutlich, dass der Materialismus offenkundig falsch sein *muss*. Wie aber schon vielen anderen „Exoten" vor ihnen auch, erging es ihnen ähnlich:

Zunächst ignorierte man sie oder nahm sie nicht ernst. Und auch heute noch werden ihre Ergebnisse, obwohl mittlerweile durch Millionen von seriösen Fallstudien immer wieder bestätigt, nur allzu oft bestenfalls belächelt, nicht selten aber verspottet. Der niederländische Kardiologe und Nahtodforscher *Pim van Lommel* weist darauf hin, dass etwa 4-5% aller Menschen auf der Erde bereits NTE-ähnliche Erfahrungen gemacht haben.

Während die einen nun allerdings schon allein in NTE einen Beweis für ein Überleben des Todes sehen, versuchen andere, sie als eine Art Schutzreflex des Gehirns und als ein am Ende noch versöhnliches Abschiedsgeschenk der Evolution an den Sterbenden darzustellen: So sollen uns NTE etwa die Angst vor dem endgültigen Aus unserer Existenz nehmen, in dem uns kurz vor dem Tod noch eine zumeist heile jenseitige Scheinwelt vorgegaukelt wird. Die Frage, „*warum*" die Evolution so etwas aufbietet, was für das Überleben der Menschheit völlig überflüssig wäre, wird jedoch ausgeklammert.

---

[101] Man versucht alle Geschehnisse und Erfahrungen auf Basis eines rein materialistischen, scheinbar naturwissenschaftlichen Weltbildes, und damit unter Ausschluss weitergehender, auch nicht-materialistischer Überlegungen zu erklären.

In diesem Kapitel will ich mich zunächst weitgehend darauf beschränken, das Phänomen der Nahtoderfahrungen (NTE) näher zu *beschreiben* und es allenfalls oberflächlich „anzudiskutieren". Eine tiefer gehende kritische Prüfung und Bewertung soll dann im zweiten Teil dieses Buches der wesentliche Inhalt in der fiktiven Diskussion mit meinen beiden Söhnen sein.

Ganz gewiss ist ja auf dieser Erde der Mensch das erste Lebewesen, das sich seines „Todes", und der damit zumindest für seinen Körper unausweichlichen Konsequenz einer totalen Vernichtung, bewusst wird. Im Gegensatz zu allen somit vollkommen „unbeschwert" vor sich hin lebenden Tieren, erleidet so der Mensch schon mit seiner Geburt das schlimmste Schicksal überhaupt: Durch das Wissen um seine eigenen „Tod" ist er als einziges Wesen dieser Erde bereits von Geburt an bestraft. Auch das zuvor erwähnte „Abschiedsgeschenk" würde daran nicht mehr viel ändern können; denn es käme ohnehin zu spät und müsste deshalb eher noch als besonderen evolutionären Zynismus gedeutet werden.

Oder ist es nicht doch, wie *ich* annehme, gerade ein sehr wichtiger und zentraler Aspekt der Menschwerdung, *intuitiv zu wissen*, dass der Tod *kein* endgültiges Ende darstellt? Dadurch widerfährt dem Menschen unmittelbar Gerechtigkeit. Nur sträubt er sich leider oft, dieses intuitiv erfahrene Wissen als Lebenshilfe anzunehmen. Vielleicht liegt deshalb auch in der Erkenntnis von der Unausweichlichkeit des eigenen Todes das wahre Wesen der von den christlichen Kirchen behaupteten Erbsünde. Durch die Taufe wird der Mensch davon befreit, weil er durch sie in die christliche Gemeinschaft der *Gläubigen* eintritt. Gläubig zu sein aber heißt vor allem auch, das ewige Leben *seiner Seele* als gegeben anzunehmen. Somit wird er von einer allein durch sein Menschsein ererbten, aber eigentlich überwindbaren *Bürde* befreit. Die Erbsünde ist also keine echte Sünde, sondern vielmehr eine Bürde, eine seelische Last.

Religiöses Gedankengut ist hier einmal mehr als eine Hilfe für den Menschen zu sehen, wenn er nur bereit ist, sie auch zu akzeptieren.

Das aber setzt voraus, die Möglichkeit intuitiver Erfahrung als eine fruchtbare Quelle zur Erkenntnis anzunehmen und sich für eine Art „Waffengleichheit" zwischen den *Grundanliegen* der Religionen und naturwissenschaftlichen Thesen, als der Welt sinnlicher Erkenntnissuche, zu entscheiden.

Die Philosophie, idealerweise die Welt des „bewussten und vernünftigen Nachdenkens", erhielte dann wieder den ihr eigentlich zugedachten Stellenwert zurück, ein kritischer *Mittler* zwischen den beiden Antipoden, Religionen und Naturwissenschaften, zu sein. Das entspricht sicher auch dem Anliegen von *Immanuel Kant (1724-1804)* in den 1780er Jahren seines Schaffens. Genau das fordert letztlich auch der deutsche Dichter und Theologe *Friedrich Hölderlin (1770-1843)*, wenn er kritisch bemerkt: *„O, ein König ist der Mensch, wenn er träumt – ein Bettler, wenn er nachdenkt."*

Schon die Geschichte ist voll von NTE, jedoch werden wir in unserer Zeit mittlerweile noch viel häufiger fündig. Dafür gibt es eine Reihe von Gründen: Zum einen rückt die Welt immer enger zusammen, allgegenwärtige Medien verbreiten in kurzer Zeit am liebsten Oberflächliches: schnelle quotenträchtige Geschichten und Sensationen. Und dazu gehörten sicher für einige Zeit auch NTE. Zum anderen ist die moderne Notfallmedizin heute viel öfter als früher in der Lage, Menschen noch „ins Leben zurückzuholen."

Die von NTE Betroffenen[102] halten sich selbst mit Erzählungen über ihre Erlebnisse lieber zurück. Die meisten haben Angst und fürchten sich, selbst heutzutage noch als exotische Spinner oder gar geisteskranke Halluzinierer abgekanzelt zu werden. Bei den meisten ist die Furcht vor Nachteilen in ihrem weiteren hiesigen Leben sehr groß und verhindert in der Regel, sich unvorsichtig zu offenbaren. Sogar manch eine berufliche Karriere könnte so vorzeitig zum Scheitern verurteilt sein.

Die hier eingangs genannten Wissenschaftler, die sich mit NTE seit Jahrzehnten beschäftigen, leben fast alle in den USA. Sicher ist dies ein untrügliches Zeichen für die dort immer wieder spürbar größere Offenheit und Toleranz speziell auch gegenüber unerklärlichen Dingen. In den USA wurde 1981 die IANDS[103] gegründet, eine Vereinigung, die systematisch und in großem Maßstab Daten über NTE sammelt und selbst landesweit zahlreiche Untersuchungen gestartet und koordiniert hat. In Deutschland arbeitet das *Netzwerk Nahtoderfahrung (N.NTE)* eng mit der IANDS zusammen, in Belgien ist es der Verband *Limen*, in den Niederlanden *Merkawah*. Mit ihnen und IANDS-Vertretern anderer europäischer Länder, wie z.B. der Schweizer IANDS-Repräsentantin und NTE-Buchautorin *Evelyn Elsaesser-Valarino*, veranstaltete ich im Jahr 2009 das erste europäische NTE-Seminar im Dreiländereck in Aachen. Diesem soll das zweite im November 2011 und auch danach alle zwei oder drei Jahre eins folgen.

Kenneth Ring schätzte 1992 die Zahl der Amerikaner, die eine Nahtoderfahrung erlebt haben, auf acht Millionen. In Deutschland rechnet man mit etwa 3,3 Millionen „Nahtoderfahrenen".[104] Manche Schätzungen reichen noch deutlich höher.

Fast alle Forscher sind der Meinung, dass Nahtoderfahrungen als persönliches spirituelles Einzelerlebnis zwar sehr unterschiedlich und vielfältig sind, dennoch im Kern überwiegend identische Merkmale aufweisen. Diese sind universell unabhängig von Alter, Geschlecht, Bildungsgrad, kulturellen und religiösen Hintergrund. Sie bilden einen Roten Faden und lassen sich durchaus miteinander vergleichen. Selbst Kinder machen grundsätzlich die gleichen Erfahrungen wie Erwachsene. Genauso gibt es Blinde und Taube, die NTE erlebten und darin die gleichen optischen und akustischen Erfahrungen sammeln konnten wie zu

---

[102] Der derzeitige Vorsitzende des deutschen Netzwerks Nahtoderfahrung (N.NTE), Alois Serwaty, der selbst einmal eine NTE hatte, nennt Betroffene lieber „Beschenkte".

[103] IANDS = International Association for Near Death Studies (Internationaler Verband für die Erforschung von Nahtodeserfahrungen). Gegründet 1981 an der Universität Connecticut durch Kenneth Ring, Bruce Greyson und John Audette. Ableger dieser Vereinigung existieren mittlerweile auch in einigen anderen Staaten.

[104] H. Knoblauch et al., „Todesnähe: Interdisziplinäree Zugänge zu einem außergewöhnlichen Phänomen" (1999)

Lebzeiten gesunde Personen. Das gilt uneingeschränkt sogar für geburtsblinde und -taube Menschen, wie ich noch erläutern werde.
Nicht jede NTE ist gleichermaßen komplex oder sogar vollständig: Viele weisen nur einige Elemente eines kompletten NTE-Szenarios auf.
Ich erlaube mir an dieser Stelle eine komplexe und vollständige NTE aus einem Buch von *Raimond Moody* zu zitieren[105], um so eine Basis für weitere Erörterungen zu haben. Sie enthält sämtliche Kernelemente, die typischerweise in einer NTE vorkommen können:
„Ein Mensch liegt im Sterben. Während seine körperliche Bedrängnis sich ihrem Höhepunkt nähert, hört er, wie der Arzt ihn für tot erklärt. Mit einem Mal nimmt er ein unangenehmes Geräusch wahr, ein durchdringendes Läuten oder Brummen, und zugleich hat er das Gefühl, dass er sich sehr rasch durch einen langen, dunklen Tunnel bewegt. Danach befindet er sich plötzlich außerhalb seines Körpers, jedoch in derselben Umgebung wie zuvor.
Als ob er ein Beobachter wäre, blickt er nun aus einiger Entfernung auf seinen eigenen Körper. In seinen Gefühlen zutiefst aufgewühlt, wohnt er von diesem seltsamen Beobachtungsposten aus den Wiederbelebungsversuchen bei.
Nach einiger Zeit fängt er sich und beginnt, sich immer mehr an seinen merkwürdigen Zustand zu gewöhnen. Wie er entdeckt, besitzt er noch immer einen ‚Körper', der sich jedoch sowohl seiner Beschaffenheit als auch seinen Fähigkeiten nach wesentlich von dem physischen Körper, den er zurückgelassen hat, unterscheidet. Bald kommt es zu neuen Ereignissen. Andere Wesen nähern sich dem Sterbenden, um ihn zu begrüßen und ihm zu helfen.
Er erblickt die Geistwesen bereits verstorbener Verwandter und Freunde, und ein Liebe und Wärme ausstrahlendes Wesen, wie er es noch nie gesehen hat, ein Lichtwesen, erscheint vor ihm. Dieses Wesen richtet – ohne Worte zu gebrauchen – eine Frage an ihn, die ‚ihn' dazu bewegen soll, sein Leben als Ganzes zu ‚bewerten'. Es hilft ihm dabei, indem es das Panorama der wichtigsten Stationen seines Lebens in einer blitzschnellen Rückschau an ihm vorüberziehen lässt. Einmal scheint es dem Sterbenden, als ob er sich einer Art Schranke oder Grenze näherte, die offenbar die Scheidelinie zwischen dem irdischen und dem folgenden Leben darstellt. Doch ihm wird klar, dass er zur Erde zurückkehren muss, da der Zeitpunkt seines Todes noch nicht gekommen ist. Er sträubt sich dagegen; denn seine Erfahrungen mit dem jenseitigen Leben haben ihn so sehr gefangen genommen, dass er nun nicht mehr umkehren möchte. Er ist von überwältigenden Gefühlen der Freude, der Liebe und des Friedens erfüllt. Trotz seines inneren Widerstandes – und ohne zu wissen, wie – vereinigt er sich dennoch wieder mit seinem physischen Körper und lebt weiter.
Bei seinen späteren Versuchen, anderen Menschen von seinem Erlebnis zu berichten, trifft er auf große Schwierigkeiten. Zunächst einmal vermag er keine

---

[105] Moody, R.A., „Leben nach dem Tod" (1977), Original: „Life After Death" (1975)

menschlichen Worte zu finden, mit denen sich überirdische Geschehnisse dieser Art angemessen ausdrücken ließen. Da er zudem entdeckt, dass man ihm mit Spott begegnet, gibt er es ganz auf, anderen davon zu erzählen. Dennoch hinterlässt das Erlebnis tiefe Spuren in seinem Leben; es beeinflusst namentlich die Art, wie der jeweilige Mensch dem Tod gegenübersteht und dessen Beziehungen zum Leben auffasst" (Hervorhebungen in ‚...' durch mich).

Nicht alles davon bestimmt jede Nahtoderfahrung. Jedoch lassen sich die folgenden Kernphasen systematisieren:

1) Das Verlassen des Körpers:
Nach einem Herzstillstand kommt es innerhalb von 15 bis 20 Sekunden zum „Hirnstillstand". Bei Messung der Hirnströme im EEG[106] findet sich dann eine sogenannte Nulllinie. Wir sprechen vom „klinischen Tod". In diesem Moment wird sich der Betroffene häufig seines Sterbens *bewusst*. Er verlässt seinen physischen Leib. Man spricht dann von einer „Außerkörperlichen Erfahrung (AKE)" oder „Entkörperlichung", bzw. englisch, von einer „Out of Body-Experience" (OBE)[107]. Solche OBE kommen neben anderen NTE-Elementen bisweilen sogar spontan ohne unmittelbare Lebensgefahr vor. Von daher sind sie *kein* eindeutiges und sicheres Zeichen für den bevorstehenden Tod. Im Falle einer echten NTE sind OBE allerdings äußerst typisch und finden sich daher regelmäßig. Nach wie vor gibt es für sie keine plausible wissenschaftliche Erklärung, insbesondere dann, wenn die Betroffenen anschließend überprüfbare Informationen liefern, die nur durch das Verlassen des physischen Körpers und durch einen echten „Ortswechsel" wahrgenommen worden sein konnten. Daher zählen sie zu den wichtigsten Indizien jeder NTE.

Bei einer OBE sieht der Betroffene seinen zurückgelassenen Körper von außen, wobei *er selbst* zum Beispiel „unter der Decke schwebt". Häufig macht er später exakte und detailgetreue Angaben zu seiner Umgebung, er erkennt die ihn behandelnden Ärzte und Schwestern und sieht, welche Maßnahmen sie an ihm vornehmen. So verglich der amerikanische Kardiologe *Michael* Sabom *(Atlanta, Georgia, USA)* in einer Studie die Beobachtungen von NTElern von den bei ihnen selbst vorgenommenen Wiederbelebungsmaßnahmen mit solchen, die von medizinisch Bewanderten ohne Nahtoderfahrung möglichst genau beschrieben werden sollten. Er fand heraus, dass NTEler im Gegensatz zu den NTE-Unerfahrenen keinerlei Fehler bei ihren Beschreibungen machten. Häufig sind NTEler sogar in der Lage, später den genauen Wortlaut derjenigen Personen wiederzugeben, die an ihrer Rettung beteiligt waren. *Pim van Lommel* fand besonders beeindruckend, als ein reanimierter Patient einige Tage später einen Pfleger erkannte, der bei der Notfallmaßnahme sein Gebiss entnommen und in

---

[106] EEG = Elektroenzephalographie, Messung der Hirnstromkurven
[107] Der englische Begriff OBE ist verbreiteter, weshalb ich ihn zumeist verwende

eine Schublade gelegt hatte. Man hatte es vergessen und später gesucht. Nun konnte es gefunden und dem Patienten zurückgegeben werden.

Eine Frau mittleren Alters, die mit 19 Jahren eine NTE im Rahmen eines Verkehrsunfalls hatte, beschrieb ihrer Familie den genauen Ablauf am Unfallort. Doch niemand glaubte ihr, wie sie mir schilderte. Als sie eines Tages im Keller eine Decke fand, die sie am Unfallort gesehen hatte, konfrontierte sie ihre Mutter damit. Ihre Mutter hatte sie versteckt, um jede Erinnerung an dieses schreckliche Ereignis zu löschen.

Besonders eindrucksvoll sind auch die Fälle, in denen sich der Betroffene von dem eigentlichen Ort des Geschehens weg bewegt hat. Dabei stellt er fest, dass materielle Gegenstände, z.B. Wände oder auch Personen, für ihn keinerlei Hindernisse mehr darstellen. Später ist er dann oft in der Lage, Dinge oder Vorgänge in anderen Räumen, und damit fernab von seinem physischen Körper, genau zu beschreiben. Das beweist eigentlich, dass er sie selbst gesehen oder gehört haben muss.[108] Oft will er trauernde Verwandte trösten oder beruhigen. Manchmal scheint ihm die Rückkehr in seinen Körper traumatisch: So versucht er sogar auf Ärzte oder Pfleger einzuwirken, um sie davon abzuhalten, ihn „ins Leben" zurückzuholen. Bald bemerkt er jedoch, dass diese ihn weder hören, noch sehen oder spüren, was ihn sehr verwirrt.[109] Sämtliche Erfahrungen, die er während seiner außerkörperlichen Exkursion macht, sind für ihn absolut real.

Nie hat er Zweifel an seiner körperlichen Integrität, d.h. er ist davon überzeugt, nach wie vor in *einem* Körper zu stecken. Doch ist dessen „Konsistenz" offenbar anders. In der Esoterik hat sich dafür der Begriff der „Feinstofflichkeit" eingebürgert. Ich finde, dieser Begriff beschreibt das Phänomen wohl auch am besten. Dass er daneben auch seinen (materiellen) Körper sieht, verwirrt ihn und macht ihn unsicher. Eine liebe Bekannte erzählte mir vor einigen Jahren, sie war damals 87 Jahre alt, von ihrem Nahtoderlebnis im Alter von 54 Jahren im Rahmen einer schweren Herzerkrankung: Ihr damals noch lebender Ehemann wachte an ihrem Bett. Plötzlich sah sie von oben ihren Körper, wie er im Bett lag und ihren am Bett sitzenden, weinenden Mann. Sie empfand das absolut klar orientiert und vollkommen emotionslos. Sie wollte ihm noch schnell mitteilen, wo bestimmte wichtige Unterlagen und ein Schlüssel lagen, die ihr Mann sicher brauchte, wenn sie jetzt ginge. Das aber verwarf sie wieder, weil sie annahm, ihren Mann damit nur noch trauriger zu machen. Plötzlich sah sie ihre schon im Kindesalter verstorbene Tochter. Auch sie schwebte unter der Zimmerdecke. Doch sie war nicht mehr das Kind, von dem sie sich so früh hat verabschieden müssen, sondern mittlerweile eine erwachsene Frau. Sie versuchte, ihre Tochter am Kinn zu berühren, doch das gelang nicht, sie wich immer aus. In diesem Moment erkannte sie, dass ihre Zeit noch nicht gekommen war. Sie kehrte kurz

---

[108] Natürlich gäbe es auch die Möglichkeit einer Kontaktaufnahme mittels sog. ASW – Wellen, wie es animistische Parapsychologen glauben. Darüber jedoch mehr im nächsten Kapitel.
[109] Dies könnte die seltsame zweimalige Wiederholung der biblischen Passage um den Apostel Paulus erklären, die ich eingangs dieses Kapitels zitiert habe.

darauf in ihren Körper zurück und wurde nach einigen Monaten wieder gesund. Mit niemandem hatte sie danach darüber gesprochen, auch nicht mit ihrem Mann, sondern erstmals am ersten Weihnachtstag 2006 mit mir. Heute, wo ich dieses Buch schreibe, ist sie 91, und wir haben nach wie vor guten Kontakt.
Ein berühmtes und authentisches Beispiel für eine ganz andere OBE stammt auch von dem berühmten Kapstädter Herzchirurgen *Christiaan Barnard (1922-2001)* [110]: Als er einmal selbst im Krankenhaus stationär behandelt werden musste, erschien eines Abends an seinem Bett eine ältere Frau. Sie schien etwas verwirrt zu sein. Er selbst konnte sie ganz genau beschreiben. Alles war für ihn völlig real. Kurze Zeit später war sie schon wieder verschwunden. Es stellte sich heraus, dass diese Frau kurz vor ihrem Erscheinen an Barnards Krankenbett verstorben war.
Hier hat offenbar ein eher selten beschriebenes Zusammentreffen stattgefunden, bei dem der „Geistkörper" der bereits verstorbenen Frau von einem anderen, „hier noch lebenden" Menschen, wahrgenommen werden konnte.
Normalerweise ist jemand während seines Nahtoderlebnisses, und damit auch während seiner OBE, für „hier noch lebende" Menschen nicht zu sehen.
In einigen Fällen wird eine OBE zumindest im ersten Moment von Gefühlen der Angst und Desorientierung begleitet. In den meisten Fällen legt sich das jedoch recht bald.

2) Das Tunnelerlebnis:
Während die OBE anfangs durchaus von unangenehmen Geräuschen und Gefühlen begleitet sein kann, ändert sich das meist schnell im weiteren Verlauf. Manchmal direkt am Anfang der NTE, manchmal auch erst nach einiger Zeit[111], die der Betroffene noch vor Ort verbringt und während der er seinen (materiellen) Körper und alles Geschehen in seiner Umgebung betrachtet, gleitet er durch einen langen und dunklen Tunnel oder Korridor. Auch das wird nicht selten als unangenehm empfunden. Oft geschieht dies rasend schnell. Während dieser Phasen kann den Betroffenen auch das eingangs schon wahrgenommene, unangenehme Geräusch weiterhin begleiten. Nicht lange danach aber ändert sich meist alles. Der NTEler vernimmt zum Beispiel sehr schöne und harmonisch klingende Töne. Er fühlt sich leicht, erleichtert und unbeschwert. Auch hat er keine Schmerzen mehr.

3) Das Licht nach dem Tunnel:
Nachdem der Betroffene durch den Tunnel oder Korridor geglitten ist, erscheint ihm in der Regel ein strahlend helles Licht, das aber nie als unangenehm empfunden wird. Unwiderstehlich wird er davon angezogen. Dem Licht sehr

---

[110] Er erregte Ende 1967 Aufsehen mit der weltweit ersten Herztransplantation
[111] Zeit ist hier rein subjektiv zu sehen. Ein objektivierbarer Zeitbegriff scheint nicht mehr zu existieren.

nahe, überkommt ihn fast immer das Gefühl höchster Glückseligkeit. Er empfindet absolute Liebe und geliebt zu werden. Manchmal geben Betroffene an, das Licht sei ein persönliches Wesen. Daher wird es auch als „Lichtwesen" beschrieben. Je nach kulturellem oder religiösem Hintergrund wird es ganz unterschiedlich gedeutet: Einige sehen darin Jesus oder die Gottesmutter Maria, andere die von ihnen zu Lebzeiten angebeteten Götter oder Propheten. Immer ist das Lichtwesen selbst die personifizierte absolute Liebe. Bei dieser Begegnung fühlen sich die meisten Betroffenen in absolutem Einklang mit sich selbst und ihrer Umgebung. Sie empfinden tiefen Frieden, übergroße Freude und ein unbeschreibliches Glück.

4) Der Empfang oder die Begrüßung:
Oft sieht der Betroffene jetzt nahe stehende und geliebte Personen, die bereits verstorben sind. In dieser Phase gibt es nur mit schon verstorbenen Menschen *gegenseitige* Kontakte. Zu „noch" lebenden Menschen, die man vielleicht im Rahmen einer OBE in ihrer natürlichen Umgebung *sieht*, besteht dagegen kein Kontakt. Dies wird durch alle Untersuchungen bestätigt.
Von den vorverstorbenen Verwandten, Freunden oder Bekannten, wird der NTEler begrüßt und zumeist sehr herzlich empfangen. Es gibt eine Reihe genau recherchierter Fälle, in denen der Betroffene von Personen begrüßt wurde, von denen er zum Zeitpunkt seines „Nah-Todes" noch annahm, sie würden „leben". Erst später, lange nach der „Rückkehr" in seinen Körper, stellt sich dann heraus, dass diese Personen zwischenzeitlich schon verstorben waren, der Betroffene davon aber noch nichts gewusst hat, bzw. nicht gewusst haben konnte.
Elisabeth Kübler-Ross schildert ein solches Beispiel: Zwei Freundinnen erkrankten im Kindesalter an einer schlimmen Infektion. Eines der beiden Mädchen starb schließlich daran. Das andere hatte kurze Zeit später eine Nahtoderfahrung und sah die bereits verstorbene Freundin, von deren Tod sie aber noch nichts gewusst hatte, da man ihre Heilung mit dieser schlimmen Nachricht nicht gefährden wollte.
Manchmal erkennt der Betroffene Personen nur deshalb wieder, weil er sie vorab schon einmal auf Bildern gesehen hatte, wie etwa längst verstorbene Vorfahren, denen er in seinem bisherigen irdischen Leben nicht hatte begegnen können. Auch kommt es vor, dass Betroffene von lieben Menschen empfangen werden, die sie selbst überhaupt nicht zuordnen können. Erst nach ihrer „Rückkehr ins Leben" und beim Blättern in vielleicht verstaubten Fotoalben sind sie dann in der Lage, diese im Nachhinein als schon lange verstorbene, nahe Verwandte zu identifizieren.

Ein sehr rührendes Beispiel schildert Pim van Lommel in seinem Beitrag zu meinem Tagungsband anlässlich des ersten europäischen NTE-Seminars im Aachener Dreiländereck im November 2009:[112]
Zitat einer Dame: *„Während meines Herzstillstandes hatte ich eine umfassende Erfahrung (...) und ich sah später, an der Seite meiner verstorbenen Großmutter, einen Mann, der mich liebevoll anschaute, den ich aber nicht kannte. Mehr als zehn Jahre später gestand mir meine Mutter auf dem Totenbett, dass ich Kind einer außerehelichen Beziehung sei und dass mein Vater ein Jude war, der während des Zweiten Weltkrieges deportiert und umgebracht worden war. Meine Mutter zeigte mir sein Bild. Es stellte sich heraus, dass der unbekannte Mann, den ich mehr als zehn Jahre vorher während meiner NTE gesehen hatte, mein biologischer Vater war..."*

5) Der Panoramarückblick auf das eigene Leben:
Nach (subjektiv) relativ kurzer Zeit sehen viele Betroffene, oft in Anwesenheit des „Lichtwesens", das je nach eigenem kulturellen und religiösen Hintergrund als Gott, Jesus, Maria, Mohammed, Buddha u.v.m. interpretiert werden kann, ihr eigenes Lebenspanorama. Dieser Lebensfilm zeigt detailliert und perfekt zumindest alle wichtigen Ereignisse ihres bisherigen Lebens. Was im Einzelnen wirklich wichtig war, wird dem Betroffenen oft sogar erst während dieses Films bewusst (gemacht). Nicht selten hatte er bis dahin eher nebensächliche Dinge für besonders wichtig gehalten. Der Betroffene ist dabei sowohl passiver Betrachter als auch selbständiger Akteur. Er sieht positive Szenen seines Lebens, in denen er vielleicht besonders gut und hilfreich war, genauso wie solche, in denen er sich unangebracht, falsch oder gar böse verhalten hat. Er schämt sich der schlechten Dinge und freut sich der Guten. Nur er allein bewertet jedoch seine Handlungen, kein anderer macht das. Sein eigenes Lebenspanorama vermittelt ihm aber nicht nur seine Handlungen und Taten, sondern er erkennt nun in allem auch deren Auswirkungen auf andere. Dadurch erhält er einen großen Überblick über alle Konsequenzen seines irdischen Tuns. Insbesondere erlebt er selbst nun die Gefühle der anderen, die sie durch sein irdisches Dasein erfahren oder auch erlitten haben, so als wären es seine eigenen. Dabei entgeht ihm auch kein Schmerz, den er zu „Lebzeiten" anderen zugefügt hat.
Zu keiner Zeit hat er also das Gefühl, von fremder Seite, z.B. von dem anwesenden Lichtwesen, irgendwie „gerichtet" zu werden. Immer richtet sich der Betroffene selbst. Das ihm während seines Lebensfilms beiwohnende Lichtwesen hilft ihm mit seiner Liebe vielmehr, seine Erfolge zu genießen und über seine Misserfolge hinwegzukommen. Das Ziel dieses Vorgangs scheint nicht die Bestrafung des Betroffenen, sondern seine reuevolle Einsicht zu sein, gefolgt von dem ehrlichen Gelöbnis zur Besserung.

---

[112] Pim van Lommel, „Endloses Bewusstsein – ein neues Konzept, gegründet auf Forschungsergebnisse zu Nahtoderfahrungen", in „Schnittstelle Tod – Aufbruch zu neuem Leben" (2010)

6) Das Gefühl überwältigender Liebe:
Jeder NTEler, der wenigstens ein paar dieser Stadien oder Phasen erlebt hat, ist tief beeindruckt von dem ihm immer zuteil werdenden überwältigenden Gefühl der Liebe. Nicht Euphorie oder ein euphorisches Glücksgefühl kennzeichnet seinen Zustand, sondern Liebe und Geliebtwerden. Gerade auch dann, wenn man unangenehme oder gar sehr schlimme Ereignisse aus dem eigenen Lebensfilm nacherlebt, wird einem dieses Gefühl offensichtlich vermittelt. *Raymond Moody* schreibt dazu: *„Hast du gelernt zu lieben?, diese Frage wird fast allen Betroffenen während ihres Nahtodeserlebnisses gestellt."* Ich selbst kann das durch eigene Erfahrung bestätigen.
Und Moody ergänzt, dass fast alle nach ihrer Rückkehr in unsere Welt sagen, dass die Liebe das Wichtigste im Leben sei.
Sie sei der entscheidende Grund, warum wir auf der Welt seien.

7) Terminalphase der NTE:
Nach diesen sehr einschneidenden, immer als vollkommen real empfundenen und üblicherweise nicht traumatischen, spirituellen Erfahrungen tritt die NTE allmählich in ihre letzte Phase: Der Betroffene sieht zum Beispiel eine Art „Lichtstadt", oft auch wunderschöne, gar paradiesische und sehr farbenfrohe Landschaften. Gerade die Farbgestaltung wird besonders oft hervorgehoben und möglichst detailliert wiedergegeben. Dabei sind sich die Betroffenen zumeist darin einig, dass sie die wahrgenommenen Farben zuvor in dieser Schönheit und Klarheit noch nie gesehen hätten.
Es fällt ihnen deshalb schwer, ihre Wahrnehmungen und Empfindungen in ihrem ganzen Ausmaß treffend zu beschreiben.
In der oft erwähnten „Lichtstadt" erkennen die NTEler stets reges Leben. Sie geben nicht selten an, das Gefühl zu haben, die ganze Welt auf einmal zu verstehen und auch alles zu wissen. Sie stellen dabei fest, dass sie selbst Teil eines unermesslich großen und harmonischen Ganzen sind, ohne jedoch später Details erinnern und näher beschreiben zu können. Die während ihrer Erfahrung erworbenen Erkenntnisse gehen beim „Wiedereintritt" in ihr irdisches Leben regelmäßig verloren. Es verbleibt dann nur noch das *Gefühl*, dieses absolute Wissen besessen zu haben.
Schon bald erreicht der Betroffene eine Art Grenze, die ein Zaun, eine Hecke oder ein Fluss sein kann. Er sieht vielleicht, wie ihm vertraute Personen auf der anderen Seite zuwinken oder ihn gar herbeiwinken. Offenbar intuitiv „weiß" er in diesem Augenblick, dass es nach Überschreiten dieser Grenze kein Zurück mehr gäbe.

8) Die Rückkehr:
Einige der Betroffenen geben später sogar an, dass es ihnen völlig freigestellt war, diese Grenze, an der sie am Ende ihrer NTE angekommen waren, zu

überschreiten und damit, wie sie es selbst sagen, wirklich und endgültig aus dem *irdischen* Leben zu scheiden. Manche sprechen von einer Art „friedlichen Diskussion" über das Für und Wieder von Rückkehr oder Bleiben. Andere wiederum sagen, dass sie selbst zwar diese Grenze am liebsten passiert hätten, das Vorhaben von „drüben" aber verhindert wurde. Noch andere geben an, dass sie sogar sehr unsanft davon abgehalten wurden, sich auf die andere Seite zu begeben. Auch gibt es eine ganze Reihe von NTElern, die aufgrund ihrer Lebenssituation, wie etwa zu Hause wartende kleine Kinder, selbst darum baten, wieder „ins Leben" zurückkehren zu dürfen, obwohl sie zugleich sagen, sie wären eigentlich gerne dageblieben.

Die Rückkehr selbst erfolgt in der Regel recht abrupt, heftig und schnell. Der Betroffene findet sich augenblicklich in seinem Körper wieder und fühlt auch wieder dieselben Schmerzen, die vorher schon bestanden. Praktisch jeder Betroffene betrachtet sein Erlebnis als absolut real. Es sei mit keinem Traum vergleichbar. Zumeist gar nicht oder, wenn doch, dann nur ganz vorsichtig, versucht der NTEler, sich seinen Nächsten mit den Erlebnissen anzuvertrauen. Interessant ist dabei, dass Betroffene hin und wieder noch Krankenschwestern und Pflegern etwas erzählen, sehr viel seltener aber ihren Ärzten. Bezeichnend hierfür ist wiederum ein nettes Erlebnis, das Pim van Lommel in seinem schönen Buch *„Endloses Bewusstsein" (2009)* sowie auch in seinem Beitrag zu meinem Tagungsband anlässlich des schon erwähnten ersten europäischen NTE-Seminars 2009 in Aachen[113] beisteuert:

„Eines Tages gab es eine Konferenz zum Thema NTE in einer Universitätsklinik, an der mehr als dreihundert Menschen teilnahmen. Am Ende der Konferenz, nach einigen Vorträgen über NTE, stand ein Mann auf und sagte: ‚Ich bin seit 25 Jahren Kardiologe und ich habe noch nie solch absurde Geschichten gehört. Das ist totaler Unsinn. Ich glaube kein Wort davon.' Da stand ein anderer Mann im Publikum auf und sagte: ‚Ich bin einer ihrer Patienten. Ich hatte während eines Herzstillstandes eine NTE und sie wären der letzte, dem ich davon erzählen würde'."

Die meisten Betroffenen befürchten, dass man ihnen nicht glaubt, das Erlebte sei real gewesen. Man verweist sie darauf, im Koma gewesen zu sein und halluziniert zu haben. Daher ziehen es die meisten vor, über ihre Erfahrungen zu schweigen.

9) Das eigene Leben ändert sich:
Mit der Rückkehr in den Körper ist das Nahtoderlebnis aber noch keineswegs zu Ende. Erstaunlicherweise kommt es bei fast allen Betroffenen im weiteren Leben zu gravierenden Nachwirkungen. Kaum ein NTEler, der sein Erlebnis

---

[113] vgl. Pim van Lommel, „Endloses Bewusstsein –ein neues Konzept, gegründet auf Forschungs-ergebnisse zu Nahtoderfahrungen", in „Schnittstelle Tod – Aufbruch zu neuem Leben" (2010)

erinnert[114], vergisst es jemals wieder. Für sie alle bedeutet es einen sehr tiefen und realen Einschnitt in ihrem Leben.

Fast einhellig sind die Betroffenen später der festen Überzeugung, dass sie die Schwelle des Todes betreten und ein Stück von der Welt dahinter wirklich kennen gelernt haben. Kaum einer von ihnen lässt sich diese Überzeugung – von wem auch immer – nehmen und scheinen die Gegenargumente (vermeintlich) noch so plausibel. NTEler betrachten solche Argumente fast immer ziemlich gelassen, und für viele Vorstellungen von Naturwissenschaftlern, die für ihre Erlebnisse die bekannten materialistisch-reduktionistischen Erklärungen liefern, haben sie nur Kopfschütteln oder Achselzucken übrig.

Ihr Leben nimmt fast immer eine deutliche und zumeist positive Wendung: Vor allem werden sie viel gelassener, auch gegenüber Schicksalsschlägen.

Das Wichtigste und auch schönste Ergebnis ihrer Erfahrung aber ist: Fast alle Betroffenen verlieren für den Rest ihres Lebens die Angst vor ihrem Tod.

Viele fühlen sich der Natur und anderen Menschen tiefer als je zuvor verbunden, und manchmal werden ganze Charaktere regelrecht umgekrempelt, wie nicht zuletzt auch das Beispiel vom Saulus zum Paulus zeigt.

Aus dieser tieferen Verbundenheit heraus entwickelt sich auch ein höheres Maß an Verantwortung gegenüber allen Dingen.

Ihr Wunsch, Wissen und Weisheit zu erlangen sowie anderen zu vermitteln und auch anzuwenden, um so den anderen zu *dienen*, nimmt deutlich zu. Dennoch unterlassen sie es, ihre Mitmenschen aufdringlich zu missionieren.

Vielmehr überlassen sie es jedem, sich ihrer eigenen, neuen Lebenseinstellung aus freien Stücken anzuschließen oder halt nicht. Sie wissen, irgendwann wird es jeder einmal genau so auch erleben.

NTEler streben nicht mehr egoistisch nach Macht, Geld oder Erfolg. Diese Attribute sind für sie deshalb keineswegs unwichtig geworden, nur reduzieren sich ihre Ansprüche an materiellen Erfolgen auf das für ein angenehmes Leben wirklich Notwendige. Und sie sehen den Weg dahin gelassener, befreiter und mit viel mehr Langmut. Sie entsagen der sonst allgegenwärtigen Ellbogenmentalität und sehen alles mit viel mehr Liebe.

Am Ende ihrer jahrzehntelangen Forschung, die sich den Nahtoderfahrungen widmete, war sich *Elisabeth Kübler-Ross (1926-2004)* sicher, dass der Tod nicht das Ende des Lebens eines Menschen ist. In einem Interview[115] äußerte sie sich 1998 wie folgt: *„Ja, ich bleibe dabei. Es gibt keinen Tod. Der Tod ist nur ein Übergang in eine andere Frequenz und ein wunderbares Erlebnis. Das Leben ist viel schwerer als der Tod. Die Angst vor dem Tod ist unbegründet".*

---

[114] Zwischen einem Fünftel und fast der Hälfte der Menschen, die dem Tode sehr nahe waren, können sich an ein solches Erlebnis erinnern. Gründe, warum dies die meisten jedoch nicht tun, werde ich im Dialog im zweiten Teil dieses Buches diskutieren.
[115] Interviewpartner war der Fernsehmoderator und Buchautor Dr. Franz Alt.

Auch mir sagte sie einmal in einem persönlichen Gespräch, dass niemand allein sterben würde. Auf jeden Sterbenden warten „drüben" die Menschen, die ihm hier am nächsten standen. „Das lässt sich erforschen. Viele Sterbende haben mir das erzählt. Das sind keine Hirngespinste. Aber die Ärzte haben Angst vor dieser Wahrheit".
Auch in Bezug auf die allgemeine Lebensgestaltung gab sie Ratschläge, welche die Gelassenheit der Betroffenen zeigen: „Genießt mehr das Leben, tanzt mehr, esst Schweizer Schokolade[116] und arbeitet nicht nur. In der Schweiz wurde ich nach dem Grundsatz erzogen: arbeiten, arbeiten, arbeiten. Du bist nur ein wertvoller Mensch, wenn du viel arbeitest. Dies ist grundfalsch. Halb arbeiten, halb tanzen: Das ist die richtige Mischung! Ich selbst habe zuwenig getanzt und zuwenig gespielt!"[117]

12. Rätselhafte Phänomene

Es gibt zahlreiche Bücher, die sich mit unerklärlichen Phänomenen befassen. Deshalb verweise ich zunächst auf die entsprechende Literatur. Auch im Literaturverzeichnis dieses Buches finden Sie hierzu sicher ein paar interessante Hinweise – natürlich ohne jede Wertung; nicht alles scheint mir immer seriös zu sein.
In diesem Kapitel möchte ich deshalb exemplarisch nur solche Begebenheiten beisteuern, die aus meinem eigenen persönlichen Umfeld stammen. Die meisten davon stehen in einem engen Zusammenhang mit dem Tod einer mir sehr nahen Person.
Für die Authentizität sämtlicher der hier geschilderten Vorgänge verbürge ich mich. Selbstkritisch betrachtet heißt das natürlich nur, dass alles so war, wie hier erzählt, und dass ich sie selbst auch bei sorgfältiger Abwägung nicht anders erklären kann.

Die Parapsychologen unterscheiden vor allem zwischen *Telepathie* und *Telekinese*, oft auch *Psychokinese* genannt. Unter Telepathie versteht man alle Möglichkeiten einer rein geistigen Kommunikation, unter Psycho- oder Telekinese dazu sämtliche Einflüsse des Geistes auf materielle Dinge. Für die *Animisten* unter den Parapsychologen ist der Geist traditionell an das Gehirn gebunden. Ein noch nicht genau definierter Hirnbereich, von Animisten in der

---

[116] Frau Prof. Dr. Elisabeth Kübler-Ross ist gebürtige Schweizerin und war erst nach ihrer Heirat mit einem Amerikaner in die USA ausgewandert.
[117] Der heilige Benedikt (ca. 480-547), Namensgeber des derzeitigen Papstes Benedikt XVI und Begründer des christlichen Mönchtums, forderte: ‚Ora et labora', das wörtlich aus dem Lateinischen übersetzt heißt: ‚Bete und Arbeite'. Doch es meint tatsächlich ziemlich dasselbe.

rechten Hirnhälfte lokalisiert, sendet nach ihrer Auffassung *Außersinnliche Wahrnehmungs-Wellen (ASW-Wellen)*, die jemand anderen erreichen sollen.
Animisten nehmen also die Existenz einer bislang unbekannten Wirkung an, die ein materielles Organ, das Gehirn, *produziert*.
Dabei muss zunächst offen bleiben, ob eine solche Wirkung selbst auch materiell vermittelt wird, wie bei anderen Wirkungen vermutet, wofür es bis heute aber noch keinen Nachweis gibt. Eine vergleichbare Wirkung wäre dann zum Beispiel die Schwerkraft. Für sie suchen Wissenschaftler auch nach „materiellen Mittlern", den Gravitonen, die sie bewirken sollen.
Oder aber handelt es sich dabei doch um etwas *qualitativ völlig anderes*, etwas *Immaterielles*? Gleichwie, allein das Gehirn bleibt für den Animisten Träger der menschlichen Persönlichkeit. Im Falle des Todes geht sie daher verloren und damit auch die Fähigkeit, ASW auszusenden.
Sehr wohl sei mit ASW auch Vorausschauung möglich *(Präkognition)* und erklärbar: ASW-Wellen sollen genauso gut in die Zukunft wandern und von dort Informationen in die Gegenwart zurückbringen können.
Mehr in den Hintergrund gerückt sind heutzutage die *Spiritisten*: Traditionell glauben sie an Einflüsse aus realen, rein geistigen Bereichen, die nicht zwingend an Materie, wie etwa an das Gehirn, gebunden sind. Spiritisten sind der Auffassung, dass Geist und Gehirn verschiedene Dinge sind. Für sie bleibt der Geist eines jeden Verstorbenen deshalb auch nach dessen Tod erhalten, womit er – zumindest in gewissem Umfang – noch weiterhin Einfluss auf das irdische Geschehen nehmen kann.
Völlig anders ist dagegen die Ansicht der meisten modernen Physiker und Biologen: Eine geistige oder allgemein, eine nicht-materielle Ursache für unerklärliche Erscheinungen gibt es nicht.
Ein großer Teil solcher Erlebnisse sei ohnehin nicht verifizierbar. Ein weiterer Teil beruhe auf Fehlinterpretationen und viele andere seien schlichtweg eingebildet. Nicht selten handele es sich sogar um reinen Betrug, manchmal vielleicht, um anderen zu imponieren. Ich schließe aus Erfahrung nicht aus, dass all das mehr oder weniger häufig tatsächlich zutrifft.
Zusammenhänge zwischen verbürgten, aber bislang implausiblen Phänomenen und zeitgleich stattfindenden Begebenheiten, wie etwa Todesfällen, seien immer rein zufälliger Natur. Der Schweizer *Carl Gustav Jung (1875-1961)*, ein Schüler von *Sigmund Freud (1856-1939)*, schuf hierfür den Begriff der *Koinzidenzen*.
Letztendlich dürften sich nach Meinung vieler Naturwissenschaftler selbst alle bislang unerklärlichen Ereignisse stets auf dem Boden des bekannten materialistischen Weltbilds erklären lassen können – wenn nicht sofort, dann eben später einmal, wenn die heute noch offenen Lücken geschlossen sind.
Psychologen argumentieren dagegen gerne mit Projektionen des eigenen Unterbewussten oder mit dem Zugriff auf *Archetypen* eines *kollektiven*

Unbewussten.[118] Mit ihren Erklärungen stehen sie, ohne dass sie es zugeben, natürlich ebenfalls im krassen Widerspruch zum heutigen materialistischen Weltbild; denn die Fundamente derartiger Theorien sind genausowenig bewiesen, bzw. für Naturwissenschaftler unhaltbar. Für mich sind sie daher den rein spiritistischen Ideen auch nicht überlegen. Gegenwärtig ergeben sich somit nur die folgenden zwei alternativen Denkansätze:
Entweder man fügt sich voll und ganz dem heute medial so erfolgreich verbreiteten, naturwissenschaftlich materialistischen Weltbild. Dann sind alle Diskussionen über Geist, Seele, Überleben des körperlichen Todes etc., völlig sinnlos und haben keinerlei ernstzunehmende Grundlage. Hat jemand selbst vermeintlich unerklärliche Phänomene erfahren, so müssen sie in die Kategorien Träume, Einbildung und Halluzination, inhaltliche Fehlinterpretationen oder zufällige zeitliche Parallelität (Koinzidenzen) einsortiert werden.
Am besten man vergisst sie, um nicht unnötig irritiert zu sein.
Oder aber man hält solche Begebenheiten im immateriell realen Sinn für grundsätzlich möglich – wohl am besten, indem man auf die bereits historisch bekannten und heute genauso immer wieder zu Tage tretenden Grenzen der Naturwissenschaften hinweist:
Schließlich hat sich doch in der Vergangenheit regelmäßig gezeigt, dass die meisten ihrer Theorien und Weltbilder periodisch revidiert werden mussten. Auch sie unterlagen einem ständigen inhaltlichen „Turn-Over". Warum sollte das heute eigentlich anders sein?
Dann aber haben psychologische und parapsychologische Thesen den prinzipiell gleichen Stellenwert, ohne dabei zugleich wieder beliebig zu sein; denn sie alle beruhen auf unbewiesenen Fundamenten – und bei allen spielen immaterielle Dimensionen mit, wie Geist, Seele oder Psyche, kollektives Unbewusstes, etc.
Deshalb stellt sich hier vor allem die Frage, welche der angebotenen Thesen tatsächlich *vernünftiger* ist? Eine Entscheidung darüber ist, wie ich meine, nur dann hinreichend begründet zu fällen, wenn man sie im Gesamtkontext betrachtet. Dazu muss man sich zunächst über die Inhalte und Grenzen beteiligter Fachgebiete informieren und dann *erheben*. Zunächst muss man versuchen, sämtliche gesicherten Ergebnisse zusammenzutragen, um auf ihrer Basis eine möglichst breite Erklärungsgrundlage zu schaffen. Keineswegs sollte man sich scheuen, aktuelle Interpretationen kritisch zu sehen und neue zu wagen. Wahre Erkenntnis ist nur denkbar, wenn alle gesicherten Erkenntnisse ohne „ideologische Scheuklappen" unter einen gemeinsamen Hut gebracht werden können. Das ist auch eine Grundintention aller meiner bisher dazu veröffentlichten Bücher. Im Ergebnis bin ich von einer geistigen Dimension, die unabhängig von jeder materiellen Manifestation in dieser Welt existiert, sie letztlich sogar erschafft, alles umfasst und durchdringt, überzeugt.

---

[118] Die Theorie des „Kollektiven Unbewussten" stammt von dem Schweizer Psychiater Carl Gustav Jung. Gemeint ist damit die Gesamtheit menschlicher Erfahrungen.

Mehr noch, die materielle Welt ist zwingend notwendig für den Aufbruch des Geistes zu sich selbst. Anders gesagt ist es nach meiner Auffassung nur mit ihrer Hilfe überhaupt möglich, aus einer ehemals undifferenzierten geistigen „Brachlandschaft" irgendwann einmal ein ausdifferenziertes, hochkomplexes geistiges Ganzes mit höchster Perfektion in größtmöglicher Vielfalt zu schaffen. So entsteht, im Einklang mit *Pierre Teilhard de Chardin (1881-1955)*, durch unser aller Mitwirken ein neuer „Gott". Da individuelle Vielfalt unter dieser Prämisse eine Grundbedingung *(conditio sine qua non)* ist, sind wir ständig umgeben von selbstbewussten individuellen „Geistwesen".

Folglich halte ich eine *spiritualistische* Erklärung für die vernünftigste. Allein aus dieser Argumentation heraus glaube ich, *kausale* und nicht bloß zufälligerweise parallele *(= kontingente und korreale, also koinzidente)* Beziehungen zwischen einem unerklärlichen Ereignis und dem in engem zeitlichen Zusammenhang eingetretenen Tod sehr nahe stehender Personen ziehen zu dürfen.

Natürlich möchte ich klarstellen, dass andere Erklärungen durchaus denkbar wären, zieht man eine andere Gesamtsicht unserer Welt vor.

Was meine eigenen Erlebnisse betrifft, so lade ich jeden Skeptiker ein, mit plausiblen Erklärungsversuchen aufzuwarten, die seinem derzeitigen Weltbild entsprechen. Sollte ihre Antwort nur darin bestehen, die erwähnten Phänomene selbst anzuzweifeln oder gar abzulehnen, so weise ich solcherlei Ansinnen allerdings zurück.

Sicher bin ich kein Hellseher. Meine Familie spottet vielmehr des Öfteren, wenn ich, zum Beispiel vor häuslichen Gartenfesten, versuche, das Wetter vorherzusagen. Ihrer Meinung nach sei die Wahrscheinlichkeit, dass es ganz anders kommt, als von mir prognostiziert, eher sogar viel größer. Dummerweise scheine ich manchmal dazu zu neigen, zum falschen Zeitpunkt Aktien zu kaufen. Da ich aber auch Verluste aussitze, war mir der Erfolg am Ende bislang meist doch noch beschieden. Als Hellseher würde mir das alles sicher nicht passieren. Was meine Börsenaktivitäten betrifft geht es mir wohl ähnlich wie dem 1999 im Alter von 93 Jahren hochbetagt verstorbenen, berühmten ungarischen Börsenguru *André Kostolany*: Einmal gefragt, wie er an sein Vermögen gekommen sei, antwortete er sinngemäß: 49% seiner Spekulationen brachten ihm Verlust, aber 51% Gewinn – und die Differenz reichte halt aus.

Ohne mich selbst also für besonders medial zu halten, hatte ich in meinem Leben dennoch zahlreiche Erlebnisse, die nicht erklärbar sind. Auf ein paar davon werde ich in diesem Kapitel eingehen.

Ich war 13 Jahre alt, als eines frühen Morgens die Türklingel an meinem Elternhaus in Köln läutete. Ich wurde wach, stand auf und sah, wie mein Vater die Tür öffnete. Ich hörte Stimmen, konnte aber nichts verstehen. Als meine

Mutter mich sah, kam sie auf mich zu und nahm mich in den Arm. Spontan sagte ich zu ihr: *„Der Onkel Alfred ist tot"*. Genau so war es. Der jüngere Bruder meines Vaters war in dieser Nacht mit seinem Fahrzeug tödlich verunglückt. Es war die Polizei, die an der Tür geklingelt hatte, um die schreckliche Nachricht zu überbringen. Was war nur in mich gefahren?

Anfang der 1970er Jahre war ich wieder einmal an der holländischen Nordseeküste in Urlaub. Eines Tages schwamm ich allein im Meer vor der Insel Noord-Beveland. Weit abseits standen einige riesige Betonpfeiler, die für einen Damm zwischen den Inseln Noord-Beveland und Schouwen-Duiveland gedacht waren. Daraus wurde später ein gigantisches Sturmflutwehr, das viele heute als „Achtes Weltwunder" bezeichnen.

Ich war zwar ein guter Schwimmer, hatte mich aber offenbar zu weit ins Meer hinausgewagt. Spät erst merkte ich, wie ich langsam auf den ersten Betonpfeiler zutrieb. Ich erinnere mich, dass ich ziemlich hektisch gegen die Strömung anschwamm. Doch es schien vergeblich zu sein, die Strömung war stärker. In diesem Moment vernahm ich ganz deutlich eine ruhige, feste männliche Stimme. Ich weiß nicht woher sie kam; denn ich war allein.

Es handelte sich auch nicht um einen eigenen Gedanken, sondern es war eine echte akustische Wahrnehmung. Psychiater würden es wohl eine akustische Halluzination nennen. Das mag stimmen, doch bringt uns das nicht weiter; denn es erklärt weder ihren Ursprung, noch warum es ausgerechnet jetzt passierte.

Jedenfalls beruhigte mich diese Stimme augenblicklich. Sie *befahl* mir, nicht weiter direkt zurück zu schwimmen. Vielmehr sollte ich schräg zur Strömung schwimmen und diese nutzen, um noch vor den Pfeilern woanders wieder an den Strand zu gelangen. Ich schaffte es genau so, weit entfernt von der Stelle, wo ich zuvor ins Wasser gegangen war. Heilfroh darüber, dass nichts passiert war, lief ich schließlich am langen menschenleeren Strand zurück. Noch einige Male in meinem weiteren Leben sollte ich diese Stimme hören, um andere lebensgefährliche Situationen heil zu überstehen. Was aber führt zu solchen „Halluzinationen" zur stets rechten Zeit und mit dem richtigen Konzept?

Ende März 1993 starb Hannelore, eine Tochter unseres geliebten „Tantchens", während einer Herzoperation mit nur 56 Jahren. Seit etwa 30 Jahren lebte sie schon in den USA, hatte mittlerweile Kinder und Enkel, und unsere Familien waren eng miteinander befreundet. Häufiger hatten wir uns gegenseitig besucht. Bei uns in Deutschland war es schon abends, als sie operiert wurde.

Im Fernsehen lief eine Sendung, bei der *Uri Geller* auftrat. Sie werden sicher von ihm gehört haben. In den 1980er Jahren wurde er berühmt, als er vorgab, allein durch Gedankenkraft Löffel zu verbiegen und kaputte Uhren in Gang setzen zu können.

Auch diesmal rief er die Zuschauer vor den Bildschirmen zu Hause auf, defekte Uhren vor ihren Fernseher zu legen. Meine Frau und ich sahen die Sendung und lachten darüber. Mir fiel ein, dass ich noch eine Wanduhr und ein altes Radio besaß, die sich beide zuvor sehr hartnäckig und obendrein erfolgreich gegen sogar mehrere professionelle Reparaturversuche „gewehrt" hatten. Eigentlich wollte ich sie längst weggeworfen haben. Aus Jux aber holte ich sie jetzt herbei und legte sie auf einen Sessel vor das TV-Gerät. Die Sendung ging zu Ende und, wie ich es mir vorher schon gedacht hatte, nichts tat sich – Uhr und Radio blieben was sie waren – kaputt. Etwa zwei Stunden später ging ich zu Bett, natürlich nicht, ohne vorher noch einmal einen Blick auf die beiden defekten Teile geworfen zu haben. Wie erwartet, tat sich nichts.

Gegen drei Uhr nachts wurden wir durch das Klingeln des Telefons aus dem Schlaf gerissen. Bill, Hanneloes Mann, war am Apparat und machte uns die traurige Mitteilung, dass seine Frau während des Eingriffs gestorben war. Da ich sofort zusagte, zur Beisetzung in die USA zu fliegen, stand ich auf, um hierfür noch in der Nacht ein paar Dinge vorzubereiten. Ich musste dafür auch ins Wohnzimmer, wo noch immer Uhr und Radio seit dem Vorabend im Sessel lagen. Mehr beiläufig warf ich einen kurzen Blick auf sie. Und siehe da, beide Geräte funktionierten auf einmal tadellos. Die Uhr hielt noch drei oder vier Jahre, das Radio aber, das zuvor schon vergeblich in zwei Werkstätten war, arbeitet noch heute, achtzehn Jahre danach. Dies ist Tatsache – und dennoch bloß ein Zufall?

Sicher bin ich mir allerdings, dass dies nichts mit dem Fernwirken Uri Gellers zu tun hatte – und ich will hier auch gar nicht seine vermeintlich telepathischen Fähigkeiten diskutieren. Aus vielen Gründen neige ich jedoch dazu, eine direkte Verbindung mit dem Sterben von „Tantchens" Tochter Hannelore in den USA zu sehen; denn es ist nicht das letzte Mal, dass stehenbleibende Uhren mir vielleicht „jenseitige" Grüße oder Botschaften senden sollten:

Am 6. Januar 2011, einem Donnerstag, war der 74. Geburtstag meines früheren orthopädischen Chefs, Prof. Dr. Jochen Ohnsorge.
Jochen Ohnsorge war aber schon im Dezember 2008 verstorben.
Früher, noch in seiner Klinik, trafen wir uns immer morgens gegen viertel vor acht zur Teambesprechung und gingen dann in den OP.
Dienstags und donnerstags operiere ich nach wie vor – seit über zwanzig Jahren aber schon in meinen eigenen OP-Räumen. In diesem Bereich gibt es drei batteriebetriebene Uhren, zwei im OP selbst und eine im benachbarten Aufwachbereich. Natürlich waren ihre Batterien irgendwann zu allerdings völlig unterschiedlichen Zeiten ausgetauscht worden, die letzte sogar erst etwa zwei Monate zuvor im Rahmen der Umstellung auf die Winterzeit. An diesem 74. Geburtstag meines verstorbenen Chefs waren alle drei Uhren zur selben Zeit gegen viertel vor acht Uhr gleichzeitig stehen geblieben. Ein dreifacher Zufall?

Auf ein paar der sonderbaren Ereignisse, die den Tod meines geliebten Vaters im Februar 1996 umgaben, bin ich im zehnten Kapitel eingegangen. An dieser Stelle möchte ich noch zwei weitere Begebenheiten schildern:
Meine Mutter hatte von meinem Vater einmal ein paar Ohrringe geschenkt bekommen, die mit je einem Saphir bestückt waren. Am Abend vor dem Tag der Beisetzung legte sie diese Ohrringe wie üblich auf ihr Nachtschränkchen. Als sie die Schmuckstücke morgens wieder anstecken wollte, lagen beide Edelsteine fein säuberlich neben ihren völlig intakten Fassungen.

Zwei Monate später feierte unser Sohn Alexander bei uns zu Hause in Aachen seinen 13. Geburtstag im Kreise der Familie. Wir saßen im Wohnzimmer zu Tisch und tranken Kaffee, als sich plötzlich unweit davon die normalerweise ziemlich fest sitzende, wenn auch unverschlossene Tür eines schönen alten Kirschbaumschranks von allein öffnete und ein Feuerzangenbowlenkessel, den wir einmal von meinem Vater geschenkt bekommen hatten, heraus fiel – und das, obwohl er weit hinten und direkt vor der Rückwand auf dem obersten Schrankboden gestanden hatte. Keine Person befand sich in unmittelbarer Nähe des Schranks, hatte ihn oder die Tür vielleicht zufällig gestreift. Mein Vater liebte übrigens Feuerzangenbowlen und zelebrierte sie gern bei besonderen festlichen Anlässen wie auch diesem.

In den drei Tagen zwischen dem Tod unserer lieben Bekannten Heidi in Wien und dem unseres „Tantchens" am 24. September 1996 – ich hatte davon im 10. Kapitel berichtet – geschah etwas Seltsames: In der Waschküche im Keller unseres Hauses verläuft die Hauptwasserleitung. Ein paar Geräte, wie z.B. Zähler und Entkalker sind dort darin integriert. Ursprünglich standen sie normal aufrecht.
Irgendwann während genau dieser drei Tage muss die massive Wasserleitung mitsamt ihrer Einbaugeräte um exakt 45 Grad schräg nach vorne weggekippt sein. Weder Installateure noch Experten des Wasserversorgers hatten dafür eine Erklärung.
So etwas hatten sie noch nie gesehen und bestätigten unisono, dass dies nur durch eine sehr große Kraftanstrengung überhaupt zuwege gebracht worden sein konnte. Aber wofür? Die Schräglage der Anlage machte keinerlei Sinn. So eine Kraft war nie zugegen – jedenfalls keine physische. Erst durch ein ganz anderes Erlebnis, ein Stimmenphänomen (wieder diese Halluzination?), wurde ich wenig später gewahr, dass die unerklärliche „Rohrkippung" wohl auch im Zusammenhang mit dem damals unmittelbar bevorstehenden Tod unseres „Tantchens" gestanden haben muss und ihre verstorbene Tochter Hannelore „im Spiel" gewesen sein soll. Übrigens begradigte sich die komplette Anlage wieder „ganz von allein" über vier Jahre später, im Dezember 2000, und zwar unmittelbar bevor meine „dritte" Großmutter 97jährig starb.

Mitte Oktober 1996 hatte ich selbst eine mich zutiefst berührende, für mich reale Grenzerfahrung – gleich einer NTE, jedoch ohne akute Todesnähe. Eines Nachts wurde ich plötzlich und ohne einen triftigen Grund wach. Ehe ich mich versah, fühlte ich mich wie auf einer Achterbahn. Eigentlich war es mehr wie in einem Parkhaus, in dem man in engen Kreisen auf höhere Parkebenen gelangt.

Nur saß ich in keinem Verkehrsmittel, sondern flog selbst und das mit ungeheurer Geschwindigkeit. Mir wurde richtig schwindelig. Genauso plötzlich fand ich mich auf einer breiten Straße wieder, auf der eine Parade stattfand. Ich war ganz in weiß gekleidet. Auch andere Personen waren weiß gekleidet. Ich selbst führte einen Zug dieser Parade mit einem Tambourstab an, konnte jedoch keine andere Person erkennen. Während ich erst kurze Zeit marschierte, sah ich auf einmal rechts am Rand und etwas abseits stehend meinen verstorbenen Vater. Er stand bloß da. Ich drehte ab und lief sofort auf ihn zu.

Wir fielen uns in die Arme. Alles in diesem Moment war für mich absolut real, kein Traum. Ich spürte jede einzelne seiner Narben und Furchen im Gesicht, das Haar auf seinem Kopf und die Bartstoppel auf seiner Wange. Jede kleinste Einzelheit nahm ich völlig real wahr, alles viel intensiver und deutlicher, als es je zu seinen Lebzeiten war.

Wir beide sagten nichts – wir umarmten uns nur ganz innig. Mich überkam ein absolutes Glücksgefühl und uns *beiden* liefen Tränen über *unsere* Gesichter, die ich intensiv und real fühlte. Wie lange unser Zusammentreffen dauerte, kann ich nicht sagen. Für mich endete dieses Erlebnis jedenfalls viel zu schnell.

So plötzlich, wie alles begann, so plötzlich war es auch wieder zu Ende. Ich lag wieder im Bett und war hellwach. Meine Tränen waren noch da und ich war völlig aufgelöst. Auch meine Frau war inzwischen wach geworden – sie musste etwas bemerkt haben. Ich weiß nicht mehr, was ich ihr erzählt habe, jedenfalls nichts von dieser Geschichte. Bis heute war es das einzige Mal, dass ich das Gefühl hatte, meinen Vater nach seinem Tod noch einmal wirklich real *gesehen* und vor allem *gespürt* zu haben. Auch heute noch empfinde ich nach wie vor einen kaum zu beschreibenden, riesigen Unterschied zu allem, was ich bisher geträumt habe. Kein noch so beklemmender oder erschütternder Trauminhalt ist mit dieser für mich subjektiv völlig realen und in allen Einzelheiten erinnerten Empfindung vergleichbar.

Eine Kollegin aus dem süddeutschen Raum schilderte mir einmal ein ähnliches Erlebnis: Sie war als chirurgische Assistentin in einer großen westdeutschen Klinik tätig. Ihr Oberarzt war Dr. N., ein Frauenschwarm und sehr von sich eingenommen. Sie jedoch gab ihm keine Gelegenheit, sich auch ihr zu nähern. Dennoch muss es deswegen einmal eine heftige Auseinandersetzung gegeben haben, die aber die Fronten klärte. Schließlich war Dr. N. ihr eine wichtige Stütze auf dem Weg zum chirurgischen Facharzt. Später ist diese Kollegin in eine andere Stadt gezogen. Sie hatte jedoch immer das Bedürfnis, sich noch einmal bei Dr. N. für seine Unterstützung zu bedanken. Aufgrund seiner starken

Zugewandtheit vielen weiblichen Mitarbeitern gegenüber hatte sie selbst bis dahin immer auf ausreichende Distanz geachtet und dabei auch vergessen, ihm in geeigneter Weise zu danken. Von einer guten Freundin, selbst auch Ärztin, erfuhr sie eines Tages, dass Dr. N. mit noch nicht 50 Jahren plötzlich verstorben war. In diesem Augenblick fühlte sie, dass zwischen ihm und ihr etwas Wichtiges unerledigt geblieben war und bedauerte es sehr, ihn nicht noch einmal vor seinem Tod gesprochen zu haben. Ein paar Monate später, so schilderte sie mir, geschah während des Schlafes etwas Außergewöhnliches:
Sie wurde urplötzlich wach und empfand es als völlig real, wie sie durch einen Korridor eilte und vom anderen Ende einen Mann auf sich zukommen sah. Kurz darauf erkannte sie, dass es Dr. N. war. Immer wieder beteuerte sie, dass sie das alles als vollkommen real und keineswegs als Traum empfand.
Sie trafen sich und umarmten sich kurz. Sie war fasziniert davon, während dieser Begegnung ihn und seinen Körper, seine Haut und seine Haare, ja sogar, wie sie mir sagte, seine Muskeln und das Muskelzucken seiner Schultern und Oberarme genau gespürt zu haben. Danach verschwand er, und sie lag hellwach in ihrem Bett.

Im September 1998 gebar meine jüngste Schwester Zwillinge – übrigens einen Jungen kurz vor Mitternacht und ein Mädchen kurz danach, also einen Kalendertag später. Meine Frau und ich waren zu dieser Zeit auf einer Kreuzfahrt im Mittelmeer. In der bewussten Nacht wurden unser Sohn Alexander sowie ein befreundetes Ehepaar, das während unserer Abwesenheit bei uns im Haus wohnte und auf die Kinder aufpasste, durch einen dumpfen Knall geweckt.
Zuerst dachten sie an ein Erdbeben, da wir in den Jahren davor schon wiederholt kleinere Beben im Aachener Raum hatten. Dieses Ehepaar und Alexander liefen durchs Haus um festzustellen, ob irgendetwas beschädigt war. Alles schien jedoch in Ordnung zu sein. Nur im Wohnzimmer lag ein großes Bild auf dem Boden, mit der Bildseite nach oben. Es war eine Zeichnung mit dem Konterfei Alexanders als *Kleinkind*. In typischer Manier hält er darauf eine Pfeife im Mund, die ihm mein Vater einmal geschenkt hatte. Mein Vater rauchte sehr gerne Pfeife, und Alexander fand das im Alter von etwa eineinhalb Jahren so toll, dass mein Vater ihm damals eine seiner Pfeifen aufwändigst säuberte und überließ.
Doch etwas war sonderbar: Das Bild hing ursprünglich in über eineinhalb Metern Höhe an der Wand. Es war offenbar herunter gefallen, ohne dass dabei der Nagel aus seinem Loch gerutscht war. Das Bild lag mit der Zeichnung nach oben zeigend auf dem Boden, aber nicht einfach an der Wand, sondern fast einen Meter entfernt auf dem Teppich – Rahmen und Glas waren unversehrt.
War dies vielleicht auch eine Botschaft meines Vaters?

Zum Schluss dieses Kapitels noch zwei weitere merkwürdige Begebenheiten, die ich nicht mit einem geliebten Verstorbenen in Verbindung bringe:
Während ich 1998 noch an meinem Buch *„Plädoyer für ein Leben nach dem Tod und eine etwas andere Sicht der Welt"* schrieb, suchte ich nach einem bestimmten Bibelzitat. Es ging um eine biblische Version der Weisheit von Laotse: *„Der Weg ist das Ziel"*. Ich hielt, wie ich das eigentlich täglich mache, mal wieder kurz inne und bat den „lieben Gott" um seine Mithilfe, da ich im Augenblick weder Lust noch Zeit hatte, die Bibel durchzukämmen.
Anderntags, am Freitag, den 6. November 1998, ging ich morgens früh, kurz bevor ich in die Praxis fahren wollte, wie üblich noch einmal in mein damaliges Büro im Dachgeschoss unseres Hauses. Zufällig warf ich einen Blick auf mein Faxgerät und sah, dass ein kleines Papierschnipselchen herausragte. Es handelte sich um den Abschnitt einer typischen Sende- oder Empfangsbestätigung auf Thermopapier. Ich riss es ab und wollte es schon wegwerfen, als ich noch einmal genauer hinschaute: Es trug *keinen Absender*, dafür aber standen meine eigene Rufnummer als Empfänger sowie Datum (5. November 1998) und Uhrzeit (22.12 Uhr) darauf sowie folgender kurzer Text: *„Man muss das Glück unterwegs suchen, nicht am Ziel, da ist die Reise zu Ende – Der Herr hat meine Reise gelingen lassen. Altes Testament, 1. Buch Mose, Genesis."*
Ich traute meinen Augen nicht – eigentlich war dies genau das, was ich gesucht hatte. Später ließ ich mir ein Faxjournal ausdrucken. Darauf sind normalerweise sämtliche Übertragungen, also sowohl gesendete als auch empfangene, verzeichnet. Zu meiner großen Verblüffung fand sich keine einzige Übertragung im maßgeblichen Zeitraum. Die letzte davor datierte auf 20.46 Uhr am 5. November (von mir gesendet), die erste danach auf 18.16 Uhr am 7. November 1998 (Empfangen). Und überhaupt ist es unerklärlich, wie neben den üblichen Daten noch ein zusätzlicher Text auf das Empfangsprotokoll gekommen ist. Selbstverständlich habe ich alle „Beweise" sorgsam gesichert und archiviert.
Insbesondere die letzte Zeile, „Der Herr hat meinen Weg gelingen lassen", ist mir Verpflichtung und Zuversicht zugleich, mein naturphilosophisches Wirken nach wie vor fortzusetzen.

Weihnachten 2004 hatte ich von meiner Familie einen Rundflug mit der berühmten Wellblechmaschine JU 52 geschenkt bekommen. Am 7. Mai 2005 sollte es dann ab Flughafen Mönchengladbach losgehen.
Am Tag des Fluges zogen heftigste Unwetter übers Land. Auf der Fahrt nach Mönchengladbach regnete und stürmte es heftig. Schwere Gewitter mit heftigem Regen kamen hinzu. Auch am Flughafen unwetterte es noch gewaltig.
Mir war schon nicht ganz wohl bei der Aussicht auf einen Rundflug mit der alten Propellermaschine, ließ mir aber nicht viel anmerken und stieg mit ca. 15 anderen Passagieren in die Maschine. Ich saß ganz hinten rechts auf dem einzig möglichen Platz mit etwas Beinfreiheit, wo ich meine gut 195cm Körperlänge relativ gefahrlos unterbringen konnte. Das Wetter hatte sich keinen Deut

gebessert, als der Kapitän die Propeller der Maschine startete und wir langsam zur Startbahn rollten (siehe nächstes Bild).

Ich saß da nun mit sehr gemischten Gefühlen in der Maschine und sprach für mich, so wie ich es sehr häufig mache: Lieber Gott, wenn du der Meinung bist, ich sollte in diesem Leben noch Wichtiges tun, dann schau mal bitte, wie Du das jetzt geregelt kriegst. Denn bei dem Mistwetter ist das doch viel zu gefährlich und schön schon gar nicht

An der Startbahn angekommen und die Startfreigabe erlangt, heulte zum Start auch der große Bugpropeller kräftig auf.
Plötzlich gab es einen lauten Knall, und dieser Propeller hatte es hinter sich. Der Pilot entschuldigte sich für das völlig unerwartete technische Problem, und wir fuhren gemütlich zurück zum Hangar, wo ich mit einem breiten Lächeln auf den
Lippen ausstieg, nicht ohne vorher dem lieben Gott gedankt zu haben.
Etwa sechs Wochen später, im Juni 2005, startete ich dann tatsächlich vom selben Flughafen mit der JU 52 zu einem tollen Rundflug über Düsseldorf und das Ruhrgebiet – bei dann hervorragendem Flugwetter.

Diese sehr persönlichen Erfahrungen sind tatsächlich nur ein Ausschnitt dessen, was ich selbst im Laufe der letzten über vierzig Jahre an Unerklärlichem erlebt habe. Einige meiner Erlebnisse sind nicht zur Niederschrift geeignet. Auf andere werde ich noch im Kapitel „Jenseitskontakte – Tatsache oder Unsinn" näher eingehen.
Einige standen im engen Zusammenhang mit einem Todesfall, andere wieder nicht. Aufgrund einer Reihe von Begleitumständen und Hinweisen im Rahmen ihres Auftretens führe ich sie trotz vielleicht unverhohlener Skepsis mancher Leser auf das subtile Wirken verstorbener Angehöriger und Freunde zurück. Selbstverständlich habe ich dafür keine Beweise im streng wissenschaftlichen Sinn. Dennoch bleiben sie sehr rätselhaft, und plausiblere Erklärungen finden sich kaum. Von einigen meiner Erfahrungen bin ich sehr angetan und manchmal sogar regelrecht überwältigt. Natürlich schwanke auch ich immer wieder zwischen Akzeptanz und Skepsis. Genauso wenig fällt es mir leicht, darüber überhaupt in so einem Rahmen zu schreiben. Doch längst bin ich von einem persönlichen Überleben des eigenen körperlichen Todes überzeugt. Und die große Fülle meiner persönlichen Grenzerfahrungen bekräftigt mich in diesem

Glauben. Für mich sind diese Erfahrungen zwar kein Beweis, aber ein weiterer kleiner Mosaikstein in einem Bild, das mich zu meiner Überzeugung geführt hat.

Aber jedes Thema dieses Buches ist, für sich genommen, nur ein einzelner Mosaikstein. Wenn man jedoch alle diese Steine ohne Scheuklappen – *„open minded"* – zusammenfügt, entsteht nach meiner festen Überzeugung ein sehr harmonisches und großartiges Ganzes, das ich mit großer Ehrfurcht betrachte.

Zum Schluss dieses Kapitels noch eine kleine Anmerkung:
Seit 1972 gibt es die CSICOP[119], eine Skeptikerorganisation, die es sich zum Ziel gesetzt hat, *sämtliche* paranormalen Phänomene als reinen Hokuspokus zu entlarven. Ihr Vorsitzender ist der 1928 geborene Kanadier *Randall James Hamilton Zwinge*, alias *James Randi*, ein versierter Zauberkünstler. Seine Stiftung hat sogar einen Preis von einer Millionen Dollar für denjenigen ausgesetzt, der seine paranormalen Fähigkeiten unter strikter wissenschaftlicher Kontrolle *beweisen* kann. Bislang sollen sich ein paar Hundert Aspiranten beworben haben, jedoch noch ohne Erfolg. Für die Wissenschaft scheint damit einmal mehr belegt, es gäbe keine paranormalen Erscheinungen.

Dies ist wohl sicher nicht richtig: Zunächst haben sie nach meiner Auffassung die falsche Ausgangsbasis für ihre Forschungen gewählt: So geht man natürlich vom heutigen Weltbild der Parapsychologie aus. Wie ich bereits erläutert habe, ist dies mehrheitlich *animistisch* geprägt: Die Parapsychologen vermuten, dass paranormale Fähigkeiten auf noch nicht gesicherten Funktionen des Gehirns beruhen. So glauben sie ja an einen *im* Gehirn diesseits verkörperter Menschen vorhandenen, bislang bloß nicht entdeckten, materiellen ASW-Bereich.[120]

Nur unter dieser Vorstellung wäre aber eine kontrollierte Überprüfung überhaupt denkbar: Gäbe es ein materielles Hirnsubstrat für Telepathie, Telekinese und Präkognition, dann müsste man reproduzierbare Ergebnisse auf Basis randomisierter Studien fordern dürfen.[121] Nur, so einen Hirnbereich gibt es meiner Meinung nach eben nicht. Vielmehr ist es meine Überzeugung, dass paranormale Phänomene deshalb fast immer nur spontan auftreten können, weil sie aus einem gänzlich anderen und sich unserer sinnlichen Wahrnehmung entziehenden, polar-symmetrischen informationell-geistigen Bereich stammen.

Somit sind sie natürlich nicht nach unseren üblichen Wissenschaftskriterien unter randomisierten Bedingungen zweifelsfrei reproduzierbar.

Paranormale Fähigkeiten von diesseitig verkörperten Menschen ergeben sich, wie ich gerade zeigen will, über interaktive Kontakte mit Angehörigen genau dieser geistigen Welt, also innerhalb des, wie ich meine, weltumspannenden und alles durchdringenden, höchstkomplexen „geistigen Internets". Materialistische

---

[119] CSICOP = Committee for the Scientific Investigation of Claims of the Paranormal
[120] ASW = Außer-Sinnliche-Wellen, bzw. -Wahrnehmung
[121] Randomisiert = zufällige Auswahl; Reproduzierbar = unter Laborbedingungen wiederholbar

Nachweise von nicht-materialistischen Vorgängen zu führen, die sicher ganz anderen zeitlichen Gesetzen und Regeln folgen, bzw. uns völlig unbekannten Zusammenhängen unterliegen dürften, scheinen mir kaum möglich zu sein. Ernste wissenschaftliche Forschung sollte sich demnach besser auf die Objektivierung, Bewertung und Kontrolle derartiger Kontakte und der dazu benutzten Methoden konzentrieren. Sie sollte vermeintlich paranormale Geschehnisse sammeln und vor allem auf ihre Seriosität prüfen. Erst wenn sie sich hinreichend sicher in der seriösen Aufarbeitung der meist spontanen Ereignisse geübt hat (Retrospektion), wird es ihr vermutlich leichter fallen, geeignete Modalitäten für Versuchsanordnungen zu entwickeln, nach denen evtl. auch im Labor provozierte Phänomene überprüfbarer werden (Prospektion).
Genau daran kranken auch heutige Versuche, Nahtoderfahrungen durch diverse, in OP- oder Notfallräumen platzierte Objekte oder Bilder zu verifizieren (z.B. AWARE-Studie).[122] NTE-Betroffene sollen sich später möglichst an außerhalb ihres physischen Gesichtsfeldes platzierte Objekte oder auch projizierte Bilder erinnern. Nur sind das kaum anregende „Nullachtfuffzehn-Dinge", die in einer für sie höchst emotionalen Situation kaum vorstellbar von Interesse sein dürften. Stellen Sie sich vor, ein werdender Vater, dazu medizinischer Laie, kommt auf den letzten Drücker zur Geburt seines Kindes in den Kreißsaal. Nach Geburt, Abnabelung und erster Kontaktaufnahme mit seinem Kind fragt man ihn draußen, ob ihm irgendetwas im Raum aufgefallen sei. Er dürfte emotional so aufgewühlt sein und wird sich vermutlich an nichts erinnern, was nicht unmittelbar mit Frau und Kind zu tun hatte, bestenfalls noch mit den bei der Geburt helfenden Personen... Ich will den Ergebnissen dieser und vergleichbarer Studien ja nicht vorgreifen, aber ich glaube, sie sind unbrauchbar, weil das Studiendesign der Qualität des spirituellen Ereignisses nicht nachkommt.

Grundsätzlich müssen sich gerade skeptische Wissenschaftler erst einmal dafür öffnen, die mögliche Realität derartiger Phänomene überhaupt in Erwägung zu ziehen und die unzähligen Berichte von Betroffenen zu akzeptieren. Das aber ist bislang wohl kaum der Fall, weshalb es viele Experimente (die AWARE-Studie natürlich ausgenommen, sie krank an etwas anderem) nicht zuletzt auch an der erforderlichen Objektivität vermissen lassen.
Mit derselben Einstellung in der pharmakologischen Forschung gäbe es zum Beispiel kaum eine nachweislich objektiv wirksame Arznei; denn tatsächlich gibt es kein Medikament, wo der streng wissenschaftlich nicht erklärbare, sog. Placebo-Effekt nicht wenigstens ein Drittel der tatsächlichen Wirkung ausmacht. Nur mit einer veränderten Grundeinstellung hätten derlei parapsychologische Versuche einen Sinn und wären vermutlich auch erfolgreicher.

---

[122] AWARE-Studie (=AWAreness during REsuscitation, also Aufmerksamkeit während der Wiederbelebung) läuft zurzeit in Southampton/England.

13. Wiedergeburt in der Diskussion

Im Herbst 2002 fand ich im Internet[123] die folgende Überschrift:
„Wiedergeburt bewiesen?". Es folgte eine Einzelfallreportage über die Geschichte des 13 jährigen Mädchens *Ha Thi Khuyen* aus Vietnam. Mit acht Monaten habe sie laufen, mit 12 Monaten sprechen können. Immer wieder habe sie betont, ihre jetzigen Eltern seien nicht ihre wirklichen Eltern. Sie gab an, eigentlich aus dem nahe gelegenen Dorf *Van* zu stammen. Später dort hingebracht, erkannte sie „ihre wirkliche Familie" sofort wieder. Es stellte sich heraus, dass deren Tochter zehn Jahre zuvor durch einen Unfall ums Leben gekommen war. Khuyen erkannte auch eine Frau wieder, „ihre frühere Tante", und beschrieb den Unfall genau: „Sie" habe sich damals an einem Pfirsichkern verschluckt und sei in den Armen „ihrer Tante" erstickt, noch bevor Hilfe eingetroffen war. Während ihres eigenen Begräbnisses sah sie ihre „künftige Mutter" am Grab stehen, die voll Trauer und Sympathie für das ihr unbekannte tote Kind war. In großer Hast sei sie daraufhin „in den Bauch dieser Frau gesprungen", der für sie „ähnlich wie ein Känguru-Beutel" war. Seitdem lebe sie ihr zweites Leben.
Ist diese Geschichte tatsächlich ein *Beweis* für die Wiedergeburt – oder gar nur einer von vielen? Schließlich soll es tausende solcher Berichte geben, vor allem allerdings aus Ländern, in denen der Glaube an eine *fleischliche Wiedergeburt*, die *Reinkarnation*, stark verbreitet ist.
Im tibetanischen Buddhismus sucht man sich sogar seinen religiösen Führer, den *Dalai Lama*, gezielt nach ganz bestimmten Suchkriterien unter Kindern aus, wenn der letzte verstorben ist. Dort ist man der Überzeugung, dass es nur *einen einzigen Dalai Lama* gibt, der stets aufs Neue wiedergeboren wird.
Unbestritten gibt es wohl sehr viele Fälle, in denen sich besonders Kinder an andere Umgebungen, Lebensumstände oder Personen „zu erinnern" scheinen. Auch gibt es Fälle, wo Kinder sogar völlig fremde Sprachen sprechen oder Dinge tun, die ein ganz besonderes Geschick oder eine qualifizierte Ausbildung erfordern, die sie aber niemals genossen haben.
Der kanadische Psychiater *Ian Stevenson (1918-2007)* hat sich wohl am ausführlichsten und genauesten mit dem Thema Wiedergeburt beschäftigt. Nach eigenen Angaben hat er über 20.000 solcher Berichte gesammelt und ausgewertet. Am Ende seines bedeutendsten Werkes, dem Buch *„ Children who remember previous Lives"*, kommt er jedoch zu dem Schluss, dass er zwar aufgrund vieler frappierender Ergebnisse für sich selbst zu der Überzeugung gelangt sei, dass „... *einige unter ihnen* (Anm.: den befragten Kindern) *in der Tat reinkarniert haben mögen...*" Doch zugleich stellt er fest, „ *... so hat es mir*

---

[123] auf der Wissenschaftsseite des Internetproviders „freenet"

doch auch die Gewissheit verschafft, dass wir nahezu <u>nichts</u> über die Reinkarnation wissen". (Unterstrich von mir)
Doch was ich für mich in Anspruch nehme, nämlich durch viele Hinweise auf verschiedenen Gebieten die Beweiskraft meiner Vorstellungen zu erhärten, sollen selbstverständlich auch andere haben dürfen. Also suche ich zunächst nach weiteren „Beweisen" und werde schnell fündig: In den letzten zwei Jahrzehnten hat sich eine überwiegend gut verdienende Kultur von sogenannten *Regressionstherapeuten*, auch *Reinkarnationstherapeuten* genannt, gebildet.
Sie sind der Ansicht, Menschen mit *Hypnose* zunächst in ihre früheste Kindheit und dann sogar darüber hinaus in „frühere Leben" zurückversetzen zu können. Ihre Patienten wären dann in der Lage, ihre vielen eigenen Leben praktisch Stück für Stück nacherleben zu können.
Auch wenn möglicherweise viele dieser „Rückführungen" von vornherein unseriös sein dürften, es bleiben gewiss *genügend seriöse* Hypnosesitzungen übrig. Allerdings glaube ich auch dann nicht an „echte Rückführungen" und bezeichne sie im Ergebnis als „Scheinrückführungen". Ich werde auf meine Gründe dafür gleich eingehen und unterstelle hier deshalb zunächst, die dazu führenden Methoden sowie die Inhalte der Berichte seien verlässlich.

Leider beanspruchen die meisten Religionen für sich einen jeweils *absoluten* Wahrheitsanspruch. Ich lehne das durchweg ab und neige dazu, viele ihrer Glaubenssätze zu relativieren. Im Ergebnis jedoch besitzen sie, erst recht alle zusammen genommen, einen ungemein bedeutungsvollen Wahrheitskern. Er ist seit alters her im Menschen intuitiv etabliert und ist nach meiner Auffassung ja sogar eines der entscheidenden Merkmale der Menschwerdung.
Deshalb halte ich auch bei kritischer Betrachtung sehr viele religiöse Details für wichtig und hilfreich. Manche nutze ich gerne selbst zur Stützung meiner eigenen integrativen Vorstellungen.
Auch die Reinkarnation ist ein wichtiges religiöses Detail und ist besonders in fernöstlichen Religionen weit verbreitet. Manche Bücher, vor allem sei hier wieder das Tibetanische Totenbuch[124] erwähnt, beschreiben ganz dezidiert den Weg der Seele zwischen Tod und Wiedergeburt.
Die wichtigsten fernöstlichen Religionen stammen direkt oder indirekt vom Hinduismus ab. Dort aber ist der Glaube an die Wiedergeburt noch gar nicht so alt. Im Wesentlichen geht sie zurück auf die ursprüngliche Überzeugung von einer ununterbrochenen Fortdauer des *Geistes*. Für die Menschen ihrer Zeit brauchte man hierfür ein anschauliches Erklärungsmodell, und man glaubte es in der Reinkarnation zu finden. In den einige Jahrtausende zurückliegenden Anfängen des Hinduismus war der Glaube an die fleischliche Wiedergeburt zunächst noch *nicht* bekannt.

---

[124] vgl. zweites Kapitel

Übrigens war sie sogar den frühen Christen geläufig. Auch hier scheint sie den Weg aus dem fernen Osten in den nahen Orient genommen zu haben. Anfang 1997 hatte ich in Istanbul (Türkei) die Gelegenheit, eine entsprechende Darstellung in einem Mosaik über einem Innenportal in der Chorakirche zu bewundern. Sie zeigt den Tod der Gottesmutter Maria und darüber ein Baby, das bereits die reinkarnierte Maria darstellt.

Der Wiedergeburtsglaube wurde später aus politischen Gründen unter Kaiser Justinian[125] auf dem fünften ökumenischen Konzil von Konstantinopel im Jahre 553 n.Chr. aus der christlichen Doktrin verbannt.

Natürlich gibt es auch in unserem Kulturkreis immer wieder das Phänomen sogenannter Wunderkinder, die – ganz unbestritten – schon in früher Kindheit recht Erstaunliches zuwege bringen: Einige sind äußerst sprachbegabt, andere mathematische Genies und wieder andere spielen vielleicht hervorragend musikalische Instrumente – ohne all das jemals so richtig gelernt zu haben.

Es verwundert mich daher nicht, wenn manch einer das als geradezu schlagenden Beweis für die (fleischliche) Wiedergeburt eines entsprechend Begabten betrachtet.

Erstaunlich, aber man findet derartige Wunderbegabungen auch bei manch einem Autisten, von denen einige sogar zugleich debil und nicht in der Lage sind, die elementarsten Dinge des Alltags zu meistern. Dazu später noch.

Für sehr viele jedoch scheint es also eine ganze Menge von stichhaltigen Argumenten zu geben, die *für* die *fleischliche Wiedergeburt* eines Menschen nach seinem Tod sprechen. Gerade in der sehr vielfältigen esoterischen Szene unserer westlichen Welt spielt der Glaube an Reinkarnation eine große Rolle. Dennoch bin ich mir ziemlich *sicher*, dass es sich dabei um eine rein menschliche *Erfindung* handelt, die mit der Wirklichkeit nicht viel zu tun hat.

Wiedergeburt gibt es gewiss, doch wohl ganz anders, als Sie und viele andere denken: Jedes Lebewesen – und so natürlich auch jeder Mensch – wird nach seinem körperlichen Tod in eine ganz andere, eine für uns geistige, „jenseitige" Welt hinein *wiedergeboren*. In dieser spiegelt sich alles jemals Entstandene aus unserer jetzigen, „diesseitigen" Welt auf ewig naturgetreu wider, entwickelt sich aber natürlich unaufhörlich weiter.

Und hier auf Erden ist der Mensch das einzige Wesen, das sich kraft seines ausreichend hoch entwickelten Bewusstseins, seiner eigenen Bewusstheit und durch sein Selbstbewusstsein in der Lage ist, sich dem jetzt und dereinst bewusst zu werden.

Die (fleischliche) Wiedergeburt in einem neuen menschlichen Körper im „Diesseits" halte ich dagegen für eine rein menschliche Erfindung. Warum?

---

[125] Justinian I (527-565 n.Chr.)

1) *„Alles kommt in Kreisen"*, so lautet ein schon einmal erwähntes, altes indianisches Sprichwort. Tatsächlich scheint wirklich alles in unserer Welt einen kreisförmigen, *zyklischen* Charakter zu besitzen. Ich selbst arbeite in einem einfachen Gedankenmodell mit *Kreisen*, die wachsen und sich vermehren, um die Eckdaten unserer Welt zu erläutern (vgl. Kapitel 4).
Der Chemiker *Peter Plichta* und ich sind auf ganz unterschiedliche Weise zu dem letztlich selben, *zyklischen* Raummodell gelangt. In der Natur gibt es den *Kreislauf* der Jahreszeiten: Wenn man einen Baum betrachtet, so bekommt er jedes Frühjahr neue Blätter, die er im Herbst wieder verliert. Die Blätter kommen und gehen, der Baum aber bleibt derselbe. Warum sollte dies nicht für uns Menschen genauso gelten? Die Körper werden geboren und sterben wieder, das Eigentliche aber, d.h. die menschliche Seele, bleibt dieselbe. Schließlich wird behauptet, jede Seele komme irgendwo her und müsse folgerichtig auch wieder zurückkehren. Doch tut sie das wirklich?

Ich glaube, einerseits werden hier Äpfel mit Birnen verglichen – andererseits muss auch keine Seele irgendwo herkommen:
Ich habe die wohlbegründete These aufgestellt, dass es zwei Welten gibt, die unabhängig voneinander existieren und sich dazu gegenseitig bedingen. Eine davon, die *geistige* Welt, ist der eigentliche Kern aller Existenz. Aus ihr und mit ihr entstehen letztlich unser Universum, alle Materie und schließlich auch jedes Lebewesen.
Kennzeichnend für alle Lebewesen ist, dass sie aus organischem Material bestehen. Hierfür charakteristisch ist eine komplizierte molekulare und zelluläre Räumlichkeit, die zu idealen Resonanzräumen führen, wodurch Informationen aufgenommen, gespeichert und wie bei einer Orgelpfeife verstärkt werden können. Außerdem können sie Informationen, die z.B. mittels Licht oder, ganz allgemein, mittels elektromagnetischer Strahlung (EMS) übertragen werden, verarbeiten.
Aus alldem aber folgt, dass Informationen selbst Einfluss auf das biochemische Geschehen haben, was für Radiowellen bereits Anfang dieses Jahrtausends am MIT[126] in Cambridge, einem Vorort von Boston (USA) beobachtet werden konnte. Somit ist EMS, und damit Licht, eine von mehreren Schnittstellen zwischen der das ganze Universum umfassenden und durchdringenden geistigen Welt und dem Kosmos als ihrem materiellen Pendant und „Spielfeld".
Aus Sicht der materiellen Seite der „Medaille Welt" besteht Licht (und andere elektromagnetische Strahlenteilchen) aus masselosen Teilchen, den Photonen. Zu Licht werden diese dadurch, dass sie von geeigneter Materie absorbiert werden. Dazu zählt auch die Netzhaut in unseren Augen. Hierdurch entsteht ein elektrischer Impuls, der schließlich durch Verarbeitung in unserem Gehirn erst den Leuchteffekt des Lichtes hervorruft. Photonen jeglicher Frequenz sind selbst

---

[126] MIT = Masschusetts Institute of Technology

also unsichtbar. Das Leuchten des Lichts ist bloß eine Interpretation unseres Geistes mit Hilfe seines Gehirns. Dazu ist aus Sicht der geistigen Seite der „Medaille Welt" Licht eine Art universeller digitaler Informationscode.

Die Evolution allen Lebens ist letztlich vor allem eine Evolution von geeigneten Strukturen, die auf sie einwirkende Informationen immer besser verarbeiten und so mit der geistigen Welt auf immer höherer Ebene interaktiv kommunizieren können. Am vorläufigen Ende dieser Entwicklung auf der Erde steht der Mensch.

Sein Dasein beschleunigt diese geistige Evolution nun erheblich: In jetzt immer kürzerer Zeit gibt es immer mehr Facetten geistiger Vielfalt über den Weg einer konsequenten Individualisierung. Jeder einzelne Mensch ist ein Paradebeispiel für diese Möglichkeit ungebremsten geistigen Wachstums. Dieser Prozess wird, so scheint es jedenfalls zunächst, durch unseren zwangsläufigen körperlichen Tod beendet. Dies jedoch hieße, die Evolution würde letztendlich versagen.

So wie in der Physik nach den Gesetzen der Thermodynamik alles Materielle zu immer größerer Unordnung strebt, so entsteht aber auch im Umkehrschluss tatsächlich eine immer höhere geistige Ordnung.

Der Tod kann diese zwangsläufige Entwicklung nicht bremsen; denn sie ist ein Naturgesetz. Folglich kann es auch nur einen rein körperlichen Tod geben.

Das aber bedeutet wiederum konsequenterweise, dass die Evolution, die ja nun ganz offensichtlich den Weg zu perfekter geistiger Vielfalt durch Individualisierung geht, folglich auch jeden einzelnen Geist irgendwann zu höchster Vollkommenheit führen *muss*.

Es widerspricht daher geradezu allen Erfahrungen und auch jeder Vernunft, wenn dieser Weg über ständige Rückschritte erfolgen sollte. Genau das aber bedeutet „fleischliche Wiedergeburt"; denn es müsste immer wieder ein ganz *neuer geistiger Anfang* gemacht werden. Über viele Jahrzehnte gewonnene Erfahrungen gingen mit dem Tod zwar nicht grundsätzlich verloren. Aber sie spielten für die weitere geistige Vervollkommnung zunächst keine wirklich entscheidende Rolle. Somit wären sie praktisch doch verloren. Nur wenige sind in der Lage, auf sie gezielt zuzugreifen. Das aber kann nicht Sinn der geistigen Evolution sein, so wie sie sich uns offensichtlich darstellt.

Die Devise der Reinkarnation jedoch ist, salopp gesagt: Neues Spiel, neues Glück.

Unzählige gute und schlechte Taten führten danach zu einer schier unendlichen Quälerei über unzählige Leben, immer auf der Suche nach dem reinen *Karma*. Wiedergeburt wäre der Weg ständigen Sitzenbleibens, um auf diese Weise irgendwann doch wenigstens das erste Klassenziel zu erreichen. Die Evolution des Geistes will jedoch viel mehr: Sie strebt in möglichst *kurzer* Zeit über möglichst *viele* Klassen zu einem möglichst *hohen* Schulabschluss.

Die Evolution des Geistes ist ein konsequenter Weg, der, wie in jeder Schule gern gesehen, von Klasse zu Klasse kontinuierlich aufwärts führt. Dabei werden die Schlechteren unweigerlich mitgerissen. Gegebenenfalls brauchen sie nicht

nur sehr viel Nachhilfeunterricht, sondern erhalten notfalls auch noch reichlich Strafarbeiten, Nachsitzen oder sogar Arrest.
Die menschliche Seele kam nirgendwo her! Sie bildet sich erst *mit* dem Menschen und wächst *mit* ihm heran. Dabei differenziert und qualifiziert sie sich immer stärker. Stirbt der Mensch, so fällt sein Körper von ihr ab. Sie ist die Essenz und bleibt einfach übrig. Fortan ist sie nun ein autarker Teil eines weltumspannenden unendlichen geistigen Ganzen, ohne dabei dennoch ihre Eigenständigkeit zu verlieren. Der Tod ist für sie nur ein Klassenwechsel – bis zum Schulabschluss steht ihr jedoch noch ein weiter und sicher steiniger Weg bevor.

2) Religionen, die an eine fleischliche Wiedergeburt glauben, begründen dies vor allem mit der Hoffnung auf Gerechtigkeit.
Das schlägt sich in der Vorstellung vom eigenen *Karma* nieder. Gerechtigkeit wird danach jeder dadurch erfahren, dass er in seinem nächsten irdischen Leben mit einer Verbesserung, ggf. aber auch mit einer Verschlechterung seiner Lebensbedingungen rechnen kann und muss – je nachdem, wie viel Schuld er in seinem letzten Leben aufgeladen hat. Diese Vorstellung führt leider sehr häufig zu schier menschenunwürdigen Verzerrungen: Obwohl es keinerlei *Beweise* für die fleischliche Reinkarnation gibt, werden in manchen Ländern, in denen dieser Glaube stark ausgeprägt ist, sehr viele Menschen unmenschlich diskriminiert: Ihre persönlichen Missstände werden dabei als zwangsläufige Folge eines ungünstigen oder gar bösen vergangenen Lebens gedeutet. Ihr Karma, d.h. ihre Schuld, die sie in ihrem letzten Leben auf sich geladen haben, machen sie heute zu dem, was sie sind und lassen sie deshalb darben mit dem, was sie haben. Jeder Mensch habe letztlich selbst Schuld an den vielleicht unwürdigen Verhältnissen in denen er gegenwärtig leben muss. Einen Menschen jedoch für schuldig zu befinden, der *mangels Erinnerung* an sein früheres verderbliches Tun keinerlei Einsicht in seine Schuld haben *kann* und deshalb auch nicht einmal *gezielt* zu besserem Handeln angehalten werden kann, ist sicher weder weise noch göttlich.
Ich bin sehr wohl davon überzeugt, dass Gerechtigkeit in dieser Welt ganz *real* existiert, so wie z.B. auch Liebe oder Barmherzigkeit. Jeder Einzelne lädt sich durch sein Handeln möglicherweise Schuld auf, für die ihm Gerechtigkeit widerfahren muss und ganz gewiss auch wird. Aber das hat nur dann Sinn, wenn der Betroffene erkennen kann, wofür ihm was auch immer, wann auch immer geschieht. Der Gedanke an Gerechtigkeit gipfelt sicher in der Frage, wo die Gerechtigkeit bliebe, wenn die Menschheit plötzlich keine Zukunft mehr auf Erden hätte? Leider wären wir heute jederzeit in der Lage, unserer ganzen Art und allem Leben auf der Erde in kürzester Zeit den Garaus zu machen. Gerechtigkeit fiele dann wohl aus. Nur, das kann es nicht sein und widerspricht jeder Logik.

3) Selbst das Argument der ewigen Kreisläufe in der Natur stimmt bei genauem Hinsehen nicht. Auch wenn alles in Kreisen kommt, nichts kommt wirklich so wieder, wie es war. So wenig, wie sich Geschichte wirklich wiederholt, so wenig kommen dieselben Blätter an den Bäumen oder die Jahreszeiten exakt so wieder. Jedes einzelne Blatt ist immer ein Unikat in dieser Welt und jeder Frühling bleibt es auch.

Wenn es diese geistige Welt gibt, diese allumfassende Welt der Information, dann hat sie für jedes Blatt und jeden Frühling ein geistiges Korrelat: Alles ist gespeichert und in geeigneter Weise jederzeit zu „besichtigen". Das neue Blatt und der nächste Frühling haben mit den vergangenen bestenfalls gemein, ihnen sehr ähnlich zu sein, so wie sich zwei Menschen ähneln, weil sie Menschen sind. Wenn zudem, wie ich annehme und wie es das Prinzip „Leben" geradezu nahelegt, der menschliche Geist ohne das materielle Gehirn existiert und grundsätzlich dazu aufgerufen ist, ständig weiter zu wachsen, dann gibt es auch keinen Grund anzunehmen, er bräuchte hierfür einen neuen irdischen Körper.

Neue Verkörperungen bedeuteten nur quälend lange Umwege und die ständige Gefahr zwischenzeitlicher Qualitätsabstürze.

Die Evolution des Nervensystems, das dem Geist eine immer effizientere *Schnittstelle* zur materiellen Welt erschließt und ihm im Laufe der Zeit ein überaus kompliziertes, komplexes und perfektes Kommunikationsnetz aufbaut, spricht eine ganz andere Sprache:

Seine Entwicklung erfolgt stets schnurstracks geradeaus, konsequent und ohne solche Umwege. Was aber den "Instrumenten" des Geistes recht ist, sollte dem Geist selbst doch nur billig sein.

4) Gegen die fleischliche Wiedergeburt spricht natürlich einmal mehr die Mathematik, genauer: die elementare mathematische Logik. Ich bin der Ansicht, dass letztlich alles in der Welt ganz einfachen geometrischen und von Zahlen gesteuerten Gesetzen folgt.

Konkret gehorcht die Welt sechs elementaren mathematischen Regeln:

1) Von nichts kommt nichts:
Die Null, das Nichts, ist nur das Gegenteil vom Sein, aus ihr entsteht aber nichts.

2) Kein Sein gibt es allein:
Von allem gibt es ein polares Spiegelbild. So wie es „+1" gibt, gibt es auch „-1". Zur Materie gibt es den Geist. Alles ist symmetrisch und polar, d.h. gegensätzlich zueinander, geordnet.

3) Alles Sein entsteht aus Sein:
Das letzte SEIN aber lässt sich für uns nicht näher beschreiben, bzw. es entzieht sich unserer Anschauung. So wie es eine Wurzel aus „+1" gibt und diese „-1"

ist, so muss es auch eine Wurzel aus „-1" geben. Wir können sie zwar nicht berechnen. Es gibt sie aber, sie entzieht sich nur unserer Anschauung. Diese Wurzel nennt der Mathematiker „i". Und „i" ist somit das kleinste *Symbol* für die reale Existenz Gottes.

4) Alles Sein hängt voneinander ab:
So wie aus „i" die „-1" und aus „-1" die „+1" entsteht, so entsteht aus Gott alles Geistige und aus dem Geistigen alles Materielle.

5) Alles entwickelt sich konsequent fort:
Ist erst einmal etwas entstanden, also IST etwas – völlig gleich ob als „-1" (Geist) oder als „+1" (Materie) – so entwickelt es sich ewig weiter:
Aus „-1" entsteht „-2", dann „-3", bis „minus unendlich" und aus „+1" entsteht „+2", dann „+3" u.s.w. bis „plus unendlich".

6) Nur alles Materielle ist endlich, alles Geistige dagegen unendlich:
Alles Materielle entwickelt sich erst aus der primär geistigen räumlichen Unbegrenztheit. Auch allem Materiellen haftet die (geistige) Information des SEINs an. Es ist die andere Seite seiner Medaille. Die Information seines SEINs ist somit unendlich und besteht daher auch dann weiter, wenn das Materielle selbst geendet hat: Sie ist also ewig.
Folglich gibt es auch niemals ein Ende einer einmal entstandenen Persönlichkeit. Doch so wie die Ordnungszahlen kontinuierlich und konsequent gegen unendlich laufen und nicht, wie die Schrittfolge der bekannten *Echternacher Springprozession*[127], mal vor und mal zurück, so entwickelt sich auch jede einzelne Persönlichkeit unaufhörlich immer weiter.

Für das ständige Vor und Zurück fleischlicher Wiedergeburt hat auch die Mathematik *keinen* Platz.
Natürlich gilt dies im Grunde genauso für jedes Tier – ja für alles in diesem Universum – in gleicher Weise. Doch erst der Mensch ist – zumindest als erstes Wesen auf dieser Erde – in der Lage, das zu erkennen und dadurch auch seinen eigenen zukünftigen Weg mit zu bestimmen und weiter zu verfolgen.
Wenn Sie sich mal vergegenwärtigen, dass man jede Form geistiger Information symbolisch auch als „Wort" bezeichnen kann, dann bietet uns das Johannesevangelium, wie eigentlich jede biblische Beschreibung des Entstehens dieser Welt und von allem in dieser Welt, die Genesis, ganz Erstaunliches.
So heißt es bei Johannes doch ganz am Anfang (01-05):
„Im Anfang war das Wort, und das Wort war bei Gott, und Gott war das Wort. Dieses war im Anfang bei Gott. Alles ist durch es geworden. Was geworden ist –

---

[127] Echternach ist eine schöne kleine Stadt in Luxemburg an der Grenze zu Deutschland

in ihm war das Leben, und das Leben war das Licht der Menschen. Und das Licht scheint in der Finsternis, und die Finsternis hat es nicht ergriffen."

Ich sehe darin eine ungemein verständliche und treffende bildliche Darstellung meiner ganz einfachen mathematischen Regeln auf den letzten Seiten.
Und wenn das „Licht", im Grunde ebenso bloß Information, nicht von der „Finsternis" ergriffen wird, so bedeutet das doch nur, dass Information immer und ewig, und unabhängig von materiellen Wirkungen, existiert.

So bleibt zum Schluss dieses Kapitels noch zu erörtern, wie es dennoch zu den eingangs beschriebenen „Wiedererkennungen", zu „Rückführungsberichten" oder zu „Wunderkindern" kommen kann, wenn es die fleischliche Wiedergeburt *nicht* gibt? Es hilft natürlich nicht, nur die Reinkarnation abzulehnen – es muss zugleich auch eine neue und plausible Erklärung her.
Erinnern wir uns hierzu noch einmal an folgendes Grundkonzept:
Der Mensch ist nicht nur ein materielles, sondern genauso auch ein geistiges Wesen. Sein Geist ist ein sich erst entwickelnder, d.h. sich zunehmend im Laufe der Zeit differenzierender Teil aus und in einem die ganze Welt umfassenden und durchdringenden „Weltgeist", einem „geistigen Feld" oder auch einem „weltumspannenden geistigen Internet".
Wenn der menschliche Geist damit auch unabhängig von etwas Materiellem, z.B. dem Gehirn, existiert, dann müssen wir alle, die wir derzeit hier im „Diesseits" leben, ständig von unermesslich vielen bewussten Geistern umgeben sein; denn der Geist eines jeden einzelnen Verstorbenen seit Anbeginn der Menschheit entwickelt sich danach natürlich konsequent weiter.
Stellen Sie sich diese „Geister" wie Milliarden von „Intranets" vor, also kleinen, aber höchstkomplexen, abgrenzbaren Informationsbereichen eines gigantischen Internets. Dann dürfte es ein Leichtes sein sich vorzustellen, dass zwischen solchen Intranets laufend Informationen ausgetauscht werden, vor allem dann, wenn solche Intranets vielleicht noch regelrecht zu „Familien", „Gruppen" oder allgemein „Clustern" verbunden sind. Ein solcher Austausch kann natürlich genauso auch mit einem noch verkörperten, d.h. im Diesseits lebenden Intranet vonstatten gehen, also einer hier lebenden Person.
Anders gesagt: Menschen, die im Diesseits leben, können, ob bewusst oder unbewusst, Kontakt mit anderen, auch mit verstorbenen Geistern aufnehmen und rege kommunizieren. Dies geschieht in erster Linie auf einer rein geistigen Basis. Wenn eine solche Kommunikation weitreichend funktioniert, könnte man sich folglich doch gut vorstellen, dass man so auch Vorstellungen, Gedanken, Sichtweisen, Kenntnisse und Erkenntnisse erfahren kann, die tatsächlich jedoch von *anderen* bereits verstorbenen Personen stammen.
Insbesondere wenn man, wie z.B. in Hypnose, nicht mehr voll und ganz Herr seiner eigenen Lage ist und möglicherweise Schleusen in die geistige Welt

geöffnet werden, dürfte es unschwer zu akzeptieren sein, dass man solcherlei fremde Kenntnisse und Gedanken dann sogar als eigene ansehen könnte. Damit wären alle vorgenannten Phänomene mit einem einzigen Schlag auch ohne fleischliche Wiedergeburt plausibel zu erklären. Alles wäre das Resultat des mehr oder weniger gezielten Anzapfens grundsätzlich zugänglicher geistiger Informationsinhalte.

Zu ähnlichen, zumeist unbewussten Kontakten gelangen nicht wenige auch über eine Reihe spezieller Meditationstechniken.

Der Ruhezustand von Kontemplation und Meditation scheint sehr gut geeignet zu sein, sich für eine Welt zu öffnen, die genauso real ist, wie die von uns allein als real empfundene materielle Welt.

Dafür allerdings müssen wir erst einmal unserer Bewusstsein und unsere Gedanken auf ein wesentlich „niedrigeres", oder besser „ruhigeres Niveau", reduzieren: Man muss also abschalten lernen und seine Gedanken fließen lassen können. Unser Gehirn ist vor allem auch eine Art *Reduktionsfilter*. Es reduziert die Unmenge ständig einströmender Informationen auf ein eng begrenztes und als wichtig angesehenes Niveau. Dieses Niveau ist uns *evolutionär* vorgegeben, damit wir unseren Lebensweg meistern können. Deshalb sind wir für wichtige Infos aus unserer materiellen Umgebung empfänglich, für Infos aber, die für das Meistern unseres Lebens keine unmittelbar wichtige Rolle spielen, jedoch im Allgemeinen nicht. Erst durch tiefe Ruhe, durch das typische Abschalten, öffnet man sich auch mehr für andere, für subtilere Einflüsse, die sonst völlig untergingen. Gelangt man auf diese Weise an bemerkenswerte oder sogar nützliche Informationen, erscheinen sie uns als „Eingebung". Wir sprechen dann von *Intuition*.

Durch eine Art „Kurzschluss" zwischen zwei geistigen Intranets könnte es so auch zu unbewussten *Dauerkontakten* kommen.

Möglicherweise können solche Formen „geistiger Netzwerke" hier und da sogar bewusst aufgebaut werden. Seriöse Medien scheinen dazu imstande zu sein. Insbesondere auch zwischen nahen Angehörigen oder überhaupt „seelisch Verwandten" ließe sich so etwas ebenfalls denken.

Grundsätzlich bestünde über solche Verbindungen dann auch die Möglichkeit eines ständigen Datentransfers, mit dem sich plausibel einfach und schön auch das Phänomen der Wunderkinder erklären ließe. Dass dies nicht nur reine Spekulation ist, verdeutlicht das Phänomen wissender, aber debiler Autisten, den *Savants*. Ihre phantastischen Fähigkeiten lassen sich so einfach erklären. Ihre Wahrnehmung ist aufgrund ihres Autismus regelrecht phasenverschoben, so dass sie Informationen aufnehmen, die in dieser Welt real existieren, die aber unnötig sind, um ihr Leben meistern zu können. Sicher mag es auch Inhalte des weltumspannenden geistigen Feldes geben, die von besonders großer *allgemeiner oder gar artspezifischer* Bedeutung sind. Grundsätzlich stehen sie zwar allen Mitgliedern derselben Art zur Verfügung, können aber vielleicht nicht immer von allen gleichermaßen angezapft werden.

In der Tierwelt wären derartige Inhalte identisch mit den „morphogenetischen Feldern", die *Rupert Sheldrake* postuliert.
Natürlich besitzt dann auch die Menschheit solche artspezifischen „geistigen Intranets von allgemeiner Bedeutung". Vielleicht sind sie das, was Psychologen „Archetypen" oder „kollektives Unbewusstes" nennen?[128]
Dann, wenn wir einige der Fähigkeiten und Reduktionsfilter unserer Hirnfunktion abschalten oder krankheitsbedingt einbüßen, sind wir möglicherweise erst in der Lage, Verbindungen zu unserer „artspezifisch-menschlichen Datenbank" zu intensivieren.
Die von mir in früheren Büchern bereits erwähnten autistischen Zwillinge John und Michael[129], die zehn-, zwölf- und noch höherstellige Primzahlzwillinge offenkundig regelrecht „sehen" konnten, mögen hierfür ein interessantes Beispiel sein.

Vielleicht steht sogar jeder diesseitig lebende Mensch in einem für uns nicht näher beschreibbaren, so doch unmittelbaren Kontakt mit einer ihm vielleicht sogar persönlich zugeordneten, jenseitigen geistigen Persönlichkeit?[130]
Vielleicht handelt es sich dabei um einen direkten Vorfahren? In diesem Zusammenhang bekäme auch der Glaube an einen persönlichen Schutzengel nicht nur eine neue Perspektive, sondern ein viel größeres Gewicht.
Zu allen Zeiten und gerade in Kulturen, in denen der Glaube an allerlei Metaphysisches, wie z.B. bei den Römern, eher im Hintergrund stand, wurde dennoch immer die Verehrung der Ahnen wegen des Glaubens an ihre mögliche Einflussnahme auf den Menschen hoch geachtet.

Zum Schluss dieses Kapitels möchte ich dennoch eine Spekulation wagen, die den Wiedergeburtsanhängern ein wenig die Hand reichen und sich mit ihnen „versöhnen" soll: Ich möchte dazu einen „plausiblen Kompromiss" aufzeigen, der jedoch zunächst ein paar Vorbemerkungen erforderlich macht:
Meine Vorschläge zu einem ganz neuen, alternativen und erstmals wirklich integrativ-ganzheitlichen Weltbild – also einem Weltbild, das Religionen, Naturwissenschaften und die Philosophie unter einen gemeinsamen und plausiblen Hut bringen will, beruhen auch auf der folgenden Beobachtung: Besonders wichtige Entwicklungen auf geistiger Ebene laufen stets konsequent und schnurstracks geradeaus.
So glaube ich beispielsweise, dass immer dort im Universum, wo es nur irgend möglich ist, schon früh Leben entsteht. Unser Universum dürfte damit voll von Leben sein. Ist Leben erst einmal entstanden, wird es sich konsequent und geradewegs zu immer intelligenterem Leben fortzuentwickeln versuchen. Der

---

[128] Nach Sigmund Freud und Carl Gustav Jung, s. Glossar und Literaturverzeichnis.
[129] aus: Oliver Sacks, „Der Mann, der seine Frau mit einem Hut verwechselte" (1990)
[130] Manche sprechen in diesem Zusammenhang von einem persönlichen „Geistführer"

hierarchisch überaus konsequente und perfekt abwärtskompatible Aufbau des Zentralnervensystems (ZNS) spricht dazu eine deutliche Sprache.

Hier auf unserer Erde gibt der Mensch erstmals Zeugnis für eine solche Marschrichtung der Evolution: Über möglichst große individuelle Vielheit entsteht möglichst große geistige Vielfalt.

Die Entwicklung jedes einzelnen geistigen Potentials geht zunächst ein ganzes Leben lang voran und wird auf ihrem *Höhepunkt* durch den Tod (scheinbar) beendet. Allein das ist für mich schon Grund genug, an der Endgültigkeit des Todes zu zweifeln; denn es wäre blanker Unsinn und Verschwendung von ganz offensichtlich Angestrebten.

Noch eine andere Alltagserfahrung ist vielleicht sehr bedeutend: Wenn wir alle einmal auf unseren eigenen, bisherigen Lebensweg zurückschauen, wird jeder von uns bemerken, dass er sich im Laufe der Jahre nicht nur äußerlich, sondern auch geistig verändert hat.

Wir sprechen von geistiger Reifung, die auf den vielfältigsten persönlichen Erfahrungen beruht. Obwohl wir alle einen geistigen Kern besitzen, der sich natürlich kontinuierlich von der Wiege bis zur Bahre zieht, scheint unsere geistige Reifung phasenförmig zu verlaufen, in gewisser Weise schalenförmig wie Zwiebelschalen. Nicht umsonst teilt man im Volksmund das Leben oft z.B. in Siebenjahresetappen ein. In der chinesischen Medizin wird ein Leben in siebenjährige Zyklen der Frau und achtjährige des Mannes unterschieden. Nett finde ich auch den Vergleich mit den russischen Matroschkapuppen: Eine wird über die andere gestülpt. Jede ist folglich etwas größer und künstlerisch ein wenig anders gestaltet und von anderer Farbe.

Der rote Faden geht jedoch nicht verloren.

Ich neige deshalb dazu zu sagen, alle paar Jahre lernt man ein neues Kapitel des Lebens, doktert dann einige Jahre daran herum und hat es schließlich kapiert.

Ist es einmal begriffen, wird das Ergebnis dem bisherigen Erfahrungsschatz hinzugefügt und ein weiteres Kapitel begonnen. Natürlich können auch mehrere Kapitel gleichzeitig bearbeitet werden.

Man selbst betrachtet seine eigene Persönlichkeitsentwicklung zwar nach wie vor als kontinuierlich, weil der rote Faden bleibt. Bei genauem Hinsehen kann man die auch phasenförmige Reifung jedoch durchaus nachvollziehen. Wenn man diese Grunderfahrung einmal über den Tod hinaus weiterspinnt, dann wäre meine Spekulation die folgende:

Vielleicht gibt es ja unzählige, einzelne „Geistige Stammbäume", die alle irgendwann einmal von Menschen begründet wurden. Jeder einzelne Mensch erwirbt aber im Laufe seines diesseitigen Lebens einen eigenen und *komplett neuen* Erfahrungsschatz. Nach seinem körperlichen Tod trägt er mit ihm und seiner ganzen Persönlichkeit zum Wachstum eines dieser vielen „Geistigen Stammbäume" bei (siehe nebenstehende Abbildung, die einem Tannenzweig ähnelt, da die Erfahrungen der Leben 1-11 miteinander verschmelzen).

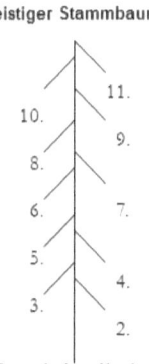

Verschiedene Persönlichkeiten verschmelzen im Laufe der ewigen Gesamtentwicklung zu einer Art wachsenden geistigen Familie. Jede einzelne Persönlichkeit bleibt dabei abgrenzbar und ist doch Teil eines neuen Ganzen, so dass durch jedes „irdische Leben" neue Kapitel auf dem Weg zur Reifung einer höheren, uns jetzt noch unbekannten, geistigen Form des Lebens hinzugefügt werden. Auch aus Sicht einer solchen, sich immer fortentwickelnden komplexen Gesamterfahrung bleibt jedes hierzu beitragende Leben im Rückblick als ein dauerhaft eigener Teil vollständig erhalten und bildet in sich geschlossene „Lebensabschnitte" – so wie für uns derzeit ein Urlaub oder eine Beziehung solche Abschnitte darstellen.
So wächst allmählich zusammen, was zusammengehört.[131]
Dort hinein würde dann auch gut die These von sogenannten Seelenverwandtschaften passen. Allerdings ändert diese Idee nichts an dem bereits bekannten Grundsatz:
Mein Vorschlag für ein integratives, ganzheitliches Weltbild ermöglicht geistige Reifung immer nur durch Orientierung zum konsequent Höheren hin, nicht aber durch ein in sich zielloses und mit vielen Zufällen belastetes, zyklisches Auf und Ab, wie es der Glaube an die Reinkarnation abverlangt.

Im 17. Kapitel beschäftige ich mich mit der Möglichkeit von Jenseitskontakten. Soviel hier vorweg: Ich halte sie grundsätzlich für möglich. Gleichzeitig räume ich jedoch ein, dass vermutlich die meisten dieser Art tatsächlich keine sind. Dazu sehe ich auf diesem Feld auch Tür und Tor für jede Art von Scharlatanerie geöffnet. Das ändert aber nichts an meiner Überzeugung, dass keineswegs alles nur Scharlatanerie ist.

---

[131] Ich lehne dies ganz bewusst an einen Ausspruch des Altbundeskanzlers der Bundesrepublik Deutschland, Willi Brandt (1913-1992), an.

Zu direkten Kontakten scheinen einige Menschen fähig zu sein. Die Kontakte finden auf geistiger Ebene statt, und es würde plausibel passen, dass sie – warum und wodurch auch immer – eine ähnliche Form der phasenverschobenen Wahrnehmung besitzen wie z.B. autistische Savants. Einen solchen Menschen nennen wir ein *Medium*.

Unter ihnen gibt es einen jungen Schweizer, *Pascal Voggenhuber*, den ich für seriös halte. Und im Hinblick auf Reinkarnation kommt er in einem seiner jüngsten Bücher[132] zu einem ähnlichen Schluss wie ich. Der Wiedergeburt widmet er ein eigenes Kapitel und meint: *„Der Körper und der Aspekt deiner Seele* (Anm. von mir: Voggenhuber duzt in seinem Buch den Leser)*, der hier gerade mein Buch liest, ist das erste und letzte Mal auf dieser Erde geboren. Geschockt? Gut!"*

Voggenhuber spricht von einigen Tausend Jenseitskontakten, die er vor allem zur Trostfindung trauernder Hinterbliebener aufgebaut hat. Noch nie habe er darunter von einem Fall von Reinkarnation im klassischen Sinn „gehört". In seiner schönen Metapher vergleicht er den Geist (er spricht von „Seele") von im Laufe der Zeit vielen verschiedenen Menschen mit einem Brotteig. In meinem Bild entspricht das etwa dem allmählich gereiften geistigen Stammbaum. In einem neugeborenen Menschen findet sich nun ein (undifferenzierter) Aspekt dieser Seele und reift mit dem neuen Erdenleben heran. In Voggenhubers Bild ist aus dem großen Brotteig „Seele" ein kleines Stück genommen worden, um damit ein *„Brotmännchen oder –frauchen"* zu formen. Es gibt natürlich unzählige von „großen Brotteigen" in der geistigen Welt. Und jeder Mensch, der neu geboren wird, nutzt einen anderen „Klecks" *seines* Brotteigs, reift ihn in seinem Leben heran und verbindet diesen im Tod wieder mit dem „großen Brotteig". Der wird allmählich immer größer und besser. Aber jedes Stück dieses großen Brotteigs ist von jemand anderem durch sein „irdisches Leben" zugefügt worden, nicht ein einziges Stück von jemandem zweimal. Aber jeder, der mit seinem Leben gerade ein Stück des Teiges „bearbeitet", hat durchaus die Möglichkeit, auch andere Teile des Teiges wahrzunehmen. Insofern führt eine Rückführung in Hypnose eben nicht in ein früheres eigenes Leben, sondern „zapft" Informationen anderer, möglicherweise durchaus früher hier lebender Menschen an, mit denen irgendeine Art enger geistiger Verbindung besteht (Kooperation, geistiger Stammbaum, Seelenverwandtschaft etc.) – halt derselbe *„Brotteig"*.

Auch wenn es bezüglich des „Danach", der Fortexistenz unserer Persönlichkeit nach dem körperlichen Tod, recht deutliche Unterschiede zwischen meiner Vorstellung und den Auffassungen vieler Anhänger der großen Religionen gibt, so vereint uns doch wieder ein Ausspruch von *Tenzin Gyatso*, dem 14. *Dalai*

---

[132] Pascal Voggenhuber, „Nachrichten aus dem Jenseits" (2010)

Lama:[133] *„Ich habe diese Worte geschrieben, weil eine Empfindung mich ständig begleitet. Immer, wenn ich einem Menschen begegne, und sei er auch ein ‚Fremder', ist es die gleiche Empfindung: ‚Wieder begegne ich hier einem Angehörigen unserer menschlichen Familie.' Meine Liebe zu allen Lebewesen, meine Hochachtung vor ihnen, sind stetig gewachsen. Und ich fühle den Wunsch in mir, etwas zu tun für den Frieden in dieser Welt. Ich bete, dass die Menschen dieser Erde freundlicher miteinander umgehen mögen, voll gegenseitiger Liebe und Anteilnahme. Und ich richte diese Worte an alle, die das Leiden in der Welt verringern wollen und deren tiefster Wunsch es ist, ein Glück zu finden, das von Dauer ist."*

14. Wo bleibt die Gerechtigkeit?

Wo bleibt die Gerechtigkeit, wenn Millionen Menschen täglich hungern müssen und kaum Aussicht auf ein menschenwürdiges Leben haben?
Wo bleibt die Gerechtigkeit, wenn Millionen Menschen durch irrsinnige Despoten auf dieser Welt brutal in den Tod geschickt werden, ohne jede Chance, rechtzeitig Hilfe zu bekommen?
Wo bleibt die Gerechtigkeit, wenn eine Familie bei einem Autounfall ausgerottet wird, verschuldet durch einen betrunkenen Geisterfahrer oder einen, der sich selbst töten will und nicht davor zurückschreckt, auch andere mit in den Tod zu ziehen?
Wo bleibt die Gerechtigkeit, wenn tausende von Menschen durch feige Attentate von Terroristen kaltblütig umgebracht werden, weil sie sich zufällig in einem New Yorker Wolkenkratzer, auf einem Madrider Bahnhof oder auf einem russischen Flughafen aufhalten, und ihre Mörder von dem erbärmlichen Glauben getrieben sind, sie würden dafür in einer jenseitigen Welt sogar belohnt werden?
Wo bleibt die Gerechtigkeit, wenn der eine Mensch schon in früher Kindheit stirbt, der andere aber erst im hohen Greisenalter und wenn der eine gesund ist, der andere aber zeitlebens schwer krank?
Wo bleibt die Gerechtigkeit, wenn es Menschen gibt, die in ihrem Leben niemals materielle Not erleiden müssen und ihre viele freie Zeit womöglich im Übermut oder gar mit hochnäsiger Arroganz gegenüber ihren Nächsten verbringen – unzählige andere dagegen unverschuldet am Existenzminimum darben?

Der Reinkarnationsgläubige würde hier einhaken und antworten, jeder Mensch sei durch sein persönliches Karma geprägt.

---

[133] Dalai Lama, „Worte der Hinwendung" (1983)

In unzähligen früheren Leben auf dieser Erde habe er sich ein bestimmtes Maß an *Schuld* oder vielleicht auch eine Art *Guthaben* geschaffen, so dass seine jetzigen Lebensumstände hierfür Strafe oder Vergütung sind.
Ist dies jedoch nicht blanker Zynismus?
Werden damit nicht unzählige Menschen erst Recht jeder Chance beraubt, aus ihrem Elend herauszukommen, da womöglich nicht einmal die Einsicht besteht, ihnen überhaupt helfen zu müssen?
Schließlich seien sie doch selbst schuld, dass es ihnen „in diesem Leben" so schlecht geht?
Und ist es tatsächlich eine (Vor-) Bestimmung – ein bereits lange zuvor feststehendes, unausweichliches Schicksal – wenn Hunderte von Menschen in einem abstürzenden Flugzeug den Tod finden – oder Astronauten, wie mehrfach bereits geschehen, in ihrem Raumfahrzeug verbrennen?
Ein guter Bekannter renovierte einmal sein Haus und stürzte dabei so unglücklich mit der Leiter, dass er seither querschnittsgelähmt ist. Handelt es sich hier wirklich um eine Art Vorbestimmung? Hat er womöglich damit sogar nur eine gerechte Strafe dafür erhalten, weil er in einem früheren Leben Schuld auf sich geladen haben sollte?
Ich halte solche Vermutungen für blanken Unsinn. Alle diese Fragen lassen für mich daher nur folgende Antworten zu:
Die hier beispielhaft vorgebrachten Tragödien sind zufallsbedingt, und niemand wurde wegen irgendetwas bestraft.
Genauso ist es bloß purer Zufall, ob man der Spross einer reichen oder armen Familie ist oder das Glück hat, in einem toleranten und freiheitlichen Staat zu leben oder unter barbarischen Tyrannen geknechtet zu werden.
Trotz alledem glaube ich, dass es in einem gewissen Umfang auch schicksalhafte Begleitumstände gibt – aber die grundsätzlichen Wege und Richtungen sind nicht vorbestimmt, sondern rein zufälliger Natur und jederzeit veränderbar. Im nächsten Kapitel werde ich genau darauf zurückkommen.

Aber wie steht es nun mit der Gerechtigkeit? Ist sie bloß eine Erfindung des Menschen und damit am Ende eine recht flexibel handhabbare gesellschaftliche Konvention?
Zu jeder Zeit und im Zuge unterschiedlichster politischer und gesellschaftlicher Gegebenheiten sollte man dann doch viele sehr unterschiedliche Vorstellungen von Gerechtigkeit entwickelt haben. Etwas zugespitzt formuliert müsste man gar allen grausamen Volkstribunen zugestehen, dass ihr frevelhafter Umgang mit ihnen verhassten Menschenschlägen, wie zum Beispiel religiösen oder ethnischen Minderheiten, Kranken oder politischen Gegnern, aus ihrer persönlichen und subjektiven Sicht ein akzeptables Maß an Gerechtigkeit aufweist. Natürlich wäre das pervers und einmal mehr grotesk zynisch. Nein, Gerechtigkeit ist formt sich auch im Laufe unserer kulturellen Entwicklung.

Dabei besitzt Gerechtigkeit, wie wir dennoch zugestehen müssen, auch eine ganze Menge von *objektiven* Attributen, die völlig unabhängig von allen Regierungsformen und Regierenden, von gesellschaftlichen Normen und Verhaltensregeln sowie von Zeiten, Zeitgeist und Epochen eine stets zentrale, überall ähnlich definierte, allgemeine Akzeptanz besitzen.

Gerechtigkeit muss somit – zumindest in gewissem Umfang – einer tiefen und intuitiven menschlichen Erkenntnis entspringen, die wir wahrscheinlich alle ebenfalls seit Anbeginn unserer Existenz in uns tragen. Sie scheint mir vergleichbar mit den zahlreichen, intuitiv-religiösen Überzeugungen von der Existenz von etwas Göttlichem, von einem körperunabhängigen Geist und von einem Überleben des eigenen körperlichen Todes. Auch sie sind dem Menschen ganz offenkundig seit frühester Zeit ureigen.

Es gibt wohl den Kern einer „ideal-geistigen" oder absoluten Gerechtigkeit, von der hier nur der Mensch eine gewisse *Ahnung* hat, nicht aber irgendein Tier.

Auch hat kein Tier eine Vorstellung von Liebe. Das soll nicht heißen, dass nicht auch ein Tier in bestimmtem Umfang fürsorgliche Gefühle für seine Nächsten hegen kann, die denen von Liebe in *Form und Auswirkung* ansatzweise gleichkommen können. Doch kann das Tier sein Verhalten selbst nicht begreifen, geschweige denn bewerten und bewusst steuern. Nur der Mensch kann die Begriffe „Liebe" und „Gerechtigkeit", so wie noch viele andere mehr, abstrahieren, begreifen, bewerten und bewusst umsetzen.

Erst der Mensch hat, und das sind aus meiner Sicht die eigentlichen Zeichen seiner Menschwerdung, vollkommen neue, und zwar *geistige Dimensionen* bewusst erfahren dürfen. Erst der Mensch spürt seine tatsächlich auch geistige Existenz. Er erkennt und orientiert sich im Laufe seiner Entwicklung allmählich immer mehr an real existenten, geistigen Idealen. Hier liegt meiner Meinung nach der eigentliche Schlüssel für das, was wir „kulturelle Entwicklung oder Reifung" nennen. Nur der Mensch ist deshalb in der Lage, Gerechtigkeit intuitiv zu fühlen und zu objektivieren, und bloß er hat die einmalige Chance, sich den Sinn dafür sein Leben lang zu bewahren, zu verfeinern und nicht durch negative Lebensumstände nachhaltig zu verwässern. Der Mensch erkennt oder ahnt zumindest, dass es sich dabei eben nicht nur um eine menschliche *Erfindung* handelt, die man nach freiem Ermessen über Bord werfen oder beliebig manipulieren kann, wenn sie einem nicht zum persönlichen Fortkommen verhelfen sollte. Das jedoch verhindert leider nicht, dass dennoch genügend Zeitgenossen heute wie früher wider besseres Wissen so verfahren.

Wenn aber grundsätzlich jeder Mensch seit Anbeginn seiner Existenz ganz intuitiv ein deutliches Gefühl für eine objektive, ideale oder absolute Gerechtigkeit spürt und entwickelt (was ja leider noch nicht heißt, dass er sich auch dementsprechend verhält), dann kann sie keine leere Worthülse sein.

Gäbe es sie nicht wirklich, würden wir wechselnde Ausgestaltungen freimütig akzeptieren.

Im letzten Kapitel habe ich eingehend dargelegt, warum mich die Vorstellung von einer fleischlichen Wiedergeburt oder Reinkarnation nicht überzeugt, ja nicht überzeugen kann. Sicher, ein jeder von uns lädt in seinem Leben sein eigenes Karma auf, aber Gerechtigkeit erfährt er deshalb nicht in einem neuen *irdischen* Leben.
Gerechtigkeit gibt es dennoch genauso real wie die Liebe, und wie diese ist auch sie etwas Ideales oder Absolutes. Da sie wohl keine menschliche Idee oder Erfindung ist, unterliegt sie auch nicht und niemals den wechselnden Einflüssen von Zeiten und Umwelt.
Also muss und wird ein Jeder irgendwann Gerechtigkeit erfahren, egal was ihm in seiner irdischen Existenz jemals widerfahren ist oder was er selbst womöglich Schlimmes bei anderen bewirkt hat.
Gerechtigkeit wird jeder ausnahmslos und immer während seines tatsächlich unzerstörbaren, ewigen geistigen Lebens erfahren – wenn also nicht schon jetzt, dann gewiss im unmittelbar anschließenden geistigen Leben – nach seinem körperlichen Tod.

15. Zufall oder Bestimmung?

Im letzten Kapitel kamen die Begriffe „Zufall" und „Schicksal" oder „Bestimmung" auf. Unzählige Menschen glauben heute, ihr Leben, wie eigentlich alles in dieser Welt, sei schicksalhaft fest vorbestimmt und kaum beeinflussbar. Das nennt man „Determinismus".
Dagegen ist vor allem unter Naturwissenschaftlern eine „indeterministische" Ansicht weit verbreitet, alles in dieser Welt sei grundsätzlich „kontingent", also zufallsbedingt. Am Beispiel der Evolution wird das besonders gut deutlich: Nach wie vor ist es heute der „Goldene Standard" der Wissenschaft, dass allein der Zufall mittels Mutationen sowohl zu neuen Entwicklungen innerhalb der einzelnen Arten, als auch zur Entstehung neuer Arten geführt hat und führen wird. So sei letztlich die gesamte Evolution ausreichend zu erklären.
Wie sooft zuvor, so dürfte auch diese Frage weder mit einem „Ja", noch mit einem „Nein" eindeutig zu beantworten sein. Ganz im Gegenteil: Ich bin davon überzeugt, dass *beide*, „Zufall" *und* „Bestimmung" in unserer Welt entscheidend sind.
Auch das lässt sich anhand meiner Sichtweise der Evolution deutlich aufzeigen: Danach gibt es parallel zur Evolution aller Lebewesen genauso auch eine Evolution ihrer Mechanismen (vgl. Kapitel 5): Nicht nur Mutationen sowie Selektion und Kooperation spielen dabei maßgebliche Rollen, sondern darüber hinaus noch Instinkte, Bewusstsein, Bewusstheit und Selbstbewusstsein.

Durch ein strikt geradlinig aufstrebendes und konsequent perfektioniertes Zentralnervensystem entsteht im Laufe der Zeit eine entscheidende, *zentrale Konstante* der Evolution: Als Schnittstelle zwischen Geist und Materie sorgt sie über wachsende interaktive Kommunikationswege für eine immer stärker zielgerichtete und sich schließlich enorm beschleunigende Entwicklung allen Lebens. Nicht der Mensch ist allerdings ihr Ziel auf Erden (sog. „Anthropisches Prinzip"), sondern das immer komplexere und perfektere Zentralnervensystem (mein Vorschlag: „Neurotropisches Prinzip"). Der Mensch ist hierfür nur der entsprechende Repräsentant des zurzeit am höchsten entwickelten Systems. Zwar verblüfft dieser Effekt durchaus viele Biologen, jedoch bieten sie hierfür in der Regel keine wirklich befriedigenden Erklärungen an.

Dagegen ist es nun mit Hilfe meines alternativen Weltmodells ein leichtes, eine plausible und vernünftige Antwort für diesen „evolutionären Gasfuß" zu geben. Natürlich hatte der Zufall am Anfang einen ganz entscheidenden und für sehr lange Zeit vielleicht sogar einzigen Einfluss auf das Evolutionsgeschehen. Aus genau diesem Grund aber konnte sich alles zunächst auch nur gähnend langsam fortentwickeln, und schon kleine Veränderungen benötigten vergleichbar riesige Zeiträume für ihr Zustandekommen.

Mit jedoch wachsender Interaktion zwischen der immer komplexeren lebenden Materie und dem „Weltgeist", einem entwicklungsfähigen, weltumspannenden Informationsfeld, differenziert dieser sich immer schneller und immer mehr. Bloß ein paar bestimmte „geistige" oder informationelle Rahmenbedingungen, wie einfache geometrische Strukturen und Ordnungszahlen als reale geistige Grundpfeiler strukturieren und regeln bereits zu Anfang alles Wichtige. Je weiter dieser Prozess fortschritt, desto einflussreicher und zielgerichteter griff im Gegenzug das Geistige Feld seinerseits wieder in die weitere Entwicklung der komplexen organischen Materie ein. Mehr und mehr wurde dadurch aber auch der Einfluss des Zufalls begrenzt, wodurch sich die Evolution zusehends beschleunigte.

Dass es den Zufall dennoch überhaupt geben *muss*, zeigen ganz einfache mathematische Überlegungen. Hierzu stelle man sich das berühmte Galton'sche Nagelbrett senkrecht stehend vor:

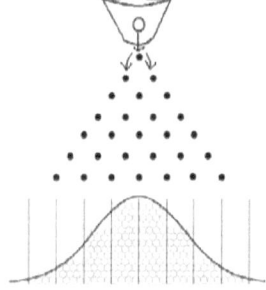

Auf ihm sind Nägel in Form eines Dreiecks angeordnet. Ganz oben in der Brettmitte befindet sich der erste Nagel, darunter liegen zwei, und zwar rechts und links von diesem, darunter dann drei genauso versetzt wie die beiden zuvor und so weiter. In jeder neuen Reihe kommt ein weiterer Nagel hinzu.

Über dem obersten Nagel ist ein Trichter, durch den nacheinander Kugeln geworfen werden. Unter der untersten Nagelreihe befindet sich ein Auffangbecken mit einer Reihe schmaler, oben offener Kästchen, deren Zahl durch die Anzahl der Nägel bestimmt wird. In sie fallen die Kugeln, die wir exakt von oben in Pfeilrichtung auf ihre Reise schicken. Noch einfacher können wir dasselbe auch mit einem Sack Sand oder Reis erreichen, den wir senkrecht nach unten ausschütten.

Betrachten wir jedoch die Kugeln, die wir durch den Trichter auf das Nagelbrett schicken: Jede einzelne Kugel hat eine rein *zufällige* Wahrscheinlichkeit von 50%, rechts oder links von einem Nagel vorbeizulaufen. Genau dieselbe Zufallswahrscheinlichkeit gibt es natürlich auf jeder beliebigen Ebene wieder. Für jede einzelne Kugel also ist der Weg, den sie geht, letztlich rein zufällig. Schaut man jedoch nach vielen Durchgängen, zum Beispiel nach 1000 Kugeln, die den Parcours passiert haben, auf die Verteilung der Kugeln in den unteren Auffangkästchen, dann ergibt sich schließlich immer wieder dasselbe Bild einer strengen Ordnung (vgl. letzte Grafik):

In der Mitte liegen die meisten Kugeln und zum Rand hin nimmt die Verteilung anfangs stark, später deutlich schwächer ab. Egal ob Nägel, Sand oder Reis, immer ergibt sich das Bild der Ihnen sicher bekannten Gauß'schen Normalverteilung,[134] Sie lässt sich auch nach *Blaise Pascal (1623-1662)* durch die jedem Schüler heute bekannten „binomischen Formeln" mathematisch darstellen und berechnen.

In den 1970er Jahren begründete der in Polen geborene und später in die USA emigrierte Mathematiker *Benoit Mandelbrot (1924-2010)* das hochinteressante Gebiet der Chaosforschung. Eines ihrer wichtigsten Ergebnisse ist, dass jede zufällige (kontingente), ja chaotische Entwicklung irgendwann immer zu einer klaren Ordnung findet – und umgekehrt. Chaos und Ordnung wechseln sich ab.

Mit Hilfe sogenannter Chaosspiele, die sich zum Beispiel ganz einfacher zufälliger Stoßprozesse bedienen – so, wie sie überall in unserem Universum die Regel sind – kann man vortrefflich zeigen, welch wunderschöne und wohl geordnete Muster dabei entstehen. Die Chaosforscher prägten hierfür den Begriff der *fraktalen Geometrie*.

Die sicher noch ganz „unbewusste" Mathematik macht es also vor: Sie liefert stets ein reges Wechselspiel zwischen Chaos (Zufall) und berechenbarer Ordnung (Bestimmung).

Da, wie ich meine, die Mathematik die ultimative reale Basis aller Existenz in dieser Welt ist, weshalb sie ja als mein Roter Faden dient, und sich in ihr bereits Chaos (Zufall) und Ordnung (Bestimmung) vorfinden, so muss dies dann selbstverständlich auch für alle höheren, von ihr letztendlich gesteuerten Entwicklungsformen gelten.

---

[134] benannt nach dem dt. Mathematiker und Astronom Carl Friedrich Gauß (1777-1855)

Nun zeichnet sich unsere Welt aber auch durch das unaufhaltsame Streben nach einem immer höher differenzierten, perfektionierten Geist aus. Durch Interaktion nimmt er umgekehrt im Laufe der Zeit selbst wachsenden Einfluss auf das Gesamtgeschehen, was sich ja z.b. in stark beschleunigten Entwicklungsabläufen niederschlägt.
Entscheidende Kennzeichen des bereits fortgeschrittenen Geistes sind z.b. Bewusstsein, Bewusstheit und Selbstbewusstsein. Damit erhält die Ordnung, die jedem Chaos unweigerlich folgt, jetzt natürlich noch eine ganz andere, aber entscheidend neue Qualität: Derartige Ordnungen lassen sich nun nicht mehr nur mathematisch „objektiv" bestimmen. Vielmehr ergeben sie sich in wachsendem Maße auch durch gezielte Eingriffe des Geistes. Diese neuen Ordnungen sind folglich immer stärker „subjektiv" geprägt.
Natürlich bleibt es damit auch weiterhin völlig unsinnig zu glauben, etwa der Tod vieler Passagiere bei einem Flugzeugabsturz sei ihre gemeinsame Vorbestimmung gewesen. Das Unglück traf alle diese Menschen natürlich ganz *zufällig*. Dennoch besteht durchaus auch die Möglichkeit, dass vielleicht jemand vorher nur deshalb die Unglücksmaschine verpasste, weil ihm *Vorsehung* zuteil wurde. Genauso ist denkbar, dass andere Mitreisende, die später tödlich verunglückten, vorher einige *subtile Warnzeichen* erfahren, aber nicht richtig erkannt und deshalb vielleicht missachtet haben.
Meine integrative und ganzheitliche Sichtweise erlaubt es somit, *sämtliche* wissenschaftlichen Beobachtungen ebenso unter einen gemeinsamen Hut zu bringen, wie die *grundsätzlichen* Glaubensinhalte aller Religionen und Mythen, darunter zum Beispiel den weit verbreiteten Glauben an einen persönlichen Schutzengel.[135] Genauso lassen sich so bislang als unerklärlich geltende Phänomene aus der Parapsychologie begreifen und erklären.
Ich bin der Ansicht, dass es ein die ganze Welt umfassendes und vollständig durchdringendes geistiges oder informationelles Feld gibt. Jedes Individuum im Universum gestaltet und strukturiert es im Laufe unermesslicher Zeiträume aktiv mit. Auch nach dem Tod bleibt der individuelle Geist mit all seinen früheren geistigen Attributen, seinen Persönlichkeitsmerkmalen, seiner Biographie, seinem Wissen und seinen gereiften Erfahrungen ohne jeden Verlust weiter bestehen. Dem bewussten und sich seiner selbstbewussten Geist bleibt damit natürlich auch die Fähigkeit zur eigenen, kontrollierten persönlichen Weiterentwicklung erhalten.
Dann aber muss es prinzipiell auch möglich sein, zwischen den Existenzebenen „bilateral" und „interaktiv" zu kommunizieren.
Dennoch können deshalb keine wirklich exakten Vorhersagen „von höherer Ebene" erwartet werden, da dies allen Spielregeln der Welt in Bezug auf das

---

[135] Immerhin glaubten nach einer FORSA Umfrage vor wenigen Jahren 48% der Deutschen an einen persönlichen Schutzengel.

Wesen der Zeit und der Kausalität widersprechen würde. Jedoch wäre es denkbar, aus solch einer „höheren Warte" manchmal vielleicht gewisse Ratschläge und Hilfen zu bekommen, da „dort" die Perspektive eine andere sein muss und der unsrigen sicher überlegen sein dürfte, womit ich mich jetzt befassen werde.

16. Sind Jenseitskontakte denkbar?

Wenn man akzeptiert, dass der Tod nur das Ende unseres Körpers, nicht aber auch das Ende unserer Persönlichkeit ist – und wenn man annimmt, dass es eine Fortexistenz in einer anderen, einer für uns geistigen Welt gibt, dann müssen auch Kontakte zwischen den Welten, die wir „Diesseits" und „Jenseits" nennen, möglich sein.
Mancher strenggläubige Christ mag nun mahnend seinen Finger erheben und darauf verweisen, in der Bibel stünde doch, man solle nicht die Toten befragen. Gerade aber auch nach christlicher Auffassung ist nur derjenige wirklich tot, der es „im Geiste" ist.
Tot ist somit nicht der Verstorbene schlechthin, sondern jemand, der es versäumt hat, sein (diesseitiges) Leben in Liebe zu leben.
Wer (nur körperlich) stirbt, ist (eben) nicht tot!
Folglich kann die biblische Mahnung nur bedeuten, man solle sich nicht mit den durch „Bosheit Verdorbenen" abgeben; denn sie sind tot im Geiste. Gestützt wird diese Interpretation zum Beispiel durch die folgenden, deshalb nur scheinbar widersprüchlichen Bibelstellen: So heißt es einerseits im Alten Testament: *„Du sollst nicht töten".*[136]
Andererseits findet man nur wenig später folgende Passage: *„Wer einen anderen schlägt, so dass er stirbt, soll mit dem Tod bestraft werden."*[137]
Möglicherweise ist das letzte Zitat in manch einem christlich geprägten Staat leider sogar für die Todesstrafe mitverantwortlich.
Der scheinbare Widerspruch löst sich jedoch auf, wenn man die Begriffe „Tod", „tot" und „töten", entsprechend dem allgemeinen Sprachverständnis in zwei Auslegungen benutzt, und zwar sowohl für den „körperlichen" als auch für den „geistigen" Tod. Nur so können die beiden „benachbarten" Zitate in ihrem Zusammenhang überhaupt sinnvoll verstanden werden.
Man sollte deshalb besser so „übersetzen", dass derjenige „geistig" tot ist, der jemand anderen „körperlich" tötet. Und wirklich „tot" ist letztlich nur der „geistig" Tote. Diese Interpretation wird erhärtet durch den Ausspruch Jesu:

---

[136] Exodus III: Der Bund am Sinai; Dekalog, 20.13
[137] Exodus III: Der Bund am Sinai; Mord und Totschlag, 21.12

"Lasset die Kinder zu mir kommen; denn Ihnen gehört das Himmelreich". Sowohl die „Kinder", als auch der „Himmel" werden hier wohl eher symbolisch verwandt; denn es wäre sicher ein Widerspruch im Glauben, wenn nur Kindern der Himmel offen stünde. Kinder aber sind unverbraucht, unverdorben und noch ohne schwere Schuld. Sie sind nicht „geistig tot" und haben somit eine Zukunft im „Himmel", der Dimension ewigen Lebens. Auch Christen brauchen sich deshalb nicht zu scheuen, den Kontakt zu Verstorbenen zu suchen.

In diesem Kapitel will ich mich mit einem kurzen Überblick über verschiedene Möglichkeiten von Kontaktaufnahmen begnügen.

Mittlerweile bin ich davon überzeugt, auch selbst schon eine Reihe solcher Kontakte gehabt zu haben. Zumeist sind solche Kontakte ganz subtiler Natur und schwerlich technisch zu ermöglichen; zudem müssen sie interpretiert werden. Dies öffnet natürlich Tür und Tor für Fehler und das Einfließen eigener Wünsche und Anschauungen.

Trotz kritischer Prüfung bleiben, so meine ich, am Ende dennoch berechtigte Gründe für die Annahme, es habe sich dabei tatsächlich um Verbindungen zu Verstorbenen gehandelt. Dafür sprechen im Wesentlichen immer die spezifischen Umstände, durch die es zu solchen Kontakten kam. Ein paar seltsame und unerklärliche Fälle habe ich bereits in früheren Kapiteln geschildert. Hierbei handelte es sich aber bestenfalls entweder nur um einseitige „jenseitige" Botschaften oder um unspezifische „atmosphärische Spannungen", die auf eine solche konkrete Verbindung hingedeutet haben mögen.

Ich glaube jedoch, dass tatsächlich jeder, der sich nur gezielt darum bemüht, „Jenseitskontakte" haben kann. Sofern es sie natürlich überhaupt gibt, sind sie gewiss nicht nur für Eingeweihte herstellbar. Auch da sind das Schweizer Medium Pascal Voggenhuber und ich einer Meinung: Er glaubt, jeder könne ein Medium sein. Er müsse sich nur darum bemühen.

Ich bin der Überzeugung, dass unser „Geist" ganz zweifellos auch ohne „sein Gehirn" existiert und dieses Gehirn tatsächlich nur „sein passendes, adäquates Kommunikationsinstrument" für sein irdisches Leben ist.

Deshalb glaube ich auch nicht an irgendeine „trainierbare Ecke" *im* Gehirn, die solche Kontakte produzieren und beherbergen kann. Genausowenig halte ich etwas von dem heutzutage schon kultigen „Rechtshirnmystizismus", der viele in Psychologie und Esoterik, wenngleich aus sehr unterschiedlichen Blickwinkeln, in den Bann zieht.[138] Einmal mehr stimme ich *John Eccles (1903-1997)* zu, dem berühmten Hirnforscher und Nobelpreisträger, der das Gehirn trotz seines ungeheuer komplexen Aufbaus in den ihm zuerkannten Möglichkeiten und Eigenschaften einfach für „überschätzt" hielt.

---

[138] Um nicht missverstanden zu werden: Die rechte Hirnhälfte spielt vielleicht tatsächlich eine wichtige Rolle bei außersinnlichen Wahrnehmungen (ASW). Nur: „eine Rolle zu spielen" heißt noch nicht, dass ASW dort lokalisiert sind und von dort gestartet werden. Wenn ASW auftreten, korreliert dies dann vor allem mit Aktivitäten in der rechten Hirnhälfte – mehr aber auch nicht. Ihr Computer blinkt doch auch, wenn Sie etwas neu programmieren. Der Programmierer sitzt aber nicht *im* Computer.

Im Folgenden möchte ich auf vier besonders charakteristische und verbreitete Kontaktmöglichkeiten mit Verstorbenen eingehen:

1) Erscheinungen von Personen oder Personengruppen:
Sie treten gehäuft in unmittelbarer zeitlicher Nähe zum Todeszeitpunkt eines Menschen auf. Die Physik betrachtet sie samt und sonders als Halluzinationen: Allen, auch renommierten Wissenschaftlern, die so etwas selbst erlebt haben, werden zumeist unisono und vehement Fehlinterpretation unterstellt.
Auch die heutzutage mehrheitlich animistisch orientierten Parapsychologen sehen darin Halluzinationen. Eigentlich ist dieser Begriff aber nur für seelisch oder geistig Kranke reserviert.
Bei „ansonsten" gesunden Menschen heißen sie dann „Pseudohalluzinationen": Allerdings unterscheiden sie sich inhaltlich nicht von den „echten" Halluzinationen. Nur sagen solche Begriffe gar nichts über den wirklichen Hintergrund solcher Phänomene aus.
Manche Parapsychologen halten auch die Möglichkeit einer „zeitverschobenen Bewusstwerdung" für denkbar. So etwas kommt tatsächlich vor, und viele von Ihnen werden das sicher schon selbst erfahren haben: In parapsychologischen Experimenten hat man feststellen können, dass manchen Menschen bestimmte Ereignisse erst zeitversetzt richtig bewusst werden: Jeder kennt das als typisches „Aha-Erlebnis". Auch wenn das im Einzelfall hier und da zutreffen mag, als generelle Antwort taugt diese Erklärung sicher nicht. Vor allem manche Details lassen berechtigterweise daran zweifeln, dass es sich bei Erscheinungen wirklich immer um eine „Halluzination im medizinischen Sinne" gehandelt hat.
Wenn also beispielsweise dem Herzchirurgen *Christiaan Barnard* eine ihm unbekannte Person erschien, die nachweislich zuvor verstorben war, dann kann damit eine Halluzination wohl ausgeschlossen werden (vgl. Kapitel 11).
Der Animist lässt natürlich nicht locker und wird sagen, Barnard habe bereits vorher unbewusst durch Hellsehen, mit Hilfe von ihm ausgestrahlter (aber bisher völlig unbewiesener) ASW-Wellen seines (bisher noch nirgendwo gefundenen) ASW-Organs, Informationen von der in diesem Beispiel verstorbenen Frau eingeholt, die dann später in sein Bewusstsein projiziert worden seien.
Ich glaube das nicht.
Vereinzelt sicher auch vorkommende Märchen in betrügerischer Absicht lassen sich meistens wohl herauspicken und eliminieren.
Echte Halluzinationen Kranker oder Pseudohalluzinationen von „ansonsten Gesunden" kann man mit Hilfe einer exakten Analyse der Vorgänge zuverlässig aussortieren. Wenn also auch manches nicht stimmen mag, schließlich bleiben immer noch genügend Beispiele von Erscheinungen, für die es, so meine ich, am vernünftigsten ist, sie zu akzeptieren – so wie es die von der Erscheinung betroffene Person auch macht – nämlich als *spirituelle* Realität.

Ähnlich sollte man besser auch solche Phänomene akzeptieren, die manchmal Wochen, Monate oder gar Jahre nach dem Ableben einer nahe stehenden Person erfahren werden.
Animistische Deutungen scheinen mir meist viel komplizierter und wirken auf mich eher ein wenig hanebüchen. Aus der subjektiven Sicht des Animisten sind sie es natürlich nicht, weil für ihn geistige Wirkungen (auch Fernwirkungen) zwar real existieren, diese aber an das Gehirn gebunden sind und im Zuge des Todes endgültig erlöschen.

2) Mediumistische Kontakte, Séancen:
Hierbei erfolgt die Kontaktaufnahme zu Verstorbenen mit Hilfe bestimmter Personen, die sich selbst als mediale Persönlichkeiten oder einfach als *Medien* bezeichnen. Oft, aber keineswegs immer, arbeiten sie in Trance, also einer Form von Bewusstseinsverschiebung im Sinne eines „geistigen Entrücktseins", einem auch schlaf*ähnlichen* Zustand, und nehmen Kontakt mit ihnen nahe stehenden Geistpersonen auf, die dann ihrerseits wieder Mittler auf der geistigen Ebene sein sollen *(sog. Geistführer)*. Sitzungen mit mehreren kontaktsuchenden Personen und mit mindestens einem solchen Medium nennt man eine Séance.
Gegen Ende des 19. Jahrhunderts und noch zu Beginn des 20. Jahrhunderts waren sie weit verbreitet und gesellschaftlich sehr beliebt. Hierbei tat sich übrigens besonders der berühmte Erfinder *Thomas Alva Edison (1847-1931)* hervor.
Allerdings gab es, wie nicht anders zu erwarten, darunter auch eine ganze Menge Unsinn, Geldmacherei und Betrug. Dennoch wäre es sicher falsch, würde man *jeden* mediumistischen Kontakt und jedes Medium von vornherein abschätzig bewerten.
Man muss wohl davon ausgehen, dass es durchaus eine ganze Reihe seriöser Medien gibt. Ein aus meiner Sicht seriöses Medium, den Schweizer Pascal Voggenhuber, habe ich schon erwähnt und zitiert. Natürlich stellt sich erneut die Frage, inwieweit es sich dabei dann trotzdem um echte Kontakte mit verstorbenen Personen handelt oder animistische Erklärungen plausibler sind?
Dazu zählen vor allem wieder telepathische Fähigkeiten, die man dem Medium zuschreibt. Durch „Telepathie", sagt der Animist, holen sie sich von ihrem fragenden Gegenüber erst einmal *diejenigen* Informationen ein, die sie anfangs benötigten, um den Kunden von ihrer Seriosität zu überzeugen. Mit Hilfe von „Hellsehen" erwürben sie darüber hinaus Informationen von Dingen und Objekten der kontaktsuchenden Person oder des dieser nahe stehenden Verstorbenen. Durch „rückschauende Telepathie" hätten sie dann einen Zugang zu der verstorbenen Person hergestellt – und zwar zu einem Zeitpunkt, als diese noch lebte. Schließlich seien sie mittels „präkognitiver Telepathie" oder „präkognitiven Hellsehens" in der Lage, in die „Zukunft" ihrer Kunden zu schauen und könnten deshalb Einzelheiten erzählen. Die Kunden würden so glauben, alles käme unmittelbar von der verstorbenen Person selbst.

Auch hier halte ich spiritualistische Erklärungen für viel geeigneter als die animistischen – vorausgesetzt natürlich, die Kontakte selbst sind seriös. Wie schon gesagt, auch keine der animistischen Erklärungen ist bisher bewiesen. Immer sind es bislang reine Hypothesen, basierend auf der naturwissenschaftlich behaupteten Annahme, der menschliche Geist sei hirngebunden – wobei die Naturwissenschaften selbst animistische Hypothesen ablehnen.

Unter dieser Prämisse wäre natürlich jeder Gedanke an ein individuelles Weiterleben der menschlichen Persönlichkeit nach ihrem Tod Verschwendung. Wenn es aber berechtigte Hinweise dafür gibt, dass der menschliche Geist auch unabhängig von seinem materiellen Gehirn existiert, erscheinen mir solch animistische Vorstellungen, wie etwa die von einer „vor- oder rückschauenden Telepathie", nur noch als komplizierte und unnötige gedankliche Verrenkung.

Hinzu kommt, dass eine exakte Vorhersage von Zukunft – wenn überhaupt – dann nur in einem sehr begrenzten Umfang möglich sein kann. Dies habe ich in früheren Büchern bereits ausführlich erläutert.[139]

Sogar aus streng naturwissenschaftlicher Sicht scheint mir das Glas viel eher ziemlich voll denn bloß halbleer zu sein. Letzteres entspräche ja der statistischen 50 : 50 Chance zu Anfang jeder Argumentation über ein Leben nach dem Tod. Anders gesagt: Nach meiner Auffassung überwiegen die Indizien für einen hirnunabhängigen Geist und eine „nachtodliche" individuelle Fortexistenz ganz eindeutig. Damit allerdings würde der bislang ohnehin ebensowenig bewiesenen animistischen Erklärung der Boden unter den Füßen entzogen.

3) Träume und Wachträume:
Der griechische Arzt *Hippokrates (ca.460-ca.370v.Chr.)* sah Träume als Informationen der Götter an und nutzte sie daher sogar zur Diagnosefindung. Zu seinen Behandlungsmethoden gehörte auch der Heilschlaf, den wir selbst heute noch manchmal anwenden.

Während wir derzeit aber davon ausgehen, der Körper sammele im Schlaf ausreichend *(materielle)* Abwehrkräfte und werde dadurch gestärkt, Krankheiten zu besiegen, war es für Hippokrates wichtig, dass die Patienten *gute Träume* hatten: Erschien nämlich einem Patienten ein Gott im Traum und berührte sein krankes Körperteil, so wurde es allein dadurch schon gesund.

Der *immaterielle* und unbewusste Traum selbst war also der eigentliche Heilsbringer. Normalerweise treten Träume während eines jeden natürlichen Schlafes mehrfach und periodisch auf.

Traumphasen zeigen bei Messung der Hirnströme sehr spezifische und besonders aktive Muster. Ein äußeres Zeichen einer solchen Traumphase sind sehr schnell zuckende Augenlider. Man beobachtet sie auch bei Tieren, z.B. bei Hunden. Dies ist ein sicheres Zeichen dafür, dass auch viele Tiere träumen, ja wohl alle mehr oder minder bewusste Lebewesen.

---

[139] Zum Beispiel in: „Mit Logik die Welt begreifen" (2005)

Im Gegensatz dazu sind *Wachträume* bewusste oder zumindest halbbewusste Phasen, die, wie der Name schon sagt, nicht *im* Schlaf, sondern während des Wachzustands, teils vor dem Schlaf oder nach dem Aufwachen auftreten. Sie sind ein untrügliches Zeichen für einen jetzt *veränderten Bewusstseinszustand*, der am besten und wirkungsvollsten zu erzielen ist, wenn man versucht, einen Zustand der *inneren Leere* herzustellen: völliges Nichtstun, das eigene Denken ausgeschaltet. Nichts wollen oder wünschen, allein das vollständige Abschalten ist angesagt. Diverse ostasiatische Meditationsübungen induzieren Wachträume zur Perfektion.

Häufig kommt es so zur Imagination, dem bildhaften bewussten Träumen. Man kann man das auch „Bildhaftes-sich-Vorstellen" oder „Einbildung" nennen. Fortgeschrittene Meister geben an, ihr Bewusstsein allein durch richtige Meditation verselbständigen und vom Körper lösen zu können.

Ich glaube, dass sowohl echte, unbewusste Träume, wie auch mehr oder minder bewusste Wachträume zumindest auf subtiler Ebene effektive Möglichkeiten zur Kontaktierung und Kommunikation mit Verstorbenen sein können. Das Problem liegt natürlich einmal mehr in der Beweisbarkeit. Nicht selten aber treten gerade große und großartige „Ideen oder Einfälle" während echter Träume, also im Schlaf, oder beim Wachträumen auf. Dazu gibt es sogar eine Reihe historisch verbürgter Beispiele.

Zum Wesen der „echten" Träume habe ich schon früher eine Erklärung angeboten: Danach ist es vorstellbar, dass während des Schlafes weitreichende Reparaturarbeiten an den verschiedenen *materiellen* „Empfangsgeräten" im Gehirn stattfinden, den unzähligen Dendronen[140] in der Hirnrinde. Solche Reparaturen sind zwingend notwendig, da ansonsten auch die Verbindung zwischen dem immateriellen Geist und dem materiellen Gehirn ernsthaften Schaden nehmen kann. Wie anders sollte sonst erklärt werden können, warum Menschen, denen man im Experiment über längere Zeit die Träume „stiehlt", weil man sie bei Eintritt in eine Traumphase weckt, lebensgefährdet sind?

Ich habe vorgeschlagen, sich die ungeheure Komplexität des menschlichen Geistes stark vereinfacht als eine Art individuelles „Intranet" innerhalb eines unendlichen geistigen „Internets" (oder „*Outernets*") vorzustellen. So wird es leicht, eine Brücke zu der Vorstellung zu schlagen, dass gerade dann, wenn dieses „eigene Intranet schläft" und dadurch nicht in *bewusster* Aktion ist, Informationen auch aus anderen Intranets dieses Internets einfacher und besser durchdringen können. Dabei könnten sie sich mit den reinen Traumbildern vermischen. Zur besseren Anschauung dient etwa ein Vergleich mit einem Großflughafen: Während der „Rushhour" ist man geradezu überflutet von akustischen Reizen. Kommt der Betrieb zur Ruhe, kann man Geräusche aus Nebenräumen oder vielleicht sogar aus einer anderen Abflughalle wahrnehmen.

---

[140] Hier: nach oben reichende, blind endende kleine Nervenfortsätze.

Sie entsprechen dann den Informationen aus anderen „geistigen In**tra**nets", die jetzt bei uns melden, also im eigenen In**tra**net" vorsichtig „anklopfen", aber „tagsüber" keine Chance hätten durchzudringen.
Ähnlich mag das auch mit den bewussteren Wachträumen funktionieren. Die Aufmerksamkeit für fremde äußere Einflüsse nimmt zu, weil man gelernt hat, sich durch Meditation und Kontemplation vom eigenen Gedankenwirrwarr zu befreien. Und, da man wacher ist, verschläft man diese „fremden äußeren Informationen" auch nicht. Genau das passiert ja normalerweise beim „echten" Träumen, also im Schlaf. Zwei ganz unterschiedliche Mechanismen führen so im Großen und Ganzen zur selben geistigen Leere – ähnlich der beruhigten Abflughalle.
In solchen Bewusstseinszuständen kann es deshalb durchaus zu Erfahrungen und Erlebnissen kommen, die Verstorbene betreffen. Aus rein materialistischer Sicht muss es sich dabei natürlich um einen rein „diesseitigen" Trauminhalt handeln. Nur, ist diese Auffassung auch vernünftig? Vielfach weisen gerade Wachträume dahingehend sonderbare Inhalte auf, was schon ein Indiz dafür sein könnte, dass vielleicht manchmal in Wachträumen wahrgenommene Personen tatsächlich Informationen zu einem „herüberspielen" wollen.
Das können etwa lang ersehnte Lösungen für bestimmte Probleme sein oder, ganz allgemein, Ideen für zukünftiges Handeln, so dass der deutsche Begriff „Einfall" im wahrsten Sinne des Wortes, nämlich als etwas von „außen Einfallendes", am besten passt.
Wachträume, aber auch „echte" Träume, scheinen nicht selten Hinweise über Dinge zu liefern, von denen man noch gar nichts wissen kann. Wiederholt habe ich selbst in Wachträumen zumindest die groben Umrisse möglicher späterer, leider zumeist tragischer Ereignisse vorab schon gesehen.
Andererseits lieferten mir Wachträume auch bereits Lösungen für manch ein Problem, und sie begleiten mich zwischendurch selbst beim Schreiben meiner Bücher. Im Laufe vieler Jahre habe ich gelernt, Wachträume manchmal sogar zu provozieren. Hier und da mache ich auch Entscheidungen von Einfällen aus solchen Wachträumen zumindest mit abhängig. Oft konkretisiere ich Probleme oder Fragen und bitte um Lösungen. Im Wachtraum (manchmal im Schlaftraum) finde ich sie dann meist – früher zu meinem eigenen Erstaunen. Besonders verblüfft es mich immer noch, wenn ich ursprünglich einmal eine ganz andere Ansicht hatte, als mir dann in meinen (Wach-)Träumen angeboten wurde. Immer aber wies der Traum den besseren oder sogar einzig richtigen Weg.
Die animistischen Parapsychologen werden das wohl wieder mit Telepathie und Hellsehen, vielleicht garniert mit einem Schuss Präkognition erklären. Und das ist für sie auf dem Boden der heutigen Naturwissenschaften noch die am leichtesten „hin zu biegende" Lösung, sofern man nicht alles ohnehin für Hokuspokus hält. Dafür allerdings gibt es ebenso keine Beweise und, wie ich schon erläutert habe, halte ich das heutige naturwissenschaftliche Fundament keineswegs für so solide, was die hierfür angebotenen Interpretationen betrifft.

4) Kinetische Vorgänge:
Unter Telekinese oder Psychokinese versteht der Parapsychologe sämtliche Einflüsse des für ihn meist hirngebundenen Geistes auf materielle Dinge. Es gibt eine Vielzahl unerklärlicher und sehr sonderbarer Veränderungen an materiellen Gegenständen, die als womöglich psychokinetisch bedingt erklärt werden können. Im 12. Kapitel habe ich dazu ein paar eigene Erfahrungen beigesteuert.
Tritt so ein Phänomen auf, dann kann das natürlich Zufall sein. Fragwürdig wird diese These zumindest dann, wenn sich solche Zufälle häufen, weil z.B. die Situation, in der so etwas auftritt, eine ganz besondere ist – wie etwa der zeitgleiche Todesfall eines nahen Angehörigen. Heutige Naturwissenschaftler, naturgemäß fern jedes Glaubens an solcherlei Spukphänomene, sprechen dann gerne von *Koinzidenzen*. Der Psychiater *Carl Gustav Jung (1875-1961)* prägte in diesem Zusammenhang auch den Begriff der *Synchronizität*. Dabei lässt er offen, ob es Gründe für das Zusammentreffen zweier Ereignisse gibt oder ob sie nur rein zufällig nebeneinander auftreten.
Man sollte paranormale Phänomene nicht einfach ignorieren, vor allem wenn bestimmte Dinge auf- oder einzutreten scheinen, was rein physikalisch gesehen nicht hätte passieren dürfen. Selbstverständlich muss man zunächst versuchen, Täuschungen auszuschließen, was nicht immer besonders schwer ist.
Die von mir selbst im Zusammenhang mit einigen Todesfällen vor allem mir nahe stehender Personen erlebten Phänomene betrachte ich als echte PSI-Phänomene: Animisten würden sie „psychokinetisch", ich dagegen „spiritualistisch kinetisch" nennen. Den Unterschied will ich gerne noch einmal am Phänomen des Stehenbleibens einer Uhr zum Zeitpunkt des Todes einer nahe stehenden Person erläutern. Der *Animist* würde sagen: Man hat etwa im Schlaf den Tod dieser Person „hellgesehen". Daraufhin hat psychische Energie des eigenen Unbewussten die Uhr zum Stehen gebracht. Der *Physiker* macht sich solch komplizierte Gedanken gar nicht erst. Er nennt das Stehenbleiben schlichtweg etwas Zufälliges, eine *Koinzidenz* mit dem Tod der anderen Person. Der *Spiritist* erkennt darin schließlich den Einfluss des Geistes des soeben Verstorbenen.
Ich meine: Wenn man feststellt, dass etwas mehrfach und nur im engen Zusammenhang mit ganz bestimmten Ereigniskategorien stattgefunden hat – sonst dagegen nie – dann ist Zufall zwar immer noch nicht auszuschließen, aber zumindest fragwürdig, wenn nicht eher recht unwahrscheinlich.
Wie schon gesagt: Die animistische These ist bislang genauso unbewiesen wie die von mir favorisierte spiritualistische. Beide widersprechen allen bisherigen naturwissenschaftlichen Theorien und Erkenntnissen.
Stellt man aber fest, dass naturwissenschaftliche Interpretationen in einigen grundlegenden und ganz entscheidenden Punkten gar nicht richtig sein können, dann bekommen beide parapsychologischen Richtungen wieder Oberwasser – aber deshalb verhilft das natürlich nicht automatisch den Animisten zum Recht.

Vielmehr sollte immer auch überlegt werden, welche These *vernünftiger* zu sein scheint. Leicht gerät der Animist jetzt dann ins Hintertreffen, wenn er sich zuvor auf gerade die naturwissenschaftlichen Grundlagen berufen hatte, die jetzt aber mit gewissem Recht in Frage gestellt werden können.
Die Deutung vieler PSI-Phänomene als „spiritualistische Kinese", also als Bewegung von Materie durch einen anderen und bereits verstorbenen Geist, anstatt durch den eigenen diesseitigen, ist meiner Ansicht nach *vernünftig*. Wäre dem nicht so, sollte der Geist eines diesseits noch lebenden Menschen eigentlich wesentlich häufiger als bisher bekannt – und auch häufiger als gewöhnlich im Experiment reproduzierbar – zur Produktion von PSI-Phänomenen in der Lage sein. Jedoch konnte weder für die Telekinese, noch für die Psychokinese und die Präkognition bisher ein wissenschaftlicher Beweis für ihre wirkliche Existenz geführt werden.
Eine Sonderform unerklärlicher „Kinesen" stellen sicher die sogenannten Tonbandstimmenphänomene dar: Ein Pionier auf diesem Gebiet war *Friedrich Jürgenson (1903-1987)*. Als im Jahr 1959 einmal sein Tonbandgerät versehentlich noch lief, während er im Garten Naturgeräuschen lauschte, glaubte er, beim Abhören der Bandstelle Stimmen hören zu können. Zwar waren sie recht schwach, jedoch konnte er sie deutlich verstehen. Viele Jahre lang experimentierte er weiter, bis sich seine Vermutung zu bestätigen schien, es müsse sich dabei um Stimmen verstorbener Personen handeln.
Auf historische Einzelheiten will ich an dieser Stelle nicht weiter eingehen. Jedenfalls hat sich im Laufe der letzten Jahrzehnte ein regelrechter Forschungszweig entwickelt, der davon ausgeht, dass es tatsächlich möglich sei, Stimmen verstorbener Personen mittels Tonbandgeräten festzuhalten. Dazu sollte man in einem möglichst geschlossenen Raum eine oder mehrere schwache Geräuschquellen einschalten, die ein möglichst wirres Tonmaterial bieten. Daraus, so die These, könne eine verstorbene Person Worte oder gar Sätze modulieren. Für das akustische Rohmaterial eignen sich am besten verschiedene Radiogeräte, die man etwa auf ausländische, möglichst unverständliche Sender einstellt. Mittel- und Kurzwellensender scheinen dazu besonders geeignet zu sein. Es sollte darauf geachtet werden, ein nicht zu lautes Hintergrundgeräusch zu erhalten. Auch ich habe mich mit dieser Methode beschäftigt. Zunächst war es reine Neugier. Im Laufe der Zeit hatte ich jedoch einige durchaus akzeptable, auf alle Fälle jedenfalls unerklärliche Erfolge, so dass ich trotz vieler eigener Zweifel weitermachte. Nach wie vor betrachte ich meine Ergebnisse sehr kritisch. Und meine Erfahrungen zeigen, dass paranormale Stimmen, sofern sie bei Einspielungen überhaupt auftreten, in der Regel sehr schwer verständlich sind und kaum längere verifizierbare Aussagen aufweisen.
Der Tonbandstimmenforscher schreibt dies der Hypothese zu, ein Verstorbener müsse das angebotene Ausgangsmaterial erst „umformen". Natürlich muss man sich auch mit großer Geduld einhören, um brauchbare Ergebnisse zu bekommen.

Aus rein wissenschaftlicher Sicht sind derartige Tonbandstimmenphänomene schlichtweg Blödsinn. Das erste, womit Naturwissenschaftler gegenhalten, ist die Täuschung: Tatsächlich gibt es hierfür durchaus viele Möglichkeiten. Zum Beispiel kann es sein, dass man infolge von Überreichweiten doch ein paar Worte oder gar Sätze in der eigenen Sprache aufgeschnappt hat. Weil man aber bemüht war, nur ausländische und möglichst unverständliche Sender zu nutzen, deutet man sie dann als vermeintlich paranormale Stimmen fehl. Deshalb muss man versuchen, dieses Problem von vornherein durch eine geeignete Technik und möglichst häufigen Wiederholungen auszuschließen.

Eine weitere Täuschung kann zustandekommen, wenn man selbst etwas in fremdsprachige Aussagen hineininterpretiert, was gar nicht gesagt wurde. Eine bekannte Wissenschaftssendung des Westdeutschen Fernsehens widmete vor Jahren einmal eine ihrer Sendungen dem Thema „Unerklärliche Phänomene". Darin versuchte der Moderator dann allerdings, Tonbandstimmenphänomene *kategorisch* als Täuschung zu entlarven.[141] Auch ein Wuppertaler Physiker zog jahrelang mit seiner Meinung, das alles sei bloß eine Sinnestäuschung, durch deutsche Volkshochschulen.

Zur besseren Anschauung ihrer Skepsis verwandten sie beide das Musikstück *„Another Brick in the Wall"* der englischen Rockgruppe *„Pink Floyd"* [142]. In einen von Kindern in englischer Sprache gesungenen Refrain interpretieren sie den deutschen Satz, *„Holt ihn unters Dach und hängt ihn auf"*, hinein. Um diesen herum spinnen sie dann eine geradezu haarsträubende Geschichte. Dem ungeübten Hörer scheinen bewusste oder unbewusste Verhörer dieser Art als Beweis für den Unsinn der Methode zu genügen. Tatsächlich ist es auch ein Beweis für die leichte Täuschungsmöglichkeit, mit der diese Methode zweifellos behaftet ist. Nur beweist dies eben nicht deren Unrichtigkeit. Jeder erfahrene Tonbandstimmenforscher dürfte sich derart simpel kaum mehr täuschen lassen. Natürlich kennt er diese Tücken. Sein Problem ist ein ganz anderes: Nicht jeder, der sich mit dieser Technik beschäftigt, macht es mit der dazu nötigen kritischen Distanz. Nur allzu häufig stehen (verständliche) Emotionen hinter seinen Anstrengungen etwas zu hören und nicht selten auch Übereifer. Das sind gewiss Gründe für viele Fehlinterpretationen, womit aber eine sicher nicht uninteressante Methode vorschnell und zu Unrecht, wie ich finde, pauschal in Verruf gebracht wird.

Die Parapsychologie räumt heute durchaus ein, dass es trotz einer Vielzahl von Täuschungen gleich welcher Ursache dennoch eine Reihe von Aussagen gibt, die sich von den Tonbandaufnahmen zweifelsfrei als paranormal herausfiltern lassen[143]. Weder passen sie in den Kontext der jeweiligen Radiosendung, noch können sie durch Überreichweiten entstanden sein. Außerdem geben sie in der

---

[141] „Quarks & Co.", WDR 3, Dezember 1998, mit dem Moderator Ranga Yogeshwar.
[142] Aus der Langspielplatte „The Wall" von 1979.
[143] Dazu eignen sich heutzutage auch sehr gut spezielle Computerprogramme

Regel eine sinnvolle und schlüssige Antwort auf eine zuvor an einen bestimmten Verstorbenen gerichtete Frage.

Aus parapsychologischer Sicht wird dies wieder mit den bereits bekannten ASW-Thesen begründet: Der Experimentator selbst sei die Quelle der Antworten, die sich letztlich durch seine eigene „psychische Energie" auf den Tonbändern manifestieren.

Sicherlich muss man das Phänomen der „Tonbandstimmen" sehr vorsichtig behandeln. Ich glaube mittlerweile festgestellt zu haben, dass auch hier Scharlatanerie und sogar Betrug ziemlich eng neben dem Versuch einer seriösen Forschung beieinander liegen.

Jedoch bleiben trotz diverser Täuschungen immer noch genügend ungeklärte, gut belegbare und gut reproduzierbare Aussagen übrig. Unter den vielen experimentell empfangenen Satzfetzen, die stets erst einmal hohen Hürden skeptischer Betrachtung unterworfen werden sollten, findet man in der Regel am Ende noch erstaunlich viele, die schlüssige Antworten auf vorher gestellte Fragen ergeben.

Bei der Entscheidung, ob es sich dabei nun um *spiritistisch* oder *animistisch* zu deutende Ergebnisse handelt, neige ich aus den Ihnen bereits bekannten logischen Erwägungen und aufgrund eigener Erfahrungen dazu, sie als wirkliche Äußerungen aus einer anderen, nicht-materiell geistigen Ebene aufzufassen.

Dabei will ich nicht einmal ausschließen, dass sie auch auf *subjektiven*, aber letztlich schlüssigen Interpretationen des Experimentators beruhen. Dann aber ist das Tonband hier eine Art Vehikel für eine Formvariante *meditativer* Kontaktaufnahme. Dagegen schätze ich die Möglichkeit gering, man selbst als Experimentator sei unbewusst, und zwar durch *materielle* Manifestation eigener psychischer Energie, für diese Phänomene verantwortlich. Insgesamt muss man zwingend davon ausgehen dürfen, dass es sich bei den nach strenger Filterung verbleibenden, letztlich gut belegbaren Tonbandstimmen im Ergebnis jedenfalls tatsächlich um oft sogar sinnvolle Äußerungen verstorbener Personen handelt, die man gezielt dazu befragt und um Antworten gebeten hat. Je nach Fragestellung wären auch nur sie in der Lage, tatsächlich richtig zu antworten.

Deshalb meine ich, dass es ganz offensichtlich sehr wohl eine Reihe von Begebenheiten und Erfahrungen gibt, die sich selbst bei kritischer Betrachtung am vernünftigsten als reale Kontakte mit verstorbenen Menschen erklären lassen.

17. Der Tod ist nicht das Ende

Nach meiner festen Überzeugung ist der Tod nicht zugleich das Ende unserer Persönlichkeit. Ebenso glaube ich, dass die Geburt eines jeden Menschen hier auf der Erde den Beginn einer völlig neuen geistigen Entwicklung darstellt – keine Seele, kein schon entwickelter Geist wird dabei wiedergeboren.
Einmal neu entstanden, besitzt der menschliche Geist grundsätzlich kein von uns definierbares Ende – jeder Einzelne existiert nach den uns bekannten Kriterien zeitlicher Einordnung ewig.
Nur unsere Körper enden einmal zwangsläufig – mit dem Tod gehen sie den natürlichen Weg alles Endlichen.
Seit Anbeginn jeglicher Existenz besitzt alles und jedes in dieser Welt eine geistige Spur. Im einfachsten Fall, dem von unbelebter atomarer Materie, ist es die bloße Information des SEINs – vergleichbar mit der „1" im binären Computercode. Je komplexer etwas im Laufe seiner Zeit wird, desto komplexer wird auch seine geistige Spur.
Geist ist *Information*. In der Bibel meint man sicher dasselbe, wenn vom *„Wort"* die Rede ist.
„Am Anfang war das Wort und das Wort war bei Gott", so heißt es im christlichen Johannesevangelium. Für alles und jedes in dieser Welt gibt es ein informationelles Abbild. Es besteht ewig, so dass folglich auch die ganze Welt ewig bestehen muss. Mittlerweile glauben sogar einige renommierte Kosmologen, dass unser Universum unendlich ist und ewig existiert. Ich stimme dem zu – jedoch aus einem anderen Grund; denn nach meiner Auffassung ist unser Universum primär ein geistiger, d.h. informationeller und von einfachen geometrischen Formen und Ordnungszahlen codierter und damit unendlicher Raum.
Auf unserer Erde haben allein wir Menschen ein sprunghaft hoch entwickeltes Bewusstsein und Selbstbewusstsein. Kein anderes Wesen ist zu ähnlich strukturierter Selbsterkenntnis und Bewusstheit fähig. Kein Tier kommt auch nur annähernd an unser abstraktes Denk- und Vorstellungsvermögen heran, ebensowenig wie etwa an unser potentiell phantastisch reichhaltiges, emotionales, ethisches und in seiner Gesamtheit kulturelles Potential.
Wir Menschen sind deshalb als einzige Erdbewohner in der Lage, die vielen, geradezu unglaublichen Wunder dieser Welt wenigstens ansatzweise zu entdecken, zu bestaunen und zu überdenken.
Die Evolution baute über hunderte Millionen von Jahren an einem sehr streng hierarchisch strukturierten und dazu extrem passgenau abwärtskompatiblen Kommunikations- und Computersystem, dem Zentralnervensystem (ZNS), sowie geeigneten peripheren Informationsstraßen. Dennoch ist dieses höchst komplizierte Nervensystem in seinen Einzelteilen und Funktionen letztlich einfach, klar, und mögliche Fehler ausgleichend gegliedert.

Seine zumindest vorläufige Perfektionierung erreichte es mit dem Menschen. Zu diesem Zeitpunkt war es auf der gigantischen Uhr unserer Erdgeschichte bereits wenige Sekunden vor Mitternacht.
Selbst die nur wenigen Bruchteile dieser ohnehin schon extrem kurzen Zeitspanne vom Auftreten des Menschen bis heute haben – wie nie zuvor – mit seiner Zivilisation etwas geradezu unglaublich Revolutionäres hervorgebracht. Viel Positivem steht leider auch viel zu viel Negatives gegenüber: Alles hat eben zwei Seiten.
In letztendlich nur wenigen Jahrhunderten hat der Mensch trotz allem schier Grandioses geleistet. Alles, was er *schuf*, ist jedoch die materielle Umsetzung von Ideen. Und Ideen sind etwas Geistiges.
Die alleinige Grundlage dieser Revolution ist also der menschliche Geist. Er kennzeichnet den Wandel der Evolution in unserer Zeit; denn nur auf ihn sind die in Wahrheit dramatischen Unterschiede zwischen uns einzelnen Menschen zurückzuführen, nicht auf irgendein materielles Substrat. Kein Mensch ist einem anderen gleich – und keine Ideologie kann sie jemals gleich machen.
Alle Menschen unterscheiden sich, weil sie als einzelne Individuen Gegenstand eines weiteren und ungemein wichtigen Kapitels der Evolution allen Lebens sind: Sie sind das Zentrum der neuen Evolution des reinen Geistes. Geistige Vollendung kann es nur über den Weg „Gottes" geben, was gleichbedeutend ist mit dem Weg „Manitus", dem Weg „Allahs", dem Weg „Brahmans" u.s.w.
Dabei ist der göttliche Weg meist überhaupt nicht identisch mit den uns nahe gelegten oder sogar dogmatisch vorgeschriebenen Wegen manch institutioneller Kirchen, Vereine oder Sekten.
Der göttliche Weg kann nur einzig und allein bedeuten:
Liebe „Gott" als den unbegreifbaren Schöpfer und Hintergrund dieser Welt, liebe Dich selbst und liebe Deinen Nächsten wie Dich selbst. Gib jedem Einzelnen das Recht auf Freiheit und das alleinige Recht auf freie Selbstbestimmung, so wie Du es für Dich sicher auch willst. Übe gegenüber Jedermann größtmögliche Toleranz aus; denn Du bist nicht mit Deinem Nächsten identisch und kannst daher seine Gefühle und Empfindungen nicht immer genauso nachvollziehen. Jeder Mensch ist anders und muss auch anders sein. Deshalb wache aber auch mit Strenge und notfalls mit großer Härte darüber, dass jeder Einzelne dieselben Rechte erhält und sie von keinem anderen beschnitten oder gar zerstört werden.

Der Geist evolviert heute nicht mehr nur allein zwischen zwei verschiedenen Menschen mit unterschiedlichen Geschwindigkeiten. Vielmehr entwickelt er sich selbst im Leben eines jeden einzelnen Menschen im Laufe seines Älterwerdens recht unterschiedlich und phasenweise weiter.
Wenn schließlich der menschliche Körper langsam verfällt, zudem immer größerer Verschleiß zutage tritt und der Mensch sich seiner wachsenden

körperlichen Unzulänglichkeit bewusst wird, nähert sich sein Geist dagegen erst seinem (vorläufigen) Höhepunkt.
Betrachten wir noch einmal im Zeitraffer diese offenkundige Baumstruktur konsequenter geistiger Entwicklung:
Sie startet mit der anfangs noch objektiven Information des SEINs eines jeden einzelnen Atoms und dann von zusammengesetzter unbelebter Materie. Einen subjektiv wertenden Geist gibt es zu diesem Zeitpunkt noch lange nicht.
Erst mit dem Leben und im Leben entsteht er als gänzlich neue, zunächst noch niedere Qualität. Daraus entwickelt sich als nächstes der schon immer subjektivere artspezifische Geist.
Allmählich führt er zu bewussten Wesen, wozu auch höhere Säuger zu zählen sind.
Bewusst, nun aber auch sich selbst klar bewusst und in seinem Bewusstsein noch unglaublich vielschichtiger als jedes Tier, reift des Geistes wahres Wesen schließlich im individuellen Geist jedes einzelnen Menschen.
Damit entstehen zwangsläufig geistige Gefälle zwischen einzelnen Menschen. Am Ende evolviert er sogar in jedem Individuum selbst und ganz individuell verschieden durch sein ständiges Wachsen und Reifen bis an dessen (körperliches) Lebensende.
So erlebt auch jeder Einzelne sein eigenes geistiges Gefälle als Ergebnis seines persönlichen, natürlichen Lebenswegs und macht schließlich deutlich:
Der Geist ist nichts Zyklisches. Jeder Geist ist etwas konsequent und expansiv Aufstrebendes. Der Geist sucht die Individualität zur Optimierung des Ganzen in Pluralität. Kein Geist ist zerstörbar. Jeder Geist überlebt natürlich den körperlichen Tod.

18. Optimisten sind besser dran

Gewiss ist bisher niemand nach seinem Tod leibhaftig in diese Welt zurückgekehrt. Für das Überleben des körperlichen Todes gibt es natürlich somit keinen zwingenden Beweis. Genausowenig aber gibt es irgendeinen Beweis gegen diese Überzeugung. Ein Gegenbeweis wäre nach strengen wissenschaftlichen Kriterien sogar noch viel schwieriger zu erbringen; denn solange die Welt besteht, könnte man niemals die Möglichkeit völlig ausschließen, dass irgendwann doch noch mal jemand leibhaftig in diese Welt zurückkehrt, woran ich allerdings selbst auch nicht glaube.
Beweis und Gegenbeweis halten sich also aus rein logischer Sicht zunächst die Waage. Für beide Möglichkeiten bleibt eine statistische Wahrscheinlichkeit von jeweils 50%.

Als erstes Wesen auf der Erde ist der Mensch in der Lage, sich Gedanken über seinen Tod und ein eventuelles Danach zu machen. Damit hat er die freie Wahl, sich auf Basis dieser grundsätzlich hälftigen Chance für eine *optimistische* Sicht, die *für* ein Überleben des eigenen Todes steht, oder *dagegen*, also für eine *pessimistische* Sicht, zu entscheiden.
Im Zuge unseres Zeitgeistes aufgrund gezielter Manipulationen seitens einer zunehmend dominanten Medienlandschaft entscheidet sich heute die Mehrzahl zumindest der in westlichen Ländern lebenden Menschen für die pessimistische Sichtweise. Infolgedessen wird trotz prinzipieller Chancengleichheit auch nur dem Optimisten die an sich für beide unerfüllbare Last aufgebürdet, seine Ansicht zu *beweisen*. Der Pessimist muss auch ohne beweisende Argumente bloß seine Einstellung kundtun; denn sie wird zumeist kritiklos akzeptiert. Man begründet das vor allem mit dem vermeintlich gesicherten Kenntnisstand der modernen Naturwissenschaften, verwechselt dabei aber regelmäßig gesicherte Beobachtungen und davon ausgehende Interpretationen.
Mit den letzten Kapiteln dieses Buches versuche ich klar darzulegen, dass ich persönlich diese Haltung nicht teile, ja sogar grundweg für falsch halte. Dem unvoreingenommenen Betrachter stellt sich ohne eingehende Diskussion des Pro und Contra daher eigentlich die Frage nach der *besseren* Wahl:
Soziologen haben längst feststellen können, dass Menschen, die in ihrem religiösen Glauben gleich welcher Ausgestaltung gefestigt sind – was die Überzeugung von einer Weiterexistenz über den Tod hinaus praktisch immer einschließt –, deutlich gesünder sind und bessere Chancen auf ein längeres irdisches Leben besitzen. Insofern ist eine optimistische Einstellung schon allein deshalb die bessere Wahl.
Viele „Optimisten" halten ihre Wahl auch deswegen für die bessere, weil nur sie ihre Wünsche und Hoffnungen stillt. Ein Kriterium zur optimistischen Betrachtung ist damit von *subjektiver* Natur.
Aber auch rein *objektiv* betrachtet ist die Entscheidung für den „Optimismus" die eindeutig überlegenere Wahl. Dies hat der berühmte französische Philosoph und Mathematiker *Blaise Pascal (1623-1662)* mit Hilfe einer Wette wunderschön veranschaulicht:
Pascal hatte im November 1646 selbst eine Nahtoderfahrung. Danach änderte er seinen bis dahin vielleicht eher unsteten Lebenswandel radikal. Er wurde ein glühender Verehrer Gottes und war natürlich fortan von einem Überleben seines Todes überzeugt. Pascal bot als „Optimist" dem ungläubigen „Pessimisten" die Wette an, wer das bessere Leben führe. Tatsächlich hat der Pessimist überhaupt keine Chance: Allein der Optimist kann jemals erfahren, dass er die Wette gewonnen hat. Nur er wird jemals feststellen können, sich richtig entschieden zu haben. Gäbe es kein Leben nach dem Tod – und ich wähle hier in Anbetracht meiner eigenen Überzeugung bewusst den Konjunktiv – so würden weder der Optimist noch der Pessimist das je erfahren; denn sie wären ja beide unwiderruflich tot. Gewinnt der Optimist die Wette, wird der Pessimist dagegen

seine Niederlage erkennen und sich zugleich darüber ärgern, dass er sein Leben nicht so unbeschwert hat leben können. Die mit zunehmendem Alter rein natürlich meistens wachsende Angst vor dem eigenen Tod stellt für viele Menschen eine schwere Last dar und führt nicht selten zu starken Depressionen. Der Optimist aber hat dann nicht nur seine Wette gewonnen, sondern schon während seines Lebens bewusster, gelassener und sicher auch heiterer gelebt.

Der Pessimist hat also keine Chance zu gewinnen. Selbst wenn er Recht hätte, er würde es ja niemals erfahren. Der Pessimist wird, im Fall seines Unrechts, sogar einräumen müssen, dass ihm sein Leben eine Chance bot, die er nicht oder vielleicht nur unzureichend genutzt hat, weil sein pessimistischer Lebenswandel letztlich dazu führte, hinter den eigenen Erwartungen und denen seiner Mitmenschen zurückzubleiben.

Naturgemäß wird der Pessimist viel eher geneigt sein, in manch entscheidenden Situationen seines Lebens das eigene Wohl in den Vordergrund zu stellen. Nichts wäre natürlicher; denn für ihn gibt es ja nur dieses Leben. Deshalb werden Pessimisten sehr viel eher als überzeugte Optimisten zu Handlungen bereit sein, die ihrer Umwelt und ihren Mitmenschen sogar schaden – ja sie vielleicht sogar ins Verderben stürzen. Eine wie auch immer geartete Bestrafung nach dem Tod bräuchte der Pessimist schließlich nicht zu fürchten. Vielen käme es womöglich nur darauf an, denkbaren irdischen Strafen durch Geschicklichkeit oder gar Skrupellosigkeit rechtzeitig zu entkommen.

Auch aus Sicht der Gesellschaft muss also jedem empfohlen werden, im hier optimistischen Sinne zu denken und zu leben.

Der Sieg des Optimisten wird damit zu einem Sieg auf ganzer Linie – und zugleich ist er der einzig mögliche Sieg.

Teil 2:

Diskussion über Nahtoderfahrungen (NTE)

„... schließlich wusste ich etwas, nämlich, dass ich unsterblich war, unzerstörbar. Ich kann nicht verletzt werden, kann nicht verloren gehen. Wir brauchen uns nicht zu sorgen. Und dass die Welt vollkommen ist; alles, was passiert, es ist Teil eines vollkommenen Plans. Ich verstehe diesen Teil heute nicht mehr, doch ich weiß, dass er wahr ist..."
Bericht einer Frau, die bei einer Entbindung fast gestorben war,
von: *IANDS* – Tagung, Charlottesville, VA/USA (1982)

„Als das Licht erschien, wusste ich zuerst nicht, was vorging. Aber dann - dann fragte es mich, es fragte mich irgendwie, ob ich bereit sei, zu sterben. Es war, als spräche ich mit einem Menschen – nur dass eben kein Mensch da war. Es war wahrhaftig das Licht, das mit mir sprach, und zwar mit einer *Stimme*."
Aus: *Raymond Moody*, "Leben nach dem Tod" (1977)

„Das, was jenseits des Todes sich ereignet, ist so unaussprechlich großartig, dass unsere Vorstellung und unser Gefühl nicht ausreichen, um es auch einigermaßen richtig aufzufassen..."
Carl Gustav Jung (1875-1961), in: Brief an Frau B. vom 11.07.1944

Die Diskussion zur verständlicheren Vertiefung wichtiger Aspekte gehörte zur klassischen Didaktik alter griechischer Philosophen. In meiner dreibändigen Buchreihe „Eine bessere Geschichte unserer Welt" mit den Bänden „Das Universum", „Das Leben" und „Der Tod", habe ich sie erstmals verwendet. Auch diesmal wähle ich sie zur Diskussion von Nahtoderfahrungen, auch im Kontext der im ersten Teil behandelten Gesamtthematik.
Das folgende Gespräch mit meinen beiden Söhnen Alexander und Martin ist zwar fiktiv und spielt zu einer Zeit, als Alexander etwa 19 und Martin 13 Jahre alt waren. Vieles von dem, was wir hier miteinander diskutieren, ist tatsächlich bereits so oder in ganz ähnlicher Form Inhalt gemeinsamer Gespräche gewesen.
Nahtoderfahrungen (NTE) scheinen von je her eine wichtige Quelle intuitiver Erfahrung zu sein. Im ersten Teil habe ich das Wesen dieses merkwürdigen Phänomens schon in seinen Einzelheiten beschrieben.
Von den Naturwissenschaften wird Nahtoderfahrungen keine wirklich wichtige Aussagekraft zuerkannt. Deshalb dient der zweite Teil meines Buches besonders ihrer ausführlichen und kontroversen inhaltlichen Erörterung.

Ist diese Diskussion überhaupt notwendig?

„Es gibt ja 'ne ganze Menge Leute, die halten Nahtoderfahrungen für großen Quatsch", beginnt Alexander unser Gespräch. „Bei manchen handelt es sich wohl bloß um Träume, andere sind Halluzinationen und allen ist am Ende gemein, dass sie mit dem Tod überhaupt nicht einmal 'was zu tun haben *müssen*. Sie scheinen sich ja sogar im Experiment und auch bei bester Gesundheit der Probanden provozieren lassen. Und schaut man mal näher auf ihre einzelnen Inhalte, so sind sie offenbar keineswegs so homogen, wie immer behauptet wird. Jeder träumt doch 'was anderes. In der Zeitschrift *‚Die Zeit'* war darüber 'mal folgender Artikel zu lesen: *‚Einmal Hölle und Zurück. Der Ostdeutsche stirbt anders als der Westdeutsche ... Die Art des Sterbens ist abhängig von Kultur und Biographie'*.[144] Also ich glaube, der ganze Komplex mit NTE hilft uns überhaupt nicht weiter und ist schon gar kein Beweis für ein Leben nach dem Tod..."
„Nun mal ganz langsam", unterbreche ich hier sein Plädoyer, „das müssen wir erst 'mal alles in Ruhe sortieren und dann Stück für Stück aufarbeiten. Was du da von dir gibst, ist so pauschal, wie du das hier ausbreitest, überhaupt nicht haltbar..."
„Aber es stimmt doch", haut Martin in dieselbe Kerbe, „dass von denen, die von solchen NTE berichten, keiner wirklich tot war?"

---
[144] Urs Willmann in: „Die Zeit" 29 (1999)

„Natürlich, mein Sohn, da hast du völlig Recht, wirklich tot war keiner. Von den Toten ist noch keiner zurückgekommen...", stimme ich ihm zu und murmele noch so vor mich hin, „...zumindest nicht für lange."[145]
„Das sag mal nicht so laut", gibt Martin mir zurück, „dann legst du dich schnell mit der Kirche an – schließlich sei doch Jesus wieder leibhaftig auferstanden?"
„Nun gut", erwidere ich, „das ist Glaubenssache und das genau lasst uns hier jetzt nicht weiter vertiefen, sonst gleiten wir schon am Anfang zu weit und zu lange ab – zu Alexanders Einwürfen noch: Es stimmt tatsächlich, dass man NTE-*ähnliche* Erlebnisse auch bei Gesunden provozieren kann, dass *Ähnliches* natürlich genauso in Träumen auftreten kann und dass Halluzinationen dabei vorkommen. Ebenso sind auch nicht *alle* NTE-Inhalte so homogen, und ganz sicher sind NTE, *für sich allein* genommen, genausowenig ein *Beweis* für ein Leben nach dem Tod..."
„Na siehste", lächelt Alexander, „hab ich doch Recht. Wir können das Thema abhaken..."
„Nein, ganz und gar nicht", unterbreche ich ihn wieder, „trotz all deiner Unkenrufe – ich bin fest davon überzeugt, dass ‚echte' NTE sehr ernst zu nehmende *Hinweise* auf ein tatsächliches ‚Danach' sind und den ‚*Beinahe-Sterbenden',* wie es der Nahtodforscher *Michael Schröter-Kunhardt* einmal in einem Vorwort zu einem meiner Bücher symbolhaft schrieb, ähnlich *‚wie ein Flugsimulator darauf vorbereitet, dass er nach seinem Tod den Körper verlassen wird'.*
An anderer Stelle einer seiner Veröffentlichungen formuliert er es noch so: *‚Tatsächlich verweisen die paranormalen Leistungen von Lebenden wie Sterbenden und ihr vermehrtes Auftreten im Rahmen von religiösen Erlebnissen (im Sterben) selbst bei areligiösen Menschen auf einen zeit- und raumunabhängigen und somit unsterblichen Anteil der menschlichen Psyche. Die NTE als primär religiös-mystische Erfahrungen bereiten die Psyche somit in einem letzten über das Gehirn vermittelten Akt auf ein Weiterleben eben dieser Seele in einem religiösen Jenseits vor. Religiös-mystisches (NTE)-Erleben beruht dabei auf einer anhand der NTE (...) nachgewiesenen biologisch angelegten Matrix, die durch keine Theorie hinwegerklärt werden kann und elementarer Bestandteil der menschlichen Psyche ist'.*"
„Aber da haben wir es doch: Irgendwas passt da nicht. Auf der einen Seite schreibst Du, NTE kämen auch vor, wenn im Gehirn keine Aktivitäten mehr messbar seien – und gerade das sei ja ein Beweis für ihr spirituelles Wesen. Auf der anderen Seite sagt der Herr Schröter-Kunhardt, es handele sich bei NTE um eine Art Programm des Gehirns, womit Aktivitäten natürlich auch nötig seien, damit es funktioniert", hakt Alexander ein.

---

[145] Auch in den Mutterleib ist noch keiner nach seiner Geburt zurückgekehrt. Diese metaphorisch gemeinte Aussage, die zunächst nach einem Kalauer klingt, entstammt aus einer wirklich rührenden Metapher von Henri Nouwen, die Sie im Anhang finden.

„Nicht ganz, Du hast es wohl nur ein wenig missverstanden", halte ich dagegen. Schröter-Kunhardt will im Grunde nur sagen, dass bei der NTE das Gehirn vermittelt...", entgegne ich, doch Alexander unterbricht mich, „ja aber dennoch muss das Gehirn aktiv sein, und außerdem spricht er von einer biologisch angelegten Matrix..."

„Schon", erwidere ich, „aber ‚Matrix' kann auch bloß einen Mechanismus bedeuten, der zu einer ‚Abnabelung' führt, einen vermutlich komplexeren Auslösemechanismus. Natürlich muss das Gehirn dabei irgendwie beteiligt sein. Gehirn und Geist gehören ja quasi ein Leben lang zumindest weitgehend zusammen. Nun aber kommt die Todesnähe, ein einzigartiger, unvergleichlicher Stressfaktor. Das Gehirn wird überflutet mit verschiedenen Stresshormonen, also sollte es zunächst auch äußerst heftig agieren. Jüngere EEG-Messungen an Sterbenden lassen ebenso darauf schließen; denn man findet erst stark erhöhte Hirnaktivitäten. Hierbei werden mittel- und unmittelbar Hormone des Gehirns freigesetzt, darunter zum Beispiel das Dimethyltryptamin (DMT) aus der Zirbeldrüse (Epiphyse). Von ihm und möglicherweise von weiteren vermutet man diese Art Auslösemechanismus. Es ist denkbar, dass es dadurch zumindest zu einer Art ‚Phasenverschiebung' in der Wahrnehmung kommen kann. Im Fall des tatsächlich endgültigen Todes mag es in einem vielleicht sogar mehr oder weniger komplexen Zusammenspiel solcher Substanzen dazu kommen, den hirnassoziierten Geist schließlich ganz ‚freizulassen'. Ich wähle dieses Wort bewusst in Erinnerung an das phantastische Höhlengleichnis von *Platon (427-347 v.Chr.)* vor fast 2500 Jahren.

Bei der nur ‚teilweisen Freilassung' mit phasenverschobener Wahrnehmung spielt das Gehirn bloß nicht mehr im bisherigen Umfang seine Rolle als *Reduktionsfilter*. Man sieht nun also etwas mehr von der ‚eigentlichen Welt' als zuvor. Dadurch wird einem auch bereits bewusst, dass man tatsächlich nur scheinbar ‚*im* Gehirn' zu stecken, bzw. ein Teil des Gehirns zu sein schien. Man hat also nun schon Zugang zu Informationen verschiedenster Art, die einem bislang verschlossen geblieben waren. Und der eigene Horizont erweitert sich oft bereits dramatisch. Im Falle der kompletten und endgültigen ‚Freilassung' ist eine normale Funktion des Gehirns nicht mehr erforderlich. Das Gehirn hat als letzten Akt seiner Existenz die ‚Freilassung' hormonell herbeigeführt und ‚alle Taue gekappt'. Letzteres ist, salopp und stark vereinfacht gesagt, so ähnlich, als wenn man eine zweite Festplatte am häuslichen Computer zur ständigen Datensicherung angeschlossen hatte. Auf sie wurde laufend ein vollständiges Backup der eigenen Lebensdaten überspielt, also eine komplette Kopie. Wenn man die abstöpseln will, sollte man vorher tunlichst auf ‚sichere Entfernung' klicken, damit keine Daten verloren gehen. Hier ein paar Mausklicks und dort vielleicht Hormone sind dann die ‚Matrix', die als Auslöser fungiert. Nur dass es sich im Fall des Geistes nicht mehr um eine zweite *materielle* Festplatte handelt, sondern um ein *immaterielles* Intranet, in das man überdies zeitlebens alles 1:1 überspielte. In der modernen Computerfachsprache würde man etwa von *‚Cloud*

Computing' sprechen. Ein ganz anderes Beispiel: Stellt Euch mal einen Hund vor, der normalerweise eng angeleint in einem großen Zwinger, zwar mit ausreichend Lichteinfall, aber mit nur wenig Aussicht eingesperrt ist. Macht man die Tür des Zwingers auf, kann er womöglich sogar ein wenig nach draußen, weil die Leine dafür so gerade reicht, wodurch er natürlich völlig neue und andere Eindrücke erhält. Aber immer noch ist er durch seine Leine eng mit dem Zwinger verbunden. In dieses Bild passen alle Varianten von OBE und NTE-ähnlichen Erfahrungen ohne Todesnähe wie z.b. bei Meditation etc. Bei echter Todesnähe wird der Spielraum gegebenenfalls deutlich größer. Vielleicht kann der Hund nun sogar um den Zwinger herumlaufen. Er trifft dabei vielleicht auf andere Tiere und Personen, die in der Nähe des Zwingers sind. Sie alle sind aber jetzt keine Bewohner seines Zwingers, sondern leben außerhalb. Seine Erlebnisse und Erfahrungen umfassen nun also noch viel mehr Neues und auch bislang Unbekanntes. In dieses Bild würde die vollständige NTE in Todesnähe passen. Der Hund in meinem Beispiel hat jetzt Ausgang womöglich bis die Leine richtig straff spannt. Nun noch ein kräftiger Ruck, und die Leine zerreißt. Der Hund eilt auf und davon. Er wird wohl schon wegen der Vielfalt neuer Eindrücke kaum in seinen Zwinger zurück wollen. Wenn die Leine, wodurch auch immer, durchtrennt wird, ist der Hund weg und der Zwinger steht leer – er ist nicht mehr von Leben erfüllt wie zuvor..."

„Dann musst du natürlich jetzt mal gut begründen, was dich und andere so sicher macht und die vielen Gegenargumente ausräumen", äußert auch Martin seine Zweifel, obwohl ihm das Hundebeispiel sichtlich gefallen hat.

Wann ist man tot?

„Genau", stimme ich ihm zu, „vielleicht fangen wir mal am besten mit dem Tod selbst an. Es gibt keinen exakten Todeszeitpunkt. Der Tod tritt in mehreren Phasen ein, das Sterben ist also ein Prozess. Eine kurze Zeit lang bleibt er umkehrbar, danach nicht mehr. Wenn das Herz stillsteht, hört nach etwa 15-20 Sekunden auch das Gehirn auf zu arbeiten. Meist schon beim Herzstillstand, spätestens aber jetzt, sprechen wir vom klinischen Tod. Das Gehirn lebt dann zwar noch einige Minuten..."

„Eben", wirft Alexander ein, „nur in dieser Zeit können, wenn überhaupt, NTE auftreten; denn wenn schließlich auch die Hirnzellen zu sterben anfangen, gehen alle Lichter endgültig aus. Dieser Autor von dem Artikel aus *‚Die Zeit'* meint dazu: *‚Wie das Radio nach Herausziehen des Steckers mit den letzten kriechenden Elektronen noch einen Takt von sich gibt, ist auch das biologische Wesen noch aktionsfähig, wenn das Blut in den Adern stillsteht'*. Und er bringt dann das Beispiel von der Klapperschlange, die noch eine Stunde nach der Enthauptung zugebissen haben soll."

„Möglich", brumme ich, scheinbar doch ziemlich in die Defensive gedrängt, „aber das, wovon der Herr Willmann da spricht, sind bloß Reflexe, und die sind reine Automatismen. Das hat mit Geist überhaupt nichts zu tun, wie ich schon in früheren Büchern näher erläutert habe. Doch, was ich noch sagen wollte: Auch mit dem Hirntod nach etwa 5-8 Minuten ist der *Körper* noch nicht endgültig tot. Zwar ist mit dem Hirntod keine Rückkehr ins Leben mehr möglich, und der endgültige Tod ist durch den Hirntod unwiderruflich eingeleitet.[146] Auch wenn es deshalb nur von theoretischem Interesse ist: Das wirkliche Ende markiert natürlich erst der biologische Tod. Er führt zu den sogenannten sicheren Todeszeichen, wie Kälte, Körperstarre und Todesflecken.

NTE können uns natürlich nur dann geschildert werden, wenn die Betroffenen wieder ins Leben zurückkehren. Das ist praktisch nur wenige Minuten lang möglich. Nur, nach dem Stillstand des Gehirns lassen sich im EEG keine Hirnaktivitäten mehr messen. Wir haben eine Nulllinie. Das heißt, sämtliche Denkleistungen oder Gedankentätigkeit sind dann erloschen. Nun aber gibt es zahlreiche Fälle – z.B. berichten die Nahtodforscher *Raymond Moody* und *Michael Sabom* aus den USA, *Pim van Lommel* aus den Niederlanden, *Peter Fenwyck* und *Sam Parmia* aus Großbritannien sowie einige andere davon – bei denen Betroffene sogar in dieser Phase von Nahtoderlebnissen berichten, die also exakt zu einer Zeit stattfanden, als keine Hirnaktivitäten mehr im EEG[147] erkennbar waren – unter dem so genannten *Nulllinien-EEG*."

„Aber wenn doch das EEG eine Nulllinie aufweist, wie soll man denn da noch 'was phantasieren?", ist Alexander ziemlich irritiert.

„Eben", will ich ihm erklären, „das ist ein untrügliches Zeichen dafür, dass es sich hier nicht um Phantastereien – oder sagen wir besser, um Halluzinationen – handeln kann. Ich werde das später noch präzisieren. Tatsächlich sind NTE bei Nulllinien im EEG, also beim Ausfall sämtlicher Hirnaktivitäten, solide dokumentiert. – Mal auf das Beispiel von eben übertragen: Der Hund hat jetzt den Zwinger weiträumig verlassen, aber er hängt immer noch an der Leine. – Auf einen außergewöhnlich interessanten Fall dieser Art aus dem Jahr 1991 berichtet der amerikanische Kardiologe *Michael Sabom* in seinem Buch *‚Light and Death' (1998)*. Sabom war ursprünglich selbst einmal völlig ungläubig, was NTE betrifft. Dieser Fall von der komplexen NTE der früheren amerikanischen Country-Sängerin *Pamela Reynolds* wurde übrigens auch im deutschen Fernsehen auf ‚arte', erstmals wohl in dem Film *‚Jenseitsreisen'* des deutschen Fernsehmachers und Buchautors *Joachim Faulstich*, vorgestellt *(2000)*

Bei der von *Michael Sabom* erwähnten Patientin war eine sehr gefährliche Gefäßaussackung, ein sog. Aneurysma, an ihrer Schädelbasis operiert worden. Dabei wurde ihre Körpertemperatur auf 15,6 ^{0}C heruntergefahren und

---

[146] Bei Kindern, im Fall von Unterkühlungen und Erfrierungen kann der Hirntod auch erst deutlich später eintreten. Wiederbelebungsmaßnahmen machen deshalb auch noch länger Sinn!
[147] EEG = Elektroencephalographie = Hirnstrommessung

absichtlich ein vollständiger Stillstand der Durchblutung herbeigeführt. Infolgedessen kam es zu einem vollständigen Ausfall sämtlicher Hirnaktivitäten, also sowohl von der Großhirnrinde als auch vom Hirnstamm, was sich durch eine Nulllinie im EEG bemerkbar machte." [148]

Sind NTE bloß Halluzinationen?

„Na gut, aber vielleicht war es doch so, dass die Patientin beim Herunterfahren der Durchblutung erst 'mal zu wenig Sauerstoff im Blut hatte und deshalb zu halluzinieren begann", unterbricht mich Alexander.
„Auf den Sauerstoffmangel komme ich noch zurück", werfe ich sogleich ein, „zunächst 'mal allgemein zu den Halluzinationen..."
„Sag 'mal Papa, was sind das eigentlich genau, Halluzinationen?", will Martin erst wissen.
„Das sind *krankhafte* Sinnestäuschungen, ohne dass hierfür äußere Reize verantwortlich sind", erkläre ich ihm. „Sie kommen oft bei sogenannten Geisteskrankheiten *(Psychosen)*[149], wie z.B. bei der *Schizophrenie* vor. Damit Halluzinationen auftreten, müssen aber die Sinnesorgane grundsätzlich intakt sein, und das Gehirn muss ebenfalls noch funktionieren. Zwar mag seine Empfindlichkeit übersteigert oder verschoben sein, aber eben noch intakt. Bei Halluzinationen treten im Gehirn immer höhere Aktivitätsmuster auf. Deshalb verweisen Nahtodkritiker gerne auf die unmittelbar vor Eintreten des Todes oft messbaren erhöhten Hirnaktivitäten und glauben, (nur) in dieser Phase käme es zu NTE. Somit seien sie also doch Halluzinationen. Bei einem Nulllinien-EEG kann es sie jedoch nicht geben. Deshalb ist es so außerordentlich wichtig, NTE bei Operationen exakt der Phase der Nulllinie im EEG zuordnen zu können. Außerdem weiß man, dass NTE von Kindern die gleichen Grundmuster aufweisen wie die von Erwachsenen. Wären NTE wirklich nur Halluzinationen, müssten Kinder jedoch ganz andere Todesvisionen haben; denn sie haben ja einen völlig anderen und noch viel kleineren Erfahrungsschatz. Halluzinationen können es aus verschiedenen Gründen nicht sein. Und weil Halluzinationen regelmäßig mit Psychosen vergesellschaftet sind, dann müsste man doch mehr NTE bei kranken Menschen finden. Aber das ist nicht der Fall. Die weitaus meisten NTEler sind hirngesund."
„Nun haben Halluzinationen doch sehr unterschiedliche Formen, die...", will Alexander ins Detail gehen, aber ich unterbreche ihn und fahre für ihn fort:
„... die man auch bei NTE findet, meinst Du? Ja, ein paar der Elemente von NTE sind Halluzinationen durchaus sehr ähnlich. Und ich will nicht

---

[148] Ausfall der sog. akustisch evozierten Hirnstammpotentiale
[149] Ich glaube, man sollte besser und zeitgemäßer nicht von Geisteskrankheiten, sondern von Krankheiten des Gehirns sprechen.

ausschließen, dass auch im Rahmen einer NTE hier und da Halluzinationen mitschwingen, solange das Gehirn noch funktioniert. Aber es gibt eben feine und dennoch sehr deutliche Unterschiede. Deshalb eignet sich die Halluzination keineswegs für eine umfassende Erklärung von NTE und ihrer Inhalte: So gibt es beispielsweise akustische Halluzinationen, bekannt als das oft sehr quälende ‚Stimmenhören'. Nur haben diese Stimmen keinen Bezug zu etwas, das in demselben Moment stattfindet. Der NTEler aber hört Zusammenhängendes, und das hat einen konkreten Bezug zur Situation. Zum Beispiel hört er, was gerade um seinen Körper herum tatsächlich gesagt wird. Ein sehr lieber Patient von mir, mittlerweile ist er mit fast 90 Jahren verstorben, war ein ‚alter Hase', was NTE betrifft. Herr S. hatte zwischen 1971 und 1992 nicht weniger als sechs Herzinfarkte, wobei zwei in einen Herzstillstand mündeten. Ganz genau erinnert er sich noch an die Vorgänge bei seinem ersten Infarkt 1971:
Er lag auf einer Intensivstation, und, wie mir seine Frau bestätigte, neun Tage im ‚Koma'. Am dritten Tag, so seine Frau, passierte es. Und nun fuhr er fort: *Ich hörte, wie plötzlich jemand Exitus rief. In diesem Augenblick wimmerte eine Glocke, und ich sah mich selbst – oder besser – meinen Körper auf einer Bahre liegend. Ich fühlte mich wie ein Vogel, der in einer Nische saß und von dort alles unter sich gut beobachten konnte. Weiter sah ich, wie mir die Ärzte Stromstösse verpassten, und ich hörte sie als kräftige Wumms. Schon bald tauchte links neben meiner Bahre ein Tunnel auf, der in einem wunderschönen warmen, rot-orangefarbenen Licht erstrahlte. Dieses Licht war wohltuend und beruhigend und zog mich stark an.*
Ich sollte durch den Tunnel hindurchgehen, wobei ich hin- und hergerissen wurde. Plötzlich gingen meine Augen auf, und der Narkosearzt beugte sich über mich und meinte, was ich denn für Sachen mache und ob ich nicht mehr kämpfen wolle?"
„Aber was spricht hier gegen eine Halluzination?", meldet sich Martin.
„Nun, mein lieber Sohn", gehe ich sofort auf seine Frage ein, „Herr S. konnte genau sagen, was passiert war und was er gehört hatte. Er konnte sehr genau alle Personen beschreiben, die sich um seinen sterbenden Körper bemühten. Einige davon kannte er bis dahin nicht einmal. Er hatte sein Erlebnis als ‚*schön und wunderbar*' empfunden und geschildert. Und selbst als er mir dies alles nach über dreißig Jahren erzählte, sah er es rückblickend genauso. Seither fühlte er sich ‚*ruhiger und zufriedener*'. Er gab an, ‚*ein anderes Verhältnis zum Herrgott*' gehabt zu haben und sei zu seiner Familie ‚*noch inniger und herzlicher*'. Seine Eindrücke wurden dann noch einmal verstärkt, als er während seines vierten Infarktes im Jahr 1984 ein sog. Herzkammerflimmern erlitt. Dabei kam es erneut zu einer NTE:
Wieder blickte Herr S. aus einer Art Vogelperspektive auf seinen danieder liegenden Körper. Erneut sah er Ärzte und Schwestern um sein Leben kämpfen, und genauso stellte sich schon bald das ihm mittlerweile ja bekannte und wohltuende ‚*warm-rot-orangefarbige Licht*' ein. Weiter schilderte er diesmal:

„… mir war bewusst, dass um mein Leben hier auf Erden und jenseits dieser Welt gerungen wurde. Plötzlich hörte ich, wie jemand sagte: Auf Wiedersehen Herr Kussmaul. Ich musste innerlich lachen; denn ich stellte mir eine Situation vor, wo ein Herr sich einer Dame vorstellte mit den Worten: Gestatten – Kussmaul. Viel später, nachdem ich längst erwacht war, frug ich die Schwester, ob ihr der Name Kussmaul ein Begriff sei. Sie antwortete: Jawohl. Dr. Kussmaul war unser Oberarzt und hat unser Haus verlassen, weil er sich anderswo verbessern konnte."

„Okay, und wie steht's mit den optischen Halluzinationen?", bleibt Martin dennoch hart.

„Auch sie bieten keineswegs umfassende Erklärungen", lehne ich seinen Vorschlag grundweg ab. „Echte optische Halluzinationen leben nicht vom ,Sehen', sondern vor allem vom ,Gesehenwerden'. Die Betroffenen fühlen dabei zum Beispiel Blicke auf sich gerichtet – oder Hände etwa, die aus einer Wand kommen, greifen nach ihnen. Oft kommen noch Wahnvorstellungen dazu. Eine Sonderform optischer Halluzinationen sind die sog. (he-) autoskopischen Halluzinationen[150]. Diese und die außerkörperlichen Erfahrungen oder Exkursionen (AKE oder engl. OBE)[151], werden von den vielen Kritikern der NTE zwar sehr gerne, aber nichtsdestotrotz fälschlicherweise gleichgesetzt. Ich komme darauf gleich zurück.

Natürlich gibt es auch optische Halluzinationen, bei denen das ,aktive Sehen', z.B. das Sehen des Paradieses, im Vordergrund steht. Der NTEler aber sieht ziemlich häufig seinen eigenen Lebensfilm. Und dieses Panorama besteht immer aus zusammenhängenden und ganz *exakten* Bildern *seines* Lebens. Man kann das regelrecht mit Videosequenzen vergleichen."

„Inzwischen soll man doch sogar NTE experimentell provozieren können", greift Alexander wieder ein, „und Bruchstücke aus dem eigenen Leben sollen ja auch bei Epilepsien vorkommen?"

„Ja, sogar OBE-Formen lassen sich provozieren…", stimme ich zu.

„Aber dann sind NTE und OBE nur schlichte Hirnprodukte wie vielleicht der Geist letztlich auch – und wir bilden uns das alles vom immateriellen Geist und den geistigen Dimensionen nur ein?", hakt er unnachgiebig und zweifelnd nach.

„Nein! Ich will aber alles gerne Punkt für Punkt aufarbeiten", bin ich wieder an der Reihe, „nur bitte nicht alles auf einmal. – Also, erst noch einmal zu den optischen Halluzinationen im Allgemeinen: Beim NTEler haben sie eine sehr typische Grundstruktur, ein ganz bestimmtes Muster – ansonsten aber nicht. Lediglich die jeweiligen Inhalte variieren stark, diese Muster jedoch sind ziemlich konstant."

---

[150] Lat.: „selbst betrachtend". Auch als „Doppelgängerwahn" bezeichnet.
[151] OBE = **O**ut of **B**ody **E**xperience = engl. für außerkörperliche Erfahrung

„Aber es lassen sich doch auch Halluzinogene, also Auslöser für Halluzinationen, bei NTE nachweisen", sprudelt es aus Alexander wieder hervor.

„Selbst wenn, dann sind das doch nur Korrelationen, das heißt also Wechselwirkungen", und ich merke, dass noch eine ganze Menge an Überzeugungsarbeit vor mir liegt. „Eines muss man natürlich klar sehen: Solange der Betroffene nicht ‚ganz' tot ist funktioniert noch sein Gehirn. Auch wenn man rein geistige Ursachen für sehr viele Einflussnahmen annimmt, ist das Gehirn, wie wir schon in einer unserer früheren Diskussionen über das Thema ‚Geist und Gehirn' geklärt haben, selbstverständlich zumindest zunächst noch immer mitbeteiligt. Anders geht es nicht. Die Frage ist also letztlich die, ob etwas Geistiges nicht auch ohne eine solche Verbindung zu seinem Gehirn existieren und wirken kann, selbst wenn sich das unserer direkten Erkenntnis (leider) entzieht. Und genau davon bin ich ja inzwischen überzeugt. Aber: Ein noch funktionsfähiges Gehirn reagiert natürlich zwangsläufig immer mit und trägt seinerseits einen Teil zu einer Erfahrung bei. Nur, bei einer Nulllinie im EEG funktioniert es ja bereits nicht mehr und dennoch gibt es ausgedehnte und äußerst vielschichtige, höchstkomplexe NTE.

Ich halte es deshalb auch für einen großen Fehler, aus dieser anfänglichen Mitbeteiligung des Gehirns eine Ausschließlichkeit zu machen: Ich glaube, es ist falsch zu sagen, es sei *nur* das Gehirn, was da arbeitet, und alles Geistige entspringe dann aus ihm und seiner Tätigkeit – sei eben sein Produkt.

Deshalb ist es natürlich wichtig, alle kritischen Gegenargumente vollständig und im Detail aufzuarbeiten.

Um nun aber wieder auf die verschiedenen Erscheinungsformen von Halluzinationen zurückzukommen: Natürlich ähneln eine Reihe von Erfahrungen bei NTE, insbesondere auch manche ihrer offenbar mannigfaltigen und phantasievollen Ausgestaltungen, Halluzinationen. Und einige Teile sind ja, wie ich bereits einräumte, manchmal vielleicht sogar solche. Aber echte NTE weisen ganz typische Merkmale auf, die auf Halluzinationen eben nicht zutreffen. Ähnliches gilt auch für manch andere eurer kritischen Einwände; ich werde darauf gleich noch zu sprechen kommen.

Zum Beispiel gehört dazu auch die schon angedeutete Tatsache, dass NTE bei psychisch Kranken – und Halluzinationen sind per definitionem ja selbst etwas psychisch Krankes – keineswegs häufiger auftreten als bei Gesunden. Bitte erinnert euch auch daran, dass nach meiner Auffassung schon der Begriff ‚Geisteskrankheit' in den meisten Fällen falsch sein dürfte. In aller Regel liegen ja wohl Hirnkrankheiten vor. Sie schädigen z.B. die Übertragungsstellen, also die Synapsen. Oder die Nerven selbst und ihre Ummantelungen sind betroffen. Häufig geht es auch um die vielen, erst seit wenigen Jahren bekannten Botenstoffe, die bei Impulsübertragungen von Nerv zu Nerv erforderlich sind. Manchmal wird davon gar nichts, mal zu wenig oder ein anders Mal zu viel von ihnen produziert. Folglich muss es natürlich gewisse Ähnlichkeiten geben zwischen krankheitsbedingten Phänomenen und solchen, welche die direkte Folge eines universellen biologischen Auslösers für den ‚Abschied vom körperlichen Leben' sind. Schließlich ist es aber doch sehr erstaunlich, dass die grundsätzlichen Muster von NTE – und ich meine wieder nicht ihre vielfältigen inhaltlichen Ausgestaltungen – keineswegs den typischen Inhalten westlicher Kultur oder denen der großen Religionen entsprechen. Eigentlich sollte man aber annehmen, dass gerade solche religiösen oder kulturell akzeptierten Vorstellungen beim Sterben bevorzugt berücksichtigt würden?"

Weisen NTE doch größere kulturelle Unterschiede auf als früher angenommen?

„Einige Kritiker meinen heute, es gäbe die typischen Grundmuster, von denen Du sprichst, tatsächlich gar nicht", hält Alexander erneut dagegen, „so sollen z.B. Chinesen niemals einen Tunnel passieren – angeblich doch eine der Kernerfahrungen – und ‚Wessis' scheinen mit ihren NTE-Visionen weit überwiegend schöne Erlebnisse zu verbinden, während das Ganze für ‚Ossis'[152] weitaus häufiger ziemlich traumatisch ablaufen soll. Außerdem sollen bei ihnen OBE sogar ganz unbekannt sein[153]. Kurzum, Kritiker nehmen an, dass die Erfahrungswerte auch sehr davon abzuhängen scheinen, wie viel man vielleicht bis dahin schon über solche Erlebnisse gelesen oder gehört hat?"
„Also, dass OBE dort unbekannt sein sollen", verteidige ich vehement meine Überzeugungen, „ist einfach falsch. Dafür gibt es genügend Beispiele. So erzählt etwa der frühere DDR-Bürger K.S. im TV von seinem Fluchtversuch, bei dem er an der barbarischen Grenze damals angeschossen und schwerstverletzt worden war. In diesem Moment hatte er eine NTE, in der er u.a. nach ‚oben entschwebte' und alles um ihn herum wahrnehmen konnte. Er kam in ein DDR-Gefängnis. Dem Stasi-Mann, der ihn befragte, erzählte er von einem Hubschrauber, in dem er wohl weggeflogen wurde und alles sehen konnte. Nur, einen Hubschrauber gab es nicht laut Stasi-Protokoll. Es war die Umschreibung des Betroffenen für seine OBE mit ihm bekannten Erfahrungswerten.
Außerdem widerspricht diese Behauptung einem typischen Argument derselben Kritiker: Mit ‚eingeschränktem Recht' weisen sie ja gerne darauf hin, OBE ließen sich genauso durch Stimulation ganz bestimmter Hirnzentren oder durch die Einnahme mancher Psychodrogen provozieren. Warum aber sollten die Angehörigen anderer, in diesem Fall atheistischer Kulturen, auf solche Stimuli anders reagieren, wenn es sich dabei doch um vermeintlich natürliche Hirnprodukte handeln würde? Ich glaube, dass hier nur nicht genügend

---

[152] Wessis wurden im Volksmund nach der Wende 1989 lange Zeit die Bewohner der früheren Bundesrepublik Deutschland, Ossis die der ehemaligen DDR genannt.
[153] Hubert Knoblauch et al., „Berichte aus dem Jenseits...", s. Literaturverzeichnis

sorgfältig gearbeitet wurde oder *grundsätzliche Ablehnung* einmal mehr auch Einzelberichte und sogar Statistiken beeinflusst. Jede statistische Untersuchung sollte man deshalb sehr kritisch bewerten. Ohne hier irgendjemandem zu nahe treten zu wollen, gilt nicht zuletzt aus eigener, langjähriger medizinischer Erfahrung immer noch uneingeschränkt Churchills ‚Bon mot': ‚*Traue keiner Statistik, die du nicht selbst gefälscht hast'*. Mir liegt es wirklich fern, bewusste Manipulationen zu unterstellen. Vielmehr will ich damit – und zwar sehr weitgefasst – die grundsätzlichen Manipulationsmöglichkeiten verschiedener Untersuchungsverfahren ein wenig karikieren. Jede Studie lässt sich, je nachdem, was man gerne für ein Ergebnis haben möchte, von vornherein entsprechend anlegen. Und manchmal werden Studien sogar im Nachhinein entsprechend ‚neu designed'... Nicht umsonst glauben deshalb nicht wenige, dass Meinungsforscher auch schon mal Meinungsmacher seien. So bezweifle ich zum Beispiel, dass überhaupt genügend aussagekräftige Unterlagen über NTE von Chinesen vorliegen, weil man dort so etwas in den vergangenen 70 Jahren gar nicht ernsthaft wissenschaftlich erforschen konnte.

Ganz gewiss sind OBE ein universelles und universell vergleichbares Phänomen – und wir werden sie ja noch intensiver diskutieren. Bei OBE muss man natürlich genau differenzieren zwischen solchen, die aufgrund ganz bestimmter Merkmale in die Kategorie echter NDE-bedingter *Realitäten* gehören oder mehr in den Bereich der rein halluzinativen Hirnreaktionen. Man sollte dann auch besser von ‚Pseudo-OBE' sprechen. Dazu jedoch später.

Aber lasst mich zunächst noch etwas zu Alexanders allerletztem Einwand sagen: Auch die Tatsache, dass es sowohl positive als auch negative NTE gibt, widerspricht erst einmal einer immer wieder regelmäßig vorgebrachten Kritik, Nahtoderfahrungen seien bloß *halluzinative Wunscherfüllungen*. Nur weil man sich ein Leben nach dem Tod erhoffe, stelle man es sich ‚unbewusst' vor – besonders in bedrohlichen Lebenssituationen – und man male es sich dann entsprechend aus. Negative NTE passen hierzu überhaupt nicht.

Dass es tatsächlich keine vergleichbaren universellen Muster bei NTE geben soll, sondern vielmehr erhebliche kulturell und religiös bedingte Unterschiede, ist einfach so nicht richtig: Dieser Einwand stimmt lediglich, was die individuelle Ausgestaltung von NTE, also das ‚*Wie'* betrifft. Dafür aber, *dass* solche Erlebnisse, also NTE und OBE, *überhaupt* auftreten, spielen weder kulturelle noch religiöse oder sonstwelche Hintergründe eine Rolle. Dasselbe gilt auch für mögliche Vorabinformationen, etwa durch das Lesen von Büchern darüber oder bestimmte, vor allem religiös geprägte Erwartungen. Bei NTE finden sich tatsächlich zahlreiche typische Kernelemente, die sich grundsätzlich nicht voneinander unterscheiden.

Einige Nahtodforscher weisen in diesem Zusammenhang darauf hin, dass selbst Kinder unter drei Jahren derartige Erlebnisse haben. Der amerikanische Nahtodforscher *Melvin Morse* hat besonders solche Erfahrungen gesammelt und studiert. Sie unterscheiden sich von denen der Erwachsenen dabei praktisch

nicht. Das sollte eigentlich alle Kritiker erstaunen, da Kinder in diesem frühen Alter noch gar keine komplexen Geschichten träumen, bestenfalls kurze Sequenzen, zumeist aber nur einzelne Bilder, z.b. von Teddybären oder von ihren Eltern.
Erst im Alter von 6 bis 8 Jahren gleichen sich ihre Trauminhalte allmählich denen von Erwachsenen an. Und was positive oder negative NTE-Inhalte betrifft: Selbst nach der skeptischen *Konstanzer Studie* von *Hubert Knoblauch* und Mitarbeitern haben viele ‚Ossis' *positive* NTE. Natürlich hat man vielleicht sogar den meisten ‚Ossis' in 40jähriger kommunistischer DDR-Diktatur – und Vergleichbares gilt auch für China – jeden Glauben an ‚Religion', ‚Gott' oder ‚ein Leben nach dem Tod' ziemlich ausgetrieben. Dann aber erstaunt es doch umso mehr, dass sie trotz allem, also entgegen den ihnen indoktrinierten Überzeugungen, überhaupt NTE und OBE erleben."
„Vielleicht weil es doch eine Art vom Gehirn produziertes und dem Sterbenden geschenkte Abschiedsprogramm ist", stichelt Alexander.
„Und wofür soll das gut sein?", frage ich zurück. „Es widerspricht doch allen Grundsätzen der Evolution, weil damit selbst mit größter Phantasie keinerlei Überlebenswert verbunden ist."
„Vielleicht ist so ein Programm dennoch ein typisches Ansinnen der Evolution, weil sie immer nach Perfektionierung trachtet", bleibt Alexander unnachgiebig, „das sind doch deine eigenen Worte, oder?"
„Dein Gedanke entspricht fast den Worten des Amerikaners *Ronald Siegel*, der, mit einer eigenen Mischung aus evolutionärer Perfektion und psychologischer Komponente, sämtliche NTE, und natürlich auch jeden Gedanken an ein Leben nach dem Tod ins Reich menschlicher Torheit verweist. Die Natur habe halt ein ‚todsicheres' System konstruiert, das uns zwingt, uns selbst über den Tod zu täuschen: Die Neurochemie, all unsere Erfahrungen, unsere eigenen Bedürfnisse und verschiedene Kulturen arbeiten seiner Ansicht nach gemeinsam mit daran, diese Täuschung abzusichern und zu verstärken. Der zentrale Aspekt seiner Überlegungen ist die innere Abwehr des eigenen Todes.
NTE sind aber sicher kein Zeichen von Abwehr, sie können es gar nicht sein: Denn psychologisch ist es, wie auch ich meine, völlig unsinnig anzunehmen, dass die Betroffenen ausgerechnet in die Richtung fliehen, die ihnen eigentlich Angst macht. Wenn schon so ein Schauspiel zur inneren Beruhigung, dann vielleicht doch eher etwas Lustiges, oder?"
„Wieso denn", lässt Alexander nach wie vor nicht locker, „Angriff ist doch die beste Verteidigung?"
„Hier trifft es aber nicht zu", weise ich dieses Klischee zurück, „die frühe Beobachtung des drohenden eigenen Todes müsste deutlich mehr Angst einjagen als später der Auslöser einer NTE: Der schon erwähnte amerikanische Herzspezialist *Michael Sabom* stellte aber fest, dass erst dann, wenn der Betroffene sich gerade mit dem Tod abgefunden hat und ihn nicht mehr ängstlich abwehrt, NTE eintreten. Es würde doch keinen Sinn machen, wenn ein

Mensch, der nach seelischen Kämpfen soeben erst seinen ‚inneren Frieden' gefunden hat, direkt wieder in neue Angst versetzt wird.
Außerdem konnte anderweitig nachgewiesen werden, dass NTE gerade durch angsteinflößende Erlebnisse meist sogar vorschnell *beendet* werden. Darin mag vielleicht auch eine weitere Erklärung dafür liegen, warum sich z.B. ‚Ossis' oder Chinesen angeblich eher mit negativen Erfahrungen konfrontiert gesehen haben sollen: Zu den typischen NTE-Grundmustern gehören zu Anfang ja Tunnel- oder Dunkelraumerlebnisse. Recht häufig sind sie verbunden mit akustischen Wahrnehmungen, also irgendwelchen, nicht immer angenehmen Geräuschen und nicht selten auch mit irrsinnig schneller Fortbewegung. Ich selbst hatte mal so eine Erfahrung gemacht (vgl. Teil 1). Zunächst sind diese Erlebnisse also oft eher beunruhigend als schön. Der frühere Astronautentrainer der ESA[154], *W.A.*, der Ende 2002 auf einem Interkontinentalflug einen Herzstillstand erlitt und selbst eine NTE hatte, sagte dazu später in mehreren Fernsehinterviews, dass er zunächst Todesangst gehabt habe, und dann sei es plötzlich ruhig geworden, *‚ruhig und schön'*. Es ist sicher denkbar, dass derartige Erfahrungen die Betroffenen im Rahmen ihres ‚kulturell erzwungenen Unglaubens' in dieser Phase unvergleichlich mehr beunruhigen als gläubige Menschen, die in ihrem ‚Herzen' zuversichtlich und viel gefasster sind.
Die daraufhin rein subjektive inhaltliche Ausschmückung desselben Grunderlebnisses, wie also etwa ‚Lichterscheinung' oder ‚Tunnelerlebnis', gestaltet sich bei einem ‚primär Ungläubigen' dadurch sehr viel dramatischer und führt auch häufiger zu vorzeitigen Abbrüchen der NTE in diesem Stadium.
Jedoch ist in diesem Zusammenhang wieder die Beobachtung interessant, dass schließlich auch alle diejenigen, bei denen es trotz anfänglicher Negativerfahrungen dann doch *nicht* zu einem Sofortabbruch der NTE kommt, im weiteren Verlauf ihrer NTE genauso schöne und wunderbare Erfahrungen machen wie diejenigen, bei denen die negativen Erlebnisse zunächst nicht so ausgeprägt zu sein schienen. Dasselbe belegen historische Schilderungen von NTE, auf die ich bereits im zweiten und dritten Kapitel des ersten Teils dieses Buches hingewiesen habe."
„Und was spricht sonst noch gegen die These, Angriff sei auch hier die beste Verteidigung", lockt mich Alexander erneut.
„Also", fahre ich fort, „es erstaunt mich doch ungemein, dass NTE praktisch ausnahmslos ganz erhebliche Lebensveränderungen nach sich ziehen. Vor allem verlieren die Betroffenen zeitlebens die Angst vor ihrem Tod. Und sie machen die Betroffenen danach oft viel hinwendungsbereiter und gefühlvoller, aber auch gelassener, was ihren persönlichen Umgang mit dem Tod angeht. Der deutsche Nahtodforscher *Schröter-Kunhardt* unterstreicht diese Ansicht und äußert sich dazu sehr konkret, wenn er sagt, dass die *‚eigentliche (archaische) Abwehr bzw. Verdrängung der belastenden Todesumstände bzw. des Todes in der*

---

[154] ESA = European Space Agency (Europäische Weltraumbehörde)

Bewusstlosigkeit' gesucht werden sollte ... ‚NTE und OBE sind dagegen – wie auch Träume – Verarbeitungsversuche der eben nicht durch Bewusstlosigkeit abgewehrten, sondern in diesen beiden Erlebnisformen vielmehr bewusst gewordenen Realität'.[155]
Anders gesagt: Aus Angst vor dem nahenden Tod müsste jeder Betroffene eigentlich in die Verdrängung seiner Erfahrung flüchten, nicht aber in die konkrete Bewusstmachung."

„Also sind NTE nur etwas andere, sagen wir einmal, intensivere Träume?", meldet sich jetzt Martin wieder zu Wort.

„Nein mein Sohn", weise ich das zurück, „und genauso wenig sind sie komplexe Wachträume – wenn auch manche Wachträume wieder Zugang zu geistigen Dimensionen ermöglichen mögen. Zwischen beiden lassen sich zwar übereinstimmende Merkmale finden, wie z.B. ein verändertes Zeitempfinden oder ein gewisses Maß an Realitätsempfinden. Was jedoch (echte) Träume betrifft, so habe ich dafür schon früher ein, wie ich meine, recht plausibles Erklärungsmodell vorgeschlagen: Womöglich sind sie auch eine Folge von Reparaturen an den Synapsen der aufsteigenden Nervenäste in der Hirnrinde. Da diese, wie ich meine, ‚materielle Schnittstellen' zwischen Körper und Geist sein könnten, müssen Träume und NTE zwangsläufig Gemeinsamkeiten haben.
Nur NTE weisen aber sehr typische Grundmuster auf, die an ein festes ‚Abschiedsszenario' denken lassen. Träume sind dagegen nicht streng strukturiert und orientieren sich inhaltlich überwiegend an ganz alltäglichen Dingen, wie Ängste, Probleme oder Hoffnungen."

Universelle Grundmuster von NTE

„Aber noch mal, Papa, wo siehst du eigentlich immer die gleichen Grundmuster?", scheint Martin noch lange nicht zufrieden.
„Nun, zweifelsfrei gibt es einige für NTE ganz typische Elemente. Jedes dieser Elemente tritt, für sich allein genommen, nicht nur bei NTE auf. Zusammen aber sind sie tatsächlich NTE-typisch und gehören zum ‚Vollbild' einer NTE", erwidere ich. „Dazu gehören vor allem:

1) die Wahrnehmung von Licht und evtl. auch von Lichtwesen nach dem recht typischen Tunnelerlebnis.

2) das außerkörperliche Erlebnis (AKE oder OBE), bei dem man auch seinen eigenen Körper von außen aus einer gewissen Distanz, einer ‚Vogelperspektive' betrachtet.

---

[155] Zitiert nach M. Schmidt-Degenhard (1992)

3) überwiegend und zumindest im weiteren Verlauf einer jeden NTE schöne und heitere Stimmungen sowie tiefe Gefühle von Liebe und Geliebtwerden.

4) der Ablauf eines zusammenhängenden Lebensfilms, dem Panorama, bei dem eben nicht nur positive Aspekte, sondern auch besonders negative Punkte aus dem abgelaufenen Leben gezeigt werden, und der einen immer selbst zur eigenen Bewertung auffordert.

5) die Begegnungen mit anderen Wesen, bei denen es sich immer um bereits verstorbene Personen handelt.

6) oft sogar dramatische, mindestens aber ungemein erstaunliche Veränderungen der Persönlichkeit eines jeden Betroffenen nach seiner Rückkehr in den Körper sowie der Verlust der Angst vor dem Tod.

Wie gesagt, das sind typische Grundelemente oder Muster einer NTE, die dann individuell äußerst vielseitig ausgeschmückt werden. Während sich vielleicht der eine ins Paradies versetzt fühlt, landet der andere auf einer wunderschönen Wiese und der nächste in einer bezaubernden Stadt u.s.w. Das alles sind dann zwar individuelle, aber eben bloß rein inhaltliche Ausschmückungen und Interpretationen, die sich jedoch stets auf der Basis gemeinsamer identischer Grundmuster ergeben."
„Warum treten denn NTE selbst dann auf, wenn sich der Betroffene gar nicht wirklich in Todesgefahr befindet?", wechselt Martin etwas die Richtung.
„So komisch es zunächst klingen mag, aber genau das ist sogar ein Knackpunkt vieler Kritiken", freue ich mich regelrecht über diesen Einwand.
„NTE treten jedoch in nicht todesnahen Situationen *nie vollständig* auf – zumeist finden sich nur einzelne, ab und zu auch schon mal mehrere Elemente. Und diese Elemente unterscheiden sich in der Regel auch noch qualitativ von denen bei echten NTE. Vielleicht könnte man sagen, der Hund ist entweder noch im Zwinger, aber die Tür ist ein wenig offen, und eventuell kann er sogar so gerade vor die Tür treten. Aber immer noch hängt er natürlich ziemlich fest an der Leine. Es spricht einiges dafür, dass es hierfür tatsächlich gewisse Auslösemechanismen gibt, die das Gehirn produziert, und die je nach Situation unterschiedlich stark freigesetzt werden. Das schon erwähnte DMT mag dabei eine wichtige Rolle spielen. Seine Freisetzung in entsprechend wirksamen Mengen kann wiederum durch periphere Stresshormone provoziert werden, also als Folge einer besonderen alltäglichen Stresssituation. So erzählte mir eine ältere Frau einmal, dass sie für eine schmerzhafte Wurzelbehandlung von ihrer Zahnärztin eine Betäubung bekommen sollte. Sie lehnte das aber aus Prinzip ab und wollte versuchen, mit autogenem Training Schmerzen zu unterdrücken. Die Zahnärztin zweifelte sehr am Erfolg dieses Versuchs. Doch es kam ganz anders. Kaum wollte man mit der Behandlung beginnen, fühlte sich die Dame

urplötzlich neben dem Zahnarztstuhl stehend. Sie beobachtete sich und das ganze Geschehen um sie herum. Sie sah, wie Ärztin und Helferin an ihrem Gebiss arbeiteten. Kaum war die Behandlung zu Ende, fand sie sich genauso plötzlich wieder in ihrem Körper. Die behandelnde Zahnärztin war völlig verblüfft: Ihre Patientin habe nicht einmal gezuckt, und so etwas habe sie noch nie in ihrem Leben gesehen. Nicht dass diese ältere Frau mir Märchen erzählte, sie war eine sehr differenzierte Persönlichkeit und einer solchen Lüge sicher erhaben. Sie hatte es sonst auch nur ihrem Mann berichtet.

Aber zurück zur NTE: Das Vollbild einer NTE, vor allem auch mit ihren lebenslangen Nachwirkungen, gibt es nur in Todesnähe. Der Hund kann dann schon ziemlich weit laufen, die Leine wird immer länger und spannt allmählich. Und wenn sie reißt, dann gibt es kein Zurück mehr: Der Hund ist frei, und sein Zwinger Geschichte. Das wollen die Kritiker ungern wahrhaben, weil sie das ‚Vollbild der NTE' gar nicht für so wesentlich halten. Gerade hier liegt jedoch ein wichtiger qualitativer Unterschied, wenngleich die Übergänge dahin ein wenig fließend sein können. Nur, diese Unterschiede nicht wahrhaben zu wollen, halte ich für einen großen Fehler.

Bei praktisch jeder ‚echten' NTE sind also ganz besonders ihre oft dramatischen Nachwirkungen für die Betroffenen auf ihr weiteres Leben hervorzuheben, selbst noch Jahrzehnte danach, ja häufig lebenslang. Lediglich von ein paar ‚immerskeptischen Intellektuellen' werden sie manchmal gerne verdrängt, besonders wenn sie nicht in ihr Weltbild passen oder das Beharren darauf erhebliche, vor allem berufliche Nachteile mit sich ziehen könnte. Leider sind Intellektualität und Intelligenz bei weitem nicht immer deckungsgleich.

Also, ein NTE-Vollbild gibt es nicht außerhalb echter NTE. Im Experiment oder auch krankheitsbedingt – z.B. infolge von Epilepsien – lassen sich nur einzelne NTE-Elemente provozieren, und diese auch noch qualitativ deutlich vermindert. Der Journalist *Urs Wissmann* spöttelt nach meinem Dafürhalten daher nicht sehr zutreffend in seinem Artikel in *‚Die Zeit'* (29/1999), wenn es dort heißt: *„Der vermeintliche Blick ins Jenseits bedarf nicht einmal der Nähe des Todes'*, so als wäre dies allein schon ein Beweis *gegen* das eigentlich geistig-religiöse oder spirituelle Wesen von NTE und ihrer wohl realen Bedeutung. Vielmehr zeigt es eben, dass Geist und Gehirn miteinander eng verzahnt sind und letztlich das Gehirn selbst durch eine angeborene Matrix dafür sorgt, dass der Geist ‚freigelassen' werden kann: Während des Lebens nur ein bisschen, so wie ein Zwingerhund mit beschränktem ‚Ausgang' an einer kurzen Leine, im Rahmen der NTE aber schon deutlich freier mit viel längerer Leine und mit dem Tod dann ganz befreit durch das Kappen der Leine.

Deshalb ist der nahe Tod für derartige Erfahrungen grundsätzlich nicht zwingend notwendig. Allerdings verschweigt *Urs Wissmann* geflissentlich, dass sich dies eben nur auf *einzelne Teile* einer sonst nur bei echten NTE vollständigen Nahtoderfahrung bezieht, und zudem *wesentliche qualitative Unterschiede* zwischen beiden bestehen. Der Hund, der nach wie vor angeleint

bloß ein paar wenige Schritte vor die geöffnete Tür des Zwingers treten kann, sieht zwar schon andere Dinge, aber eben bei weitem noch nicht soviel, als wenn er den Zwinger sogar umrunden kann. Mit unangebrachter Ironie fährt *Urs Wissmann* später sogar fort: *‚Nicht nur wer dem Schnitter im letzten Moment ein Schnippchen geschlagen hat, erlebt eine solche Extremsituation. Genauso ist einer dran, dessen Körper unverletzt eine Schrecksekunde überdauert hat. Auch der Schamane pendelt – quasi sein Arbeitsweg – in Trance hin und zurück.'*
All das widerspricht nicht einmal der Möglichkeit, dass es sich im Einzelfall um eine echte NTE handelt oder gehandelt hat; denn wenn die NTE einen kurzen Ausblick auf das ‚Danach' zeigt, und einen unversehrten ‚Ausflug des Geistes' bedeutet, dann gehört neben der *realen* Todesnähe natürlich auch die *psychologische* Todesnähe als möglicher Auslöser einer NTE dazu. Wenn das Gehirn, wie ich behaupte, selbst als *Schnittstelle* zwischen Körper und Geist aufgefasst werden sollte, muss auch so eine Art ‚Abschiedsprogramm' die berühmten zwei Seiten derselben Medaille aufweisen. Und alle ‚diesseitigen' Stimulantien oder gar Techniken, die sich zur Auslösung von einzelnen NTE-Elementen eignen, sind für sich selbst Teile oder zumindest Analoga auf der materiellen Seite dieser Medaille. Anders gesagt: Da sie zur ‚materiellen Seite' gehören, sind sie für die ‚hirnseitige Ausführung' des biologisch verankerten und reflexartig anlaufenden Auslösemechanismus zuständig. Je näher sich der NTEler an der Grenze zu seinem tatsächlichen biologischen Tod befindet, desto vollständiger, ausführlicher und emotional berührender werden sämtliche dieser universellen Grundmuster seiner NTE durchlaufen, weil nun auch die andere, die geistige Seite der Medaille immer besser mitspielt."

NTE durch Sauerstoffmangel und Delir?

„Okay", ändert Alexander die Richtung unseres Gesprächs, „lasst uns dann über einige der sonst noch diskutierten Auslöser sprechen. Also, die meisten Wissenschaftler sind der Ansicht, NTE sind bloß die Folge von Sauerstoffmangel im Blut..."
„...die sog. *Hypoxie*, ja", fahre ich ihm ins Wort, „und, damit verbunden, sei ein Zuviel an Kohlendioxyd (CO_2), die sog. *Hyperkapnie*, schuld an NTE. Sicher verursacht beides wieder die ein oder andere Komponente von NTE, möglicherweise auch mehrere zugleich, aber sie beide taugen überhaupt nicht zur allgemeinen Erklärung von NTE, also des gesamten Phänomens."
„Wieso?", ist Martin gespannt, „"Sauerstoffmangel wäre doch eine sehr vernünftige Erklärung? Ein Mensch befindet sich in der Nähe seines Todes und allmählich schwinden seine ‚Lebensgeister'. Schließlich kommt es zum Atem- und Herzstillstand. Das Gehirn bekommt jetzt zuwenig Blut ab und so auch zu wenig Sauerstoff."

„Ja", schlägt Alexander in die gleiche Kerbe seines Bruders, „das Gehirn erzeugt daraufhin Halluzinationen, die so auch denen von anderen Betroffenen in Todesnähe sehr ähneln – schließlich muss bei ihnen ja ein vergleichbares biochemisches Szenario im Gehirn ablaufen."

„Wisst ihr", will ich gerade antworten, „ein weiteres typisches Charakteristikum ist, dass NTEler keine Schmerzen mehr haben..." Ich komme nicht dazu, weiterzusprechen.

„Das kann man doch einfach erklären, schließlich produziert das Gehirn in gefährlichen Situationen schmerzstillende Substanzen, sog. Endorphine, sozusagen körpereigenes Morphium. Davon liest man heute schon in jeder Zeitung. Die sind natürlich für die Schmerzfreiheit verantwortlich."

„Das ist prinzipiell richtig", greife ich den Faden wieder auf, „aber warum werden dann Endorphine nur während ‚echter' NTE *immer* produziert und gehören da praktisch zum biologischen Programm der Todesvorbereitung, während bei experimenteller Provokation das längst *nicht immer* der Fall ist? Wieder treffen wir hier auf eine Korrelation, die nur im Fall einer ‚echten' NDE *automatisch vollständig und perfekt* abzulaufen scheint. Beides, ein Mangel an Sauerstoff (O_2) wie auch ein Zuviel an Kohlendioxyd (CO_2) induziert sicher ganz eindeutig *einzelne Elemente* von NTE, aber nicht die damit praktisch immer auf engste verbundene, aber ganz entscheidende spirituelle Komponente. Insbesondere treten bei Hypoxie (und Hyperkapnie) echte Halluzinationen auf, die zwar durchaus NTE-ähnlich scheinen können, die aber, wie ich ja schon erläutert habe, keineswegs in der Lage sind, NTE-Visionen wirklich umfassend zu erklären:

So hat man etwa in den fünfziger Jahren das Inhalieren von CO_2 als ein psychotherapeutisches Verfahren genutzt, wodurch man NTE-ähnliche Halluzinationen beobachten konnte. Das, was dadurch auftritt, nennt man ein Delir. Tatsächlich gibt es auch im Delir Tunnelerlebnisse sowie das Gefühl, von Licht umgeben zu sein, ja sogar Euphorien. Nie jedoch gibt es Anzeichen für Kontakte mit einem Licht*wesen*, nie für das Erfahren und Nacherleben eines zusammenhängenden, komplexen Lebenspanoramas, selbst wenn mal einzelne Szenen aus dem eigenen Leben vorkommen können. Schon gar nicht entstehen im Delir tiefe Gefühle von Liebe und Geliebtwerden. Natürlich fehlen auch immer gravierende Persönlichkeitsveränderungen im Anschluss daran. Mit Ende des Delirs ist meist alles verflogen.

Menschen im Delir sind außerdem immer desorientiert und in ihrer Wahrnehmung der Umgebung erheblich beeinträchtigt.

Im Gegensatz dazu ist der NTEler durchweg präzise orientiert und kann später fast immer sämtliche Geschehnisse in seiner Umgebung verblüffend detailgetreu wiedergeben. Die späteren Erinnerungen der Deliranten sind dagegen meist nur bruchstückhaft, die des NTElers aber sogar auf Jahrzehnte genau, und nur sie gründen auf einer tiefen spirituellen Erfahrung. Auch sind NTEler immer *aktive* Teilnehmer des ablaufenden Geschehens; Deliranten halluzinieren dagegen

albtraumhaft und alles, was sie ‚erleben', läuft ohne rechte eigene Beteiligung *passiv* ab – es geschieht quasi an ihnen vorbei.
Auch hier gilt einmal mehr, dass *Hypoxie* und *Hyperkapnie* NTE *nicht umfassend* erklären können, und zwar weder in quantitativer, noch in qualitativer Hinsicht. Zwar spielen sie in der Regel bei natürlicher Todesnähe, nicht aber bei bloßer Todeserwartung eine Rolle – und schon gar nicht unter OP-Bedingungen. NTE in solchen Situationen lassen sich mit ihrer Hilfe also überhaupt nicht erklären.
Wie gerade schon angedeutet, und das ist ja vor allem Gegenstand moderner NTE-Forschungen, treten NTE – unbeeindruckt von den heute gern offenbarten, reduktionistischen Sichtweisen aller Zweifler – sogar dann auf, wenn im Blut der hiervon Betroffenen *erhöhte* Sauerstoffkonzentrationen vorliegen, obwohl sie sehr nah an der Schwelle des Todes stehen. Darauf weisen beispielsweise auch die amerikanischen Nahtodforscher *Kenneth Ring* und *Raymond Moody* oder mein niederländischer Freund *Pim van Lommel* hin."
„Hast du dafür Beispiele?", ist Martin noch voll konzentriert.
„Der Herzchirurg *Michael Sabom* aus Atlanta/GA hat einige solcher Fälle ausführlich dokumentiert. Zunächst war *Sabom* – wie übrigens auch ich ganz früher einmal – ein großer Skeptiker und lehnte NTE als möglicherweise vorprogrammiert eingeleitete, spirituell-religiöse Todesvorbereitungen rundweg ab. Später ließ er sich – wie ich eben auch – aufgrund eigener Erfahrungen eines Besseren belehren.
Es begann damit, dass *Sabom* einmal zufällig den O_2-Gehalt im Blut eines Patienten genau in dem Moment maß, als dieser eine sehr eindrucksvolle Nahtoderfahrung hatte. Erstaunlicherweise war sein Sauerstoffgehalt deutlich erhöht. Auch wenn NTE, bzw. einige ihrer Elemente, natürlicherweise öfter bei Sauerstoffmangelzuständen auftreten, so sind sie doch letztlich unabhängig davon zu sehen.
Das bedeutet, zwischen NTE und O_2-Mangel gibt es tatsächlich *keinen kausalen* Zusammenhang. Einmal mehr finden wir lediglich *Korrelationen*, also Wechselwirkungen.
Die befreundete Schweizer Nahtodforscherin und erfolgreiche Buchautorin *Evelyn Elsaesser-Valarino* befragte dazu einmal den Schriftsteller *Monsignore Jean Vernette*. Er war Delegierter für Sektenfragen und für Probleme neuer religiöser Phänomene des französischen Episkopates sowie Berater des Vatikans. Sie fragte ihn, ob er einen Sauerstoffmangel, Kohlendioxidüberschuss und Halluzinationen im Allgemeinen als brauchbare Einwände gegen die Realexistenz von NTE gelten lasse und ob sie für ihn möglicherweise sogar eine vernünftige Erklärung für NTE darstellten. Jean Vernette verneinte dies und führte dazu aus: *„Halluzinationen sind Projektionsformen innerer Visionen, Beruhigungen, Bedürfnisse. Nun haben die NTE nicht den Charakter von Trugbildern, die Hoffnungen und Ängste der Sterbenden ausdrücken. Sie stellen sich dar als ‚geordnete' Berichte, die eine spezifische Konsistenz und eine*

gewisse objektive Dichte haben". Vernette ergänzte noch, dass *NTE* auch nur sehr selten religiös gefärbte Aspekte besäßen.[156]

Warum haben nicht alle Menschen NTE?

„Warum macht denn nur etwa ein Drittel aller Menschen in Todesnähe NTE-Erfahrungen?", sinniert Alexander vor sich hin.
„Ich glaube, jeder macht sie, wenn er stirbt. Zwar kann ich auch nicht genau sagen, warum nicht jeder davon erzählt, der klinisch tot war, aber wiederbelebt werden konnte", antworte ich ihm, „aber ich möchte dazu einige, wie ich finde, doch plausible Mutmaßungen anstellen."
„Vielleicht sind es ja doch nur Träume?", hakt Martin nach.
„Nein. Ihr wisst natürlich, dass praktisch jeder Mensch mehrmals in jeder Nacht träumt", beginne ich, „aber nur wenige können sich später noch an sie, oder wenigstens einen davon, erinnern. Natürlich wird jeder Mensch an der Schwelle des Todes dereinst eine NTE erleben. Jedoch kann keiner sagen, wann exakt eine solche NTE während des eigenen Sterbeprozesses auftritt. Keiner also weiß, in welchem Abstand bis zu dem Zeitpunkt, ab dem es keine Rückkehr mehr geben kann, NTE eintreten. Ich gehe davon aus, dass wohl die meisten Menschen sie erst dann erfahren, wenn der Zeitpunkt zu ihrer Rückkehr ins diesseitige Leben bereits überschritten ist. Diejenigen, die eine NTE so früh erleben, dass sie infolge ihrer Rückkehr ins hiesige Leben noch davon erzählen können, sind also wahrscheinlich einfach bloß in der Minderheit.
Das ist eine rein statistische Erklärung; denn fast alle physiologischen Dinge unseres Alltags werden durch die *Gauß'sche Normalverteilung* repräsentiert. Und womöglich setzten die meisten NTE als Einleitung der Trennung zwischen Körper und Geist zu spät ein und nur ein Teil früh genug – so wie manchmal auch Wehen viel zu früh vor der eigentlichen Geburt eines Kindes einsetzen und der Geburtsprozess dann ewig lange dauert. Natürlich ist diese Erklärung spekulativ, aber sie ist plausibel. Ganz besonders plausibel wird das, wenn man Folgendes bedenkt: Man braucht die Kritik ja nur mal ohne große Umschweife an die Kritiker zurückzugeben: Wäre nämlich eine NTE tatsächlich ein rein physiologischer Vorgang, der vom Gehirn als eine Art ‚Abschiedsgeschenk' produziert würde – quasi evolutionär gereift – dann müsste sie jeder haben, und auch (fast) jeder sollte bei seiner ‚Rückkehr' auch davon erzählen können. Derartige physiologische Prozesse laufen in recht engen Grenzen ab, und fast jeder zieht in diesen Grenzen mit gleichartigen ‚Reaktionen' mit. Beispielsweise führt so auch eine lebensbedrohliche Unterzuckerung bei *jedem* zu denselben, akut und unmittelbar auftretenden Erscheinungen.

---

[156] Elsaesser-Valarino, E., „Erfahrungen an der Schwelle des Todes – Wissenschaftler äußern sich zur Nahtodeserfahrung" (1995)

Nun aber noch ganz andere Erklärungsmöglichkeiten: Manch einer mag tatsächlich selbst eine reale NTE gehabt haben und erinnert sich dennoch, wie nach den meisten Träumen, nicht daran."
„Dann widersprichst du dir aber selber", geht Martin mit mir ins Gericht, „schließlich bist du doch der Meinung, NTE sind real und keine Schäume – so wie Träume. Dann sollte man sich doch daran erinnern müssen?"
„Nicht immer zwingend", widerspreche ich hier, „es gibt genügend Beispiele für *reale* Geschehnisse, an die man sich dennoch nicht erinnert. Denkt nur mal an das Schlafwandeln. Natürlich ist das etwas völlig Reales – da laufen Menschen in der Nacht durch die Gegend und bringen vielleicht sogar sich oder andere in Gefahr – und dennoch merken sie es nicht. Erzählt man ihnen nach dem Aufwachen von ihren Ausflügen, so wissen sie nichts davon und wollen es auch nicht glauben.
Oder ein anderes, gar nicht so seltenes Beispiel: Bei Ärzten, die im Krankenhaus häufig und leider oft immer noch unter sträflicher Missachtung geltender Gesetze sehr lange Tag- und Nachtdienste ‚am Stück' schieben müssen, kommt es natürlich schon 'mal vor, dass sie in der Nacht von einer Schwester angerufen werden. Die Krankenschwester fragt zum Beispiel, ob sie einem Patienten ein bestimmtes Medikament geben darf – sagen wir mal, gegen hohen Blutdruck oder was sie verabreichen soll, weil ein Patient Wasser lassen will, aber nach einer Operation nicht kann. Der vielleicht aus tiefsten Träumen hochgerissene Arzt antwortet ihr und trifft am Telefon nun zwar eine absolut plausible und richtige Entscheidung; anderntags aber kann er sich an den ganzen Vorgang nicht mehr erinnern. Keiner wird hier bestreiten, dass das nächtliche Gespräch wirklich stattgefunden hat.
Sich nicht an ein reales Geschehen während seines Schlafes erinnern zu können, ist also nicht unbedingt ein sicheres Argument dafür, dass es nicht stattgefunden hat. Schließlich haben viele NTE zweifelsfrei einen traumhaften Charakter, auch wenn sie, wie ich ja bereits erläuterte, keine ‚echten' Träume sind.
Eine moderne Erkenntnis der ‚beschreibenden Hirnforschung' ist außerdem, dass im Gehirn der sog. Schläfenlappen dem Vergessen Vorschub leistet. Er ist bei verschiedenen NTE-Elementen mit beteiligt, zum Beispiel bei OBE – aber sicher nicht im Sinne der Produktion dieser Elemente, sondern wohl mehr im Sinne des Informationsdurchlasses oder der Mitverarbeitung. Auch das dürfte ein weiterer plausibler Hinweis darauf sein, dass selbst das Vergessen einer real stattgehabten NTE nicht zwingend gegen ihre Realität spräche."
Ein zum Schluss noch ganz wichtiger weiterer Unterschied zwischen NTE und Träumen ist der typische ‚Rote Faden' der NTE. Wir haben ja schon darüber diskutiert, aber NTE liegen nun mal bestimmte zentrale und kulturell völlig unabhängige, gleichartige sowie spirituelle Erfahrungsmuster zugrunde. Träume dagegen sind völlig ohne solche Muster. Bei ihnen gibt es diesen ‚Roten Faden' nicht. Sie unterscheiden sich komplett von Person zu Person und von Traum zu Traum.

Können außerkörperliche Erlebnisse NTE beweisen?

„Eines der wichtigsten Argumente der NTE-Befürworter sind ja wohl die außerkörperlichen Erlebnisse der Betroffenen. Man nennt sie auch Exkursionen oder kurz: OBE" [157], kommt Alexander nun zu einem ganz entscheidenden Aspekt aller NTE.
„Richtig, und das sind mit die besten ‚Beweise' für ihre Realität, sofern man diesen Begriff überhaupt verwenden will", stimme ich ihm zu.
„Genau das glaube ich aber nicht", spielt er weiter den ‚advocatus diaboli'.[158] Zum einen sprachst du mal von einer besonderen Form von Halluzinationen, den ‚hauto-sonst-was-Halluzinationen', zum Beispiel auch nach Drogeneinnahme, und zum anderen scheint man OBE ja sogar im Experiment selbst ohne Drogen, dafür aber durch elektrische Hirnstimulationen provozieren zu können."
„Alles ist korrekt", stimme ich ihm zu, „es kommt eben wieder auf die kleinen aber feinen Unterschiede an:
Um eine OBE zu haben, muss man nicht dem Tod nahe sein. Ich selbst hatte einmal eine OBE, die nichts mit Todesnähe zu tun hatte, und sie kommen bestimmt häufiger vor, als man glaubt.
Ein guter Bekannter unserer Familie glaubt weder an Gott noch an ein Leben nach dem Tod – schlichtweg an nichts, das man nicht sehen, hören oder anfassen kann. Oft haben wir miteinander darüber diskutiert. Als wir mal bei ihm und seiner Familie zu Hause eingeladen waren – Martin du warst auch dabei – hielt er während einer solchen Diskussion urplötzlich inne und erzählte nach einer auffallend langen „Pause" von einem Erlebnis aus seiner Kindheit. Bis zu diesem Gespräch hatte er es komplett verdrängt gehabt und nie zuvor mit jemanden darüber gesprochen, nicht einmal mit seiner Frau, mit der er da schon sehr viele Jahre verheiratet war – einfach weil es, nach seinen eigenen Worten, ‚zugegebenermaßen nicht ins materielle Weltbild hinein passte':
Also, er war etwa elf Jahre alt und saß zu Hause in der Badewanne. Plötzlich sah er aus gut einem Meter auf seinen in der Wanne sitzenden Körper hinab. Zweifellos, so schien es ihm, war er nicht mehr in diesem Körper, sondern er schwebte über ihm. Für ihn war es absolut real, als intakte Person und Persönlichkeit über der Wanne zu schweben. Für ihn saß in der Badewanne nur noch sein Körper, praktisch leblos, und dieser hatte mit ihm eigentlich nichts mehr zu tun. Jedes Detail seines Körpers konnte er erkennen und beschreiben. Für ihn war das, auch über 35 Jahre später, noch vollkommen real gegenwärtig.
Um damit den ersten Teil deiner Frage zu beantworten: Dass OBE auch ohne jede Todesnähe vorkommen, spricht nicht gegen OBE als integraler Bestandteil wirklicher Todesnähe und auch nicht gegen OBE als reale Trennung von Geist und Körper.

---

[157] OBE = engl.: **O**ut-of-**B**ody-**E**xperience(s), deutsch: außerkörperliche Erfahrung(en)
[158] lat. wörtlich: „Anwalt des Teufels". Es meint soviel wie Gegenspieler.

Wenn es ein Leben nach dem Tod in dem von mir angenommenen Sinn gibt, nämlich dass der Körper irgendwann einfach ‚wegstirbt' und der Geist übrig bleibt, dann muss es sinnvollerweise auch biologische Mechanismen geben, die dabei in Aktion treten."

Grandioses Konzert mit tollem Orchester

„Wie ihr wisst, gibt es im Gehirn keine wirklich relevanten und spezifischen biochemischen Spuren für unsere Emotionen, Erfahrungen oder Bewusstseins- und Gedächtnisinhalte. Natürlich wird eine Reihe dessen, was wir im Laufe des Lebens ‚hirnmäßig' erfassen, (auch) im Gehirn verarbeitet und gespeichert. Das alles scheint mehr rein physikalisch zu erfolgen – und gleichzeitig gibt es wohl ein rein immaterielles, also geistiges Backup. Im Falle der endgültigen Trennung von Körper und Geist wird alles noch einmal mit dem Backup abgestimmt; denn es muss ja ‚mitgenommen' werden. Dabei muss natürlich ziemlich kräftig in die ‚Tasten des Gehirns' gegriffen werden, so dass folglich äußerst vielfältige Muster für den Betroffenen sicht- und hörbar werden. Das könnte zum Beispiel erklären, warum bei einigen Experimenten vergleichbar ähnliche Elemente wie bei ‚echten' NTE beobachtet werden können. Immer jedoch werden im Labor nur Teilleistungen oder gar Bruchstücke von NTE provoziert und die sind obendrein von schlechterer Qualität, z.B. im Detail unvollständig."
„Du meinst also, die ‚echte NTE' ist wie ein tolles Konzert", beginnt Martin einen sehr schönen Vergleich zu konstruieren. „Eine Menge Musiker spielt auf vielen verschiedenen Instrumenten eine komplette Symphonie perfekt..."
„...und gezielte experimentelle Provokationen mit was auch immer bedeuten nur, dass einige wenige Musiker spielen, und die vielleicht auch nur ein einziges Instrument. Dazu sind ihre Instrumente noch schlecht gestimmt, und obendrein weist die gespielte Symphonie noch gewaltige Lücken auf oder ist nur nicht so melodisch und harmonisch, als wenn das komplette Orchester spielen würde...", ergänzt ihn Alexander. Mir scheint es, sie beide hatten soeben ein richtiges ‚Aha-Erlebnis'.
„Phantastisch", jubele ich und bin ganz ‚aus dem Häuschen'.
Ich beeile mich hinzuzufügen: „Und das ganze Orchester spielt nur dann wirklich schön, wenn auch der passende Dirigent da ist. Der fehlt natürlich, wenn man ‚zur Unzeit' nur einzelne Musiker zum Spielen quält..."

Das Gehirn, die Schnittstelle zum Geist!

„Träume und Halluzinationen wird man nun aus einer etwas anderen Sicht angehen müssen: Bei ihnen handelt es sich um eigenständige, ‚echte' Leistungen der *Schnittstelle* ‚Gehirn': Als Mittler zwischen Körper und Geist ist das Gehirn für die Verarbeitung und die Speicherung von Erfahrungen genauso zuständig wie dafür, von allem vollständige ‚informative Kopien' (Backups) anzulegen und grundsätzlich wichtige Dinge richtig zu kanalisieren und geeignet ‚passieren' zu lassen (z.B. in Richtung Geist). Bei einer NTE spielen einige Hirnzentren dann vor allem deshalb, weil sie selbst sonst auch einen großen Anteil an allem Emotionalen haben, eine entscheidende Rolle.

Dazu zählt besonders das ‚limbische System', das u.a. verschiedene Hirnregionen unterschiedlicher hierarchischer Stellung miteinander verbindet. Dazu gehören dann die Schläfen- oder Temporallappen und besonders das Stirnhirn, das möglicherweise auch das entscheidende *Portal* für wichtige Interaktionen zwischen dem Geist und *seinem* Gehirn darstellt.

Wir Menschen haben jetzt einmal mehr ein Verständnisproblem. Im modernen Computerzeitalter können wir zwar mittlerweile durchaus etwas mit dem Begriff *‚Schnittstelle'* anfangen, viele von uns jedoch bisher nur im Singular; denn *eine* Schnittstelle reicht meist aus, wenn man z.B. über ein Breitbandmodem mit dem Internet kommuniziert.

Der Geist und *sein* Gehirn sind aber vermutlich über zahlreiche *Schnittstellen* breitbasig ständig miteinander verbunden. Diese dürften über der Hirnrinde verstreut liegen und müssen tagaus-tagein eine ungeheure Vielzahl von Aufgaben wahrnehmen. Träume, die vielleicht infolge von Reparaturen an einigen dieser zahlreichen und komplizierten *Schnittstellen* auftreten, können, aber müssen nicht, zugleich Kontakte zu dem ‚geistigen Internet' herstellen. In der Regel werden sie zunächst Bilder aus dem ‚hirneigenen' Gedächtnisspeicher kombinieren und wiedergeben.

Möglicherweise aber werden diese Szenen noch durch andere aus dem unmittelbar verbundenen eigenen ‚geistigen In**tra**net' ergänzt."

„Du meinst also, Träume haben meistens Inhalte, die auf dem ‚eigenen Mist', ich meine *im* Gehirn gewachsen sind", versucht Martin, meine Rede einfach, prägnant und noch verständlicher wiederzugeben, wobei Alexander sofort hinzufügt:

„Und manchmal schielen sie dabei auch in ‚Nachbars Garten', d.h. auf den Geist?".

„Genau – ich bin von Euch begeistert", fahre ich fort, „und ähnlich verhält es sich vermutlich mit Halluzinationen. Auch sie muss man von zwei Seiten betrachten: Einerseits definieren wir sie völlig zu Recht als eine im Allgemeinen krankhaft bedingte Sinnestäuschung. In der Regel sind es also echte Täuschungen, denen bestimmte Krankheiten zugrunde liegen – und zwar Krankheiten des Gehirns, nicht aber echte Geisteskrankheiten. Oft liegen ihnen

Fehler in der Datenübertragung an den Synapsen zugrunde, also den schier unzähligen Übertragungsstellen zwischen einzelnen Nerven. Dementsprechend können wir sie durch die Gabe bestimmter Stoffe, seien es Glückshormone, Rauschmittel und viele andere Substanzen, auslösen. Aber auch hier dürfte gelten: Die Tragweite und ‚geistig-emotionale Tiefe' von Halluzinationen lässt sich von außen überhaupt nicht richtig abschätzen. Die meisten von ihnen werden wohl mit Bildern und deren Kombinationen einhergehen, die unserem Gehirn selbst und seinen Speichern entnommen sind.

Manche der Bilder gehen jedoch womöglich einen Schritt weiter und gründen zusätzlich auf Inhalten unseres persönlichen, aber bereits rein ‚geistigen Intranets'. Sie sind dann zwar schon aus einer anderen, einer geistigen Welt, aber, wie Martin es nannte, immer noch ‚auf dem eigenen Mist gewachsen', weil sie allein aus dem persönlichen Intranet projiziert werden.

Wieder andere Bilder besitzen schließlich Elemente, die über den ‚eigenen Mist' hinausgehen, weil sich in ihnen auch Szenen und Inhalte aus einer über diesen persönlichen geistigen Bereich weit hinausgehenden Welt spiegeln.

Sie entstehen dann durch rein geistige Verbindungen mit, wie es Alexander so schön formulierte, ‚Nachbars Garten'.

Somit muss der Begriff der Halluzination viel weiter gefasst werden und ist wohl nicht zwangsläufig und immer tatsächlich etwas Krankhaftes.

Vielleicht sollten wir deshalb besser unterscheiden zwischen ‚echten Halluzinationen' und ‚*halluzinoiden Realitäten*'."[159]

„Das heißt, es gibt verschiedene OBE – echte und halbechte?", bringt es Martin auf den Punkt.

„Ja, einmal das, und zum anderen gibt es eben auch selbständige OBE und solche, die wieder Teil eines komplexen Programms sind, an dem Geist und Gehirn beteiligt sind", bejahe ich.

„Und als Teil eines solch komplexen, und ‚kombinierten Gehirn-Geist-Programms' gehören sie zur NTE, die so die Abnabelung des Geistes einleitet und begleitet?", ergänzt Alexander.

„Genau so kann man das wohl ziemlich treffend formulieren", kommentiere ich seine Frage. „Geist und Körper trennen sich – und dies wird für jeden Betroffenen umso deutlicher und auch realer durch mehr geistig-spirituelle Erfahrungen wahrgenommen, je näher sein Tod tatsächlich rückt. Tritt der körperliche Tod schließlich ein, bleibt der Geist endgültig getrennt, weil nur er immer weiter existiert. Der Körper stirbt einfach weg, und der Geist bleibt übrig."

---

[159] Der Begriff einer „halluzinoiden Realität" ist eine Neuschöpfung von mir und steht für Halluziniertes mit realem Erfahrungscharakter, d.h. Halluzinationsähnlichem. Dieser Begriff macht natürlich nur dann Sinn, wenn es eine außerkörperliche, rein geistige Erfahrungswelt gibt. Davon bin ich überzeugt.

OBE: Echte Exkursionen oder Doppelgängerwahn?

„Was hat es dann mit diesen ‚Hauto-dingsbums-Halluzinationen' auf sich?", wiederholt Alexander eine frühere Frage.

„Du meinst (he-)autoskopische Halluzinationen", verbessere ich ihn.[160] „Man kann auch einfach Doppelgängerwahn sagen. Dabei handelt es sich um ein von den ‚echten' Exkursionen oder eben ein von den (echten) OBE grundverschiedenes Phänomen, das krankhaft ist. Dabei wird den Betroffenen ihr Körperbild in ihre eigenen Gesichtsfelder projiziert. Sie ‚sehen' sich selbst so, wie sie auch jede andere Person sehen, also spiegelbildlich agierend. Das Zentrum der Aufmerksamkeit geht aber weiter vom physischen Körper aus. Bei einer ‚echten' OBE agiert man aus seiner ganz neuen Position, die sich außerhalb des ‚ehemaligen' Körpers befindet. Betroffene mit ‚echten' OBE betrachten sich in der Regel zunächst aus einer Art Vogelperspektive außerhalb ihres physischen Körpers. Der physische Körper bleibt passiv zurück. Das Zentrum der Aufmerksamkeit geht von dem neuen und aktiven ‚geistigen Körper' aus, den man dennoch als kompletten Körper und nicht unbedingt als transparent wahrnimmt. Der physische Körper ist in diesem Moment dagegen nur noch eine Art leere oder besser, *inaktive* Hülle – zwar kompakt, aber eben ohne Leben. Unser Freund, der sich plötzlich von oben in der Badewanne sitzen sah, hatte ziemlich sicher eine ‚echte' OBE.

Bei der halluzinierten Entkörperlichung dagegen geht auch weiterhin alle Aufmerksamkeit vom physischen Körper aus. Seine OBE bezeichne ich als ‚Pseudo-OBE': Während bei der ‚echten' OBE der physische Körper regungslos zurückbleibt, ahmt der nur spiegelbildlich halluzinierte (Zweit-)Körper im Rahmen der Pseudo-OBE die eigenen Bewegungen nach. Solche Phänomene kommen manchmal ebenso bei Migräneattacken sowie bei sogenannten Temporallappen-Epilepsien und bei Schlaganfällen vor."

„Auch ‚echte' OBE?", fragt Martin nach.

„Nein", beantworte ich seine Frage. „Wenn man ganz bestimmte Hirnbereiche, die Schläfen- oder Temporallappen der Hirnrinde stimuliert, kann man zwar auf den ersten Blick OBE-ähnliche Erscheinungsformen hervorrufen. Tatsächlich aber sind das Pseudo-OBE oder zu Anfang nur als OBE verkannte Illusionen. Typisch hierfür sind Experimente, unter anderem zum Beispiel von dem Schweden *Henrik Ehrsson*.[161] Tatsächlich aber sind diese provozierten Pseudo-OBE kurze illusionäre Visionen, so wie man sie auch hat, wenn man z.B. auf einem Kirmes-Flugsimulator durchs Weltall oder durch riesige Canyons rast. Solche Versuche führen einige Hirnforscher durch, weil sie damit glauben, den entscheidenden ‚Beweis' dafür antreten zu können, NTE seien – wie übrigens

---

[160] griech.: autoskopisch = selbst betrachtend
[161] Ehrsson, H.H., Science 317, 1048 (2007)

auch religiöse Grundstimmungen, die ähnlich provoziert werden können – bloß ‚nette Abschiedsgeschenke' unsers Gehirns.
Im kanadischen Ort *Sudbury* steht dem Neuropsychologen *Michael Persinger* eigens hierfür ein komplett ausgerüstetes Hirnlabor zur Verfügung. Wie andere Forscher auch, stimuliert er die Gehirne von Freiwilligen mit Hilfe Dutzender von Hirnelektroden. Auf diese Weise erzeugt er auch NTE-ähnliche Bilder und sogar OBE-Formen..."
„Hat er dann nicht doch Recht mit seinen materialistischen Ansichten?", scheint Alexander wieder in alten Skeptizismus zu verfallen.
„Nein", bleibe ich kompromisslos, „zum einen sind es nie ‚echte OBE', sondern stets nur ‚Pseudo-OBE'. Zum anderen sind seine Schlussfolgerungen einfach falsch: Keineswegs haben alle Epileptiker und alle Probanden, denen man die Schläfenlappen stimulierte, dann OBE oder religiöse, NTE-ähnliche Erlebnisse. Im Gegenteil, sie kommen nach Stimulation selten vor und vor allem Temporallappen-Epileptiker haben dabei weitaus häufiger Angstgefühle. Noch vor einigen Jahren erklärte der Hirnforscher *Olaf Blanke* in den sehr renommierten Wissenschaftsmagazin *Nature* und *Brain*[162], das Hirnzentrum für die Bildung von OBE sei nun entdeckt, OBE seien künstlich provozierbar. Dies erregte weltweit mediales Aufsehen. Tatsächlich stimmte es nicht: Eine einzige Patientin hatte nach einer elektrischen Hirnstimulation eine bruchstückhafte OBE, bei der sie ein verzerrtes Bild ihrer Unterschenkel wahrnahm. Im Jahre 2004 beschrieb derselbe Autor sechs Patienten, von denen, wie *Pim van Lommel* schreibt, *‚drei eine für NTE atypische und unvollständige OBE gemacht'* hatten. Vier hatten insgesamt nachweisbar einen Doppelgängerwahn. Tatsächlich hatte keine der Patienten eine verifizierbare, also später nachprüfbare Erfahrung außerhalb ihres Körpers gemacht. Und van Lommel stellt auch fest, dass von *‚von Tausenden mit Stimulation behandelter Epilepsiepatienten weltweit keiner von einer wirklichen außerkörperlichen Erfahrung berichtet'* hat.[163]
Selbstverständlich muss es auch Gemeinsamkeiten zwischen Gehirn und Geist geben, wenn meine *Schnittstellentheorie*, wovon ich überzeugt bin, richtig ist; denn bestimmte Hirnbereiche wirken ja zwangsläufig bei der Auslösung von NTE mit und müssen es auch tun. Nur können damit weder die ‚echte' NTE in ihrer Ganzheit, noch ihr wichtigster Bestandteil, nämlich die ‚echte' OBE, umfassend erklärt werden. Insbesondere klappt das niemals für die während einer OBE gemachten, später nachprüfbaren, außerräumlichen Erfahrungen. Sie aber sind häufig und *beweisen* eigentlich den geistigen und hirnunabhängigen Charakter der OBE.
Neben den Schläfenlappen in der Großhirnrinde wird noch eine andere, sehr wichtige Struktur für NTE verantwortlich gemacht: Ich meine das *limbische System*, das einige verschiedene Hirnregionen unterschiedlicher hierarchischer

---

[162] Olaf Blanke (2002 und 2004)
[163] Pim van Lommel (2009)

Stellung miteinander verbindet: Jedoch sprechen nicht nur die bei Stimulation von außen weitaus häufiger auftretenden Angstgefühle schon dagegen.
Stimulierte oder krankheitsbedingte, also z.b. epileptische (Pseudo-)OBE, gehen *immer* zugleich mit Bewegungsstörungen (motorischen Automatismen), einher und auch die Körperwahrnehmung der Betroffenen ist zumeist beeinträchtigt. Patienten mit ‚echten' OBE haben *niemals* Schmerzen, andere dagegen sehr wohl. Auch haben ‚echte' OBE-Patienten *niemals* Krämpfe, sie haben keinen Schwindel und ergießen sich nicht in abrupten Gefühlsausbrüchen *(Schröter-Kunhardt)*.
Ganz besonders wichtig aber ist die Tatsache, dass ‚echte' OBE-Betroffene in keinster Weise in ihrer geistigen Leistungsfähigkeit eingeschränkt sind: Im Gegenteil, sie sind immer in geistiger Top-Form und strotzen geradezu vor Bewusstsein und Aufmerksamkeit. Ihr Geist erbringt nun ganz offensichtlich Höchstleistungen, und das, obwohl das Gehirn manchmal keinerlei Reaktion mehr zeigt.
Im Fall ‚echter' OBE lassen sich, wie schon gesagt, häufig die erlebten Einzelheiten später nachprüfen. Wenn man sie nicht über die in meinen Augen sehr viel komplizierteren ASW-Theorien der Parapsychologen erklären will, müssen sie ganz eindeutig wirklich geschehen sein. So sind viele Betroffenen ‚echter' OBE nachweislich an verschiedenen Orten gewesen. Sie haben häufig genau Abläufe und Vorgänge beschreiben können, die nicht einmal in unmittelbarer Nähe ihres Krankenzimmers oder des Unfallortes passierten. Völlig zu Unrecht spottet *Urs Willmann* in *‚Die Zeit'*: *‚Die* (Anm. von mir: *amerikanische) Fernsehsendung ‚Aktie X' pflegt solche Episoden mit der Erinnerungssequenz an einen roten Schuh auf dem Krankenhausdach, an wehende Laken auf dem darunter liegenden Balkon oder an die Personen im Nebenraum anzureichern: als ‚Beweis', dass die außerkörperliche Erfahrung stattgefunden haben muss'*.[164]

Der Autor wird der Sache deshalb nicht gerecht, weil er es gar nicht will. Solche Anekdoten und Ereignisse mögen zwar hier und da durchaus besonders publikumswirksam für Film, Funk und Fernsehen aufbereitet sein – deshalb sind sie aber nicht zwangsläufig falsch. Viele sind einwandfrei nachweisbar. Der Kardiologe *Michael Sabom* hat beispielsweise 32 Exkursionserlebnisse, also OBE von Patienten untersucht, die wiederbelebt wurden. Er verglich alsdann ihre Schilderungen über die bei ihnen durchgeführten Maßnahmen mit den, wie er es selbst nennt, *‚fundierten Vermutungen'*, die eine Kontrollgruppe von 25 medizinisch bewanderten Patienten zu Reanimationen zusammenstellten. *Sabom* konnte dabei nachweisen, dass 23 der 25 Mitglieder der Kontrollgruppe sogar schwerwiegende Fehler bei der korrekten Beschreibung der Maßnahmen zur Wiederbelebung machten. Ausnahmslos alle ‚OBE-Rückkehrer' beschrieben

---

[164] „Die Zeit" (29/1999), „Einmal Hölle und zurück"

dagegen ihre Reanimationen durchweg fehlerfrei, vollständig und in korrekter Reihenfolge. Im südenglischen *Southampton General Hospital* läuft derzeit eine kontrollierte Studie über NTE im Rahmen kardiologischer Zwischenfälle *(AWARE)*[165]. Zweifler, wie der Schotte *Chris Freeman* vom *Royal Hospital Edinburg*, meinen, die von den Betroffenen geschilderten NTE mögen damit zu erklären sein, dass man schließlich nicht nachweisen könne, sie seien tatsächlich in der Phase ‚tiefster geistiger Umnachtung' aufgetreten, sondern vielleicht während der nachfolgenden körperlichen Erholungsphase. Dagegen sprechen natürlich NTE bei Null-Linien EEGs, wenn dann Patienten ihre Wiederbelebung in allen Einzelheiten detailgetreu und richtig wiedergeben können.

In wiederum anderen Fällen ‚echter' OBE aufgrund von NTE konnten nachweislich sogar *Blinde* ihre Umgebung detailliert und in allen Einzelheiten, beschreiben. Auch nie zuvor gesehene Farben konnten sie in besonderer Form, wohl nach Frequenzen abgestuft, unterscheiden und empfanden sie subjektiv als wunderschön. Niemals sonst wären sie dazu in der Lage gewesen."

„Ich habe gelesen, die Licht- und Tunnelphänomene würden durch die Sehrinde im Gehirn ausgelöst?", hakt Alexander wieder nach.

„Ja", entgegne ich, „meine Gegenargumente blieben jedoch dieselben, wären sie tatsächlich unmittelbar dafür verantwortlich. Nur, diese Bobachtung hat einen Haken: Entfernt man nämlich die *Schläfenlappen*, so gibt es auch keine *experimentell* erzeugten Licht- und Tunnelphänomene mehr – weder dann, wenn man die Sehrinde stimuliert, noch dann, wenn man mit Drogen arbeitet, wie z.B. mit LSD[166]. Sonst würde das immer klappen, jetzt aber nicht mehr."

„Aber dann sind Licht- und Tunnelphänomene Hirnprodukte, und man kann sie aus dem ‚geistigen' NTE-Schema streichen?", wirft Martin ein.

„Wieso denn?", frage ich zurück. „Du kannst sie nach Entfernung der Schläfenlappen nur nicht mehr *experimentell im Labor* provozieren. Das heißt aber doch nicht, dass sie deshalb von den Schläfenlappen *produziert* würden. Diese Areale haben eben nur etwas mit ihnen zu tun. Ich schätze, dass sie halt maßgeblich daran *beteiligt* sind, diese Erlebnisse richtig zu ‚kanalisieren'. Und außerdem heißt dass natürlich auch noch nicht, dass sie dieselben Phänomene im Rahmen einer NTE dann nicht doch hätten. Das wird ihnen ihre Zukunft zeigen – und, wie ich behaupte, beweisen..."

---

[165] AWARE = AWAreness during REsuscitation (dt: Aufmerksamkeit während der Wiederbelebung), vgl. auch Ausführungen in Teil 1, kapitel 12.
[166] LSD = d-Lysergsäure-diäthylamid-tartrat. Ein halbsynthetisches Rauschmittel (Halluzinogen), das zeitweilige Gehirnstörungen mit Halluzinationen hervorruft.

NTE durch Psychodrogen?

„Papa, du hast mir das Stichwort schon gegeben", ändert Alexander wieder die Richtung unseres Gesprächs. „die Droge LSD ist auch in der Lage, viele dieser Erlebnisse zu provozieren. Andere Stoffe können das offenbar genauso. Kann darin nicht der Schlüssel liegen für eine vom Gehirn produzierte NTE?"
„Nein", antworte ich knapp; denn mittlerweile bin ich längst nicht mehr in der Defensive. „Ich glaube, wir können alle diese Drogen im Grunde genommen in einen Topf werfen – egal, ob es sich dabei um bestimmte Medikamente handelt, wie z.B. Überträgersubstanzen an den Synapsen, um Rauschmittel[167] und sog. Glücksstoffe[168] oder auch um Schlaf- und Narkosemittel. Sie alle können zweifellos einzelne NTE-ähnliche Erlebnisse hervorrufen, jedoch auch wieder immer nur Teile einer komplexen NTE und die in schlechterer Qualität. Aber, die Patienten, die in Todesnähe eine echte NTE hatten, standen fast nie unter dem Einfluss solcher Stoffe.
NTE und Drogen können, müssen sich also nicht bedingen.
Nun könnte man ja einwerfen, dieses Argument gelte nicht für endogen produzierte Substanzen, also körpereigene Stoffe, wie diese ‚Glückshormone': Sie würden eben auch immer in Todesnähe gebildet und wären damit verantwortlich für NTE. Viele suchen deshalb gerade in ihnen den Schlüssel zu einer plausiblen und umfassenden Erklärung für NTE.
Nur, auch für sie gilt: alle, auch die endogenen Halluzinogene, *können* zwar wie schon die ‚zugefütterten' durchaus NTE-ähnliche Effekte hervorrufen, jedoch geschieht das *tatsächlich* nur selten. Dagegen kommt es bei ‚echten' NTE immer ganz selektiv zu den euch bekannten, NTE-typischen Erlebnissen.
Bei Verabreichung von Halluzinogenen dominieren dagegen stets die krankhaften, d.h. die psychotischen Wirkungen *(Schröter-Kunhardt)*. Außerdem erkennt der Betroffene hier immer, dass seine Exkursionen nur Ausflüge in eine Scheinwelt sind. Und er ist sich immer bewusst, dass seine Erlebnisse *nicht* real sind. Eine Ausnahme davon stellt lediglich die sogenannte *Depersonalisation*[169] dar, im Volksmund auch ‚Horrortrip' genannt. Auf dem ersten Blick könnte man sie mit OBE verwechseln. Doch sagt der Name ‚Horrortrip' eigentlich schon ziemlich alles: Ein solches Erlebnis ist emotional immer enorm negativ beladen und, im Gegensatz zu ‚echten' OBE, von Störungen der Körperintegrität und des Körpergefühls gekennzeichnet. Derjenige, der eine ‚echte' OBE hat, erlebt sein ‚Ich' ja außerhalb des physischen Körpers und dazu noch völlig intakt und integer. Solcherlei drogenbedingte Entfremdungen mögen ja vielleicht sogar

---

[167] Vor allem Haschisch (Cannabis = indischer Hanf); wird aus dem Harz der ind. Hanfpflanze gewonnen. Die mexikanische Hanf-Variante ist Marihuana.
[168] Besonders „in" sind z.Zt. körpereigene Halluzinogene, wie die „Anandamide", sozusagen ein körpereigenes Haschisch. Übersetzt heißt Anandamid nämlich „innere Glückseligkeit".
[169] „Entkörperlichung", bzw. „Körperentfremdung"

manch *negative* NTE erklären, aber auch sie können sicher keine umfassende Erklärung für das Phänomen von NTE und OBE bieten.
Zudem gibt es Depersonalisationen überhaupt nicht bei Kindern, wohl aber haben Kinder, wie ihr wisst, NTE. Am Ende solcher Rauschtrips ist schließlich alles wie weggeblasen, sofern man nicht obendrein sogar noch in ein richtig tiefes, möglicherweise sogar länger anhaltend depressives Loch fällt.
Dagegen erfährt der ‚echte' NTEler – zumindest um so mehr, je länger seine NTE andauert und je näher er dem Tod tatsächlich ist – ein zutiefst erfüllendes, befriedigendes und aus seiner Sicht absolut *reales* Erlebnis, das er im Allgemeinen sein Leben lang nicht mehr vergisst, das dazu seine Persönlichkeit später noch ganz nachhaltig verändert und ihm lebenslang die Angst vor dem Tod nimmt."

Psychologische Erklärungsversuche

„Besonders viele Skeptiker kann man unter den Psychologen finden", kommt Martin nun auf einen anderen Aspekt zu sprechen, „warum eigentlich gerade bei ihnen?"
„Lasst mich mal wieder etwas ketzerisch sein", hole ich ein wenig aus. „In der Psychologie baut man viel auf alten materialistischen Fundamenten – und besonders ‚gerne' dort, wo eigentlich gar keine sind. Daran sind ihre ‚alten Kämpen' schuld, z.B. *Sigmund Freud (1856-1939)*.
Schnell hat man auf diese Weise ganze Modell-‚Städte' gezaubert – in Wirklichkeit sind es jedoch nur Kartenhaussiedlungen"
„Jetzt bis du aber ziemlich böse", greift mich etwas Alexander an, „an ihren Vorstellungen muss doch 'was dran sein?"
„Okay, ich gehe vielleicht ein bisschen weit, aber ich will damit nur manche ihrer zentralen Thesen relativieren", beschwichtige ich ihn. „Tatsächlich kann ich einige ihrer Lehrgebäude überhaupt nicht nachvollziehen. Meiner Ansicht nach sind eine Reihe ihrer Theorien eigentlich immer noch ‚Nur-Thesen'. Das heißt, man spricht ihnen einen viel größeren Wahrheitscharakter zu, als sie wohl haben dürften. Im späteren Umgang damit geht die in Wirklichkeit sehr wackelige Basis dann leider völlig unter. Nicht selten nimmt man solche Thesen sogar zur Beweisführung, was zahlreiche Probleme wieder nur größer macht, als sie ohnehin schon sind.
Deshalb verglich ich sie eben gehässig mit Kartenhausstädten. Was nun NTE betrifft, so sollen es, nach psychologischer Auffassung, mal ‚Wunschbilder' sein, mal sind es ‚Archetypen eines kollektiven Unbewussten' und ein weiteres mal ‚Rückerinnerungen in früheste Kindheitsstadien'. Darüber hinaus hält man dafür noch eine ‚psychodynamische Erklärung' bereit, und die Parapsychologen philosophieren über möglicherweise vom menschlichen Gehirn *produzierte*

ASW-Wellen eines (natürlich) noch nicht gefundenen ASW-Organs, das sie *in der rechten Hirnhälfte* vermuten.[170]
Wie ihr seht, sind sie zumindest ziemlich umtriebig."
„Höre ich da ein wenig Zynismus heraus?", lächelt Alexander.
„Ein klitzekleines Bisschen...", antworte ich, sichtlich ertappt.
„Zu den ‚Wunschbildern' hast du ja schon am Anfang unserer Diskussion 'was gesagt", greift Martin wieder ein, „oder möchtest du noch 'was hinzufügen?"
„Ja, zum Beispiel was die Begegnung mit Verstorbenen angeht", fange ich an, „einige Psychologen halten dies für eine ‚infantile Wunscherfüllung'. Dass auch areligiöse Menschen NTE hätten, denen ja jeder Gedanke an ein Leben nach dem Tod fehlen sollte, wird damit begründet, sie würden in ihrem tiefsten Innern trotz ihrer nach außen getragenen Abneigung dagegen dennoch religiöse Tendenzen besitzen, die sie nur verdrängten.
Wären NTE aber bloß Wunschbilder, so gäbe es bestimmt keine negativen NTE. Auch der Lebensrückblick, den viele NTEler ganz real erleben, zeigt ja immer positive wie negative Lebensmomente nebeneinander. Auch schlimme Taten und Gedanken werden sogar intensiv nacherlebt, und ihre Auswirkungen werden jetzt komplett mitgefühlt. Es ist, wie ich meine, völlig unsinnig anzunehmen, reines Wunschdenken würde solch negative Situationen zulassen.
Außerdem machten Wunschbilder vielleicht Sinn, wenn z.B. ein Mensch schwerkrank ist und er bewusst erlebt, wie er mit großen Schritten auf den Tod zusteuert. Doch sehr viele NTE werden gerade von Menschen berichtet, die ganz plötzlich, z.B. bei Unfällen, fast zu Tode gekommen wären. In diesen Fällen hätten die Betroffenen wohl gar keine Zeit mehr für Wünsche gehabt.
Einen in meinen Augen glasklaren Dämpfer für diese These versetzen *Elisabeth Kübler-Ross, Raymond Moody, Kenneth Ring* und andere, die enorm viele NTE gesammelt und ausgewertet haben: Befragt man gesunde wie kranke kleine Kinder, *wen* sie sich denn an ihrer Seite wünschten, so antworten z.B. nach *Kübler-Ross* 99% aller Kinder, sie wären am liebsten mit Mutter und/oder Vater zusammen. Auch wenn diese Umfrage in den USA durchgeführt wurde – in anderen Ländern der Erde dürfte das Ergebnis kaum anders ausfallen. Wären nun NTE von schwerkranken Kindern bloße Wunschbilder, so hätte man für sie sicher ein ähnliches Ergebnis erwarten müssen. Doch die Wirklichkeit ist ganz anders. *Elisabeth Kübler-Ross (1926-2004) schreibt dazu: ‚... nicht eines von all diesen Kindern (...) sagte darüber aus, dass es bei seinem Scheintoderlebnis seine Mutter oder seinen Vater gesehen hätte, da diese ja noch lebten'.*
Für andere Aspekte einer NTE haben Psychologen dann so fragwürdige Erklärungen wie: ‚Begegnung mit Dämonen als Konfrontation mit ihren triebhaften Es-Anteilen', oder etwa ‚Ausgleich unerfüllter Defizite'. Damit übrigens sollen die fast ausnahmslos von sehr tiefen Gefühlen begleiteten und

---

[170] ASW = Außersinnliche Wahrnehmung

lebenslang anhaltenden Persönlichkeitsveränderungen ausreichend erklärt werden können." [171]

„Du kannst damit wohl nicht viel anfangen?", sieht Martin meine harschen Zweifel im Gesicht geschrieben.

„Genau", antworte ich ihm sogar ratlos, „ich glaube, hier kann nur einmal mehr etwas nicht wahr sein, das nach Meinung vieler nicht wahr sein darf."

„Wie meinst du das?", fragt Alexander nach.

„Nun, viele versuchen auf Biegen und Brechen jede Metaphysik aus dieser Welt ‚herauszudiskutieren'", beantworte ich ihm seine Frage, „und sie merken dabei überhaupt nicht, dass sie damit nicht nur immer wieder gegen wohl uralte Menschheitserfahrungen, die es seit Anbeginn menschlicher Existenz gibt, ankämpfen, sondern auch gegen jede Intuition, gegen alle Religionen – ja eigentlich sogar gegen alle Menschen und letztlich auch gegen ihr eigenes innerstes Selbst. Am Ende sind sie selbst vermutlich die Frustriertesten überhaupt, weil sie dem Pessimismus unterliegen. Erinnert ihr euch an die Wette des großen französischen Mathematikers *Blaise Pascal (1623-1663)*, mit der ich mich am Ende von Teil 1 befasst habe? Hätte der Pessimist, also der, dem ein Überleben des eigenen Todes fremd ist, Recht – was ich voller Überzeugung bezweifle – er würde es ja nicht einmal erfahren. Darauf zu wetten, ist deshalb schlichtweg *Blödsinn*. Allein dieses Quäntchen Logik würde mich mein Leben lang schon vom Lager der Pessimisten fernhalten."

„Aber das reicht als Argument natürlich nicht, du wirst noch ein wenig auch auf solche psychologischen Thesen eingehen müssen", mahnt Alexander.

„Okay, dann mal weiter", raffe ich mich wieder auf. „Also, nach der sog. ‚psychodynamischen Erklärung' soll sich ein Mensch von allen Gedanken an seine Zukunft ‚fernhalten', wenn er merkt, dass er unmittelbar vom Tod bedroht ist und keine Möglichkeit mehr sieht, dagegen anzukämpfen. Automatisch soll er sich dafür dann seiner Vergangenheit zuwenden. Nur indem er sich passiv verhalte, könne er sein eigenes Schicksal schließlich annehmen. Damit versetzt er sich selbst dann in einen Zustand von Freude und macht sich so seine eigene Lage erträglich."

„Ist doch schön, vielleicht geht mir das mal genauso, wenn ich eine Klausur schreiben muss und ich nicht weiß, was ich schreiben soll", amüsiert sich Martin.

„Ich wünsche es dir", gehe ich nur am Rande darauf ein. „Auf diese Vorstellung angesprochen hat der renommierte amerikanische Nahtodforscher und selbst Psychologe *Kenneth Ring* das unmissverständlich knapp mit ‚*Unsinn*' kommentiert.[172]

---

[171] zitiert nach Michael Schröter-Kunhardt von Ehrenwald, 1981, Gabbard und Twemlow, 1984. In Knoblauch, H. et al, „Todesnähe..." (1999)

[172] In einem Interview mit Evelyn Elsaesser-Valarino, in „Erfahrungen an der Schwelle des Todes --- Wissenschaftler äußern sich zur Nahtoderfahrung" Ariston (1995)

Kenneth Ring ergänzt, dass außerdem alle psychodynamischen Erklärungen ‚unzureichend' und nicht einmal als Teilerklärungen brauchbar seien. Darüber hinaus würden sie alles sehr ‚*verzerren*'.
Wie ich dies auch schon für andere Deutungen von NTE angeführt habe, so klammern sämtliche psychodynamischen Erklärungen ebenfalls alle die Teile von NTE vorausschauend aus, die ihnen nicht ins Bild passen. Dazu gehört vor allem natürlich der panoramaartige Lebensfilm, der, wie ich euch schon sagte, ja keineswegs nur angenehme Dinge des Lebens beleuchtet.
Zu ergänzen ist auch, dass in diesem Lebensfilm manchmal sogar Szenen vorkommen, die auf gewisse *mögliche* Entwicklungen und Situationen in der eigenen Zukunft hinweisen. Für den hiervon Betroffenen dürfte zu diesem Zeitpunkt sicher bereits feststehen, dass ‚seine Zeit zu sterben noch nicht gekommen' ist, und er ins ‚diesseitige Leben' zurückkehren muss. Mit dieser ‚Vorschau' werden ihm durchaus häufig solche Perspektiven gezeigt, die ihn emotional zur Rückkehr bewegen sollen, was er vielleicht soeben noch strikt abgelehnt hatte, z.B. durch Bilder, die zeigen, wie es seiner Familie ohne ihn ergehen *könnte*.
Allein dass sich viele vehement gegen eine Rückkehr in den eigenen Körper wehren, spricht schon dagegen, dass sie eine NTE halluzinieren sollen, weil sie vor dem Tod flüchten und sich dann dem eigenen Lebenspanorama in einer Rückschau zuwenden. Dies würde einfach keinen Sinn machen.
Schröter-Kunhardt wendet sich dagegen, dass Psychoanalytiker den für sie aus einer NTE ableitbaren ‚*Wunsch*' oder sogar ‚*Trieb nach Unsterblichkeit*' als ‚*Leugnung des Todes*' bezeichnen. Beispielhaft meint er dazu, dann müsste man auch ‚*die Sehnsucht nach Liebe eine Leugnung der Lieblosigkeit nennen*'.
Er hat natürlich Recht, wenn er weiter sagt, es wäre ‚*da doch viel sinnvoller und dem menschlichen Wesen näher, Lieblosigkeit als Verdrängung der Liebe bzw. der Liebesfähigkeit zu bezeichnen*'."
„Und was hat es mit den Archetypen auf sich?", erinnert mich Martin daran, dass noch weitere psychologische Vorstellungen zu diskutieren seien.
„Unter *Archetypen* versteht man vorgeformte, ursprüngliche Erfahrungsmuster oder Bilder...", beginne ich mit meiner Antwort, „....die nach den Vorstellungen des Schweizer Tiefenpsychologen *Carl Gustav Jung (1875-1961)* wie Steinchen eines riesigen Mosaiks zu verstehen sind. Richtig zusammengesetzt ergeben sie das sog. ‚*kollektive Unbewusste*'. Die einzelnen Mosaiksteinchen wiederum entsprechen den unzähligen einzelnen Informationen und schöpferischen Erfahrungen, die die ganze Menschheit im Laufe ihrer Geschichte gesammelt hat und weiter sammelt. Sie alle liegen in einer Art unbekannten, aber *realen* immateriellen Speicher vor, zu dem generell jedermann Zugriff hat..."
„Das ist doch so ähnlich, wie du auch sagst", unterbricht mich Alexander, „also eine Art geistige Welt."
„Insoweit stimmen Jung und ich sicher überein", gebe ich zu, „und er liegt damit praktisch auch auf einer Linie mit dem österreichischen Philosophen *Karl*

Popper (1902-1994), den ich schon des Öfteren in meinen Büchern erwähnt habe. Ebenso wie Popper, so denkt aber auch Jung bloß in der Kategorie eines *kollektiven* Erfahrungsschatzes. Beide gehen den offensichtlichen Schritt der Evolution, die das Geistige durch Individualisierung in Vielfalt perfektioniert, nicht mit. Demnach fehlt bei ihnen die Vorstellung von einer geistigen Welt, in der auch sämtliche Informationen alles Seins und damit auch jedes einzelnen Menschen voll und ganz repräsentiert sind und dort selbst Platz für subjektives Erleben und geistige Fortentwicklung lässt. Für sie ist der einzelne menschliche Geist selbst nicht ewig existent, sondern nur – ganz ‚anonym' – alle seine Erfahrungen und Ideen. Damit glauben sie natürlich auch nicht an ein Leben nach dem Tod und sind damit zeitgeistkonform. *Jungs* Erfahrungsspeicher ist vielleicht vergleichbar mit der aus der indischen Philosophie übernommenen *Akasha-Chronik*. Alles, was nicht dem persönlichen Erlebniskreis unmittelbar zugeordnet werden kann, z.B. ein Traum sonderbaren rituellen oder religiösen Inhalts, kann nach *Jung* ein solcher Archetyp sein. Die *Jungianer*, Nachfolger des Schweizer Psychiaters, sehen jetzt auch in NTE Zugriffe auf das kollektive Unbewusste, in dem sich Archetypen spiegeln.

Jung selbst hat sich dann später, aufgrund einer eigenen Nahtoderfahrung im Jahr 1943, noch eines anderen besonnen. Dies zeigt ein Brief, aus dem ich schon für die erste Seite dieser Diskussion zitiert habe. Ich will aus Jungs Brief an eine Freundin im Juli 1944 deshalb hier noch ein wenig weiter zitieren: ‚... *früher oder später werden alle Toten zu dem, was wir auch sind. Um dieses Wesen wissen wir aber in dieser Wirklichkeit wenig oder nichts, und was werden wir jenseits des Todes noch von der Erde wissen? Die Auflösung unserer zeitbedingten Form in der Ewigkeit ist kein Verlust an Sinn. Vielmehr lernt der Finger seine Zugehörigkeit zur Hand zu erkennen'*.

Raymond Moody, einer der Pioniere von NTE, weist darauf hin, dass die Jung'sche Theorie der Projektion eines ‚kollektiven Unbewussten' schon deshalb NTE nicht erklären könne, weil sie OBE nicht erklären könne. OBE seien aber ein ganz wesentlicher Bestandteil aller NTE. Und jede Theorie, die in diesem Punkt versage, ist für Moody schlichtweg *‚wertlos'*."

Was ist mit parapsychologischen Erklärungen?

„Was bleibt noch übrig?", fragt Martin in die Runde.
„Ich weiß", setzt Alexander nach, „wir müssen noch über die Vorstellungen der Parapsychologen sprechen."
„Gut", gebe ich ihm Recht, „ich will gerne kurz auf sie eingehen. Zunächst noch 'mal ein paar wiederholende Vorbemerkungen:
Die Parapsychologie übt sich in der Erforschung sogenannter PSI-Phänomene, also zwar empirisch belegbarer, jedoch aus wissenschaftlicher Sicht völlig unerklärlicher und deshalb oft auch nicht akzeptierter Begebenheiten. Früher

gehörte die Mehrzahl der Parapsychologen zu den *Spiritisten*, die paranormale Phänomene auf die besondere Mitwirkung geistiger Existenzen, z.B. auf die der Seelen Verstorbener, zurückführen.
Mehrheitlich anderer Ansicht sind heute aber die *Animisten*. Sie nehmen zunächst alle bislang bekannten naturwissenschaftlichen Lehren als gegebene Erkenntnisse grundsätzlich an. Natürlich gehen sie nun davon aus, dass diese in Zukunft noch weiter ausbaufähig sein müssen. So hoffen sie, dass irgendwann einmal plausible, aber letztlich immer noch rein ‚neu-physikalische', also nicht metaphysische, d.h. die Physik ‚übersteigende', Erklärungen paranormaler Begebenheiten gegeben werden können.
Für alle PSI-Phänomene machen sie eine bislang noch nicht nachgewiesene Fähigkeit des für sie auch untrennbar mit dem Gehirn verbundenen Geistes verantwortlich. Irgendwo in jedem Gehirn müsse es eine Produktionsstätte von *ASW-Wellen* geben. Den dafür zuständigen, aber noch nicht entdeckten Ort im Gehirn nennen sie ASW-Organ.
Die zurzeit animistische Mehrheit der Parapsychologen unterscheidet drei wichtige Formen von ASW:

1) die *Telepathie*, bei der subjektive Informationen von anderen Personen auch über große Entfernungen eingeholt oder ihnen gesendet werden können. Telepathie heißt auch Gedankenlesen.

2) die *Psychokinese*, auch *Telekinese* genannt: Darunter versteht man die unmittelbare Beeinflussung der Umgebung oder diverser materieller Abläufe durch bloße (für Animisten: hirngebundene) Gedankenkraft, wobei auch Gegenstände transportiert werden können.

3) das *Hellsehen*, worunter man das Einholen von objektiven Informationen über materielle Dinge versteht, selbst wenn diese sich in undurchsichtigen Behältern befinden und weit entfernt sind.

ASW-Wellen, ausgesendet vom ASW-Organ des Gehirns, nehmen, so der animistisch denkende Parapsychologe, mit Hilfe der zur Verfügung stehenden drei genannten Möglichkeiten Informationen aus ihrer Umgebung auf. Der hirngebundene Geist setzt daraus dann das entsprechende PSI-Erlebnis zusammen.
Ein Beispiel: Ein Mensch erzählt, er habe während einer NTE eine OBE gehabt. Er sagt, er könne beschreiben, wie die zu ihm eilende Krankenschwester aussah und gekleidet war, und was der Doktor bei seinen Wiederbelebungsversuchen so alles gesagt hat. Weiter gibt er an, er habe dies alles aus einer Vogelperspektive genau sehen können. Als Geistwesen sei er zwischendurch 'mal durch Wände in den Nebenraum gegangen und habe dort am Fernseher eines anderen Kranken gesehen, wie der Torwart bei einem Fußballspiel einen Foulelfmeter gehalten

hat. Weiter erzählt er, dieser andere Kranke sei daraufhin vor lauter Freude so stark in seinem Bett herumgehüpft, dass er am Ende aus dem Bett fiel und einen Knochenbruch erlitt.

Der Spiritist würde jetzt sagen, okay, der Betroffene hat eine ‚echte' OBE gehabt, d.h. sein Geist habe sich vom Körper getrennt und alles tatsächlich so erlebt wie von ihm beschrieben.

Der Animist argumentiert dagegen ganz anders: Der ‚fast Tote' habe – vielleicht ja sogar trotz Nulllinie im EEG und leblos auf einer Bahre dahindämmernd – noch *telepathischen* Kontakt mit dem Arzt aufgenommen und dessen Gedanken und Worte ‚angezapft'.

Durch *Hellsehen* habe er das Aussehen der Krankenschwester z.B. mit allen Einzelheiten über ihre Kleidung ‚erfahren'. Mit Hilfe von ASW-Wellen habe er sich aus der Vogelperspektive selbst sehen können. Auf diese Weise sei es ihm auch möglich gewesen, einen ‚Blick' in das andere Krankenzimmer zu werfen, um dort, wieder durch *Hellsehen*, das Fußballspiel am Fernseher zu verfolgen.

Schließlich formt er aus seinen Eindrücken die Vorstellung, er habe wirklich eine solche Exkursion gehabt. Tatsächlich aber sei er nur einer Sinnestäuschung aufgesessen. Den dafür zuständigen ‚siebten Sinn' würde ihm sein (noch unentdecktes) ASW-Organ vermitteln. –

Für diese Vorstellungen gibt es bislang jedoch keine Beweise."

„Für deine aber auch nicht", schaut mich Martin irgendwie seltsam fasziniert an.

Vergleichende Diskussion meiner Vorstellungen

„Das ist richtig, nur glaube ich, meine Vorstellungen sind einerseits plausibler und andererseits vernünftiger. Dies versuche ich damit zu untermauern, dass ich sie immer in einem alternativen und ganzheitlichen Gesamtzusammenhang betrachte und nach Gemeinsamkeiten suche. Analysiert man alle hier beteiligten Wissenschaften, mit denen ich mich seit vielen Jahren auseinandergesetzt habe, und setzt ihre Ergebnisse in einen fachübergreifenden, gemeinsamen Kontext, dann scheinen mir meine Überzeugungen viel wahrscheinlicher und obendrein eben auch vernünftiger.

Ich möchte mich hier aber auch klar von den Spiritisten abgrenzen: Für sie sind Geist und Körper zwei völlig verschiedene, praktisch autonome Lebensformen. Der Geist könne in einen Körper ein und aus diesem wieder auskehren – spätestens mit dessen Tod. *„Der Tod versetzt uns wieder in den Zustand der Ruhe, in dem wir uns befanden, ehe wir geboren wurden. Bedauert jemand die Gestorbenen, so muss er auch die Ungeborenen bedauern"*, das schrieb einst der römische Philosoph *Lucius Seneca (ca. 1-65 n.Chr.)*.

Dagegen ist für mich der Geist in gewisser Weise *auch* ein Produkt jeder körperlichen Entwicklung: Jeder einzelne Geist nimmt also erst mit dem Entstehen eines Körpers seinen Anfang. Das liegt, so meine ich, an der

grundsätzlichen Fähigkeit *lebender* Körper, mit einem die ganze Welt umfassenden und alles durchdringenden geistigen Feld zu kommunizieren und nach und nach zu interagieren.
Erst durch die ständigen Interaktionen zwischen den lebenden körperlichen Existenzen und diesem geistigen Feld entwickelt und differenziert sich allmählich ein persönlicher Geist.
Jeder einzelne, individuelle Geist wird so ein für sich abgegrenzter Teil eines weltumfassenden und alles durchdringenden geistigen Internets. Jeder einzelne Geist ist ein selbständiger Teil des großen Ganzen.
Der differenzierte einzelne Geist ist am ehesten vergleichbar mit dem heute bekannten Intranet. Da das geistige Feld als sich immer stärker differenzierende Informationswelt unendlich groß ist, liegt dort alles wesentlich komplexer, ja durch und durch plastisch in höchstmöglicher Perfektion vor. Alles ist subjektiv erfahrbar. Für diese Gesamtidee habe ich das Wort „*Spiritualismus*" geprägt.
Jeder menschliche Geist besitzt in diesem ‚Jenseits' nicht nur alle immateriellen Attribute seiner früheren, ‚im Diesseits lebenden' Persönlichkeit, sondern auch alle Informationen seiner früheren Körperlichkeit – quasi durch alle Schichten und Fasern hindurch.
Dies nenne ich dann einen ausdifferenzierten Teil des Ganzen.
Hier liegt meines Erachtens der Schlüssel für das intuitiv religiöse Wissen, alles gehöre zusammen und sei selbst ein sinnvoller Teil eines höheren Ganzen, u.s.w.
Zwar hat der Geist – objektiv betrachtet – nicht die geringste Spur des uns bekannten materiellen Daseins, jedoch ist dies – genauso objektiv betrachtet – damit kaum weniger als das, was schon das Materielle selbst in Wirklichkeit auch ist. Darauf habe ich früher ebenfalls bereits immer wieder hingewiesen: Denn alle Materie setzt sich aus einzelnen Atomen zusammen. Jedes Atom für sich ist wiederum nur ein klitzekleines, ‚scheinbares Klümpchen', das wir hochtrabend ‚Masse' nennen. In Wirklichkeit ist es jedoch stets bloß ein *vergleichsweise* kilometergroßes Feld absoluter substanzieller Leere: Zum Beispiel besteht der Kern des Wasserstoffatoms, dem Vater (oder der Mutter) aller Atome, nur aus einem Proton und seine Hülle nur aus einem Elektron. Und selbst diese beiden Kernstückchen sind letztlich bloß ‚eingefrorene Energie' (nach *Albert Einstein*), also etwas grundsätzlich Flüchtiges.
Denkt man sich das Proton nun etwa kirschkerngroß, dann ist das Elektron nur Bruchteile eines Millimeters groß und fliegt um diesen Kern in einem Abstand von weit über einem Kilometer. Und zwischen diesem Hauch von Nichts ist ansonsten tatsächlich nur Nichts – jedenfalls nichts Materielles, bloß Wirkung. Aber was diese Wirkung ist, woraus sie besteht und was sie so wirken lässt, wie sie es macht, weiß kein Mensch. Materie ist in Wirklichkeit zu 99,99% absolute Leere. Trotzdem halten wir sie für eine feste, schwer durchdringbare Substanz (und wir *erfahren* es ja so auch tagtäglich).

Für uns, die wir aus genau denselben ‚Bausteinen' bestehen, kann es natürlich gar nicht anders sein. Aber in Wahrheit ist selbst jede Masse bloß Schein. Ganz nebenbei:

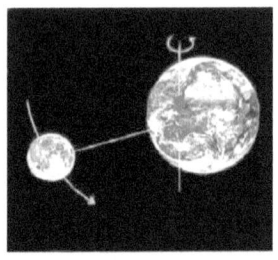

Der Aufbau des Wasserstoffatoms mit seinen Größen- und Abstandsverhältnissen erinnert ein wenig an die Planetenkonstellation Erde-Mond. Und dazwischen ist praktisch nur Vakuum und Wirkung, wie etwa Gravitation. Die aber ist nicht substanziell, wenn man mal davon ausgeht, dass es eben keine ‚echten' Teilchen gibt, die Gravitation vermitteln, wie es einige Physiker mit ihrer Behauptung von der Existenz von Gravitonen allerdings annehmen. Aus dieser Ähnlichkeit könnte man sogar die sehr kühne Idee entwickeln, das ganze Universum ist mit seinen unzähligen Sternen und Planeten, zusammengefügt in wiederum unzähligen Galaxien und Clustern, eine Art gigantischer Organismus, so wie vielleicht der Mensch mit all seinen Atomen auch einer ist..."

„Klasse Idee, aber wohl tatsächlich mehr als kühn. Aber wer weiß? Würdest du dann, nur mal wieder auf das Wesen von Materie bezogen, sagen, Materie ist nicht realer als die OBE, die ein NTEler erlebt?", sinniert Alexander.

„Ich würde es anders formulieren", antworte ich und denke dabei langsam zugleich an das Ende unserer Diskussion, „Materie ist *genauso* real wie die OBE, die ein NTEler erlebt, und *genauso* real, wie seine ganze NTE ist. Als ‚echtes' Erlebnis bieten sie uns im Fall der Todesnähe einen kurzen Einblick in das, was uns nach dem Tod mal erwartet. Der Hund lugt aus seinem Zwinger hervor oder kann ein gutes Stück heraus.

Je nach dem zeitlichem Abstand zum endgültigen Tod, sind sie wohl bereits der erste kleine Abschnitt des Überlebens in einer anderen, für uns geistigen Welt."

„Das ist eigentlich ein schönes Schlusswort", meint Martin und auch Alexander und ich nicken uns an.

Teil 3:

Niemand stirbt endgültig – Nachwort

In Presseberichten über meine Arbeiten wurde schon mal geäußert, ich könne ein Überleben des körperlichen Todes beweisen.
Natürlich kann ich das nicht. Keiner könnte das. Andererseits kann aber auch niemand das Gegenteil beweisen: Mit dem Tod sei alles aus!
Es ist aber ein Zeichen unserer Zeit, dass nur demjenigen, der sich durch Intuition, durch eigene Erfahrungen, religiös motiviert oder nach gründlicher Prüfung aller Argumente *für* den Glauben an das Überleben des eigenen körperlichen Todes entscheidet, die Last des Beweises auferlegt wird.

Das zentrale Thema meiner Bücher ist das Leben, auch wenn sie sich viel mit dem, was wir Tod nennen, beschäftigen. Doch der Titel dieses Buches macht unmissverständlich deutlich, dass der „Tod" keine Endgültigkeit besitzt.
Seit langem bin ich davon überzeugt, dass der menschliche Geist den so genannten Tod mit allen denkbaren Attributen seiner Persönlichkeit und mit sämtlichen Informationen seiner ‚lebenslang' veränderten Körperlichkeit sowie mit seiner unermesslichen Gedanken- und Gefühlswelt individuell überlebt.
Jedoch ist nur der Mensch auf dieser Erde in der Lage, sich dessen auch bewusst zu werden. Nur der Mensch weiß überhaupt von seinem körperlichen Tod, eine ihm als einzigem Wesen dieser Erde mit seiner Geburt auferlegte Bürde.
Natürlich steht meine Überzeugung im krassen Widerspruch zu den heutzutage von zahlreichen meinungsbildenden Massenmedien üblicherweise verbreiteten Vorstellungen vieler zeitgenössischer Naturwissenschaftler.
Deshalb hielt ich es zunächst für erforderlich, thematisch sehr weit auszuholen und alle damit verbundenen naturwissenschaftlichen Lehren über „Gott und die Welt" einer kritischen Prüfung zu unterziehen.
Schon vor langer Zeit wurde mir klar, dass viele moderne Lehrmeinungen tatsächlich nicht auf den wirklichen Beobachtungen und Messungen beruhen, sondern vielmehr auf anschließenden Interpretationen. Natürlich sind solche Interpretationen notwendig, doch leider viel zu oft schaut man dabei zum einen nicht über den Tellerrand des eigenen Fachgebietes, und zum anderen lässt man sich schnell vom Zeitgeist und von manch gesellschaftlichen Zwängen leiten.
Folglich ist vieles stark subjektiv eingefärbt, und wenn der Zeitgeist eine feste Richtung vorgibt, wird sie leider allzu oft unkritisch verfolgt. So manches Ergebnis wird dann „frisiert", manche Beobachtung „angepasst", und ab und zu lässt man auch mal ein nachprüfbares Phänomen einfach unter den Tisch fallen.
Interpretationen sind also vor allem auch subjektive Meinungen zu etwas. Zu jeder These ist daher auch eine Gegenthese möglich, und nicht immer sind These und Gegenthese gleichermaßen plausibel. Es ist aber keineswegs immer die Plausibilität, die über die Akzeptanz in der Gegenwart entscheidet.
Insofern sind auch alle gängigen Lehrmeinungen und Weltmodelle stets ein multifaktorielles Produkt: Aktueller Wissensstand, gegenwärtiger Zeitgeist, aber auch religiöse, politische und gesellschaftliche Einstellungen der beteiligten Forscher sowie von Politik, Kirchen und Medien spielen dabei eine Rolle.

Jede neue naturwissenschaftliche Theorie muss natürlich mit allen aktuellen Beobachtungen im eigenen Fachbereich harmonieren. Sie sollten aber auch *fachübergreifend* passen; denn ganz gewiss ist unsere Welt aus einem Guss. Deshalb kann man mit gutem Recht davon ausgehen, dass sämtliche Phänomene und Gesetzmäßigkeiten dieser Welt denselben Prinzipien folgen und gehorchen. Aus dieser Perspektive kann aber unsere Welt nicht so sein, wie sie von vielen heute medienwirksam interpretiert wird. Nicht selten und viel zu vorschnell baut man – heute wie schon früher – zahlreiche, wenngleich unhaltbare Dogmen auf. Selbst in ganz entscheidenden, ja geradezu fundamentalen Punkten dürfte unsere Welt eher wohl ganz anders sein, als heute angenommen: Und es scheint, dass elementare mathematische Logik mit einfacher Geometrie und den unendlichen Ordnungszahlen weiterhelfen kann, den richtigen „Roten Faden" für die Welt zu finden. Sie gab es schon, als noch keine Intelligenz über sie nachdenken und lernen konnte, mit ihr zu arbeiten. Sie bestimmt vermutlich das innere Wesen unserer Welt. Als der entscheidende „Rote Faden" muss sie deshalb bei allen Überlegungen und vor neuen Interpretationen beachtet werden. Die unendlichen Folgen der positiven und negativen Ordnungszahlen und ihrer Kehrwerte weisen uns wohl den richtigen Weg für ein grundlegendes Verständnis aller wichtigen Zusammenhänge. Sie allein offenbaren unmittelbar ein schon lange erkanntes Naturgesetz, das bereits im altchinesischen Jin und Yang repräsentiert ist: Alles in unserer Welt hat zwei Seiten und eine Realität ergibt sich aus der anderen.
Platon hat daraus vor fast zweieinhalbtausend Jahren einen Beweis für die Nicht-Existenz des Todes als unser endgültiges Ende ziehen wollen.
Elementare mathematische Logik scheint ganz offensichtlich der entscheidende Schlüssel zur Erkenntnis zu sein. Mit ihr gelangt man schnell zu dem Schluss, dass *nichts* in der Welt aus dem NICHTS entstehen konnte, sondern sich alles, was „IST", aus dem für uns völlig Unbeschreiblichen, das(=den+die) wir in unserem Kulturkreis „GOTT" nennen, entwickeln musste.
Genauso ist es elementare mathematische Logik, die uns nahe legt, dass es ohne Zweifel eine allumfassende *Geistige* Welt geben muss – das polar-symmetrische Gegenstück zu der von uns oft nur allein wahrgenommenen, zumindest aber von vielen als nur allein existent behaupteten, *Materiellen Welt*. In ihr ist von Anfang schon alles das fest verankert, was unser Universum und jede Form von Evolution durch offenbar klare und feste Regeln in sehr engen Grenzen, aus dem Hintergrund heraus, dezent aber äußerst effektiv steuert.
Aus und mit dieser allumfassenden Geistigen Welt entsteht erst sekundär unser Materielles Universum, die Welt alles Körperlichen. Alles, auch wir Menschen, gehört natürlich beiden Welten in grundsätzlich gleicher Weise an, wenn sich auch im Laufe der Entwicklung die Gewichtung verändert.
Alles, was der *materielle* Kosmos über unermessliche Zeiträume hervorbringt, dient letztlich dazu, zu einer immer größeren *geistigen* Vielfalt und darüber hinaus zu einer immer höheren *geistigen* Differenzierung und Perfektion zu gelangen. Durch quantitatives und qualitatives Wachstum will und soll der

irgendwann 'mal „frühkindliche" und deshalb noch undifferenzierte (Welt-)Geist schließlich „erwachsen" werden: Als er dereinst dazu loszog, war er noch „nackt", vergleichbar mit einem Samenkorn. Sein Ziel ist es, wie das Samenkorn auch zu reifen. Das bedeutet, sich über maximale Vielfalt und größtmögliche Perfektion zu vervollkommnen. Es scheint, als entstünde mit allem Leben dieser Welt ein „neuer Gott".

Der berühmte, und von mir sehr geschätzte französische Philosoph, Anthropologe und Theologe *Teilhard de Chardin (1881-1955)* kam zu genau diesem Schluss, als er fragte: *„Sind wir alle nicht ein Gott im Werden?"*

Nur einige wenige Grundregeln bestimmen jedes Weiterkommen, allen voran das *„Gesetz von Symmetrie und Polarität"*: Es manifestiert sich zuerst in der Schöpfung von Materie aus Geist. Damit teilt sich die Welt in zwei reale, zueinander symmetrische und zugleich gegensätzliche Existenzebenen, wovon die eine die andere bedingt: Alles Materielle entsteht aus Geist und kehrt irgendwann zu einem dadurch fortentwickelten, differenzierten Geist zurück.

Die nach meiner Auffassung schönste und treffendste Darstellung für diese sich gegenseitig bedingende Symmetrie und Polarität findet sich eben im „Jin und Yang-Symbol" der alten chinesischen Philosophie.

Wo immer sich Materie bildet, gilt dieses Gesetz. Alles Materielle in der Welt hat folglich auch eine zweite, *seine* geistige Seite. Im einfachsten Fall entspricht sie der simplen Information des „SEINs". Jedes noch so kleine Atom besitzt und verbreitet sie. Somit entsteht für komplexe Materie immer auch ein genauso komplexes Informationsmuster ihrer Existenz.

Rein *materiell* betrachtet ist jeder materielle Körper nach innen hin zwar geistig-informationell *unendlich* teilbar; Aber auf einem nur begrenzten Raum gibt es nur *endlich* viele kleinere Stücke. In der Mathematik steht dafür die unendliche Folge der Kehrwerte aller Ordnungszahlen in der Begrenzung zwischen 1 und 0.

Rein *geistig* betrachtet, „strahlt" jeder beliebige materielle Körper nach außen hin sein spezifisches Informationsmuster unendlich und ewig ab, d.h. es dehnt sich unendlich und unbegrenzt, also in alle Ewigkeit, aus. Dieser Tatsache trägt die unendliche und unbegrenzte Folge aller Ordnungszahlen Rechnung:

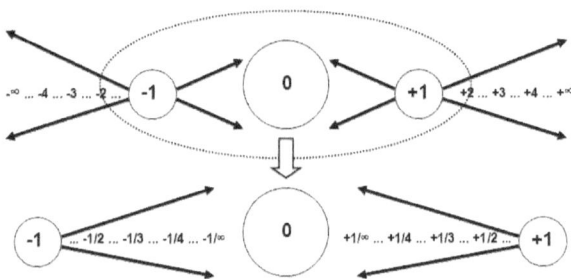

Jeder noch so kleine dreidimensionale endliche Körpers in dieser Welt ist für sich somit eine *Schnittstelle* zwischen seinem materiellen Inneren und dem geistigen – oder, für viele halt einfach moderner, informationellen – Äußeren seiner Existenz.
Diese universale Dreiheit habe ich das *„ Universalgesetz der dreifachen Einheit"* genannt.[173] Und es dürfte nicht allzu phantasievoll sein, hierin wahrscheinliche Parallelen zu erkennen, wenn in so vielen Religionen dieser Welt immer wieder eine Dreiheit (Trinität) verehrt wird: z.B. im Christentum mit Gottvater, Gottes Sohn und Heiligem Geist, im Hinduismus mit Brahma, Shiva und Vishnu, etc.

Aus dem Vorhergesagten ergibt sich folgende entscheidende Schlussfolgerung: Das von uns wahrgenommene materielle Universum ist geradezu voll von *Schnittstellen*, die zwischen den jeweils materiellen und geistigen Seiten jeder Existenz liegen. Jede besitzt Aspekte beider Seiten, und kann in wachsendem Maße zwischen den beiden Seiten ihres SEINs schalten und vermitteln.
Der kleinste *endliche* Punkt ist, geometrisch betrachtet und egal, wie klein man sich ihn denkt, immer ein Kreis: Die Mathematiker früherer Jahrtausende waren hin-und-hergerissen von der Erkenntnis, dass jeder Kreis zwar *geometrisch* eindeutig *endlich* ist, wir ihn aber *arithmetisch*, also mit Zahlen – oder anders gesagt – mit unseren menschlichen Werkzeugen, *nicht endlich* berechnen, also darstellen können: Dann offenbart sich in ihm ein unendliches Mysterium, die Zahl π.[174]
Nicht mit allen Computern der Welt und in alle Ewigkeit werden wir es wohl schaffen, das Geheimnis dieser unendlichen Zahl zu lösen: Sie besitzt keine wiederkehrende Gesetzmäßigkeit. Einige Milliarden Stellen hinter dem Komma hat man schon berechnet. Doch es bleibt ein müßiges Unterfangen derer, die den Charakter unserer Welt nicht erkennen wollen oder bloß ins Guinness-Buch der Rekorde möchten – oder vielleicht auch pure Lust am Frust haben.
Der endliche Punkt oder kleinste Kreis ist selbst die geometrische *Schnittstelle* zwischen den beiden Welten „Geist und Materie" (vgl. Teil 1). Über seine Vermehrung entsteht eine Fläche und durch Spiegelung von zwei Flächen ein unendlicher, ebener, echt vierdimensionaler Raum. Darin bildet sich die Kugel als kleinster endlicher, d.h. dreidimensionaler, Körper.
Eine weitere *Schnittstelle* findet sich in der Arithmetik, der Welt der Zahlen; die ihrerseits symmetrisch und polar zur Geometrie ist:
Es handelt sich um die Zahl „1", die es als „-1" und „+1" gibt..

---

[173] Erstmals in meinem Buch: „Plädoyer für ein Leben nach dem Tod und eine etwas andere Sicht der Welt (1999)
[174] Gesprochen "pi", wird sie wird als Kreiszahl bezeichnet. Sie beträgt 3,1415929265358.... Sie ist wohl allen Zweiflern zum Trotz unendlich lang und heißt deshalb irrational, auch wenn sich an der 1.142.905.318.634. Nachkommastelle nach dem Japaner Yasumasa Kanada wieder die Kombination 314159265358 findet. Mehrstellige Ziffernwiederholungen sind natürlich zu erwarten.

Einerseits ist sie reine Information: Die „1" sagt, dass etwas „IST". Sie ist die Information alles „SEINs", und mit ihrer Hilfe lässt sich das kleinste endliche SEIN, der endliche Punkt oder kleinste Kreis, bilden. Seine Analogie im Kosmos bildet dann das „Quant" oder „Photon", die kleinste materielle Realität unseres Universums.

Die „1" steht am Anfang der unendlichen Folge aller Ordnungszahlen (1, 2, 3, ... ∞) und auch am Ende der unendlichen Folge ihrer Kehrwerte (1/1, 1/2, 1/3, ... 1/∞). So steht sie zwischen der Unendlichkeit auf dem begrenzten Raum zwischen „1" und „0" einerseits sowie der Unendlichkeit in der Unbegrenztheit nach außen (1 bis ∞) andererseits (vgl. letzte Abbildung).

Das materielle Pendant, gebildet mit Hilfe der Zahl „1" als Basisinformation, also das „Quant" oder „Photon", ist in unserem Universum das kleinste Energieteilchen. Licht besteht aus Photonen.

Damit ist Licht eine weitere *Schnittstelle*: Das Photon besitzt weder Masse noch Ausdehnung und ist somit selbst ein Produkt reiner Information des „SEINs". Folglich ist es auch Ausdruck und Repräsentant der geistigen Welt. Andererseits ist es aus Sicht der materiellen Welt die „kleinste Einheit" von Materie.

Die Geistige Welt ist das polar-symmetrische Gegenstück zur Materiellen Welt und genauso real wie die Materielle Welt, von der so viele fälschlicherweise heutzutage annehmen, es gäbe nur sie. Geistige Welt und Materieller Kosmos sind nur zwei Teile eines gemeinsamen Ganzen, und trotzdem sind sie so verschieden: Als symmetrisch und polar zugleich sind sie nicht bloß Spiegelbild, sondern auch Gegensatz.

Eine qualitativ neue und höhere *Schnittstelle* ist das „Leben".

Nicht organische Substanzen sind bereits Leben: Sie sind nur dessen materielle Seite. Leben entsteht erst mit Hilfe der Fähigkeit komplexer dreidimensionaler Körper, d.h. den organischen Molekülen und ihren Verbindungen, in ständigem Kontakt mit der Welt des Geistes, der unendlichen Informationswelt, zu stehen und mit ihr zu kommunizieren. Heute würden wir sagen, lebende Wesen leben, weil sie aufgrund ihres materiellen Entwicklungszustandes immer „online" sein können und sind. Neben magnetischen Elementen, die als Antennen wirken können und damit vermutlich unmittelbar der Informationsaufnahme dienen, ist es wohl auch gerade ihr dreidimensionaler Aufbau, der organische Moleküle und diverse Organstrukturen zu erstklassigen Resonanzkörpern und damit zu Speichern für komplexe (Licht-)Informationen macht.

Doch nur „nacktes" Leben hervorzubringen ist der *Evolution, als dem Motor des Geistes,* keineswegs genug:

Der Geist selbst will und muss ständig lernen – er muss sich konsequent weiter entwickeln – er muss laufend wachsen und gedeihen.

Seine programmierten Ziele sind größtmögliche Vielfalt sowie ein Höchstmaß an Differenzierung und Perfektion.

Natürlich werden dazu immer bessere Geräte und Instrumente benötigt. Schon bald reicht es nicht mehr aus, nur ständig „online" zu sein und auf diese Weise

zunächst rein *passiv* Informationen zu empfangen. Allmählich sollen sie sogar seine Benutzer befähigen, die Evolution selbst *aktiv* mitzugestalten. Für lange Zeit geschieht das aber zunächst unbewusst.
Größtmöglicher Erfolg kann ihr jedoch erst dann beschieden sein, wenn die so „heranwachsenden" irgendwann einmal die Wege und Ziele der Evolution erkennen: Bewusstsein und Selbstbewusstsein machen dies später möglich. Ohne das wäre die Evolution als primäre Evolution des Geistes letztlich zum Scheitern verurteilt.
Auf der materiellen Seite entsteht dafür – bei uns hier auf der Erde – ein immer komplexeres und hierarchisch streng strukturiertes, stets abwärtskompatibles Nervensystem. Seine gegenwärtige Krone ist das menschliche Gehirn: Es ist von einer bislang unvergleichlichen Perfektion.
Der Mensch besitzt damit die Chance, *aktiver und sich dessen bewusster* Partner der Evolution zu werden. Er kann und soll nun aktiv und bewusst helfen, ihre Aufgaben schneller und vollkommener zu bewältigen und so dazu beitragen, in ferner Zeit zum erwarteten, höchstmöglichen Erfolg zu gelangen.
Bis der Mensch allerdings durchweg die Reife hat, das zu erkennen, ist, wie sich leider immer wieder zeigt, ein langer und sehr steiniger Weg.
Noch dornenreicher wird dieser Weg jetzt dadurch, dass der Mensch nicht mehr als kollektive Art gemeinsam reift, sondern jedes einzelne Individuum selbst große Verantwortung trägt. Dies führt innerhalb der Spezies Mensch zu einem einzigartigen Evolutionsgefälle, was einerseits eine Chance, andererseits jedoch zugleich ein ungeheures Risiko für die weitere Gesamtentwicklung ist.
Doch die Evolution hat keine andere Wahl. Die von ihr ersehnte und konsequent angestrebte Perfektion lässt gar nicht anderes zu. Nur zusammen, ohne jede Ausnahme, muss alles dereinst einmal gemeinsam ans Ziel kommen. Genau das entspricht wohl dem „Jüngsten Tag" in der christlichen Überlieferung.
Wenn dem so ist, und das ist meine Überzeugung, dann aber muss selbst dieses höchste Risiko dennoch ein kalkuliertes Risiko sein, sonst wäre es nicht.
Das allein schon berechtigt, wie ich meine, trotz aller zumeist aus Ignoranz oder Dummheit hausgemachter Probleme zu großem Optimismus für unsere Zukunft.
Das menschliche Gehirn ist somit die bislang jüngste *Schnittstelle* zwischen Geist und Materie. Mit ihm werden geistige Vielfalt und geistiges Wachstum in höchstmöglicher Perfektion angesteuert.

Doch es gibt noch eine ganz andere, uralte *Schnittstelle* zwischen Materie und Geist: Sie ist der „Tod"!
Einerseits beendet er abrupt die zwar theoretisch unendliche, aber zeitlich sehr eng begrenzte Entwicklung des Geistes – jedoch nur auf seiner materiellen Seite. Denn als *Schnittstelle* öffnet er andererseits direkt und unmittelbar dem Geist die Tür zu seiner eigentlichen Welt. Der Tod führt uns alle auf die Seite des reinen Geistes, auf der unendliche Vielfalt und unbegrenztes Wachstum in Ewigkeit möglich werden.

Der Tod ist zwar ein Ende, aber nicht das Ende des Menschen, seiner Gefühle und seiner Persönlichkeit, sondern nur das seines Körpers. Als eine von vielen *Schnittstellen* begrenzt er nur das Materielle, sonst nichts.
Alles, was uns Menschen als einen überaus gigantischen Komplex vielfältigster Informationen ausmacht, bleibt uns auch nach dem Tod voll und ganz erhalten.
Dazu gehören sämtliche Informationen über unseren Körper zu allen Zeiten seiner Existenz genauso, wie die unseres bewussten Geistes, unserer Gefühle, unserer Gedanken und aller Taten – ja unserer gesamten Persönlichkeit.
Nichts davon geht jemals verloren; denn

Wer stirbt, ist nicht tot!

Anhang

1) Dialog der Zwillinge im Mutterleib

Es geschah, dass im Schoß einer Mutter Zwillingsbrüder heranwuchsen.
Die Wochen vergingen und die Knaben wurden größer.
„Sag, ist es nicht großartig, dass wir empfangen wurden?"
Die Zwillinge begannen ihre Welt zu entdecken.
Als sie die Schnur fanden, die sie mit ihrer Mutter verband und
ihnen Nahrung gab, sangen sie vor Freude: „Wie groß ist die Liebe
unserer Mutter, dass sie ihr eigenes Leben mit uns teilt!"
Als die Wochen vergingen und schließlich zu Monaten wurden,
merkten sie plötzlich, wie sehr sie sich verändert hatten.
„Was soll das heißen?" fragte der eine. „Das heißt", antwortete der andere,
„dass unser Aufenthalt in dieser Welt bald seinem Ende zugeht."
„Aber ich will nicht gehen", erwiderte der eine,
„ich möchte für immer hier bleiben."
„Wir haben keine andere Wahl", entgegnete der andere,
„aber vielleicht gibt es ein Leben nach der Geburt!"
„Wie könnte dies sein? Wir werden unsere Lebensschnur verlieren, und wie
sollten wir ohne sie leben können? Und außerdem haben andere diesen Schoß
verlassen, und niemand von ihnen ist zurückgekehrt und hat uns gesagt,
dass es ein Leben nach der Geburt gibt. Nein, dies ist das Ende!"
So fiel der eine von ihnen in tiefen Kummer und sagte:
„Wenn die Empfängnis mit der Geburt endet,
welchen Sinn hat dann das Leben im Schoß?
Es ist sinnlos. Womöglich gibt es gar keine Mutter hinter allem."
„Aber sie muss existieren", protestierte der andere. „Wie sollten wir sonst
hierher gekommen sein? Und wie könnten wir am Leben bleiben?"
„Hast Du je unsere Mutter gesehen?" fragte der andere.
„Womöglich lebt sie nur in unserer Vorstellung. Wir haben sie uns erdacht, weil
wir dadurch unser Leben besser verstehen können."
Uns so waren die letzten Tage im Schoß der Mutter erfüllt mit vielen
Fragen und großer Angst. Schließlich kam der Moment der Geburt.
Als die Zwillinge ihre Welt verlassen hatten, öffneten sie die Augen.
Und was sie sahen, übertraf ihre kühnsten Träume.

nach: Henri Nouwen (1932-1996), niederl. Theologe, Psychologe und Philosoph,
Universitätsprofessor in Harvard

(Ich danke an dieser Stelle dem Kölner Heilpraktiker Rolf Strobel, der mich auf diese rührende Metapher aufmerksam gemacht hat)

2) Zwar keine Naturkonstanten im anerkannten Sinn, nichtsdestotrotz jedoch nur allzu oft verkannte Konstanten für Perfektion und Grenze des Machbaren, sind die Zahlen **273** und **618**. In früheren Kapiteln habe ich ihre Bedeutung immer wieder gewürdigt und schon vor Jahren als erster ihre Herleitung aus ganz einfachen geometrischen Überlegungen in mehreren Büchern wiederholt dargestellt.

Von mir stammt auch die schöne Metapher für die Entwicklung von Geist und Materie aus dem unbeschreiblichen Göttlichen als ROTEN FADEN für alles in unserer Welt: Über „i" entsteht zuerst „-1", dann „+1" und schließlich $(+1)^2$ durch einfache Quadrierung.

Die moderne Wissenschaft schreibt bislang nur der materiellen Wahrnehmung eine reale Existenz zu. Betrachtet man die Welt innerhalb dieses Rahmens, so ergibt sich aus einer Vielzahl von Beobachtungen, dass die Zahlenfolge **2-7-3** stets Grenzen markiert daher nenne ich sie „Grenze des Machbaren"), während sich die **6-1-8** immer wieder als das Maß für Perfektion und Optimales erweist.

Alles Materielle unterliegt zugleich einem regelmäßigen Wachstums- und Zerfallsverhalten, was mit der **Euler'schen Zahl** (e = **2,72...**) beschrieben werden kann. Es gibt somit zwei Grenzen materieller Existenz, eine „untere" und eine „obere".

Die Zahlenfolge 2-7-3 entstammt aus dem geometrischen Verhältnis vom neuen Quadrat, als erste Perfektion in der Vielheit, zum Ausgangskreis (=1,**273**...), aus meinem einfachen Gedankengang zur Entstehung der Welt. Dabei entstand auch der „Goldene Schnitt" mit 1,**618**...

Übertragen auf meine eingangs erwähnte Metapher ergibt sich:
$(1{,}273...)^2 \approx 1{,}618$ und $(1{,}618)^2 \approx e$

3) Beispiele für das Vorkommen der Zahlenfolgen 273 und 618 (Goldener Schnitt) im Dezimalsystem (Basis 10 = 1+2+3+4):

- Absoluter Nullpunkt in Grad Celsius	-273
- Gay-Lussac (Volumenminderung pro Grad C um):	1/273
- Radius des Mondes in Erdradien	0,273
- Mondbeschleunigung auf Erdbahn in cm/s	0,273
- Siderischer Monat: Mondumlauf um Erde, in Tagen	27,3
- Kehrwert der Tage pro Jahr (Umlaufzeit Erde um Sonne)	273
- Synodische Sonnenrotation in Tagen	27,3
- Schwerebeschleunigung auf der Sonne in m/s^2	273
- Schwangerschaftsdauer beim Menschen, im Mittel, in Tagen	273
- Temperatur der Hintergrundstrahlung im All in Kelvin	2,73
- Quotient aus Sauerstoff und Stickstoff in der Luft	0,273
- Anordnung von Blütenblättern oder Tannenzapfen ergibt	1,618
- Abstände Spiralwindung im Schneckenhaus	1,618
- Abstände Spiralwindung bei Galaxien	1,618
- Abstandsverhältnisse Planeten im Sonnensystem (Titus-Bode)	1,618
- Umlaufzeiten der Planeten im Sonnensystem zueinander	1,618
- Verhältnis Armlänge zu Schulterbreite beim Menschen	1,618
- Verhältnis der Länge von Fingergliedern zueinander	1,618
- Verhältnis vollkommene Quint zur Quart (Johannes Kepler)	1,618

Glossar

Akasha-Chronik, aus dem Sanskrit: akasha = Raum, Äther; bezeichnet eine Art Weltgedächtnis, in dem alles jemals Existierende verzeichnet sein soll.
AKE: Außerkörperliche Erfahrung, engl.: Out of Body Experience (OBE); Synonyme: „Entkörperlichung", „Exkursion" oder „Ausleibigkeitsphänomen".
Albertus Magnus (Albert der Große), urspüngl. Graf Albrecht von Bollstädt (ca. *1193 - +15.11.1280 in Köln). Dominikaner, Bischof, Theologe, Philosoph und Naturforscher. Nach ihm ist die Kölner Universität, an der er lehrte, benannt. Von der kath. Kirche heilig gesprochen.
Alexander der Große (*356 - +13.06.323 v.Chr.), König von Makedonien (336-323 v.Chr.), Welteroberer von eigenen Gnaden, "König von Asien" nach dem Tod des Perserkönigs Dareios (331 v.Chr.)
Altruismus, von lat.: alter = der Andere; meint Selbstlosigkeit oder Uneigennützigkeit.
Animismus, von lat. anima = die Seele: Glaube an die Beseeltheit der Natur; Letztlich baut er auf der Überzeugung von Aristoteles auf, wonach die Seele sterblich sei und nur ein davon zu trennender Geist, allerdings nicht so sehr individuell, den Tod des Menschen überlebe. Der Animismus ist in der Parapsychologie eine Richtung, wonach PSI-Phänomene als Erscheinungen der Seele oder des Unbewussten aufzufassen sind. Obwohl dieser Begriff in der neueren Parapsychologie nicht mehr benutzt wird, wende ich ihn weiter für die nicht-spiritistische Richtung zwecks besserer Unterscheidung an.
Apokryphen = verborgene Überlieferungen
Archetypen, von griech.: arche = Anfang, Ursprung, und typos = Muster, Gestalt, Vorbild.
Aristarch(os) von Samos (etwa *310 - +230 v.Chr.), War bereits erster Begründer eines heliozentrischen Weltbildes.
Aristoteles (*384 - +322 v.Chr.). Sein Vater war Leibarzt des makedonischen Königs Amyntas.
Arithmetik ist ein Teil der Mathematik: Lehre von den Zahlen und dem Rechnen mit den Zahlen.
Astronomie = Lehre von der Erforschung der Sterne und des Weltraums.
Atom von griech.: atomos = unteilbar, ungeschnitten. Gemeint sind die kleinsten Materieteilchen der →Elemente, welche noch die Eigenschaften der jeweiligen Elemente aufweisen. Sie sind auf chemischem Weg nicht teilbar.
Augustinus, Aurelius (*13.11.354 - +28.08.430 n.Chr.), war ein lateinischer Kirchenvater und Kirchenlehrer.
Autismus ist eine krankhafte extreme Kontaktunfähigkeit.
Babylonische Astronomie: sie geht bis in das 3. Jahrtausend v.Chr. zurück. Ihren Höhepunkt erreichte sie etwa um 500-600 v.Chr., ihren Abschluss im letzten Jahrhundert vor Christus. Ihre astronomischen Daten waren so genau, dass Abweichungen zu den heute mit modernsten Techniken ermittelten Daten oft nur äußerst gering sind und möglicherweise nur auf Veränderungen der tatsächlichen Gegebenheiten in der damaligen Zeit zurückzuführen sind!
Bardo Thödol oder "Bar do thos grol" heißt wörtlich: Befreiung durch Hören im Zwischenzustand. Tibetanischer Name für das tibet. Totenbuch.
Barnard, Christiaan (*08.11.1922 - +02.09.2001); führte am 03.12.1967 im "Groote-Schuur-Hospital" in Kapstadt/Südafrika die erste erfolgreiche Herztransplantation mit einem menschlichen Herzen durch.
Berkeley, George (*12.03.1684 - +23.01.1753), engl. Philosoph und Bischof.
Buddha, (*543 v.Chr. - +483 v.Chr.); eigentl. Siddharta Gautama, Sanskrit: = der Erleuchtete. Begründer des *Buddhismus*.
Cäsar, Gajus Julius, (*13.07.100 v.Chr. - +15.03.44 v.Chr.); röm. Staatsmann und Feldherr, 45 v.Chr. zum Diktator auf Lebenszeit gewählt. Führte den Julianischen Kalender ein, ermordet von Brutus und Cassius.
Celsius, Anders (*27.11.1701 - +25.04.1744), schwedischer Astronom.
Chromosom, von griech.: chroma = Farbe, und soma = Körper; faden- oder schleifenförmige Struktur im Zellkern von Pflanzen, Tieren und Menschen, auf der die Gene liegen. Besteht aus DNS oder RNS.

Cicero, Marcus Tulius, (*03.01.106 v.Chr. - +07.12.43 v.Chr.), röm. Redner und Staatsmann. Ermordet auf Veranlassung des röm. Kaisers Mark Anton ein Jahr nach der Ermordung Caesars. Erhalten sind 58 Reden und philosoph. Schriften.
COBE-Satellit: = Cosmic Background Explorer, der seit 1989 in der Erdumlaufbahn weilt. Er konnte die bisher genaueste Messung der kosmischen Hintergrundstrahlung, mit etwas mehr als 2,73 K, im Jahre 1992 vornehmen. Die ebenfalls festgestellten, äußerst geringen Temperaturschwankungen (Ripples) von etwa einem Dreißigmillionstel Grad wurden erst als Bestätigung der „Urknalltheorie" *interpretiert*. Neuere Messungen ergaben allerdings noch viel geringere Werte!
Computertomographie (CT): computergesteuerte Röntgenschichtuntersuchung.
Cookie, (engl.= Keks), Markierungen, d.h. kleine Dateien, durch die der zentrale Computer, der Server, feststellen kann, ob ein Benutzer schon einmal da gewesen ist. Dadurch erleichtern *Cookies* die Identifizierung der Internet-Surfer und verhindern wiederholtes Anmelden.
Crick, Francis Harry Compton (*08.06.1916 - +28.07.2004); engl. Vererbungsforscher.
Dacqué, Edgar (*08.07.1878 - +14.09.1945); dt. Paläontologe, Naturforscher und Naturphilosoph.
Dalai Lama, geboren 1935 als Tenzin Gyatso. 14. Oberhaupt der buddhistischen "Gelben Kirche" in Tibet, dem Lamaismus (seit 8.Jhd.). 1989 Friedensnobelpreis.
Dante, Alighieri (*Mai 1265 - +14.09.1321); ital. Dichter; vor allem berühmt durch sein Weltgedicht "La Divina Commedia" (1307-1321).
Darwin, Charles Robert (*12.02.1809 - +19.04.1882); engl. Naturforscher. Begründer der Evolutionstheorie, nach der alles Leben sich aus Vorstufen durch natürliche Auslese ableitet.
Demokrit (*460 - +371 v.Chr.), griech. Philosoph und Naturforscher.
Descartes, René (*31.03.1596 - +11.02.1650); frz. Philosoph, Mathematiker und Naturforscher.
Deskriptiv: von lat.: describere = beschreiben, schildern, abschreiben; gemeint: beschreibend.
Desoxyribo- und Ribonukleinsäure (DNS, bzw. RNS); Grundbausteine des Erbgutes. Sie bestehen immer aus 3 Teilen: einem Phosphorsäuremolekül, einem Fünffach-Zucker, der Pentose, und einer organischen Base. Von den Basen gibt es 4, nämlich Adenin, Cytosin, Guanin und Thymin. Lediglich bei der RNS kommt *anstatt* Thymin das Uracil vor. Die Basen sind der für die Codierung wichtige Bestandteil von DNS oder RNS.
Räumlich strukturiertes Riesenmolekül. Träger der für den Aufbau jedweden Lebens notwendigen Gene. Spezialformen: m-RNS von engl.: messenger RNA. Messenger = Bote; außerdem t-RNS, von engl. Transfer RNA, also Transport - RNS.
Determinismus: von lat. determinare = bestimmen, begrenzen. Lehre, dass alles in der Welt im Voraus eindeutig und unausweichlich festgelegt ist. Es gibt verschiedene Varianten: Ausgehend von einem "radikalen →Indeterminismus", wonach es eine unbeschränkte, totale Willensfreiheit gibt, über einen "gemäßigten Indeterminismus", der die relative Willensfreiheit verteidigt, aber erkennt, dass diese mehr oder weniger stark beeinflusst wird durch verschiedene, manchmal sogar völlig unbeeinflussbare und somit das Geschehen zwingend nötigende Faktoren, bis hin zu einem "radikalen Determinismus": danach gibt es überhaupt keine Willensfreiheit, alles ist vollständig und ohne jede Möglichkeit einer Beeinflussung vorbestimmt.
Diskontinuierlich, Gegenteil von kontinuierlich. Unterbrochen, abgehackt.
Dissipative Strukturen: von *Ilya →Prigogine* entwickelte Theorie, wonach sich durch Energiezufuhr große Zahlen von organischen Molekülen plötzlich zu einem ungeordneten in einen geordneten Zustand umschlagen, in dem sie sich als Ganzes kooperativ verhalten. Bricht die Energieversorgung allerdings ab, fallen sie wieder in ihren ungeordneten Zustand zurück.
Dogmatismus: Von griech.: dogma = Grundsatz; Strenges Festhalten an einer Lehrmeinung; unkritisches, von starrer Lehre abhängiges Denken.
Doppler, Christian (*29.11.1803 - +17.03.1853); österr. Mathematiker und Physiker.
de Duillier, Nicolas Fatio (*1164 – +1753); Schweizer Mathematiker, Physiker und Astronom.
Eccles, John C. (*27.01.1903 - +02.05.1997), australischer Philosoph und Arzt; Hirnforscher; Nobelpreisträger 1963 über die Funktion von Synapsen (Schaltstellen) im Gehirn.
Eckermann, Johann Peter (*21.09.1792 - +03.12.1854); dt. Schriftsteller; gab 1837-48 seine "Gespräche mit Goethe" heraus.
Eckhart, (Meister Eckhart, *ca. 1200 - +30.04.1328); Dominikaner, bedeutendster dt. Mystiker. Von ihm stammen die ersten philosophischen Schriften in deutscher Sprache.

Edison, Thomas Alva (*11.02.1847 - +18.10.1931); amerik. Ingenieur und Erfinder, z.B. Grammophon, Glühbirne, elektr. Generator, Elektroakku, Betongussverfahren; besaß über 1000 Patente.
Einstein, Albert (*14.03.1879 - +18.04.1955); dt. Physiker, Nobelpreisträger; Entdecker der Relativität von Zeit und Raum. Einstein konnte mit Hilfe seiner Gleichung beweisen, dass jede Masse bei Erreichen der Lichtgeschwindigkeit ins Unendliche anwachsen würde. Gleichzeitig führte die sog. Lorentz'sche Längenkontraktion (1899) zu einer Verkleinerung jedes Objektes ins Unendliche.
Elektronen: ihre Existenz als Teilchen mit einer sehr geringen Masse (0,9109389 · 10^{-27} g) wurde 1897 von dem engl. Physiker →Joseph J. Thomson (*18.12.1856 - +30.08.1940) bewiesen.
Elektroencephalographie (EEG) = Hirnstrommessung.
Elemente sind Reinstoffe, die sich auf chemischem Weg nicht mehr weiter zersetzen lassen.
Emanation, von lat.: emanare = herausfließen, entspringen.
Emergenz: von lat.: emergere = hervorbringen; Auftauchen, bzw. Entwicklung einer neuen Seinsstufe aus einer anderen, mit höherer Qualität.
Empirie: von lat.: empirice, = auf Erfahrung begründete Heilkunst; allgemein: Erfahrungswissenschaft.
Empirismus: von griech.: empeiria = Erfahrung, Kenntnis, Übung; auf Erfahrung beruhend.
Engels, Friedrich (*28.11.1820 - +05.08.1895); deutscher Marxist und Gönner von →Karl Marx
Entität, von lat.: ens, entis = das Ding, das Seiende; seiende Wesenheit.
Enzyme: von griech.: en = in, und zymos = Sauerteig; Eiweiße, also sehr komplexe vielkettige, sogenannte Makromoleküle, die Bau- und Stoffwechselvorgänge überhaupt ermöglichen und erleichtern, bzw. beschleunigen.
Epilepsie = Fallsucht; eine Hirnerkrankung mit sehr verschiedenen Bildern, bei denen u.a. plötzliche, anfallsartige Ausfälle vorkommen.
Epiphänomen = Begleiterscheinung
Erkenntnistheorie = Lehre von der Bewusstmachung der Wirklichkeiten, ihrer Bedingungen und Grenze.
Esoterik: von griechisch: esoteros = innerer, innerhalb; bezeichnet eine Art Geheimlehre oder Geheimwissenschaft. Heute mehr Sammelbegriff für alles nicht wissenschaftlich Erwiesene, auch Übersinnliche etc.
Ethik = Lehre vom sittlich Guten und Bösen.
Euklid (um 300 v.Chr.), griech. Mathematiker. Schrieb ein Lehrbuch der gesamten damaligen Mathematik. Nach ihm ist die klassische Geometrie des dreidimensionalen Raumes (euklidische Geometrie) benannt.
Feuerbach, Ludwig Andreas (*28.07.1804 - +13.09.1872); dt. Philosoph und Theologe;
Freud, Sigmund (*06.05.1856 - +23.09.1939); Österr. Neurologe und Psychiater; Begründer der Psychoanalyse.
Galilei, Galileo (*15.02.1564 - +08.01.1642); ital. Astronom, Mathematiker und Physiker.
Galton, Sir Francis (*16.02.1822 - +17.01.1911); engl. Naturforscher und Anthropologe; Kriminalist.
Gauß, Carl Friedrich (*30.04.1777 - +23.02.1855), dt. Mathematiker und Astronom.
Geller, Margaret Joan (*1947), amer. Astronomin; Galaxien sind wie die Gewebe eines Schwamms im Universum verteilt. Zwischen diesen Grenzen herrscht fast absolute Leere.
Gen ist ein Begriff für die kleinste wirksame Einheit des Erbgutes. Ein Gen kann aus mehreren →Nukleotiden bestehen, die somit für die Entstehung eines oder mehrerer Eiweiße zuständig sind, die ein Merkmal ergeben.
Geometrie = Teil der Mathematik, der sich mit den Körpern und Flächen befasst.
Gluon, hypothetisches Quant, welches im Sinne eines Klebers die starke Wechselwirkung zwischen Kernteilchen vermitteln soll.
Gnostiker, bereits spätellenistische, dann christliche Gruppierungen, die das Heil des Einzelnen von der Erkenntnis Gottes und der erlebten Einsicht in das göttliche Geheimnis abhängig machten. Später auch vom Christentum abgeleitete Sekten, die sich durch die Aufnahme anderer religiöser Elemente sowie mystischer Spekulationen über den Gegensatz von Gott und der Materie von christlichen Auffassungen entfernten.

Goethe, Johann Wolfgang (*28.08.1749 - +22.03.1832); deutscher Dichter, Philosoph und Naturforscher; seit 1782 geadelt: "von Goethe".
Graviton, hypothetisches Quant, welches die Schwerkraft (Gravitation) vermitteln soll.
Gregor der Große, (* vor 540 - +12.03.604); Kirchenlehrer; Erster Mönchspapst.
Gurwitsch, Alexander Gawrilowitsch (*1874 - +1954); russ. Arzt und Biologe; versuchte den biologischen Formbildungsprozess (Morphogenese) aufzuklären. Entdeckte die "mitogenetische" Strahlung.
Haeckel, Ernst (*16.02.1834 - +19.08.1919); dt. Zoologe; Monist, Materialist und Darwinist.
Hawking, Stephen (*08.01.1942); engl. Physiker und Kosmologe; Zurzeit Inhaber des Physik - Lehrstuhls von → *Isaac Newton*. Wurde mit dem Sachbuch: *"Eine kurze Geschichte der Zeit"* berühmt. Vertreter einer materialistischen Auffassung der Welt.
Heraklit (ca. *544 - +483 v. Chr.); griech. Philosoph.
Hertz, Heinrich (*22.02.1857 - +01.01.1894); dt. Physiker. Nach ihm ist die Einheit *Hz* für die Frequenz benannt. Bestätigte die von Maxwell gemachten Voraussagen über die Wesensgleichheit der langen elektromagnetischen Wellen (Radiowellen) mit den Lichtwellen.
Herzkammerflimmern: dabei "wurschteln" alle Herzzellen unkoordiniert für sich, so dass es nicht mehr zu einer wirksamen Herzleistung kommt, d.h. es wird nicht mehr genügend Blut in den Blutkreislauf ausgeworfen. Das Herzkammerflimmern ist damit ein sogenannter "hämodynamischer Herzstillstand". Ohne sofortige und geeignete Wiederbelebungsmaßnahmen ist der Patient damit praktisch (klinisch) tot!
Hildegard von Bingen (*1098 - +17.09.1179); Benediktiner-Äbtissin; bedeutende Mystikern, Visionen des "lebendigen Lichts".
Hintergrundstrahlung (HGS): Sie ist eine aus allen Himmelsrichtungen fast vollkommen gleichmäßig nachweisbare Mikrowellen-Wärmestrahlung des Kosmos. Ihre durch den Satelliten → COBE nachweisbaren Schwankungen sind außerordentlich gering und betragen nur etwa ein Dreißigmillionstel Grad.
Hippokrates (*460 - +377 v.Chr.); griech. Arzt. Nach ihm ist der ärztliche Eid benannt.
Hölderlin, Johann Christian Friedrich (*20.03.1770 - +07.06.1843); dt. Theologe und Dichter.
Homer, (ca. 8. Jhd. v.Chr.); berühmtester griech. Dichter, wobei allerdings nicht sicher ist, ob er wirklich gelebt hat oder die ihm zugeordneten Dichtungen in Wirklichkeit von mehreren Autoren geschrieben wurden, die alle unter dem "Sammelnamen" Homer laufen.
Hubble, Edwin Powell (*20.11.1889 - +28.09.1953); nach ihm ist das Hubble-Weltraumteleskop benannt, welches seit Anfang der neunziger Jahre zur Erforschung des Weltraums von den USA im All ist. Hubble entdeckte, dass ferne Nebel im All in Wirklichkeit Galaxien sind. Die sog. Rotlichtverschiebung brachte ihn auf die Idee eines expandierenden Universums. Expansion entsprechend folgender Formel: Fluchtgeschwindigkeit = H mal Entfernung, wobei H = Hubblekonstante. Je größer also die Entfernung der Galaxien voneinander, desto schneller sollen sie sein.
Hume, David (*07.05.1711 - +25.08.1776); schott. Philosoph und Historiker;
Hyperkapnie = erhöhter Spiegel von Kohlendioxyd im Blut.
Hypoxie = Sauerstoffmangel im Blut und in den Organen.
IANDS = International Association for Near Death Studies (internationaler Verband für die Erforschung von Nahtoderfahrungen). Gegründet 1981 an der Universität Connecticut durch Kenneth Ring, Bruce Greyson und John Audette. Einige Jahre später wurden auch in Australien und einigen europäischen Ländern nationale Ableger dieses Forschungszentrums eingerichtet.
Ideologie, von griech.: idea = Aussehen, Gestalt; logos = das Wort, die Lehre; legein = sagen, sprechen, erklären. Damit ist die Gesamtheit der Auffassungen einer Gruppe in der Gesellschaft, bzw. eine politische Theorie gemeint.
Imaginäre Zahl "i": Negative Zahlen sind nur Spiegelbilder der positiven Zahlen. Also muss man auch aus negativen Zahlen die Wurzel ziehen können. Es gibt aber keine negative Zahl, die mit sich selbst multipliziert, wieder eine negative Zahl ergibt. Daher setzt man hierfür "i". Die $\sqrt{(-4)}$ ist somit 2i.
Instinkt: Von lat.: instinctus = Antrieb, Eingebung. In der Biologie ist mit Instinkt ein „angeborener" Trieb zu bestimmten Verhaltensweisen gemeint.

Intelligenzquotient: Den Durchschnittswert in der Bevölkerung hat man mit 100 festgelegt. 60 gilt als schwachsinnig.
Internet, virtuelles, erdumspannendes Datennetz.
Interpretation, von lat.: interpretari = den Vermittler machen, erklären, deuten.
Intranet, Teil des Internets, den nur Berechtigte mittels Passwörter benutzen können.
Intuition, von lat.: intueri = genau hinschauen, anschauen (vor allem auch im geistigen Sinne); meint das unmittelbare Erkennen von Vorgängen oder Zusammenhängen vom Gefühl her, sogenannte Eingebung.
Irrationale Zahlen: Zahlen mit einem unendlichen, aber nicht periodischen Bruch. Errechnet aus einer →*rationalen Zahl*, z.B. √2.
Islam bedeutet soviel wie „Unterwerfung unter Gott". Islam und Moslem, bzw. islamistisch und moslemisch sind praktisch Synonyme.
Isotropie = von griech.: "isos" = gleich, und "tropos" = Richtung: in allen Richtungen gleich und ohne Bevorzugung verteilt.
Jesus, nach christlicher Auffassung Gottes Sohn, wurde nach neueren Erkenntnissen entweder im Jahr 4 v.Chr. oder 7 v.Chr. geboren.
Jüngster Tag, Synonym: "Ende aller Tage"; Der Tag, an dem die Welt in ihrer jetzigen Form nach christlicher und islamischer Auffassung dramatisch endet.
Jürgenson, Friedrich (*08.02.1903 - +15.12.1987); ukrain.-dt. Musiker, Maler und Schriftsteller.
Jung, Carl Gustav (*26.07.1875 - +06.06.1961); Schweizer Psychiater, Psychotherapeut. Schüler von →*Freud*.
Kant, Immanuel (*22.04.1724 - +12.02.1804); deutscher Mathematiker und Philosoph. Lebte sein ganzes Leben in Königsberg und Umgebung. War Professor für Logik an der Universität Königsberg, früher: Ostpreußen.
Kausal, von lat.: causa = der Grund, die Ursache.
Kelvin: Dezimale (!) Temperatureinheit, Abk.: "K"; nach dem engl. Physiker Sir William →Thomson, dem Lord Kelvin of Largs.
Kepler, Johannes (*27.12.1571 - +15.11.1630); dt. Theologe, Mathematiker und Astronom. Von ihm sind die drei Kepler'schen Gesetze.
Kernspintomographie, auch MRT (=Magnet-Resonanz-Tomographie, engl. MRI); modernes bildgebendes Verfahren auf Basis von Magnetfeldern und einstrahlenden Hochfrequenzimpulsen.
Kohärenz = von lat.: cohaerere = zusammenhängend; es handelt sich hier um einen geordneten Zustand durch sich dauerhaft überlagerndes (interferentes) Licht.
Koinzidenz, von lat.: cum = mit, und incidere = in etwas geraten, sich ereignen. Koinzidenz meint das Zusammentreffen zweier Ereignisse oder Vorgänge.
Konfuzius (*551 v.Chr. - +479 v.Chr.); auch Kung-fu-tse oder Konfutse geschrieben; chin. Philosoph und geistiger Begründer der chinesischen Unterwürfigkeit unter den Staat
Kontemplation: von lat. contemplatio = Anschauung, Beobachtung; erkennendes Betrachten.
Kontingent: von lat.: contingens = berührend; gemeint ist zufällig; möglich, aber nicht notwendig.
Konvergenz, von lat.: convergere = sich hinneigen; meint das gegenseitige Annähern von Arten oder Eigenschaften.
Kopernikus, Nikolaus (*19.02.1473 - +24.05.1543); dt. Arzt, Jurist und Astronom; übernahm von →*Aristarch von Samos* das heliozentrische Weltbild, wonach die Planeten Kreisbahnen um eine exzentrische Sonne ausführten.
Koran oder Qur-an; arabisch = Lesung; Offenbarungen des Mohammed, in 114 Suren (Kapitel) eingeteilt, nach Länge sortiert.
Korrelation, von lat.: cor (cum) = mit, zusammen und relatus (von referre) = hingewendet. Es bedeutet: Etwas steht in Wechselwirkung mit etwas anderem.
Kosmos: von griech.: kosmos = Weltordnung, das wohlgeordnete Weltall; gemeint ist unser Universum im „Kleinsten", dem mikroskopischen, sog. Mikrokosmos sowie im „Großen", den Planeten, Sternen und Galaxien = Makrokosmos. Unter *Kosmologie* versteht man die Wissenschaft vom Weltall. Dies ist ein Teilbereich der Physik und der Astronomie.
Kostolany, André (*09.02.1906 - +14.09.1999); Ungar. Geschäftsmann, Schriftsteller und berühmter Börsenguru.

Kübler-Ross, Elisabeth (*08.07.1926 - +24.08.2004); Schweizer Ärztin und Psychiaterin; Erforschung von Nahtodeserlebnissen.
Lamarck, Jean-Baptiste de Monet, Chevalier de, (*01.08.1744 - +18.12.1829); franz. Naturforscher. Begründer der Abstammungslehre, dem Lamarckismus.
Laotse (*604 v.Chr. nach chin. Tradition; Ende des 7. Jh. v.Chr. gesichert). Chin. Philosoph. Archivar am kaiserlichen Hof in Loyang (heutige Provinz Honan). Von ihm stammt das 5000 chin. Schriftzeichen umfassende Buch vom "Sinn" (vielleicht auch besser, von den "unsichtbaren geistigen Regeln der Welt") und vom "Leben" (→ Tao-Te-King).
Laplace, Pierre Simon de L. (*28.03.1749 - +05.03.1827); frz. Mathematiker und Astronom;
LASER = "light amplification by stimulated emission of radiation". Beim technischen Laser wird sehr starkes und intensives, gebündeltes Licht erzeugt, welches kohärent und von definierter Frequenz ist.
Le Sage, Georges Louis (*1724 - +1803); Schweizer Mathematiker und Physiker.
Leibniz, Gottfried Wilhelm (*01.07.1646 - +14.11.1716); dt. Philosoph und Naturforscher.
Leukipp von Milet (Mitte 5. Jhd. v.Chr.); griech. Philosoph und Mitbegründer des *Atomismus*.
Licht, oder besser: sog. weißes Licht lässt sich durch Prismen in Farben zerlegen. Spektralfarbe ist dann ein Licht von einer bestimmten Wellenlänge. Spektrallinie ist das Maximum im Spektrum einer dargestellten Größe.
Limbisches System, paarige Zwischenhirnstrukturen, die Großhirn und darunter liegende Hirnteile verbinden und u.a. eine Art Türsteherfunktionen mit Sortierfunktion für emotionale und Gedächtnisinhalte ausüben.
Locke, John (*29.08.1632 - +28.10.1704); engl. Philosoph, Politiker und Pädagoge.
Logik = Lehre des folgerichtigen Denkens und vom Wesen der Begriffe.
Lommel, Pim van, Jahrgang 1943, niederl. Nahtodforscher, ehem. Kardiologe in Arnheim (NL)
Lorentz, Hendrik (*18.07.1853 - +04.02.1928); niederl. Physiker. Von ihm stammt die Längenkontraktion bei schnellen Objekten (unendlich bei Lichtgeschwindigkeit).
LSD = d-Lysergsäure-diäthylamid-tartrat. LSD ist ein Halbsynthetisches Halluzinogen, kann symptomatische Psychosen, und damit Halluzinationen auslösen.
Lukrez, Titus Lucretius Carus (* ca. 97 v.Chr. - + 55 v.Chr.); röm. Dichter. Schrieb z.B. das epische Gedicht "Über die Natur der Dinge" (De rerum natura), eine Darstellung des Weltbildes, um die Menschheit von der Furcht vor dem Tod und den Göttern zu erlösen.
Magnetresonanztomographie (MRT), auch *Kernspintomographie* genannt. Bei diesem Verfahren wird die Erholungszeit von Wasserstoffprotonen gemessen, die sich in einem magnetischen Feld ausrichten und die zwischendurch mit Hilfe eines Hochfrequenzimpulses abgelenkt wurden. Dadurch kann man sowohl anatomische, als auch funktionelle Veränderungen im Gehirn untersuchen.
Maimonides Moses (Rabbi Mose ben Maimon, *30.03.1135 - +13.12.1204); jüd. Arzt, Philosoph und Theologe. Systematisierte den Talmud.
Makrostruktur = grobe Anatomie; grober Aufbau der Strukturen. Das Gegenteil davon ist die Mikrostruktur.
Mandelbrot, Benoit (*20.11.1924); poln. Mathematiker; der Begriff der →*fraktalen Geometrie* wurde von ihm im Jahre 1975 als Bezeichnung für das Phänomen der „Selbstähnlichkeit" eingeführt.
Marx, Karl Heinrich (*05.05.1818 - +14.03.1883); Begründer des "wissenschaftlichen Marxismus.
Mendel, Gregor (*22.07.1822 - +06.01.1884); dt. Naturforscher, Botaniker, Mönch und Prior der Augustinereremiten.
Messias: von lat.: mittere = schicken, senden; Der Gesandte; hier: der von Gott gesandte. Synonym für →Jesus Christus.
Metaphysik: griech.: "nach der Physik"; von →*Aristoteles* zunächst zeitlich gemeint, weil damit eine seiner Werke gemeint war, die nach seinen physikalischen Schriften folgte! Metaphysik bezeichnet heute vor allem einen Teil der theoretischen Philosophie, welcher sich mit ihren Zentralfragen, wie z.B. Struktur, Sinn und Grund des Wirklichen, des Seins etc., befasst.
Michelson, Albert Abraham (*19.12.1852 - +09.05.1931); amerik. Marineoffizier und Physiker.
Mimikry, von griech.: mimikos = nachahmend; bezeichnet die Nachahmung bestimmter anderer Tiere zumeist zur Abwehr.
Mohammed (ca. *570 n.Chr. - +08.06.632 n.Chr.). arab. Prophet. Begründer des Islam.

Molekül ist die kleinste Einheit einer chemischen Verbindung, die noch deren chemische Eigenschaften besitzt.
Monade: von griech.: monados = Einheit; monos = einzig, allein. Nach →*Leibniz* kleinste, seelische und allem innewohnende, unteilbare Einheit des Universums.
Monod, Jacques (*09.02.1910 - +31.05.1976); frz. Physiologe. Nobelpreis für Medizin 1965.
Morley, Edward Williams (*1838 - +1923); Chemiker, kam als Physiker zu Weltruhm.
Morphologisch, von griech.: morphos = Gestalt; gemeint ist gestaltsmäßig, auch lat.: anatomisch
Mose , (ca. 13. Jhd. v.Chr.); hebräisch Moscheh, lateinisch Moses; Wichtige Gestalt des alten Testamentes; Mittlerposition zwischen Gott und Mensch.
Mutation: von lat.: mutare = verändern; Spontan auftretende Änderungen in der Erbsubstanz.
Mysterion: von griech.: myein, griech. einweihen. Gemeint ist ein „Geheimnis"; eine Grundform religiösen, unmittelbaren Erlebens von Gott oder einer Transzendenz.
Naturphilosophie = Auseinandersetzung mit den Erfahrungen aus den Naturwissenschaften.
NDE: Near-Death-Experience(s), engl. für Nahtoderfahrung(en); gebräuchlich im Singular und Plural
Newton, Isaac (*4.01.1643 - +31.03.1727). engl. Physiker; Professor und Lehrstuhlinhaber in Cambridge, Präsident der Royal Society (1704-1727). Im Jahre 1705 geadelt ("Sir"). Begraben in der Londoner Westminster Abbey. Nach ihm ist die Einheit "1 Newton" benannt, für die Beschleunigung eines Körpers der Masse 1 kg (1000 g) aus der Ruhe auf die Geschwindigkeit 1 m/s.
Nirwana, aus dem Sanskrit, wörtlich „Verwehen" aller aus dem Dasein anhaftenden Faktoren, wie Ich-Sucht, Gier etc. und dadurch Erreichen eines Zustands des „höchsten Glücks".
Nouwen, Henri (*24.01.1932 - +21.09.1996), niederländischer Theologe, Psychologe und Philosoph, Universitätsprofessor in Harvard
Null: von lat.: nulla figura = kein Zeichen.
NTE: Nahtoderfahrung(en), gebräuchlich für Singular und Plural; engl. NDE, Near-Death-Experience(s)
OBE = engl.: Out of Body Experience; also ein Synonym für „Außerkörperliche Erfahrung (AKE)", „Entkörperlichung", „Exkursion" oder „Ausleibigkeitsphänomen".
Panta rhei, griech.: alles fließt. Dieser Ausspruch stammt von dem griech. Philosophen →Heraklit (ca. 544-483 v.Chr.)
Pantheismus = Lehre, dass Gott *überall* in der Natur sei.
Papst Benedikt XVI, (*16.04.1927), bürgerl. Joseph Ratzinger, Papst seit 19.04.2005
Papst Johannes Paul II (*18.05.1920 - *02.04.2005), bürgerl. Name: Karol Wojtyla, Papst seit 1978. Zuvor Erzbischof von Krakau (Polen).
Paracelsus (*10.12.1493 - +24.09.1541); eigentlicher Name: Theophrastus Bombastus von Hohenheim; dt. Arzt und Naturphilosoph. Er behandelte den Menschen als körperlich - seelische Einheit.
Paranoia = Verfolgungswahn.
Parapsychologie ist ein Teilgebiet der Psychologie (von griech.: para = neben, daneben); sie befasst sich mit den außersinnlichen (okkulten) Erscheinungen. Der erste Lehrstuhl für Parapsychologie entstand in Freibug/Breisgau. Der erste Lehrstuhlinhaber war Prof. Dr. Hans →Bender; dt. Psychologe.
Pascal, Blaise (*19.06.1623 - +19.08.1662); frz. Philosoph und Mathematiker. In der „Logik des Verstandes" wird die Vernunft als unzulänglich dargestellt. Die letzten Fragen können nur subjektiv befriedigend, durch gläubige Gotteserfahrung („Logik des Herzens") gelöst werden.
Penzias, Arno A. (*26.04.1933) ; dt. Physiker; entdeckte zufällig 1965 zusammen mit dem amerik. Physiker → Robert W. Wilson die Mikrowellen-Hintergrundstrahlung, als sie auf der Suche nach Störfaktoren in den Funkverbindungen mit Satelliten waren. Nobelpreis 1978.
Philosophie, griechisch, bestehend aus: philos = Freund, und sophia = Weisheit.
Physik = Lehre von den Gesetzmäßigkeiten der unbelebten Materie.
Pi: Die Kreiszahl π entspricht dem Verhältnis des Kreisumfangs zum Kreisdurchmesser und ist eine transzendente Zahl. Sie beträgt 3,1415929265358....! Sie ist wohl allen Zweiflern zum Trotz unendlich lang. und bleibt durchweg irrational, auch wenn sich an der 1.142.905.318.634. Nachkommastelle laut dem Japaner Yasumasa Kanada wieder die Folge 314159265358 findet. Mehrstellige Ziffernwiederholungen sind natürlich zu erwarten.

Planck, Max Karl Ernst Ludwig (*23.04.1858 - +04.10.1947); dt. Physiker; Theorie, dass Energie nicht kontinuierlich, sondern in "kleinsten Portionen", sog. Quanten ausgestrahlt wird.
Platon (ca. *427 - +347 v.Chr.); Schüler von Sokrates, griechischer Philosoph und Denker.
Plotin(os) (205-270 n.Chr.); griech. Philosoph. Gründung einer Philosophenschule in Rom.
Pluripotent: von lat.: plures = mehr, von größerer Anzahl; potere oder posse = können, mächtig sein, wirken; also: vielseitig wirksam.
Popp, Fritz Albert ; deutscher Physiker. Eindeutige Belege für Lichtcodierung in biologischen Materialien, z.B. Zellen, z.B. DNS.
Popper, Sir Karl Raimund (*28.07.1902 - +17.091994); österr. Philosoph und Psychologe.
Positronenemissionstomographie (PET): Elektromagnetisches Abtastverfahren mit dem z.B. lokale Veränderungen der Hirndurchblutung gemessen werden können, so dass Hirnreaktionen exakt bestimmt werden können..
Pragmatismus, von griech.: pragmateia = Beschäftigung mit einer Sache; eifriges Streben. Man bezeichnet damit die Lehre, nach der das Handeln durch seinen praktischen Nutzen bestimmt ist.
Prigogine, Ilya (*25.01.1917); belg. Physikochemiker russ. Herkunft; Theorie der →*dissipativen* Strukturen. Nobelpreis für Chemie1977.
PSI – Phänomene: Im 19. Jhd. suchte man einen wertneutralen Begriff für unerklärliche Phänomene. Man wählte den 23. Buchstaben aus dem griechischen Alphabet (PSI), da er nach „Psyche" klingt.
Ptolemäus, Claudius (ca. *100 - +170 n.Chr.), lebte in Alexandria; griech. Geograph, Mathematiker und Astronom. Danach ist die Erde der Mittelpunkt von Sonne, Mond und Planeten, die sich in sog. Epizyklen um die Erde bewegen.
Pulsar, Überrest eines Sterns, der periodisch Radiowellen abstrahlt. 1967 entdeckt.
Pythagoras (ca. *580 - ca. +496 v.Chr.), griech. Philosoph und Mathematiker. Die Pythagoräer erkannten, dass $\sqrt{2}$ bei der Diagonalenberechnung eines Quadrats keine Zahl im üblichen Sinn ergibt. Satz des Pythagoras: Summe der Quadrate der beiden Katheten in einem rechtwinkligen Dreieck entspricht dem Quadrat der Hypotenuse. *Ganze* Zahlen, die diese Bedingungen erfüllen, heißen pythagoräische Zahlen. 3 ,4 und 5, und damit deren Quadrate 9+ 16 = 25, sind die ersten pythagoräischen Zahlen.
Rationale Zahlen: von lat. ratio = die Vernunft. Unter rationalen Zahlen versteht man alle ganzen positiven (= natürliche Zahlen, Teilmenge der rationalen Zahlen) und negativen Zahlen, die Null sowie alle Zahlen, die sich durch einen endlichen oder einen unendlichen, aber periodischen Dezimalbruch darstellen lassen.
Rubin, Vera (*1928), entdeckte 1954, dass Galaxien im All nicht gleichmäßig verteilt sind.
Quant war der ursprünglich von *Max → Planck* als "Wirkungsquantum" eingeführte Begriff, der heute zumeist den kleinsten Wert darstellt, um den sich eine "kleinste" oder "gequantelte" physikalische Größe, z.B. der Energie oder des Drehimpulses verändern kann. Der Energieunterschied zwischen zwei Zuständen wird oft von einem Teilchen übernommen (oder beigesteuert), welches man auch als Quant bezeichnet. Kleinstes "Teilchen" des Lichts, bzw. der elektromagnetischen Strahlung ist das Photon.
Quasare: sog. quasistellare Objekte, bzw. Radioquellen, also sternähnliche Objekte; möglicherweise *verendete* Galaxien.
Ranke, Leopold von (*21.12.1795 - +23.05.1886); dt. Historiker; Prof. an der Univ. Berlin, Berater verschiedener Könige und Kaiser.
Reanimation, von lat. re = zurück; anima = die Seele; gemeint ist Wiederbelebung.
Reduktionismus: ist eine Variante des →*Monismus*, bei der die ganze Verschiedenheit des Wesens der Elemente grundsätzlich bestritten wird, und alles nur auf eine einzige Seinsform zurückgeführt wird.
Regressiv, von lat.: regressus = Rückschritt; gemeint ist mit regressiv: zurückbildend.
Regressionstherapeuten versuchen mit Hypnosetechniken Menschen zunächst in frühe Kindheitssituationen zurückzuversetzen. Manche glauben, damit ließe sich ein Mensch darüber hinaus auch in "frühere Leben" zurückversetzen.
Religion, von lat.: religare = zurückführen, zurückfinden; oder von religere = wieder durchwandern, durchgehen, oder von religio = rücksichtsvolle, gewissenhafte Beachtung; Glaube an eine oder mehrere überirdische Mächte sowie deren Kult.

Religionsphilosophie = Untersuchung der Religionen im Vergleich zu anderen philosophischen Disziplinen.
Resonanz, von lat.: resonare = widerhallen, zurückschallen.
Rezessiv, Gegenteil von → *dominant*.
Rilke, Rainer Maria (*04.12.1875 - +29.12.1926); tschech.-dt. Schriftsteller
Sacks, Oliver (*1933); engl. Arzt, Neurologe und Neuropsychologe; Professor für Klinische Neurologie am Albert Einstein College of Medicine in New York.
Schizophrenie, kommt aus dem griech. und bedeutet gespaltene Seele. Es handelt sich um ein krankhaftes Neben- und Miteinander von gesunden und krankhaften Empfindungen.
Scholastik, von lat.: schola = schule, bzw. scholasticus = Schüler, kommend. Bezeichnung für die kirchliche Theologie und Philosophieschule des Mittelalters.
Seneca, Lucius Annäus (*um 4 v.Chr. - +65 n.Chr.); römischer Philosoph
Sheldrake, Rupert (*1946), engl. Biologe.
Singularität: physikalisch ein unendlicher Punkt, an dem die gültigen Gesetze der Physik nicht gelten.
Sokrates (*469 - +399 v.Chr.); griech. Philosoph, der wegen angeblicher Gottlosigkeit und Verführung der Jugend zum Tod durch den Schierlingsbecher (Pilzgift) verurteilt wurde.
Spinoza, Baruch de (24.11.1632-21.02.1677), niederl. Mathematiker und Philosoph.
Steiner, Rudolf (*27.02.1861 - +30.03.1925); Kroat. Schriftsteller. Begründer der Anthroposophie (1912), der Lehre v. d. wissenschaftl. Erforschung d. geistigen Welt.
Stoiker = Menschen von einer unerschütterlichen Gelassenheit. Ausgehend von der sog."stoa (poikile)", griech. „bunte Säulenhalle", handelt es sich um eine philosophische Richtung, die um 300 v.Chr. gegründet wurde. Alles Reale ist materiell, ist von Gott, der Urkraft durchströmt.
Stringent, von lat.: stringere = zusammenziehen, abschnüren; gemeint ist schlüssig, zwingend.
Suttapitaka (Sanskrit, dt. übersetzt: "Korb der Lehrreden"), eine von drei Sammlungen des "Tripitaka" (dt.: "Dreikorb"), buddhistische Schrift.
Symbiose, von griech.: sym = zusammen, und bios = Leben; Zusammenleben von Organismen zum beiderseitigen Nutzen.
Synchronizität: Dieser Begriff wurde durch →*Carl Gustav Jung* in Zusammenarbeit mit dem Physiker →*Wolfgang Pauli* geprägt. Er bezeichnet die *sinnvolle* Koinzidenz eines objektiven physikalischen Vorgangs mit einem inneren psychischen Ereignis. Dabei bleibt offen, ob dieses gleichzeitige Zusammentreffen nicht auch kausaler Natur sein kann, d.h., dass ein Ereignis, also zB. das objektive Geschehen, das andere Ereignis also das psychische Ereignis sogar ausgelöst hat. Dies wäre allerdings über den Begriff *Synchronizität* hinausgehend und wird als Möglichkeit von der Wissenschaft bestritten. Kritiker erklären allerdings bereits die zufällige Koinzidenz synchronistischer Ereignisse mit einer selektiven Wahrnehmung. Überzeugend dagegen spricht aber eine jahrtausendealte Überlieferung und natürlich die dem Menschen eigene persönliche Erfahrung. Ein synchronistisches Ereignis macht den Menschen, der es erlebt, jedenfalls zumeist außerordentlich ergriffen.
Talmud, von hebräisch "Lernen, Lehre", bezeichnet die kodifizierte jüdische Traditionssammlung aus dem 3. – 6. Jahrhundert.
Tantrismus bezeichnet eine von Indien ausgehende religiöse Strömung, benannt nach den Tantras, den heiligen Büchern der Shaktas. Diese wiederum sind die Verehrer der Shakti, welches die weibliche Potenz der Schöpfung ist.
Tao-te-king, auch Daodejing (gesprochen Dau-De-Ging)bezeichnet das Buch (=King) vom "Sinn" (=Tao, vielleicht besser übersetzt, von den "unsichtbaren geistigen Regeln der Welt") und dem "Leben" (=Te). Es stammt von → Laotse.
Teilhard de Chardin, Pierre (*01.05.1881 - +10.04.1955); frz. Anthropologe und Philosoph, Geologe, Paläontologe.
Teilchenzoo: Heutiger Ausdruck für die Vielzahl zumeist instabiler oder nur hypothetischer kleinster Teilchen, die man den Teilchen der Atomkerne oder auch nur Kräften oder Wirkungen allgemein zuzuordnen zu müssen meint.
Teleologie = Lehre von der Zielgerichtetheit und Zweckbestimmtheit. Wurde von dem deutschen Philosophen Christian Wolff (1679-1754) im Jahre 1728 eingeführt.
Theognis, (6. Jhd. v.Chr.); griech. Dichter, vermutlich aus Megara.

Thomas von Aquin (*1225 - +07.03.1274); dt. Dominikaner, Theologe und Kirchenlehrer; von kath. Kirche heilig gesprochen.
Thomson, Sir Joseph John (*18.12.1856 - +30.08.1940); bewies u.a. die Existenz der →Elektronen als Masseteilchen.
Thomson, Sir William (*26.061824 - +17.12.1907); seit 1892 zum Lord →*Kelvin* of Largs geadelt! Mitbegründer der Thermodynamik.
Todeszeichen: im Unterschied zum "klinischen" Tod kann erst dann vom "endgültigen" Tod gesprochen werden, wenn "sichere" Todeszeichen vorhanden sind: dazu zählen Leichenstarre, Totenflecke und beginnende Fäulniszeichen. Als notwendiges *unsicheres* Todeszeichen für die Kennzeichnung als "klinisch tot" gilt die Null-Linie im →EEG.
Trance: von lat.: transire = hinüber gehen, sich verwandeln: Schlafähnlicher Zustand des Entrücktseins.
Transzendent: von lat.: transcendere = überschreiten: übersinnlich; die Grenzen des sinnlich wahrnehmbaren überschreitend und sich jenseits dieser Grenzen befindend. Gegenteil von: immanent (innerweltlich). *Transzendente Zahlen* können nicht durch eine algebraische Gleichung mit einem rationalen Koeffizienten dargestellt werden, z.B. Euler'sche Zahl, z.B. π..
Upanischad, im Sanskrit "das Sich-in-der-Nähe-Niedersetzen" (bei einem Lehrer). Bezeichnung einer Gruppe heiliger Offenbarungstexte des Hinduismus mit philosophisch-mystischem Inhalt.
Vedische Religion, die im Veda (=Sanskrit: "Wissen"), der aus vier Sammlungen bestehenden ältesten Schriften indischer Literatur (Rigveda, Samaveda, Yajurveda und Atharveda) greifbaren mythisch-religiösen Anschauungen indoarischer Einwanderer des indischen Subkontinents im zweiten Jhd. v.Chr.; Mit in Indien vorhandenen Einflüssen vermischte sich die vedische Religion zum →Hinduismus.
Vergil, eigentl. Publius Vergilius Marco (*15.10.70 - +21.09.19 v.Chr.); röm. Dichter, z.B. Äneis; "Vater des Abendlandes".
Voggenhuber, Pascal (*12.02.1980), Schweizerisches Medium.
Wasser (chem. Formel H_2O) besteht zu 99,85% aus dem Reinmolekül H_2O mit nur 1 Proton. Im "Wassergemisch" finden sich daneben zu etwa 0,15% auch die Isotope Deuterium (1 Proton + 1 Neutron) und Tritium (1 Proton + 2 Neutronen).
Watson, James Dewey (*26.04.1928); amerik. Biologe, Biochemiker:
Wilson, Robert W. (*08.06.1936); amerik. Physiker; entdeckte zufällig 1965 zusammen mit dem dt. Physiker → Arno A. Penzias die Mikrowellen - Hintergrundstrahlung, als sie auf der Suche nach Störfaktoren in den Funkverbindungen mit Satelliten waren. Nobelpreis 1978.
Zarathustra (ca. *600 - ca. +533 v. Chr.); altiran. Religionsstifter
Zenon von Elea (um 460 v.Chr.); griech. Philosoph, zitiert bei Aristoteles.

Literaturverzeichnis (Auswahl)

Adams, G., „Grundfragen der Naturwissenschaft" (1979)
Altea, R., „Sag Ihnen, dass ich lebe", Goldmann (1995)
Araoz, D.L., „Selbsthypnose – Kreative Imagination in Beruf und Alltag", Econ (1992)
Bache, Ch. M., „Das Buch von der Wiedergeburt --- Das Gesetz der ewigen Wiederkehr - alles über Reinkarnation aus der Sicht der modernen Wissenschaft", Scherz (1993)
Bagemihl, B., "Biological exuberance: animal homosexuality and natural diversity", St. Martin's Press (1999)
Bambaren, S., "Der träumende Delphin", Piper (1999)
Barbour, J., "The End of Time", Oxford Univ. Press (2000)
Barnett, S.A., Instinkt und Intelligenz, Fischer (1972)
Barrow, J.D., J. Silk, „Die asymmetrische Schöpfung - Ursprung und Ausdehnung des Universums", Piper (1986)
Barrow, J.D., "Ein Himmel voller Zahlen – Auf den Spuren mathematischer Wahrheit", Rowohlt (1999); Original: "Pi in the Sky", Oxf. Univ. Press (1992)
Bauby, J.D., „Schmetterling und Taucherglocke", dtv (1998)
Bell, J.S., „Speakable and Unspeakable in Quantum Mechanics", Cambridge Univ. Press (1987)
Berger, K., „Ist mit dem Tod alles aus ?", Quell (1997)
Bischof, M., „Biophotonen --- Das Licht in unseren Zellen", Zweitausendeins (1995)
Blackmore, S., "Die Macht der Meme", Spektrum d. Wiss. Dossier 2 (2002)
Blanke, O. et al., "Stimulating illusory own-body perceptions. The part of the brain that can induce out-of-body experiences has been located", Nature 419 (2002)
Blanke, O. et al., „Out-of-body-experience and autoscopy of neurological origin", Brain 127 (2004)
Breuer, R., „Immer Ärger mit dem Urknall", rororo (1996)
Brocher, T., „Stufen des Lebens", Kreuz, Stuttgart
Brück, M. von, „Ewiges Leben oder Wiedergeburt", Herder (2007)
Caldwell, R.R., M. Kamionkowski, „Der Nachhall des Urknalls", Spektrum d. Wiss. Dossier 2 (2002)
Cerminaria, G., „Erregende Zeugnisse von --- Karma und Wiedergeburt", Bauer - Verlag, Freiburg (1963), Nachdruck, Knaur (1983)
Clément, C., "Theos Reise – Roman über die Religionen der Welt", Hanser (1998)
Conze, E., "Buddhist Scriptures", Harmondsworth/Great Britain (1959)
Coward, H., „Das Leben nach dem Tod in den Weltreligionen", Herder (1998)
Cox-Chapman, M., „Begegnungen im Himmel --- Beweise für ein Leben nach dem Tod", Ullstein (1997)
Cumont, F., "After Life in Roman Paganism", New Haven (1922)
D'Aquili, E.G., A.B. Newberg, "The Mystical Mind: Probing the Biology of Religious Experience", Augsburg Fortress Publishers (1999)
Dacqué, E.: „Vermächtnis der Urzeit. Grundprobleme der Erdgeschichte". Aus dem Nachlass hrsg. von M. Schröter (1948)
Dalei Lama, "Worte der Hinwendung", Herder (1993)
Dam, W.C. van, „Tote sterben nicht --- Erfahrungsberichte zwischen Leben und Tod", Weltbild (1995)
Damasio, A.R., "Wie das Gehirn Geist erzeugt", Spektrum d. Wiss. Dossier 2 (2002)
Damman, E., „Erkenntnisse jenseits von Zeit und Raum --- Die Wende im naturwissenschaftlichen Denken", Knaur (1990)
Davidson, J., „Am Anfang ist der Geist - die Geburt von Materie und Leben aus dem schöpferischen Geist", Scherz (1994)
Davies, P., „Gott und die moderne Physik", C. Bertelsmann (1986)
Davies, P., „Die Unsterblichkeit der Zeit --- Die moderne Physik zwischen Rationalität und Gott", Scherz (1995)

Descartes, R., „Philosophische Schriften - in einem Band", Meiner (1996)
Diamond, J., "Warum macht Sex Spaß? Die Evolution der menschlichen Sexualität", Bertelsmann (1998)
Diederichs, E., „Laotse - Tao te king - Das Buch vom Sinn und Leben", Diederichs (1972)
Ditfurth, H. von, „Wir sind nicht nur von dieser Welt", dtv (1985)
Diverse Autoren, "Forschung im 21. Jahrhundert", Spektrum der Wissenschaft Spezial (2000)
Diverse Autoren, "Gravitation – Urkraft des Kosmos", Sterne und Weltraum, Spezial 6 (2001)
Diverse Autoren, "Schöpfung ohne Ende – Die Geburt des Kosmos", Sterne und Weltraum, Spezial 2 (2002)
Diverse Autoren, "Die Evolution des Menschen", Spektrum der Wissenschaft, Dossier (2002)
Doucet, F.W., „Die Toten leben unter uns --- Forschungsobjekt Jenseits", Ariston (1987)
Dürr, H.-P., "Physik und Transzendenz", Scherz (1989)
Dürr, H.-P., W. Ch. Zimmerli, „Geist und Natur --- Über den Widerspruch zwischen naturwissenschaftlicher Erkenntnis und philosophischer Welterfahrung", Scherz (1991)
Durant, W., "Kulturgeschichte der Menschheit", Ullstein (1982)
Eady, B., „Licht am Ende des Lebens - Bericht einer außergewöhnlichen Nah - Todeserfahrung", Knaur (1994)
Eccles, J. C., „Die Evolution des Gehirns --- die Erschaffung des Selbst", Piper (1989)
Eccles, J.C., „Gehirn und Seele. Erkenntnisse der Neurophysiologie", Piper (1991)
Eccles, J. C., „Wie das Selbst sein Gehirn steuert", Piper (1994)
Eddington, A, „Wissenschaft und Mystizismus", aus: „Das Weltbild der Physik und ein Versuch seiner philosophischen Deutung", F. Vieweg & Sohn (1935)
Einstein, A., L. Infeld, „Die Evolution der Physik", Weltbild (1991)
Elsaesser Valarino, E., „Erfahrungen an der Schwelle des Todes --- Wissenschaftler äußern sich zur Nahtodeserfahrung" Ariston (1995)
Elsaesser-Valarino, E., „Engelchens Land", Santiago (2004)
Elsaesser-Valarino, E., „Was wir aus Nahtoderfahrungen für das Leben gewinnen", Santiago (2009)
Elsaesser-Valarino, E., „Bewusstsein der Todesnähe – Faszinierende Erfahrungen kurz vor dem Tod", in: W. van Laack, „Schnittstelle Tod – Aufbruch zu neuem Leben" (2010)
Erben, H.K., „Die Entwicklung der Lebewesen", Piper (1988)
Ernst, H., „Die Weisheit des Körpers - Kräfte der Selbstheilung", Piper (1993)
Ewald, G., „Die Physik und das Jenseits --- Spurensuche zwischen Philosophie und Naturwissenschaft", Pattloch (1998)
Ewald, G., „Gehirn, Seele und Computer – Der Mensch im Quantenzeitalter", Wss. Buch-Ges. (2006)
Ewald, G., „Nahtoderfahrungen – Hinweise auf ein Leben nach dem Tod", Topos Plus (2008)
Ewald, G., „Fliegt die Seele mit Lichtgeschwindigkeit davon? Hintergründe der Nahtoderfahrungen", in: W. van Laack, „Schnittstelle Tod – Aufbruch zu neuem Leben" (2010)
Federmann, R., H. Schreiber, „Botschaft aus dem Jenseits - Zeugnisse des Okkulten", Pawlak (1992)
Ferris, T., „Das intelligente Universum --- Über die Grenzen des Verstandes", Byblos (1992)
Findlay, A., „Beweise für ein Leben nach dem Tod", Bauer (1983)
Fischer, E.P., "Grenzen des Wissens", Spektrum d. Wiss. Dossier 2 (2002)
Ford, A., „Bericht vom Leben nach dem Tode", Scherz (1994)
Fox, S., „Wie Engel uns lieben - Wahre Begebenheiten mit Schutzengeln", Knaur (1997)
Fox, M., R. Sheldrake, "Engel – Die kosmische Intelligenz", Bechtermünz (2001)
Franz, V., "Geschichte der Organismen", Jena (1924)
Ghyka, M., "The Geometry of Art and Life", Dover/New York (1977)
Goldberg, Ph., „Die Kraft der Intuition", Scherz (1988)
Göbel, D., „Psychisch krank oder nur sensibel – Das ist hier die Frage", Alkastar (2008)
Guggenheim, B., J. Guggenheim, „Trost aus dem Jenseits", Scherz (1997)
Gurwitsch, A.G., „Über den Begriff des embryonalen Feldes". Wilhelm Roux' Archiv für Entwicklungsmechanik der Organismen. Bd. 51 (1922)
Haug, M., E.W. West, "The book of Arda Viraf", Bombay/London (1872)
Hawking, St.W., "Eine kurze Geschichte der Zeit – Die Suche nach der Urkraft des Universums", Rowohlt (1988)

Hawking, St.W., "Anfang oder Ende?", Heyne (1994)
Hawking, St.W. et al., "Der große Entwurf – Eine neue Erklärung des Universums", Rowohlt (2010)
Hayward, J.W., „Die Erforschung der Innenwelt", Scherz (1990)
Heilige Schrift (Die Bibel): Die Heilige Schrift des Alten und Neuen Bundes, Herder (1965)
Heilige Schrift: die vierundzwanzig Bücher der Heiligen Schrift, übersetzt von L. Zunz, Goldschmidt (1995)
Heilige Schrift (Die Bibel): Elberfelder Bibel, revidierte Fassung, Brockhaus (1996)
Heimpel, H., Th. Heuss, B. Reiffenberg, „Die großen Deutschen", Ullstein (1983)
Hengge, P., „Es steht in der Bibel", Verlag Wissenschaft und Politik (1994)
Herbig, J., „Im Anfang war das Wort", Hanser (1985)
Hermann, U., „Knaurs etymologisches Lexikon", Droemer Knaur (1983)
Hermann, U., et al., „Das deutsche Wörterbuch", Knaur (1985)
Herneck, F., „Einstein und sein Weltbild", Buchverlag Der Morgen (1976)
Högl, St., "Die religiöse Dimension der Nah-Todeserfahrungen", Magisterarbeit an der Philosoph. Fakultät der Univ. Regensburg (1996)
Hoffmann, B., „Einsteins Ideen", Spektrum (1997)
Hooper, J., D. Teresi, „Das Drei-Pfund—Universum --- Das Gehirn als Zentrum des Denkens und Fühlens", Econ (1988)
Horneck, G., C. Baumstark-Khan, "Astrobiology, The Quest for the Conditions of Life", Springer (2001)
Hornung, E., „Geist der Pharaonenzeit", Artemis (1989)
Hornung, E., „Die Nachtfahrt der Sonne --- Eine altägyptische Beschreibung des Jenseits", Artemis (1991)
Huber, G., „Das Fortleben nach dem Tode", Origo (1996)
Ikeda, D., „Das Rätsel des Lebens - eine buddhistische Antwort", Herbig (1994)
Jäkel, K., „Den Tod als Leben erleben: Österliche Erfahrungen auf dem Weg eines Sterbenden", in: W. van Laack, „Schnittstelle Tod – Aufbruch zu neuem Leben" (2010)
Jakoby, B., "Auch Du lebst ewig – Die Ergebnisse der modernen Sterbeforschung", Langen Müller (2000)
Jürgenson, F., „Sprechfunk mit Verstorbenen --- Praktische Kontaktherstellung mit dem Jenseits", Goldmann (1981)
Jung, C.G., „Briefe, Erster Band 1906-1945", Walter (1972)
Jung, C.G., A. Jaffé, „Erinnerungen, Träume, Gedanken von C.G. Jung", Walter (1976)
Junghanss, V., "Unterwegs zu den absoluten Dimensionen" BoD (2005)
Kahan, G., „Einsteins Relativitätstheorie --- zum leichten Verständnis für jedermann", Dumont (1987)
Kaplan, R., **E. Kaplan**, "Das Unendliche Denken", Econ (2003)
Kardec, A., Das Buch der Medien – oder Wegweiser für Medien und Anrufende", Alkastar (2009)
Kleesattel, W., "Überleben in Eis, Wüste und Tiefsee: wie Tiere Extreme meistern", Wissenschaftliche Buchgesellschaft (1999)
Klempnauer, G., "Suche nach Sinn – Sehnsucht nach Gott", Jahrhundertzeugen im Gespräch, R. Brockhaus-Verlag (2005)
Klimkeit, H.J., "Der iranische Auferstehungsglaube. Tod und Jenseits im Glauben der Völker", Harrassowitz (1978)
Knoblauch, H., "Berichte aus dem Jenseits. Mythos und Realität der Nahtod-Erfahrung", Herder/Spektrum (1999)
Knoblauch, H., H.G. Soeffner, I. Schmied und B. Schnettler, "Todesnähe. Interdisziplinäre Zugänge zu einem außergewöhnlichen Phänomen", Universitätsverlag Konstanz (1999)
Kronick, D., „Das Quantengedächtnis", Contessa (2010)
Kübler - Ross, E., „Über den Tod und das Leben danach", Silberschnur (1994)
Kübler - Ross, E., „Sterben lernen - Leben lernen --- Fragen und Antworten", Silberschnur (1995)
Kübler - Ross, E., „Das Rad des Lebens - Autobiographie", Delphi bei Droemer Knaur (1997)
Küng, H., „Ewiges Leben?", Piper (1982)
Laack, W. van, Varia, siehe letzte Buchseite unter eigenen Buchempfehlungen

Laack, W. van, „Was passiert an der Schwelle zum Tod? Nahtoderfahrungen sind nicht rein physiologisch erklärbar", MMW-Fortschr.Med., Heft 5 (2009)
Laack, W. van, „Entstehen von Bewusstsein: Immaterielle Einflussnahme", Dt. Ärzteblatt 97 (2000)
Laack, W. van, „Nah-Todeserfahrungen: Vorhof zum Himmel oder bloß Hirngespinste? in „dieDrei, Z. f. Anthroposophie in Wissenschaft, Kunst und sozialem Leben", Heft 12 (2004)
Laack, W. van, „Ohne Geist läuft wenig! Teil 1: Kann aus Neuronen Bewusstsein entstehen?; Teil 2: Zur Unfreiheit verdammt? Eine etwas andere Sicht der Libet-Experimente", in „dieDrei, Z. f. Anthroposophie in Wissenschaft, Kunst und sozialem Leben", Heft 2 und 3 (2005)
Laudert-Ruhm, G., „Jesus von Nazareth, Das gesicherte Basiswissen", Kreuz (1996)
LeCron, L.M., "Fremdhypnose – Selbsthypnose", Ariston (1993)
Linke, D.B., "Die Freiheit und das Gehirn", C.H. Beck (2005)
Löbsack, Th., „Versuch und Irrtum --- Der Mensch: Fehlschlag der Natur", Bertelsmann (1974)
Löw, R., „Die neuen Gottesbeweise", Pattloch (1994)
Lomborg, B., "The Sceptical Enviromentalist", Cambridge Press (2001)
Lommel, P. van, "Endloses Bewusstsein – Neue medizinische Fakten zur Nahtoderfahrung", Patmos (2009)
Lommel, P. van, „Endloses Bewusstsein – Ein neues Konzept, gegründet auf Forschungsergebnisse zu Nahtoderfahrungen", in: W. van Laack, „Schnittstelle Tod – Aufbruch zu neuem Leben" (2010)
Lurija, A.R., „Einführung in die Neuropsychologie", rororo (1992)
Lüth, P., "Der Mensch ist kein Zufall", Deutsche Verlags-Anstalt (1983)
Malin, Sh., „Dr. Bertlmanns Socken – Wie die Quantenphysik unser Weltbild verändert", Reclam 2003)
Mann, A.T., „Das Wissen über Reinkarnation", Zweitausendeins (1997)
Margenau, H., „The Miracle of Existence", Ox Bow, Woodbrigse CT (1984)
Matthiesen, E., „Das persönliche Überleben des Todes", de Gruyter (1987)
Meckelburg, E., „Hyperwelt --- Erfahrungen mit dem Jenseits", Langen-Müller (1995)
Meckelburg, E., "Wir alle sind unsterblich", Langen Müller (2000)
Mehne, S., „Winterfell", Wiesenburg (2005)
Méric, E., A. Ysabeau, „Seele ohne Grenzen: Übernatürliche Phänomene und der menschliche Körper als Indikator der Persönlichkeit", Gondrom (1997)
Michielsens, C., „Die gesellschaftliche Bedeutung von Nahtoderfahrungen an historischen Beispielen", in: W. van Laack, „Schnittstelle Tod – Aufbruch zu neuem Leben" (2010)
Mielke, Th.R.P., "Coelln – Stadt, Dom, Fluss", Schneekluth (2000)
Miller, S.L., H.C. Urey, „Organic compound synthesis on the primitive earth", In: Science, 130 (1959)
Miller, S., „Nach dem Tod --- Stationen einer Reise", Deuticke (1998)
Moody, R.A., „Leben nach dem Tod", Rowohlt (1977)
Moody, R.A., „Nachgedanken über das Leben nach dem Tod", Rowohlt (1979)
Moody, R.A., „Das Licht von drüben --- Neue Fragen und Antworten", Rowohlt (1989)
Moody, R.A., P. Perry, „Blick hinter den Spiegel --- Botschaften aus der anderen Welt", Goldmann (1994)
Moody, R.A., P. Perry, „Leben vor dem Leben", Rowohlt (1997)
Morse, M., „Zum Licht. Was wir von Kindern lernen können, die dem Tod nahe waren", Goldmann (1994)
Morse, M., P. Perry, „Verwandelt vom Licht. Über die transformierende Wirkung von Nahtodeserfahrungen", Knaur (1994)
Newberg, A., V. Rause, "Why God won't go away: Brain Science and the Biology of Belief", (2001)
Niemz, M.H., "Lucy mit c – Mit Lichtgeschwindigkeit ins Jenseits", BoD (2005)
Nicolay, J., „Ist Sterben ein Gehen ins Licht? Bilder der Hoffnung in Nahtoderfahrungen", in: W. van Laack, „Schnittstelle Tod – Aufbruch zu neuem Leben" (2010)
Nuland, Sh. B., „Wie wir sterben - Ein Ende in Würde ?", Knaur (1994)
Oesterreich, K.T., „Der Okkultismus im modernen Weltbild", Dresden (1921)
Otto. M., "Worte wie Spuren – Weisheit der Indianer", Herder (1985)

Ozols, J.,. "Über die Jenseitsvorstellungen des vorgeschichtlichen Menschen". in: Tod und Jenseits im Glauben der Völker. Hg. Hans-Joachim Klimkeit. Harassowitz (1978)
Papst, W., „Der Götterbaum", Herbig (1994)
Passian, R., "Das Jenseits – reine Glaubenssache?", Weber-Verlag (2000)
Patch, H.R., "The Other World, According to Descriptions in Medieval Literature", Octagone Books (1970)
Platon, Sämtliche Werke, Bd. 3: "Phaidon, Politeia". Deutsch von F. Schleiermacher. Rowohlts Klassiker der Literatur und der Wissenschaft Nr.27, Rowohlt
Plichta, P., „Gottes geheime Formel --- Die Entschlüsselung des Welträtsels und der Primzahlcode", Langen-Müller (1995)
Popper, K.R., J.C. Eccles, „Das Ich und sein Gehirn", Piper (1982)
Popper, K.R., „Objektive Erkenntnis --- ein evolutionärer Entwurf", Hoffmann und Campe (1993)
Popper, K.R., „Alles Leben ist Problemlösen --- Über Erkenntnis, Geschichte und Politik", Piper (1994)
Prawda, W., "Der Fall – Von Geist zu Materie und Mensch", BoD (2004)
Prigogine, I., Vom Sein zum Werden", Piper (1982)
Prigogine, I., I. Stengers, „Dialog mit der Natur. Neue Wege naturwissenschaftlichen Denkens", Piper (1993)
Prigogine, I., I. Stengers, „Das Paradox der Zeit --- Zeit, Chaos und Quanten", Piper (1993)
Pschyrembel, W., „Klinisches Wörterbuch", de Gruyter (1977)
Radhakrishnan, "The Principal Upanishads", London (1953)
Reichert, M., „Nahtoderfahrung – Realität oder Mythos?", in: W. van Laack, „Schnittstelle Tod – Aufbruch zu neuem Leben" (2010)
Reichholf, J.H., „Das Rätsel der Menschwerdung - Die Entstehung des Menschen im Wechselspiel mit der Natur", DVA (1990)
Ricken, F., „Lexikon der Erkenntnistheorie und Metaphysik", C.H. Beck (1984)
Ring, K., „Den Tod erfahren - das Leben gewinnen - Erkenntnisse und Erfahrungen von Menschen, die an der Schwelle zum Tod gestanden und überlebt haben", Scherz (1984)
Riordan, M., D.N. Schramm, „Die Schatten der Schöpfung --- Dunkle Materie und die Struktur des Universums", Spektrum (1991)
Robert, R., "Chaostheorie und Schmetterlingseffekt", Spektrum d. Wiss. Dossier 2 (2002)
Ross, D., „The work of Aristotle; Select fragments. ", Clarendon Press, Oxford (1952)
Rüber, G., "Kleine gesammelte Geschichten aus Köln", Engelhorn-Verlag.
Ruppert, H.J., „Okkultismus - Geisterwelt oder neuer Weltgeist ?", Edition Coprint (1990)
Ryzl, M., „Das große Handbuch der Parapsychologie", 3 Bände., Ariston (1978)
Ryzl, M., „Der Tod ist nicht das Ende - Von der Unsterblichkeit geistiger Energie", Ariston (1981)
Sabom, M.B., „Erinnerungen an den Tod. Eine medizinische Untersuchung", Goldmann 11741
Sabom, M., "Light and Death", Zondervan Publishing House (1998)
Sachs, R., "Das Leben vollenden", Zweitausendeins (2000)
Sacks, O., „Der Mann, der seine Frau mit einem Hut verwechselte", Rowohlt (1990)
Saerens, R., „Wunder und Gesetze: Auf den Spuren der Physik, Medizin, Spiritualität & Parapsychologie", in: W. van Laack, „Schnittstelle Tod – Aufbruch zu neuem Leben" (2010)
Sahm, P.R., G.P.J. Thiele, "Der Mensch im Kosmos", Verlag Facultas (1998)
Sahm, P.R., G.P.J. Thiele, "Der Mensch im Kosmos II", Shaker Verlag (2000)
Sandvoss, E.R., "Geschichte der Philosophie – Bd. 1 u. 2", dtv (1989)
Schäfer, H., „Brücke zwischen Diesseits und Jenseits - Theorie und Praxis der Transkommunikation", Bauer (1989)
Schiebler, W., „Der Tod, die Brücke zu neuem Leben - Beweise für ein persönliches Fortleben nach dem Tod. Der Bericht eines Physikers." Silberschnur (1991)
Schmid, G.B., "Tod durch Vorstellungskraft – Das Geheimnis psychogener Todesfälle", Bechtermünz Verlag (2001)
Schmidt, H., „Das Märchen vom Urknall – oder Der Kosmos, ein unsterblicher Organismus", BoD Norderstedt (2004)

Schmidt-Degenhard, M., "Die oneiroide Erlebnisform: Zur Problemgeschichte und Psychopathologie des Erlebens fiktiver Wirklichkeiten" (1992)
Schröter-Kunhardt, M., "Das Jenseits in uns", Psychologie heute, Heft 6 (1993)
Schröter-Kunhardt, M., "Erfahrungen Sterbender während des klinischen Todes", in "Sterben und Tod in der Medizin", Wiss. Verlagsgesellschaft (1996)
Schröter-Kunhardt, M., "Nah-Todeserfahrungen aus psychiatrisch-neurologischer Sicht", In: "Todesnähe- Wissenschaftliche Zugänge zu außergewöhnlichen Phänomenen", Univ.-Verlag, Konstanz (1999)
Scholem, G.G., "Die jüdische Mystik in ihren Hauptströmungen" (1967)
Schulte, G., "Neuromythen" Zweitausendeins (2000)
Schweitzer, A., "Kultur und Ethik", Beck (1981)
Seife, Ch., "Zwilling der Unendlichkeit", Goldmann (2002)
Senkowski, R., "Transkommunikation", Zeitschrift für Psychobiophysik und interdimensionale Kommunikationssysteme, Fischer-Verlag, Frankfurt
Serwaty, A., J. Nicolay (Hrsg), „Nahtod und Transzendenz", Santiago (2007)
Serwaty, A., J. Nicolay (Hrsg), „Nahtoderfahrung – Neue Wege der Forschung", Santiago (2009)
Serwaty, A., „Das Paradies kann warten – Eine Nahtoderfahrung und ihre Integration in das Leben", in: W. van Laack, „Schnittstelle Tod – Aufbruch zu neuem Leben" (2010)
Sheldrake, R., „Das Gedächtnis der Natur --- Das Geheimnis der Entstehung der Formen in der Natur", Scherz (1992)
Sheldrake, R., „Wunder und Geheimnis des Übersinnlichen --- Sieben Phänomene, die das Denken revolutionieren", Weltbild (1996)
Siegel, R.K., "The Psychology of Life after Death", in American Psychologist 35 (1980)
Singh, K., „Mysterium des Todes", Edition Naam (1996)
Singh, S., "Fermats letzter Satz", dtv (2000)
Spirik, H.J., H.R. Loos, „Nachrichten aus dem Jenseits --- Erforschung paranormaler Tonbandstimmen", Ennsthaler (1996)
Spitzer, M., "Lernen – Gehirnforschung und die Schule des Lebens", Spektrum (2002)
Spitzer, M., "Selbstbestimmen", Spektrum-Verlag (2004)
Sprenger, W., „Der Tag, an dem mein Tod starb", Nie/Nie/Sagen (1995)
Stevenson, I, „Wiedergeburt - Kinder erinnern sich an frühere Erdenleben", Zweitausendeins (1992)
Stratenwerth, I., Th. Bock, „Stimmen hören -- Botschaften aus der inneren Welt", Kabel (1998)
Susskind, L., "Schwarze Löcher und das Informationsparadoxon", Spektrum d. Wiss. Dossier 2 (2002)
Teilhard de Chardin, P., „Der Mensch im Kosmos", C.H. Beck (1981)
Terhart, F., „Das Geheimnis der Eingeweihten --- Was spirituelle Persönlichkeiten uns erschließen", Ariston (1996)
Time-Life-Bücher, „Fernöstliche Weisheiten", Time-Life (1991)
Voggenhuber, P., „Nachrichten aus dem Jenseits", Knaur (2009)
Wapnick, K., „Einführung in > Ein Kurs in Wundern < --- Betrachtungen über einen anderen Weg zum inneren Frieden", Greuthof (1993)
Wiesendanger, H., „Wiedergeburt - Herausforderung für das westliche Denken", Fischer (1991)
Wilder-Smith, A.E., „Die Naturwissenschaften kennen keine Evolution. Experimentelle und theoretische Einwände gegen die Evolutionstheorie" (1978)
Wolf, F.A., „Körper, Geist und neue Physik", Scherz (1989)
Wolpert, L., "Regisseure des Lebens – Das Drehbuch der Embryonalentwicklung", Spektrum Akadem. Verlag (1993)
Woltersdorf, H.W., „Denn der Geist ist`s, der den Körper baut --- Die Irrlehren des wissenschaftlichen Materialismus", Langen-Müller (1991)
Zahrint, H., „Jesus aus Nazareth --- Ein Leben", Piper (1987)
Zahrint, H., „Das Leben Gottes - aus einer unendlichen Geschichte", Piper (1997)
Zaleski, C., "Nah-Todeserlebnisse und Jenseitsvisionen", Insel (1995)
Zimmer, C., "Parasitus Rex", Umschau/Braus (2001)

Weitere Bücher von Prof. Dr. med. Walter van Laack

1. Deutsche Bücher

Mit Logik die Welt begreifen
ISBN 978-3-936624-04-5, Taschenbuch (SC), 380 S., (2005) 29,80 €
ISBN 978-3-936624-07-6, Festeinband (HC), 380 S. (2005), 39,80 €
Wer stirbt, ist nicht tot!
ISBN 978-3-936624-12-0, (SC), 272 S., Neuauflage (2011), 24,80 €
ISBN 978-3-936624-13-7, (HC), 272 S., Neuauflage (2011), 35,00 €
Eine bessere Geschichte unserer Welt
Band 1, "Das Universum"
ISBN 978-3-8311-0345-4, (SC), 196 S. (2000), 15,80 €
Band 2, "Das Leben"
ISBN 978-3-8311-2114-4, (SC), 248 S., (2001), 17,80 €
Band 3, "Der Tod"
ISBN 978-3-8311-3581-3, (SC), 276 S., (2002), 19,80 €
Der Schlüssel zur Ewigkeit
ISBN 978-3-9805239-4-3, (HC), 288 S.,1. Aufl. (1999), 24,80 €
ISBN 978-3-89811-819-4, (SC) , 288 S., 2. Aufl.. (2000), 17,80 €
Plädoyer für ein Leben nach dem Tod und eine etwas andere Sicht der Welt
ISBN 978-3-89811-818-7; (SC), 448 S., 2. Aufl. (1999/2000), 22,90 €
Schnittstelle Tod – Aufbruch zu neuem Leben?
(Hrsg. u. Mitautor, Diverse Autoren)
ISBN 978-3-936624-10-6, (SC), 148 S., (2010), 19,80 €

2. English Books

To Perceive The World With Logic
ISBN 978-3-936624-08-3, Softcover (SC), 340 p., (2007), 29,80 €
ISBN 978-3-936624-09-0, E-Book (2008), 23,80 €
Nobody Ever Dies!
ISBN 978-3-936624-03-8, (SC), 272 p., (2005), 24,80 €
A Better History of Our World
Vol. 1, "The Universe"
ISBN 978-3-8311-1490-0, (SC), 188 p. (2001), 15,80 €
Vol. 2, "Life"
ISBN 978-3-8311-2597-5, (SC), 236 p. (2002), 17,80 €
Vol. 3, "Death"
ISBN 978-3-936624-01-4, (SC), 276 p. (2003), 19,80 €
Key To Eternity
ISBN 978-3-8311-0344-7, (SC), 256 p. (2000), 17,80 €

Vertrieb durch: BoD, Book-on-Demand
Gutenbergring 53, 22848 Norderstedt; Fax 040-534335-84, www.bod.de
für:
van Laack GmbH, Aachen, Buchverlag (HRB-Aachen 5584)
Geschäftsführer: **Prof. Dr. Walter van Laack**;
Gesellschafter: **Walter van Laack, Alexander van Laack, Martin van Laack**
Roermonder Str. 312, 52072 Aachen; Fax: 0241-174269
Web: www.van-Laack.de www.vanLaack-Buch.de www.vanLaack-Book.eu
Email: webmaster(at)van-Laack.de

www.ingramcontent.com/pod-product-compliance
Lightning Source LLC
Chambersburg PA
CBHW021138230426
43667CB00005B/175